国家自然科学基金面上项目“环京津贫困带形成机理与新农村建设途径”（41271187）
国家自然科学基金重点项目“中国城乡发展转型的资源环境效应及其优化调控研究”（41130748）
国家社会科学基金重大项目“城镇化对我国农业农村发展的影响与对策研究”（15ZDA021）
资助出版

首都经济圈生态区研究

梁昊光◎著

中国社会科学出版社

图书在版编目（CIP）数据

首都经济圈生态区研究/梁昊光著．—北京：中国社会科学出版社，2015.12

ISBN 978－7－5161－7419－7

Ⅰ.①首…　Ⅱ.①梁…　Ⅲ.①区域经济发展—研究—华北地区　Ⅳ.①F127.2

中国版本图书馆 CIP 数据核字(2015)第 309483 号

出 版 人	赵剑英
责任编辑	王　曦
责任校对	孙洪波
责任印制	戴　宽
出　　版	中国社会科学出版社
社　　址	北京鼓楼西大街甲 158 号
邮　　编	100720
网　　址	http：//www.csspw.cn
发 行 部	010－84083685
门 市 部	010－84029450
经　　销	新华书店及其他书店
印刷装订	北京君升印刷有限公司
版　　次	2015 年 12 月第 1 版
印　　次	2015 年 12 月第 1 次印刷
开　　本	710×1000　1/16
印　　张	25
字　　数	423 千字
定　　价	99.00 元

凡购买中国社会科学出版社图书，如有质量问题请与本社营销中心联系调换

电话：010－84083683

发展的逻辑

自20世纪50年代始，经济工业化和社会城镇化的急剧发展以及强大的技术手段的运用，强烈地改变着各国、各地区的经济结构和生态与环境结构。由此人们普遍迷信全面工业化和城市化乃解决区域发展的妙药，发展测度的技术性指标为预期寿命、国民教育程度、社会生产总值（GDP），尤其是GDP至今成为世界各国发展进程的主要评价依据。在这一方向的指引下，21世纪的世界和中国经济取得了巨大成就，中国的经济总量已攀升至世界第二位，区域经济与社会转型由简单变为复杂，京津冀协同发展战略、国家一带一路发展战略、亚太自由贸易区等推动区域经济一体化进程的变革与行动不断涌现出各种新问题、新矛盾、新视角，对经济发展理论与区域格局问题提出极为开放的研究方向。

京津冀协同发展，是国家在新的历史条件下作出的重大决策部署。京津冀区域是近年来中国蓬勃发展态势下具有重要影响的交叉领域，具有鲜明的综合性、空间差异性和时间变异性等三大特点。近三十多年来，京津冀地区人口流动和产业分工在区域发展的影响因素、驱动机制、发展状态等多方面都呈现出极其复杂的作用，使得区域发展具有鲜明的不确定性特征。其中由自然因素引发的经济环境变化转变为由经济因素引发的区域协调发展变化使得该区域的经济、资源、环境和生态问题突出。京津冀区域协同发展已经成为中国重大的经济和社会问题，成为该区域党和各级政府决策的核心问题之一，也是学术界和社会所关注的重大实际问题和理论问题。在对区域发展研究的重要性逐步达成共识的时候，深刻认识其中的科学问题及其发展，谋划研究方向和变革研究方法是非常重要的。

环京津生态区贫困带是京津周边的河北西北部地区形成的一个包括24个县（其中21个贫困县）、涉及近千万人口（其中贫困线以下人口180万）的贫困带和8万多平方公里尚未有效遏制生态恶化趋势的地区。从该地区的自然结构和社会经济结构持续演变的情况看，社会经济与自然基础之间的匹配和适应关系很可能趋于恶化，该地区国土安全、资源保障、生态和环境等面临诸多危机。

环京津贫困带近年来一直掩盖在认识论和不确定性的迷雾下。目前，该地区已成为中国生态安全保证程度最低、特大城市周边贫困程度最严重、生态经济协调要求最迫切、生态性贫困问题最典型、贫困和生态问题造成的政治影响最敏感的地区。像这样在距离首都不到100公里的区域内还存在着大面积贫困化地区的现象，在世界上也极为少见，成为中国社会转型时期各种矛盾冲突的交汇地。京津冀还是全国省级行政区划切割最严重，也是体制性障碍最突出的地区。京津冀作为区域经济一体化过程中形成的一个经济圈，北京和天津作为地区的发展极，非但没有向周边“弥散”它的资本、技术和人才，还“极化”出了贫困带，是因为众多政策措施作用互相抵消，没有达到区域协调的预期效果。

中国经济新常态格局下，区域经济发展、人口增长和流动、城镇化和自然基础之间的耦合态势肯定无法按照目前高增长态势延伸下去，如何实现协同发展的支撑体系要素间的匹配关系，要求京、津、冀三地政府不断地在严重非均衡之间作出调整。在这样的背景下的京津冀协同发展，需要客观地将经济增长、社会发展、城镇化、能源、水源、土地、食物生产、生态与环境等相互关系看成是区域大系统，在三维目标空间（经济增长、社会发展、生态环境保护）中研究区域发展的进程、结构和格局。

综合来看，贫困带需要从顶层设计上解决：①不平等，社会因素制造的贫困；②失衡，经济因素制造的贫困。在条块分割的决策管理体制的协调机制下，生态经济与生态保护各自封闭管理和运行，扶贫开发与生态建设相互脱节，导致众多决策失误，诸多扶贫开发和生态建设的努力事倍功半。国家要生态、地方要财政、农民要致富的尖锐矛盾始终难以缓解；在割裂的中心城市与腹地区域发展关系构架下，区际发展关系受到人为阻隔，区际发展落差不断扩大，成为统筹扶贫与保护生态、协调城乡和区域发展的经济藩篱。

“首都经济圈生态区”的研究从地域空间分工合作、空间外部性、公平与效率等进行实证特征分析，并从不同角度提出缓解贫困问题的政府干预制度。本书旨在对理论和实践两个方面都进行分析，简单易懂并有所收获。

目　录

寻因篇

政策篇

建设篇

第一章　导论

第一节　研究背景

环京津贫困带24个县（区）中有国定和省定扶贫工作重点县（区）21个、扶贫工作重点村2730个、贫困人口180.4万人（贫困标准为625元/年·人，低收入标准为825元/年·人），分别占河北省扶贫工作重点村和贫困人口总数的38.44%和35.86%。其中：坝上地区788个村、54.6万人；燕山及其丘陵区1561个村、95.3万人；太行山区381个村、30.5万人。

从反映区域经济发展水平和实力的人均GDP、农民人均纯收入和县均地方财政收入三项指标分析，可以看出，环京津贫困带与京津近邻地区发展差距巨大。

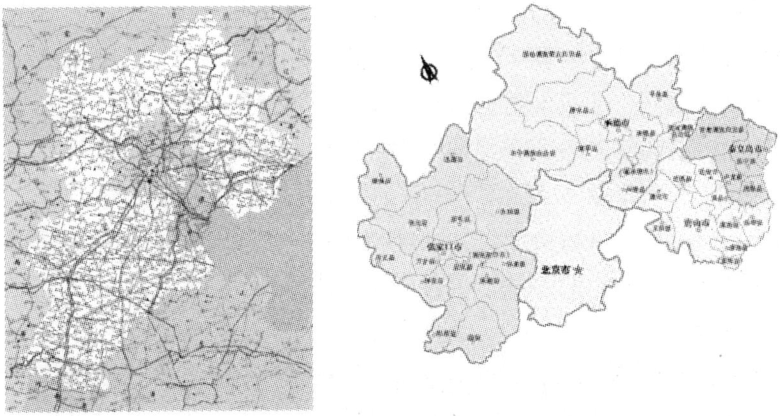

图1-1　环京津贫困带所处区域

改革开放初期，该地带与京津两市的远郊县基本处于同等发展水平，目前则形成了巨大的经济落差。2003 年，该地带农民人均纯收入、人均 GDP、县均地方财政收入仅分别为京津远郊区县的 1/3、4/11 和 1/10。环京津贫困带基本上与我国最贫困的地区处于同一发展水平，2003 年人均地方财政收入分别为 223 元和 169 元，为全国最低；农民人均纯收入分别为 1904 元和 1483 元。环京津贫困带是我国东部沿海地区贫困程度严重的地区之一，2003 年，我国东部沿海的北京、天津、山东、江苏、上海、浙江、福建、广东等省市的贫困人口发生率均小于 1%，辽宁省也只有 2%，而河北省则接近 5%，而河北省的贫困人口中超过一半分布在环京津地区，1/3 分布在环京津贫困带。如果与东部沿海几个比较贫困的地区相比，2003 年环京津贫困带的人均财政收入仅相当于广东山区县、浙江丽水、江苏连云港、山东聊城、辽宁辽阳的 66%、19%、26%、32% 和 52%，农民人均纯收入则分别相当于 43%、52%、50%、60% 和 91%。在贫困程度上，与中国西部地区中最贫困的三西地区（定西、陇西、西海固）相比，处于同一发展水平。

进一步分析表明，环京津贫困带有以下两个突出的特点：

首先，它是全国特大城市周边贫困程度最严重的地区。上海和广州是我国最具发展活力的“长三角”和“珠三角”经济区的龙头，上海周围的宁波、嘉兴、昆山，广州周围的番禺、珠海、佛山等区域经济均得到了较快发展，基本上消除了大范围的区域性贫困。京津经济发展对河北唐山、保定特别是廊坊的发展起到了很大的带动作用，但与之毗邻的张家口、承德地区仍有众多的国家级贫困县的存在，使之成为全国大城市周边贫困程度严重的地区。2003 年环京津贫困带人均 GDP、人均财政收入、农民人均纯收入与北京的落差高达 88%、98% 和 73%，而同期广州与广州周边山区县的落差为 84%、96% 和 49%，上海与南通市的发展落差为 72%、88% 和 33%。实际上，城市与周边的腹地是不可分割的整体，只有中心城市及所在区域协调发展，才能保持中心城市的持续稳定和繁荣。首都周边地区贫困带的存在不仅会成为京津经济发展的拖累，而且带来了极大的不稳定因素。

其次，环京津贫困带是我国生态保护敏感地区。长期以来，环京津贫困带遭遇了超强的开发和垦殖，区内河湖干枯断流、湿地山泉消失、水土流失加剧、地表水源污染、土地沙化、草场退化。区域内生态环境的持续恶化，严重威胁着京津冀北地区的供水安全和大气环境质量的改善。天津、唐山频繁出现供水荒，北京多次出现供水危机和应急调水，海河南部平原河流出现断流，地下水环境由于超量开采遭到毁灭性破坏，人均水资源量持续下降，同时环境空气质量始终受到来自外围地区的影响而得不到根本改善，沙尘暴频繁发生。该地区已成为中国生态安全保障程度低、特大城市周边贫困程度严重、生态经济协调要求迫切、生态性贫困问题典型、贫困和生态问题造成的政治影响敏感的地区，成为中国社会转型时期各种矛盾冲突的交汇地，更成为理论研究和应用对策研究的重点。

值得关注的是，目前环京津贫困带生态环境恶化的趋势仍未得到根本遏制。距离北京110公里的丰宁小坝子乡沙漠目前还在以每年3—4米的速度向北京推进；距离北京72公里，处于北京近郊官厅水库附近的河北省怀来县龙宝村的天漠沙丘，每年沉降10万吨的黄沙，沙尘直接影响北京。由于近年来气候干旱，土地沙漠化日趋严重，官厅水库、密云水库、潘家口水库的入库水量逐年减少，河流污染状况十分严重，地表水的稀释自净能力极度降低，目前该区域河流污染已达70%，绝大部分为严重污染。环京津贫困带涉及近千万人口的贫困带和8万多平方公里尚未有效遏制生态恶化趋势的地区。像这样在距离首都不到100公里的区域内还存在着大面积贫困化地区的现象，在世界上也极为少见。

同时，由于该地区敏感的区位、恶劣的自然条件和严重超采退化的资源条件，加上历史上几次决策失误，决策管理体制和机制陈旧，导致该地区生态恶化趋势没能得到有效遏制。京津是全国经济社会发展的重要地区，首都周边地区贫困和生态问题交织在一起，所产生的政治、社会影响和敏感程度，已引起社会高度重视。

环京津贫困带的持续贫困和生态破坏，源于历史上多次大规模移民开荒和林草资源破坏，导致人口的超常增加和生态环境的急剧恶化。其中，明朝时期的大规模毁林建城、清朝时期的大规模移民、民国时期的大规模屯兵和新中国成立后的“以粮为纲”，对当地经济社会的可持续发展和生态环境的破坏影响最为严重。

新中国成立以来，特别是改革开放以来取得了巨大经济社会成就，但在环京津贫困带问题上，社会和学术界普遍心存疑虑，“大树底下是否不长草”？京津究竟是河北的辐射源头还是极化黑洞？由于该地区的生态与贫困问题交织在一起，已经形成了一种彼此共生的恶性循环，其贫困与生态问题的双重存在具有特殊的政治和经济敏感性，学术界和政府担忧其局部的生态危机发展成为全局的生态危机，出现更为严重的水荒和风沙扬尘危害，直接影响京津冀区域的生态安全。

理论界认为，京津冀是全国省级行政区划切割最严重，也是体制性障碍最突出的地区。京津冀作为区域经济一体化过程中形成的一个经济圈，北京和天津作为地区的发展极，非但没有向周边“弥散”它的资本、技术和人才，还“极化”出了贫困带，是因为众多政策措施作用互相抵消，没有达到区域协调的预期效果。

环京津贫困带成为中国社会转型时期各种矛盾冲突的交汇地，从贫困带产生的根源，笔者认为形成贫困带的原因是：①发展不平衡：社会力制造的贫困；②区域失衡：经济力制造的贫困。

为改善该地区的贫困和生态环境状况，国家已在该地区实施了多项扶贫和重大生态建设工程。从 1994 年开始的国家“八七”扶贫攻坚计划。七年间，国家、省和社会各界通过开发式扶贫、产业扶贫、加强贫困地区基础设施建设等多种形式，共向张家口、承德贫困地区投入扶贫资金 25.5 亿元。但由于当地自然条件恶劣、基础设施薄弱、农户缺乏必要的家庭积累，因灾、因病、因学返贫致贫人口不断增加。

为防治风沙危害、保护京津水源，国家先后在该地区实施了三北防护林建设、退耕还林还草、京津风沙源治理、首都 21 世纪水资源可持续利用等多项重大生态建设和环境治理工程，累计投资超过 100 亿元，但由于在安排生态工程建设上，重建设、轻管护，导致众多生态工程没能取得理想的效果。区域内水土流失日益严重，土地荒漠化面积不断扩大，沙尘暴频繁袭击京津；干枯河流不断增加和干枯河段不断向上游延伸，20 世纪 60 年代海河干流断流、70 年代海河一级支流（永定河）断流、80 年代海河二级支流（桑干河）断流；密云水库、官厅水库、潘家口水库——京津三大水源的入库水量逐年减少，整体生态环境不断恶化的趋势未能得到根本扭转。

深入研究可以发现，造成这种状况的根本原因在于，在条块分割的决策管理体制和陈旧僵化的协调机制下，扶贫与保护生态各自封闭管理和运行，扶贫开发与生态建设相互脱节，导致众多决策失误，诸多扶贫开发和生态建设的努力事倍功半。国家要生态、地方要财政、农民要致富的尖锐矛盾始终难以缓解；在割裂的中心城市与腹地区域发展关系构架下，区际发展关系受到人为阻隔，区际发展落差不断扩大，成为统筹扶贫与保护生态、协调城乡和区域发展的经济藩篱。

第二节　主要内容

用社会试验这个最古老，也最有效的农村问题研究方法，去解决“贫困带”核心问题。基于中国农村近 30 年的试验研究，以及发展中国家的经验比较，对环京津地区的实地考察，做出具有本土意识、历史跨度和国际视野的理论研究。

而在与“贫困带”区域实际的结合上，在以古典经济学为理论基础的二元经济模型中，库兹涅茨的倒“U”模型和费—拉二元古典经济学模型理论都重点阐述了农村贫困问题。在掌握基本数据的基础上采用全局把握和典型调查相结合的方法。对“贫困带”各市、县情况进行全面把握，包括实地考察和查阅各种文献资料，并基于国际经验、全国已有实践与社会实验结果进行政治经济、地理资源、社会学的综合分析。

在准确收集整理“环京津贫困带”全面文献资料和数据的基础上，详细探讨具有中国化特点的“贫困带”形成与决定因素，并通过实证研究确定区域协调发展的驱动因素和抑制因素。

笔者认为，首先，形成贫困带一个重要的原因是区域“分工演进”的结果，在资源配置中过度弱化了环京津地区的生态需求。本书提出以分工演进和区域协同为分析视角，以“分工演进—制度变迁—结构转换”为分析脉络，包含二元经济结构的形成原因、影响因素和转换途径为主要内容的理论框架进行分析。

其次，制度因素也是加深贫困带形成的体制原因。所以，研究从系统理论的角度出发分析区域政策的动态博弈均衡，研究以市场经济条件下三方合作与互动的关系，考察其合作的“核心”——转移支付量、利益协调机制、机制协调的可行性与有效性。这也是迄今为止尚未全面实证研究过的问题。

本书拟在上述认识背景下，以“二元经济”理论作为切入点研究“环京津贫困带”的不平衡问题，运用系统论和分析框架和视角，探讨“贫困带”形成的原因和影响。希望以破解区域“二元结构”为突破口，深入研究这一地区的“致病”根源，探寻解决本地区经济、社会和生态问题的有效途径，有助于提升国家和区域破解生态和贫困问题。

根据以上思路，本书的主要内容如下：

对“环京津贫困带”的理论分析：以中国特色的“二元结构”为主线，从经济和社会转型的角度论证环京津贫困带“二元结构”的制度后果。以区域“二元结构”的基础理论、区域二元结构的认识论、区域发展理论，来破解“二元结构”的区域贫困难题。集中实证研究发展中国家的工业化过程中，农业为什么“天生”表现为弱质产业、农民“天生”成为弱势群体、农村经济往往是国民经济最薄弱的环节？探索多年来中国主张国民经济平衡发展、强调农业的基础作用，为什么实际上农民、农业和农村经济和生活始终没有得到根本改善？对问题产生的社会经济历史背景、工业化进程中农业与工业的相互关系及其变动趋势，以及工业化进程中的产业发展战略选择等问题进行比较、分析和探讨。

“环京津贫困带”的政策及制度实证检验：从环京津地区经济社会发展的政策特殊性出发，深入分析这些地区的政策需求特征，分析农村及区县经济、社会和人口发展的新制度模式。通过量化分析和描述环京津贫困带的现象、揭示问题产生的制度根源、分析改革的难点、选择改革的路径以及提出具有操作性的政策建议。

消除“环京津贫困带”的政策建议：就贫困带问题模式，成因和影响，区域生态保护、区域经济、社会发展存在的差距以及内部的不平衡加以分析，并且对防范与化解区域发展不平衡提出建议。以国内外关于区域关系的演进研究和京津冀地区现代空间关系发展研究，提出加快区域统筹发展的对策思路。

理论篇

第二章　生态理论基础下的都市圈空间演化

第一节　生态区与生态区划理论

一　生态区的概念

学者们从不同视角对生态区进行了概念界定，例如，Brunckhorst（2000）指出，生态区是一个“由有别于其他地区的土壤和地貌相结合、有循环模式的生态系统”；Omernik（2004 年）认为，生态区是“与地理现象的特征相契合，在生态系统的质量、健康程度和完整性上有差异的地区”，其中，“地理现象的特征”包括地质、地貌、植被、气候、水文、土壤、陆生和水生动物，也包含人类活动的影响（如土地利用方式、植被变化等）；世界自然基金会对生态区的定义为，一个生态区包含一个地理上独特的自然群落的组合，这一组合具有大部分相同的物种与生态动力学相似的环境条件，与生态的互动方式是群落长期存在的关键，在地域上占据了大面积的陆地或水域，在近期内出现干扰或变化之前，一个生态区的边界接近于自然群落的原始范围，目前已确定了地球上 867 个陆地生态区，以及约 450 个淡水生态区。综合国内外学者对生态区的认识与理解，生态区是运用生态学方法与原理，以指导城乡发展而建立的空间布局合理，基础设施完善，环境整洁优美，生活安全舒适，物质、能量、信息高效利用，经济发展、社会进步、生态保护三者保持高度和谐，人与自然互惠共生的复合生态系统（毛卫星，2012）。

不同学科对生态区的侧重点各不相同。从生态学角度看，生态区是具有独特天然群落与物种的组合，植物、动物与生态系统的生物多样性的差异是区分不同类型生态区的重要标准。从地理学角度讲，生态区能够区分不同尺度的生态环境、自然地理、自然资源、经济社会活动特征的相似性和差异性。从生物学角度讲，生态区的分类依据是生物群落类型，进而取决于降雨和气候。生态区具有以下共性特征：（1）生态系统相对一致性。不同生态区之间生态系统具有明显差异，以及生态系统内部特征的相对一致性。（2）边界模糊性。相邻生态区之间边界具有一定过渡性质，一些生态区由于环境变化极为缓慢，难以确定一个具体的边界。（3）区分标准的多样性。

基于不同的研究、保护目的，采取不同的分类体系与测算方法，对相同的地域范围会产生不同的生态区划分结果。

二 生态区划的内涵与意义

1976 年，美国生态学家贝利按照地域、区、省和地段四个等级对美国生态区域进行类型划分，并编制了 1∶750 万的美国生态区域图，成为国际上公认最早的、真正意义上的生态区划研究（R. G. Bailey，1976）。随后，贝利相继完成了北美大陆和全球的生态区划，这一研究引发了全球学者们的广泛关注。20 世纪 80 年代，加拿大也开展了国家与区域尺度的生态区划研究，例如，1982 年，Wiken 按照生态地带（ecozone）、生态省（ecoprovince）、生态地区（ecoregion）和生态区（ecodistrict）四个等级，在全国层面上对加拿大进行了生态区域划分，并于 1996 年进一步完成了加拿大陆地和海洋的生态区域划分，以生态地带（ecozone）、生态地区（ecoregion）、生态区（ecodis－trict）、生态地段（ecosection）、生态地点（ecosite）和生态元素（ecoelement）六个等级，将加拿大划分为 5 个海洋生态地带、15 个陆地生态地带，并详细描述了各地带动植物、气候、地形、土壤等生态要素（Wiken et al.，1996）。1995 年，贝利编制了北美和美国陆地生态区域图和海洋生态区域地图，标志着全球生态地理区划进入新的研究阶段，世界范围内许多国家或地区广泛开展了生态分区研究，各种定性与定量分析方法得以运用，以温度、水分、生物、土壤、植物等因素作为揭示地域分异规律的依据，基于生态区的分区系统管理和环境保护，已经成为世界各国环境管理与政策制定的热点。

我国自然区划研究起步较早，20 世纪二三十年代，竺可桢先生首开区划研究之先河，他发表的《中国气候区域论》标志着我国现代自然地域划分研究的开端；黄秉维先生于 1940 年首次开展了我国植被区划研究（张素芳和马礼，2013）；另外，一些学者也从地域分异规律角度探讨了我国自然区划研究。总体来看，这一时期的区划以单要素为主的部门自然区划较多，为我国区划研究的全面与系统发展奠定了必要的基础，但是，方案相对简略，以定性研究为主，研究缺乏理论与方法总结。新中国成立后，我国相继完成了一系列全国范围的综合自然区划、部门自然区划和实用自然区划研究。20 世纪 80 年代，我国科研工作者开始将生态系统概念引入区划研究中，例如，侯学煜先生于 1988 年出版的《中国自然生态区划与大农业发展战略》，详细讨论了自然生态区划的原则和依据，首次将全国划分为 22 个生态区，依据各生态区的自然资源特点，提出了“大农业”的发展方向，这是中国生态区划研究的开端（王丽，2005）。

自 20 世纪 90 年代至今，我国生态区划工作进入新的发展阶段，这一时期成果丰硕，包括杨勤业和李双成（1999）提出的中国生态地理区域划分方案，傅伯杰等（2001）提出的中国生态区划方案，黄兴文和陈百明（1999）提出的中国生态资产区划方案，欧阳志云等（2000）提出的中国生态环境敏感性区划方案等。这一时期生态区划研究的特征为：①注重生态学、环境科学和地理学等不同学科之间的交叉；②由单一因素向自然与人文因素相结合转变，人类活动因素对区划方案的影响加深；③数据多源化与区划技术多样化，例如，GIS、SPSS 等软件的广泛应用，数据获取向“地面调查 + 对地观测 + 台站监测 + 模拟数据”四位一体的多数据源转变；④区划综合性与系统性增强，从系统整体性出发，通过自然和经济社会多要素结合进行综合区划。

生态区划研究对于充分认识地域分异规律，开展必要的生态保护与建设有重要指导意义。随着经济社会发展，人类活动与生态环境之间矛盾加剧，各国越来越重视生态区划，更多地关注人类活动在资源开发和环境保护中的作用和地位，开始注重生态与经济功能对生态区划的作用。

国内学者对生态区划进行了概念界定，例如，傅伯杰（1999）指出，中国生态区划的目的是通过开展全国生态区划和建立区划信息系统，为区域资源开发与环境保护提供决策依据，为全国和区域生态环境综合整治服务，其目的是在系统研究我国各生态因子的空间分异和承载力，研究生态资产的空间分布，探讨不同生态因子和生态过程对人类活动胁迫反应的敏感性的基础上，建立我国生态环境综合区划的原则、方法和指标体系，进行全国生态环境综合区划，将其任务分解为生态地域划分、生态资产分布、生态胁迫过程和生态敏感性分析，并制定中国生态环境综合区划方案。生态区划具有动态性特征，在不同的时期由于社会的发展以及生态环境存在着一定的差异，其对区划的要求也有所不同，因此，生态区划应随着社会经济的发展以及人类对自然认识的深入而发展（傅伯杰等，2001）。谢高地等（2012）指出，生态区划是在分析研究区域生态特征空间分异规律的基础上，根据主要生态环境因子在不同区域的异质性和相似性，将研究区域划分为不同生态区的过程，其目的是为生态系统的研究、评价、修复和管理提供一个合适的空间单元。何方（2002）认为，生态区划分和评价是由以往的区域发展规划和环境影响评价演进而来，是为了解决自然资源开发利用与生态环境保护之间的矛盾，发展起来的一种科学方法和实践，为了更有效地治理生态环境，必须贯彻因地制宜、有的放矢。为此，应将各类不同的生态环境进行分类分区，做出科学的评价，明确各自的保护建设目标和内容。

在不同学界，生态区划具有不同的含义与侧重点，与之相近的概念有生态地理区划、生态功能区划、生态经济区划、自然地理区划等，表2－1对比分析了生态区划相关概念解析及其侧重内容。

表2－1　　生态区划的相关概念与内涵

	概念解析	侧重点
生态区划	在生态环境、自然地理、自然资源研究的基础上，结合我国人类活动和经济发展的特点，运用多学科交叉的综合研究，以可持续发展为目标，依据社会—经济—自然复合生态系统特征的相似性和差异性的程度，对我国生态环境和生态资产进行逐级的划分或合并（傅伯杰等，1999）。	具有综合性的特征，既要考虑生态与环境因素，又要考虑生态系统的功能；既要注重考虑自然环境特征，又要考虑生态系统与人类活动之间的互动与反馈。
自然地理区划	自然地理区划作为一种方法论，是自然地理学的传统工作和核心研究内容之一。从区域角度出发，观察和研究地表自然综合体，揭示地域分异规律，探讨不同尺度自然地域单元的形成发展、分异组合、划分合并和相互联系的科学，可为拟定和实施社会经济发展规划及保护、改良和合理利用生态环境提供必要的科学依据（高江波等，2010）。	区划要素类型多样、自然综合区划“生态化”明显、区划空间单元及其尺度系列完整。

续表

	概念解析	侧重点
生态功能区划	根据区域生态系统类型、生态环境敏感性和生态服务功能的空间分异规律，在生态区划的基础上，将区域划分成不同生态功能区的过程（欧阳志云等，2000）。为产业布局、生态环境保护与建设规划提供科学依据，为实施区域生态环境分区管理提供基础和前提。	侧重于划分区域或国家生态安全重要地区，分析区域可能的生态环境问题与生态环境脆弱区。
生态地理区划	在自然区划原理和方法的基础上发展起来，是国内外地理学和宏观生态学研究的热点问题之一。研究地表自然界空间分布的不均一性产生的地域分异规律，包括纬向的地带性分异和非纬向的非地带性分异。	关注生态环境条件在地域分布上的相似性、差异性和规律性，而不同于单要素的自然区划和综合自然区划。
生态经济区划	属于功能区划，以生态经济学为指导思想，从区域生态的和社会经济的功能分析入手，剖析自然生态地域结构和社会经济地域结构，科学总结自然、经济功能的地域分异规律，划分融合生态和经济要素的地域单元（王丽，2005）。	属于自然区划、生态区划和经济区划的交叉范畴。注重经济发展过程与生态环境的结合，考虑生态与环境容量，考虑生态环境建设的成本—效益，实现基于自然资源、生态环境的社会与经济的持续、稳定发展。

三　生态区划标准与指标体系

由于生态系统具有等级性以及对人类干扰的强弱差异性等特征，生态区划应遵循以下原则：

（1）地域分异原则。自然界地域分异规律是进行生态区划的理论基础，也是生态区划的基本原则，不同类型与级别的生态区是区域分异的结果。在了解不同生态系统的要素、结构与功能及其与气候的关系的基础上，揭示区域分异规律，依据区域内部地形地貌特征相对一致性标准，以及区域生态系统结构、过程和景观格局的关系（“河北省生态与灾害研究”课题组，2003），依次确定区划的等级单位系统。

（2）区内环境的相似性与差异性。生态区划是根据其区域内的相似性和区际差异性加以识别和概括，这是对自然环境的客观反映。区域所划分的对象必须是具有独特性，空间上相对完整，区域内部生态环境趋于一致，各生态系统之间具有结构差异性。

（3）主导因素原则。生态系统的结构、功能及其演化受多种因素的影响，往往是不同因素综合作用的结果，因此，在进行各级生态区划分时，必须贯彻综合分析与主导因素相结合的原则，筛选影响各生态区分异的主要因素进行类型划分。

（4）等级性原则。等级性理论是生态区域逐级划分的基础。生态系统为包容性等级系统，尺度特征明显，低等级组分依赖与高等级组分的存在，高等级组分特征在低等级组分中得以反映，生态过程与格局之间的关系取决于尺度大小，低层次非平衡过程可以被整合到高层次稳定过程中，这是逐级划分或合并的理论基础（贾良清等，2005）。同一生态区域内，水热条件的分配因地形、地势等多种因素的影响而差异甚大，从而导致生态系统表现出相应的差异。总体来说，区划单位的等级愈高，地域愈复杂，区际所表现的相似性小而差异性大；区划单位等级愈低，地域愈简单，区际的相似性大而差异性小（刘国华和傅伯杰，1998）。所以在区划时不能搞一刀切，而必须根据生态系统的差异，确定不同的发展方向、采取不同的措施、划分不同的等级。

此外，在进行生态区划分时，还应重视与人类发展密切相关的生态过程和功能，注重可持续发展，区划要结合社会经济发展水平及其定位，使其成为具有前瞻功能的指导性依据。同时，须考虑到人为的因素，正确评估人类活动在生态环境中的作用和地位。生态区划必须做到发展与环境保护的有机统一，使自然资源得以充分合理地开发利用和保护，整个生态环境处于良性循环之中，从而保证资源的永续利用和经济的可持续发展。

如表 2－2 所示，国内学者生态区划的方法，基本采取了三级的区划指标体系，一级重点考虑大尺度上区域地质、光照、温度等自然因素，二级重点考虑生态服务功能、资源分布状况、地貌或亚地貌类型等因素，三级重点考虑人类活动指标、生态系统敏感性指标。针对生态区划对象的地域范围及其特征，不同生态区划的指标体系会有所侧重。

表 2－2　　生态区分级体系

文献来源	指标体系	命名方法	划分结果
刘国华和傅伯杰，1998；傅伯杰等，2001	一级生态区： （1）大地构造与地貌类型。 （2）光照、热量和降水的大区域分异。 （3）人口密度及经济活动范围（主要指资源开发利用的程度）。 二级生态区： （1）自然生态景观及生物类型：生态系统的差异等。 （2）土壤类型。 （3）生态资产及生态服务功能。 （4）水资源分布状况（地表水）。 （5）农、林、牧、渔的结构及其生产潜力。 三级生态区： （1）人类活动的强度和生态胁迫过程。 （2）生态承载能力。 （3）生态敏感性及生态恢复能力。 （4）经济发展水平及人均国民收入。	在对各级生态区进行命名时主要考虑以下因素：生态大区，大地理位置—温湿状况；生态地区，温湿状况—典型地带性植被；生态区，地貌类型—生态系统类型—人类活动因素。	将我国划分为3个生态大区、13个二级区和57个三级区。
谢高地等，2012	本研究采用三级区划，各级分区的依据和方法如下： 一级生态大区：主要依据温度、降水、海拔和植被指数，之后再结合地形地貌、气候带等数据。采用聚类分析和空间叠置方法。 二级生态地区：主要依据地貌。采用主导标志法和空间叠置法。 三级生态区：主要依据生态系统服务和植被类型。主要采用主导标志法和空间叠置法。	一级生态大区名称由“地名＋气候特征＋生态大区”构成； 二级生态地区名称由“地名＋气候类型＋生态地区”构成； 三级生态区名称由“地名＋气候类型＋植被类型＋生态区”构成。	采用自上而下逐级划分，将我国划分为4个生态大区、11个生态地区和63个生态区。
贾良清等，2005	不同层次的生态功能区划单位，其划分依据不同： （1）一级区：以中国生态区划三级区为基础，结合研究区地貌特点与典型生态系统以及生态环境管理的要求进行调整，并考虑与相邻省份的衔接。 （2）二级区：以研究区主要生态系统类型和生态服务功能类型为依据。 （3）三级区：以生态服务功能重要性、生态系统敏感性及受胁迫状况等指标为依据。	（1）一级区命名由地名＋地貌特征＋生态区构成。 （2）二级区命名由地名＋生态系统类型（生态系统服务功能）＋生态亚区构成。 （3）三级区命名由地名＋生态功能特点（或生态环境敏感性特征）＋生态功能区构成。	将安徽省域划分为5个一级区（生态区）、16个二级区（生态亚区）和47个三级区（生态功能区）。

续表

文献来源	指标体系	命名方法	划分结果
“河北省生态与灾害研究”课题组，2003	1）一级分区：主要依据区域地形、地貌特征。 2）二级分区：选取气候气象指标、地带性植被类型、亚地貌类型等指标体系。 3）三级分区：主要考虑微地貌类型、生态系统类型、人类活动指标、地带性植被类型、土壤类型等指标。	—	将河北省域划分为6个生态环境区、15个生态环境亚区、24个生态环境小区。

四 都市圈生态区概念辨析

城市是组成都市圈的基本单元。城市土地生态系统是以人为中心的有机界与周围环境形成的对立统一体，是上自城市局地大气环流所能达到的空间，下至城市地表水与地下水能补给的范围所包容的空间实体（刘惠清等，1999）。王如松（1988）将土地生态元作为城市土地生态系统中最基本的功能单元，包括城市工厂、生活区、火车站、公园等区域，具有相对均质性；城市土地生态区比城市土地生态元更为高级，是因经济联系与社会联系的相似性而形成的独具特征的各类城市土地生态元的有机组合。

从概念来看，都市圈是由一个或多个核心城市，以及与核心城市具有密切的社会、经济联系，具有一体化倾向的邻近城镇与地区构成的圈层结构；一般以中心城市为核心，以发达的联系通道为依托，吸引辐射周边城市与区域，并促进城市之间的相互联系与协作，带动周边地区社会经济发展，可以实施有效城市管理。都市圈健康协调发展已成为当今世界经济社会可持续发展的主导力量。

都市圈作为一种人类改造自然行为最为剧烈的地区，其生态区具有不同于传统意义的生态区，被赋予更多的含义。

从生态区划角度来看，与传统的生态区划有所不同，都市圈生态区受人类活动影响最为剧烈，重点服务于都市圈生态系统演化，土地利用类型上偏重于农地、耕地、园地等，具有一定的地质、地貌、植被、气候、水文、陆生和水生动物以及土壤特征。与生态区划相比，都市圈生态区划所涉及的尺度相对较小，一般以区域为尺度，更加偏重于人文活动因素的影响。从功能来看，都市圈生态区作为一种特殊的生态系统，具有物质生产、物质循环、能量流动等基本功能，在都市圈地域范围内，各种城市活动与自然生态系统之间通过物质循环与能量流动的相互作用达到动态平衡。具体而言，包括水气净化、污染降解、土壤再生等物质生产功能，灾害缓冲、气候调节、水源涵养、害虫控制等生态防护功能，以及怡神悦目、旅游等娱乐文化功能。都市圈生态区的这些功能能够有效改善都市圈生态环境，提高都市圈生态服务功能，对城市活动起到一定的生态屏障作用（周幻纶和王如松，1990）。

从生态系统角度来看，生物多样性是人类社会生存和可持续发展的基础。都市圈生态系统是各种各样的生物及其与环境形成的生态复合体总和以及它们的各种生态过程，生物多样性是提高城市绿地生态系统功能和绿地生态系统健康的基础，也是城市绿化水平的重要标志。与自然生态系统有所不同，城市生态系统的生物类型与景观要素较少，结构单一，生境类型简单，生态系统稳定性相对较差。过度的人类活动干扰，会破坏都市圈生态系统的稳定性，进而对城市自然保护产生一定的负面影响。

从地域组成与形态来看，都市圈生态区是指在其地域范围内，具有生态主导功能的地域系统与城市绿地系统的总和，一般位于城市的周边区域或散状分布于城市内部。从景观生态学角度分析，构成景观的结构单元主要有三种：斑块（patch）、廊道（corridor）和基底（matrix），统称为“镶嵌体”（tessera）。斑块是指一个与周围环境不同的相对均质性（homegeneity）非线性的区域。廊道是景观唯一的线性要素，是不同于两侧相邻土地的一种特殊的带状要素类型。廊道的功能主要有：生境、传输通道、过滤和阻抑作用、作为能量、物质和生物的源和汇。根据廊道的起源、人类的作用及景观的类型，廊道可分为森林廊道、河流廊道及道路廊道等。廊道在城市景观中起着重要的美学作用。基底又称本底或模地，它是景观镶嵌内的背景生态系统或土地利用类型，具有面积大、连接度高、对景观动态具有重要控制作用等特征，是景观中最广泛连通的部分。

第二节 城市生态系统理论

基于生态学的基本理论，解释城市生态系统演化遵循的一般规律，作为都市圈城市区的演变机理分析的借鉴。

一 生态位理论

生态位理论解释了自然生物群落在自然环境中的竞争与生存状况。生态位（ecological niche）是指一个种群在生态系统中，在时间和空间上所占据的位置及其与相关种群之间的功能关系与作用。生态位对应的物种数量与生态系统的气候、地理和生物因素有关。与之相关的概念包括生态位重叠与生态位分离。其中，生态位重叠是指生物群落中，多个物种取食相同食物的现象，从而造成了物种之间的竞争，在食物缺乏的时候竞争加剧；生态位分离则指两个物种在资源利用方面的分离程度，若许多物种处于同一环境中共存，必然要存在某种生态学差别，也即是具有不同的生态位。竞争在塑造生物群落的物种构成中发挥着主要作用，物种能够转换它们的功能生态位以避免竞争的有害效应。

与生物界具有一定的相似之处，在城市生态系统中，不同等级的城市也具有自己的“生态位”，土地、劳动力与自然资源的差异，决定了不同城市在都市圈具有不同功能定位，也是城市之间保持动态平衡的稳定状态的原因。城市生态位反映了城市对人类经济社会活动的适宜程度，受城市的性质、功能、地位、作用及其人口、资源、环境的优劣势的影响。其类型包括生产生态位和生活生态位。其中，生产生态位包括城市的经济水平（物质和信息生产及流通水平）、资源丰富程度（如水、能源、原材料、资金、智力、土地、基础设施等），生活生态位包括社会环境（物质、精神及社会服务水平等）及自然环境（物理环境质量、生物多样性、景观适宜度等）。

二 互利共生理论

“共生”作为生态学概念，由德国生物学家德贝里于1879年提出，指共生单元之间在一定的共生环境中按某种共生模式形成的关系，即两物种相互有利的共居关系，彼此间有着直接的营养物质的交流，相互依赖，相互依存，双方获利。

随着共生理念不断拓展，互利共生理论已应用于不同社会领域的具体实践中。借鉴互利共生理论分析城市生态系统演化过程。城市生态环境与经济社会发展之间是一种相互依存、共生共荣的关系，通过直接的物质流、能量流、信息流、生态流等相互作用。在互利共生的作用下，城市生态空间呈现为合理有序的分布格局，从而使城市生态系统保持良性循环，使生态环境持续保持良好状态。反过来讲，城市经济社会可持续发展将促进城市生态空间结构优化，提升城市生态环境质量。

三　协同进化理论

协同论于 1977 年由德国物理学家赫尔曼·哈肯教授创立，主要是研究系统各要素之间、要素与系统之间、系统与环境之间的协调同步、合作、互补的关系，研究协同效应的形成，揭示系统进化的动力。协同论的核心思想是“协同导致有序”。协同论由一系列严密而复杂的原理组成，协同效应原理和自组织原理是最重要的原理。协同效应原理是指以系统内各个子系统间的相互作用来说明系统的有序性是由诸多要素的协同作用形成的。协同效应是任何复杂系统本身所具有的自组织能力，是形成系统有序结构的内部作用力。自组织原理，是指在一定的外部能量流或物质流输入的条件下，系统会通过大量子系统间的协同作用，在自身涨落力的推动下，达到新的稳定，形成新的有序结构。自组织系统在没有外部指令的条件下，其内部子系统之间能够按照某种规则自动形成一定的结构或功能，它具有内在性和自生性。从生物学角度来讲，协同进化是指两个相互作用的物种在进化过程中发展的相互适应的共同进化，反映了生物与环境之间的交互关系。

对于城市生态系统而言，生态系统演化与经济社会系统之间存在必然的协同进化关系。若生态系统的要素合理有序，利于改善生态环境，则会对推动经济社会发展起到积极作用；同时，经济社会可持续发展要求产业合理布局与产业结构升级，通过增加生态建设资金、技术投入，从源头上解决环境污染问题，使生态环境得到进一步改善，从而优化城市生态空间。反之，若城市生态空间不合理，生态环境日趋恶化，则会严重制约城市群经济社会的可持续发展，进而形成恶性循环。

四　耗散结构理论与混沌理论

耗散结构理论由比利时物理学家普利高津于 1969 年首先提出，主要研究远离平衡的开放系统，开放、远离平衡、非线性作用、正反馈和存在涨落是系统形成耗散结构的五个基本条件。耗散结构理论成功地解释了生命系统与非生命系统截然不同的发展规律，为更加清楚地剖析自然界中各类自组织现象提供了有力的工具。

混沌是指由非线性耗散动力系统所产生的不确定行为的现象。其研究对象是一些非线性动力系统，它们能够产生一些有时候看来似乎是完全随机的、极为敏感地依赖于初始条件和临界参数值的动态变化。其实质上是耗散结构理论的进一步拓展。定量研究混沌的重要动机在于区分低维的不规则行为同本质随机的不规则行为，度量其不规则的复杂程度。并被成功地应用于众多科学领域，被认为是当代科学革命的重大成就之一。

耗散结构理论与混沌理论为研究城市生态系统提供了科学的方法与工具，对于探索复杂系统的运行模式、揭示系统演化规律提供了重要的方法论基础。

五　环境承载力理论

城市生态系统是一个自组织的复杂系统，在外界活动的干扰下，生态系统会发生一定的变化，当这种改变超过一定水平后，会导致生态系统功能彻底改变。由于生态系统的供给量和供给速度具有一定的限度，生态系统的生物生产通常都有一个大致的上限，即对任何外来干扰的忍耐极限。若人类的经济社会活动超出这一极限，则会导致生态系统的退化，甚至系统崩溃。

在此引入环境承载力与弹性阈值两个概念进行详细说明。环境承载力是指某一环境状态和结构在不发生对人类生存发展有害变化的前提下，能够承受的最大的人类活动作用。环境承载力的改变引起系统结构和功能的变化，从而推动系统的正向演替或逆向演替。不同类型的生态系统具有不同的抗干扰能力，也就是具有不同的弹性阈值。在生态学上，“弹性阈值”一词可以被理解为某一弹性极限。确定生态系统不同的阈值水平，能够为决策者提供更优的、科学化的决策。当生态系统弹性阈值被超越时，通常意义上的生态系统恢复即不存在，只能转变成另一状态，或者灭绝。例如，在城市排污过程中，必须保证排污量不超过环境的自净能力等，否则生态系统将难以消耗过量的污水排放，影响都市区可持续发展（杨馥，2008）。

第三节　都市圈生态系统的基本特征及演化机理

一　都市圈生态系统的基本特征

从生态系统理论来讲，都市圈生态系统由独特的天然群落和物种所构成，具有明显的生物多样性特征。其结构组成具有组分结构、时空结构与营养结构三个方面。其中，组分结构是指都市圈生态系统中不同生物类型及其形成的不同数量组合关系构成的系统结构，是生态系统的基本特征。

都市圈生态系统的复杂性与综合性。其既具有一般生态系统的结构，如山区的"林、草、畜"系统等，也具有城市特有的生态群落结构，物种相对简单，数量相对较少，稳定性较低。时空结构也称为形态结构，指各种生物成分或群落在空间上和时间上的不同配置和形态变化特征，包括水平分布上的镶嵌性、垂直分布上的成层性和时间上的发展演替特征，即水平结构、垂直结构和时空分布格局。受地形、水文、土壤、气候等环境因子的综合影响，生物成分的区域分布差异性直接体现在景观类型的变化上，形成所谓的带状分布、同心圆式分布或块状镶嵌分布等景观格局。营养结构则是指生态系统中生物与生物之间，生产者、消费者和分解者之间以食物营养为纽带所形成的食物链和食物网，它是构成物质循环和能量转化的主要途径。区别于其他生态系统，都市圈生态系统受人类活动的影响更为密切，在空间分布上往往与城市地区重合，在物种多样性方面低于一般生态系统。

都市圈生态系统是一个开放性系统。与外界有能量与物质交换，具有自组织功能与特性，系统内部各系统之间的竞争与协同作用构成自组织系统演化的动力机制，推动着都市圈生态区由无序系统走向有序系统。从系统要素组成来看，都市圈生态系统是一个由社会、经济和自然三个子系统耦合而成的复合系统，在其运行过程中，需要与外界输入或输出所需要的资源、资金、技术等要素，来维持自身系统的演化发展，同时，促进经济发展与社会进步（杨芸、祝龙彪，2000）。

都市圈生态系统是一个复合性系统。学者们将自组织理论引入复合生态系统的研究中，企图探寻环境与可持续发展之间最佳匹配途径，作为生态城市建设与规划的理论基础。自组织理论是20世纪60年代末期开始建立并发展起来的一种系统理论。“自组织”是指一个系统在内在机制的驱动下，自行从简单向复杂、从粗糙向细致方向发展，不断地提高自身的复杂度和精细度的过程，由耗散结构理论（Dissipative Structure）、协同论（Synergetics）、突变论（Catastrophe Theory）三部分组成。本书将应用自组织理论解释都市圈生态区的自组织规律。

二 都市圈生态系统演化机理

（一）耗散结构系统

都市圈生态系统是耗散结构系统。耗散结构理论最早应用热力学和统计物理学研究，主要研究耗散结构形成的条件、机理和规律的理论，能够用于揭示复杂系统中的自组织运动规律，因此，后被普遍用于解释社会现象与规律。耗散结构理论认为，一个远离平衡态的非线性的开放系统，通过不断地与外界交换物质和能量，在系统内部某个参量的变化达到一定的阈值时，通过涨落，系统可能发生突变即非平衡相变，由原来的混沌无序状态转变为一种在时间上、空间上或功能上的有序状态。耗散结构需要满足四个条件：开放系统、远离平衡非线性区、远离平衡的自组织系统、某些非线性的动力学过程，通过结构、功能、涨落之间的相互作用达到有序。

都市圈生态系统的演化机理，从宏观上讲，当一个耗散结构的某个影响参数 λ 变化时，系统由原来的线性近平衡区域逐步发展，经过临界点进入一种不稳定的无序定态，然后通过系统“涨落”发生突变，形成一个新的稳定的有序结构，即从一种耗散结构转变为另一种耗散结构。这种非平衡演化包括前后两个过程：一是形成耗散结构；二是耗散结构发生分叉，从一种耗散结构变迁到另一种耗散结构。

熵是非平衡态热力学中的重要物理量（徐大伟等，2004）。从微观上讲，耗散结构发生非平衡演变，从一种耗散结构变迁到另一种耗散结构是由于系统吸收了“负熵”，并通过“涨落”从一种耗散结构转变为另一种更有序的耗散结构：在假设局域平衡条件下，在一个微小的时间间隔内，对于一个开放系统而言，熵（S）的变化则可以分为两部分，一部分是系统本身由于不可逆过程（例如热传导、扩散、化学反应等）引起的熵的增加，即熵产生（d_iS）；另一部分是系统与外界交换物质和能量引起的熵流（d_eS），整个系统熵的变化 dS 就是这两项之和，即：

$$dS = d_iS + d_eS$$

根据熵增加原理，$d_iS/dt \geq 0$，而 d_eS/dt 可正可负，则可由 $dS/dt = d_iS/dt + d_eS/dt$ 来衡量系统演化状态：

（1）当 $|d_iS/dt| > |-d_eS/dt|$ 时，则有 $d_iS/dt < -d_eS/dt$，说明系统输入的负熵流大于系统熵的产生，系统向有序度增加方向演化；

（2）当 $dS/dt = d_iS/dt + d_eS/dt > 0$ 时，则有 $d_eS/dt > 0$，或虽然 $d_eS/dt < 0$，但 $|d_iS/dt| > |-d_eS/dt|$ 两种情况，此时系统的熵产生大于系统输入的负熵，系统向有序度降低方向演化；

（3）当 $dS/dt = d_iS/dt + d_eS/dt = 0$ 时，则有 $d_iS/dt = -d_eS/dt$，说明系统的熵产生和负熵流相等，系统有序度不变。

都市圈生态系统通过与自然系统生物圈、大气圈、水圈、土壤圈和岩石圈之间的物流循环，为维持都市圈日常经济社会活动提供了必要的资源与环境基础，这种演化具有明显的耗散结构特征。人类经济社会活动与城市生态系统之间存在着一定的耦合关系，表现为各种人类活动与生态系统要素之间的各种非线性关系的总和。人类活动对生态系统产生的影响主要从人口增长、经济扩张、地域扩展三方面体现（黄金川和方创琳，2003）。①人口增长与都市圈生态系统。都市圈生态系统为城市人口增长提供原材料与能源，例如，农产品、矿石、煤、水、电等资源或产品，维持城市人口的正常生存与发展。同时，人口的生态环境效应与人口密度和生活强度有关。生活强度取决于人们的消费水平和生活习惯，人口密度决定排污的一般水平，生活方式则决定排污的变化水平。人口城市化通过提高人口密度增大生态环境压力，人口的增长快于城市地域的扩张，城市化水平愈高，人口密度愈大，对生态环境的压力也就愈大。此外，人口城市化通过提高人们消费水平和促使消费结构变化，使人们向环境索取的力度加大、速度加快。②经济扩张与都市圈生态系统。都市圈生态系统为经济增长提供必要的原材料，并吸收与净化产业发展产生的污染物。经济规模增长将导致其用地规模的成倍增长，加大了对生态系统的资源的消耗，增加了生态环境的空间压力；产业结构调整将改变对生态环境的作用方式，例如，城市“退二进三”的产业布局调整，将适度缓解城区内部的生态环境压力，而通过产业结构升级、技术创新，能够有效控制污染总量排放，提高人为净化能力，减轻经济发展对生态系统造成的负面影响。③地域扩展与都市圈生态系统。城市地域扩展导致生态系统的地域空间范围减小，直接降低了生态系统对人口、资源消耗、环境污染的消耗与容纳能力。

都市圈生态系统与周围环境进行物质、能量、信息交换而引进负熵流，可以抵消系统自生的结构熵，使系统内部总熵逐步减少，使系统由无序走向有序，由低有序走向高有序。都市圈生态系统从资源系统输入原材料和能量，经过生产加工，向市场输出产业和服务，向环境系统输出废弃物和副产品，这种物质和能量的不断代谢过程，形成了都市圈的演化与发展。这种物质流、能量流、信息流的输入与输出，依赖于信息的沟通与交流。由于都市圈由若干个不同等级的城市构成，不同城市之间因资源禀赋、产业发展、地理位置等不同，单个城市生态系统的物质、能量、信息、资金、人才、技术、市场等要素分布不平衡，因此，都市圈生态系统是由一系列子系统按一定的层次和结构耦合而成的功能整体，具有明显的非均衡性和层次性，并呈现出时间周期变化性等非平衡性特征。

（二）“弹性极限”理论

非线性是生态系统组元之间相互作用的不可叠加性，是复杂系统演化的基本特征之一。都市圈及其内部城市演化与外界生态系统之间存在着复杂的正反馈和非线性作用机制。经济增长带来了环境污染问题，对经济和社会的发展构成了负反馈形式的非线性约束机制，但经济增长带来的财政投资增加、科技进步等又为解决生态问题提供了资金、技术和设备等物质条件，进而形成了改善生态环境和进一步促进经济发展的正反馈形式的非线性作用机制。在此过程中，引入“弹性极限”理论加以解释（薛联青等，2003）。

在较低的人类活动影响下，都市圈生态系统具有相对较强恢复能力，大于人类活动的破坏能力。在持续的人类活动作用下，对生态系统的破坏将呈现积累趋势（图2-1）。若未超出生态系统的阈值，生态系统最终仍能向平衡态演化；若生态系统处于过载状况时，生态破坏情况严重，生态系统的自身恢复能力逐渐减弱，频繁的开发活动将会导致对环境的累积效应无限制增长（如曲线1），最终超过系统阈值，造成生态系统崩溃。都市圈生态平衡系统外界响应的稳定与弹性特点可通过物理变化来进行解释。在都市圈生态系统的弹性极限（触发点）内，外界刺激仍然能够使其恢复到最初的水平，但超过其稳定平衡点后，生态系统将呈现其动力学特性，表现为系统的多平衡性。外界干扰消失后，生态系统往往不会恢复到原始状况，而是进入另一个新的平衡状态。生态系统对干扰的这种非线性的动力学特性也构成了生态系统自身的“自组织”和“累积”的特性。

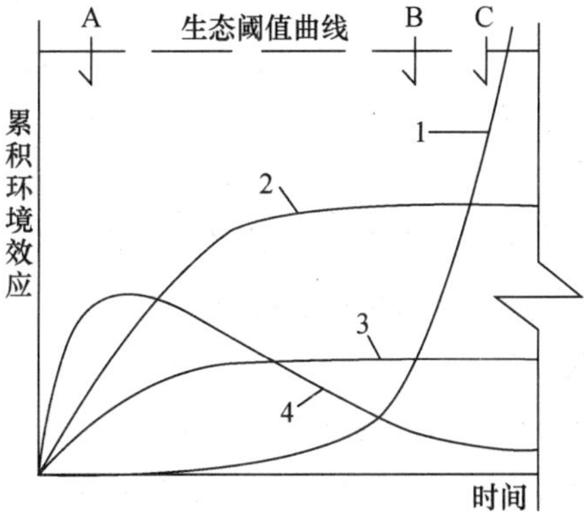

图 2-1　累积效应的动力学响应

都市圈生态系统中，为城市发展提供的各种资源与环境条件，其供给量和供给速度均存在一定的限度，因此，都市圈生态系统对人类的外来干扰有一定的忍耐极限，生态环境承载力决定其对开发活动的响应呈现出一种“协同”、“阈值”和“复合”的非线性关系。人类的经济社会活动在资源环境承载力范围之内，则会促进生态系统的良性循环，例如，城市排污时，必须使排污量不超过环境的自净能力等。

都市圈生态区是受人类活动干扰最为剧烈的地域类型之一，与都市圈的演化发展密切相关。都市圈生态系统是一个处于非平衡状态的自组织系统，同时具有非线性的动力学过程，是一个具有耗散结构功能的系统。通过分析都市圈生态系统的自组织功能，有利于深刻地理解城市生态系统运行规律，使人类在发展经济的同时必须保护好生态环境，以自然资源为基础，与生态环境的承载力相协调，保证生态系统中正熵流的有效减少和负熵流的增加，从而增强可持续发展能力。

第四节　都市圈生态空间构建与优化

一　城市生态空间的组织与特征

城市生态空间构建的目的是与城市社会经济体系相协调的自然生态体

系，空间组合有序、结构优化高效的生态空间结构将会促进城市社会经济与生态环境之间互利共生、协同进化，进而形成自我良性循环的生态安全格局，保障城市可持续发展。单个城市生态空间由城市自然资源禀赋所决定，受经济社会发展阶段的制约，也受到城市生产生活空间需求的影响。对于不同城市而言，具有不同的最合理的城市生态空间结构组织模式。

一般而言，如图 2－2 所示，核心城市通常是绿带环绕的方式，组团型城市可能采用城市围绕绿心的方式，星型城市多以绿地楔入或嵌合的方式，带形城市采用的是与城市平行的绿色廓道形式，多中心网络城市则和其布局形态一样，是以点、线、面等各种形态的生态绿地的楔入而构成城市生态空间网络系统。从空间尺度与空间关系来看，城市生态空间结构包括城市的内部空间、城市的外部空间和城市的群体空间三个层次（图 2－3）。其中，前两个层次主要是从宏观上把握单个城市生态空间结构。从土地类型来看，城市生态空间偏重于风景名胜区、水源保护地、郊野公园、森林公园、自然保护区、风景林地、绿化隔离带、野生动植物园、湿地等地类。

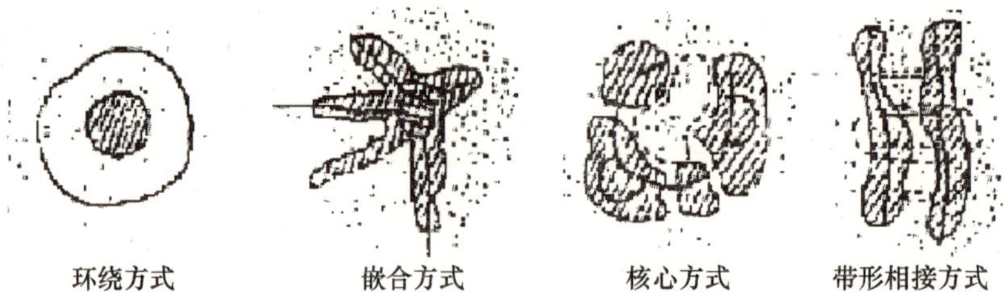

图 2－2　城市生态空间结构的组织模式

资料来源：杨鹏飞，2008。

图 2－3　城市空间结构三层次示意图

资料来源：朱喜钢，2002。

城市生态空间具有以下特征（张宇星，1995）：

（1）空间异质性。在区域尺度上，每一个独立的城市空间单元可看作是一个宽广的镶嵌体、狭窄的走廊或背景基质。城市生态空间研究对象如住宅群、商业街、村落、巨大城市带等呈异质分布，不同尺度的空间结构具有自相似性，在一定的无标度域中，空间单元的分布遵循分形规律。

（2）空间多样性。城市空间具有较高的异质性，减少了大面积的镶嵌，生态空间带有边缘类型的边缘空间数目大，从而区域内总的空间种类多样性高。空间异质性增加了城市边缘类型的丰度，提高了潜在多空间共存性。

（3）空间稳定性与抗干扰性。城市生态空间的稳定性起因于其对干扰的抗生和干扰后复原的能力。每个空间单元有自身的稳定度，当区域内不同类型的空间单元数量较低时，对外界干扰有较小的抗性，但有迅速复原的能力，如自然村落、居住区等；反之，若不同类型空间单元数量较高时，例如特大城市系统、巨大城市带等，对干扰有高的抗性，但复原缓慢。

二　国外都市圈生态空间建设案例

国外发达国家大都市圈生态空间具有各自不同的动力、方式、阶段与侧重点，从而产生了不同的都市圈生态空间结构，通过对比分析，归纳总结各个都市圈生态空间模式（曹哲铭，2010），能够为我国大都市生态空间建设提供参考。

1. 伦敦环状圈层模式

为了控制城市边缘地带盲目蚕食农业用地和可能引起城市的“摊大饼”现象，恩温（Unwin）于1933年提出了“绿色环带”（Green Bridle）的规划方案。其绿化带宽3—4km，呈环状围绕在伦敦城区，包括公园、自然保护地、滨水区、运动场、墓地、苗圃、果园等。他认为，环城绿带不仅是城区的隔离带和休闲用地，还是实现城市空间结构合理的基本要素之一。英国政府在1938年正式颁布大伦敦《环城绿带保护法》（*Green Belt Act*），经过实施和修订，形成宽16km，占地5780km^{2}的伦敦环城绿带。伦敦环城绿带对引导城市格局形成与建成区的有序发展起到重要作用，既可作为伦敦的农业与游憩地区，又可抑制城市过分扩张。

伦敦的生态空间布局形态呈现出典型的圈层模式，即中心城区处于都市圈内的中心位置，城市的外围是环城绿带，控制中心城向外无序蔓延；

在一定的距离之外建设卫星城，以疏解中心城的人口和产业，减缓城市集聚带来的巨大压力，引导城市向外疏散。在大伦敦范围内超过 360km^2，占大伦敦面积的 23% 和大都市绿带的 15%，其中 83% 属于公开使用，绝大部分用于农业；绿带约 18.8km^2 是荒野。绿带呈楔入式分布，促进市区与郊区空气的交换，改善城市地区的小气候状况；绿地系统形成绿色网络，通过绿楔、绿廊和河道等，将城市各级绿地连成网络（见图 2-4）。伦敦的环城绿带规划建设已成为城市生态空间规划的经典模式，对中国城市绿地系统规划建设产生了巨大的影响，与城市未来发展的空间结构及土地开发政策相联系。

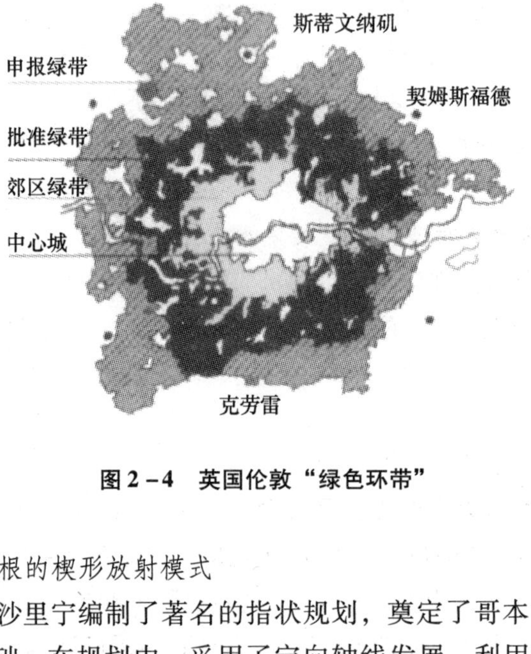

图 2-4 英国伦敦“绿色环带”

2. 哥本哈根的楔形放射模式

1948 年，沙里宁编制了著名的指状规划，奠定了哥本哈根城市空间结构演化的基础。在规划中，采用了定向轴线发展，利用高速交通线路（郊区铁路和高速公路）形成几条城市发展轴，在交通可达性较差的轴线之间保留楔形绿地，其构成主要是农田和郊区生态绿地，从而使城市生态空间结构表现出楔形放射特点（图 2-5）。

3. 米兰的圈层环绕 + 廊道网络模式

米兰大都市区有近 40% 的土地面积为生态空间（城市公园、区域公园、农业公园和其他类型的公园）。米兰南部绿带的主体是南米兰区域农业公园，承担着保护米兰南部农业乡村和保护区的战略重任。在北部高密

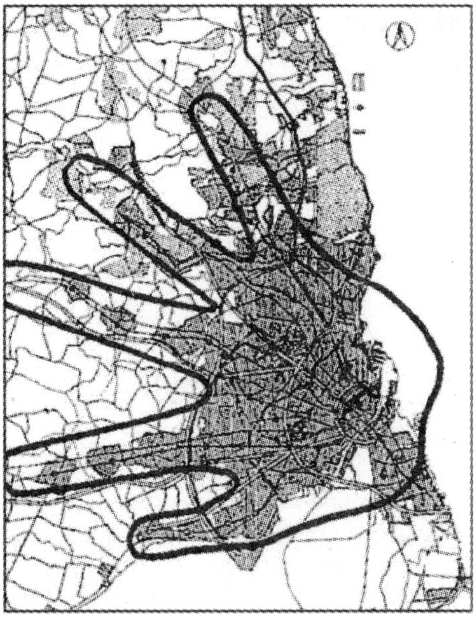

图2-5 哥本哈根长远期手指形态规划

资料来源：http：//www. landscape. cn/paper/cs/2011/3459539812. html。

度建成区的外围是伦巴河谷等区域公园，规划部门尝试在废弃地区、原有的农业和荒废的工业区重建绿地网络。总体上，米兰的绿地规划比较强调在区域尺度上保护并维系自由绿色区域，如乡村和农业区等开放空间，并且建设新的本土公园和连接区域公园之间的绿色廊道。整个米兰都市区生态空间结构的特点是南部有较宽的绿带作为生态屏障，北部则表现为城乡一体的绿色生态网络形态。

4. 兰斯塔德和新加坡的绿心模式

兰斯塔德是荷兰西部包含了全国最大的4个城市（阿姆斯特丹、鹿特丹、海牙和乌得勒支）及其间众多小城市的松散城市群（见图2-6）。兰斯塔德内部有一个面积约400km^2的农业地带，这一绿色开放空间就是“绿心”。整个城市群围绕绿心呈马蹄形排列，每个城市承担特定的城市职能。相邻城市间以绿带分隔，所有城市都面向规划保留控制的城市群绿心，这使得这一城市获得了绿心大都市（Greenheart Metropolis）的美称。

新加坡城市沿海岸发展，以环形快速公路为骨架形成环状城市走廊，新城镇围绕国土中部的原始森林保护区及中央水源保护绿地布置，走廊式全国快速干道串联的新城镇、港口区、工业区、东部国际机场之间又有成片的绿地分隔，形成环状开放式的总体空间构架，而城市生态空间结构是典型的绿心模式。

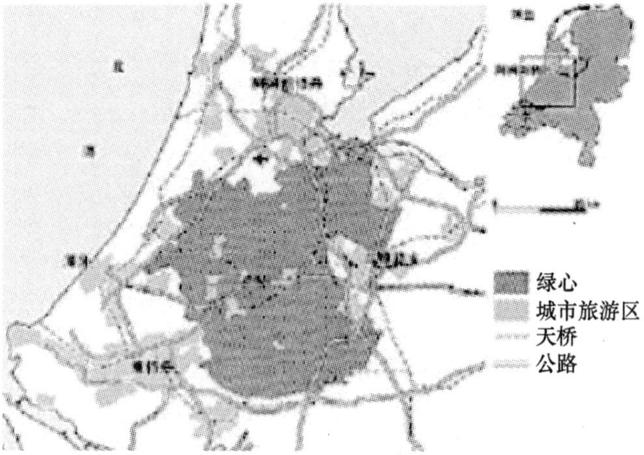

图 2－6　荷兰兰斯塔德地区的绿心

资料来源：Manfred Kühn，2003。

从国内外绿心的实际案例来看，绿心可归纳为两种主要空间模式：一种是城市（镇）群体围绕“绿心”发展的模式，如图 2－7（a）所示，以荷兰的兰斯塔德地区为代表。这种绿心存在的地域空间主要位于市际交汇处，尺度比较大，具有分隔城市、分散城市功能、保证城市外部良好生态环境的作用。另一种则是单个城市以“绿心”为内核向外拓展的发展模式，如图 2－7（b）所示，以我国的乐山市为代表。这种绿心多位于城市结构的中心位置，尺度较小或处于中观层次，利用在城市闹区中存在的大型绿色空间吸引和集聚人流，加强城市功能的聚合度，同时根据绿心规模的大小形成独立的城市结构组成部分或结合中心城区功能形成新型的城市游憩空间 RBD 的极核组成部分（刘凌燕等，2011）。

三　都市圈生态空间组织优化理论

（一）城市群廊道组团网络化模式

学者郭荣朝和苗长虹（2007）引入生态学原理，提出了城市群廊道组团网络化模式。“廊道组团网络化”城市群生态空间结构优化组合模式种群是指在特定时空内同种个体的集合。生物群落是指特定时空内各种生

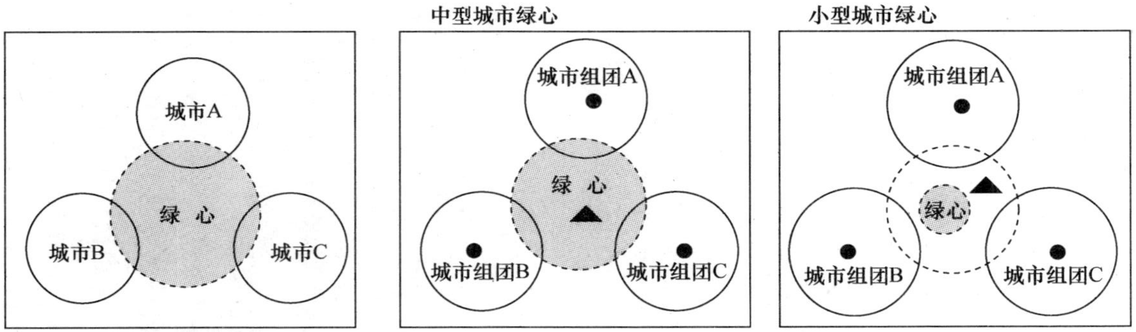

(a)城市(镇)群绿心　　(b)城市绿心

▲市级中心　●组团中心　○市级RBD

图 2－7　绿心空间形态的两种模式

物种群有规律的组合体。人类只有掌握了自然种群以及生物群落的空间特征、数量特征、遗传特征和动态规律，才能科学地利用生态学及相关学科理论优化重组城市群生态空间结构，使城市群区域生态环境承载能力最大，以此推动城市群区域经济社会环境健康可持续发展。然而，随着世界城市化水平不断提高，城市群等生态功能区面积不断缩小，河流等生态廊道遭到极大破坏，严重阻断了土地的呼吸，植物的生长，水系的循环，尤其是生态流的交换。城市化使非农区域不断扩大，农区等生态功能区面积不断缩小，城市化与生态空间之间存在着一种此长彼消的关系。城市群生态空间结构与社会经济发展之间存在着互利共生与协同进化机制，如图2-8所示。

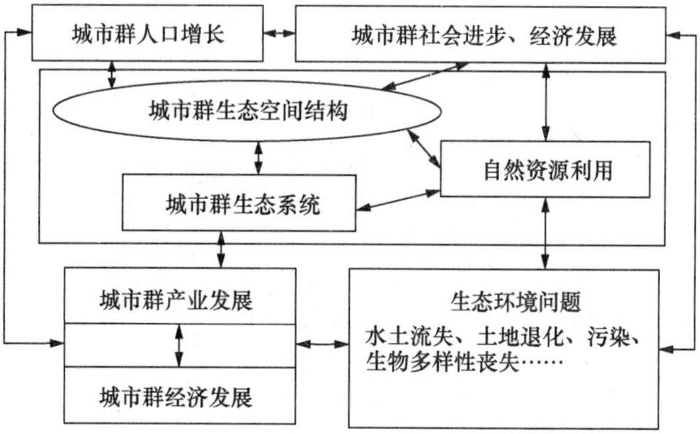

图2-8　城市群生态空间结构与社会经济发展之间的互利共生与协同进化机制

城市群生态空间结构优化重组是一个复杂的系统工程，必须通过充分调研、科学预测、合理规划，才能使现实演变状况更接近“理想状态”，才能使人为主动的重组符合自然演进规律并达到最佳效果（郭荣朝等，2008）。提升生态功能有两个主要途径，一是通过提高森林覆盖率直接提高生态功能区质量，以提高森林在改善城市小气候、净化大气、保健效应、防止水土流失和改善水文条件等方面的生态服务功能，扩大城市群区域生态环境容量；二是在生态功能区面积、质量不变的情况下，通过城市群区域（包括城市内部）生态基质、生态斑块、生态廊道的优化重组，使其成为一个有机整体，通过结构重构达到提升城市群生态环境容量、改善生态环境舒适度的目的。为此，构建了相应的模型，即城市群区域生态环境质量（Qe）是时间（T）与各生态功能区的面积（M）、质量（Q）、空间结构（S）等因子的函数。具体可用式（2－1）表示。

$$Qe = f(T,\ M,\ Q,\ S) \tag{2-1}$$

城市群生态空间结构组合状况（S）则取决于城市群区域耕作区（C）、林区（F）、牧区（P）、水面（W）等生态基质、斑块以及河流（R）等生态廊道的空间组合关系。城市群区域生态空间结构优化高效的组合模式可用式（2－2）表示。

$$S = \text{Max}\left(\sum Ci,\ \sum Fi,\ \sum Pi,\ \sum Wi,\ \sum Ri\right) \tag{2-2}$$

城市群生态空间结构优化重组是一个复杂的系统工程，必须通过充分调研、科学预测、合理规划，才能使现实演变状况更接近理想状态，才能使人为主动的重组符合自然演进规律并达到最佳效果。

城市群区域生态空间结构优化重组就是强调：充分运用生态学理论、空间相互作用理论及相关学科的知识与方法，从生态功能区的完整性、自然环境特征和经济社会条件出发，通过对现有生态功能区的优化重组或引入新的成分，调整或构建合理的城市群区域生态空间格局，使其整体生态功能最优、生态环境容量最大，最终达到经济社会活动与自然生态环境的互利共生、协同进化，实现城市群区域自然保护、生物多样性和生态景观的可持续利用。

为此，构建“廊道组团网络化城市群生态空间结构优化组合模式”，是在城市群区域背景基础上，将生态廊道、生态斑块、生态基质等生态功能区按照空间相互作用、互利共生和协同进化原理，进行有机整合而形成的“廊道组团网络化”格局。①生态廊道。包括自然生态廊道（如河流等），人工生态廊道（如交通道路等）等。②生态斑块。包括城乡聚落生态斑块，农区中的森林、草地斑块，山区中的农地斑块等。③生态基质。山地生态基质往往与森林等密不可分，然而林区是由不同种群组合而形成的各类生物群落（各种林相）斑块组成，其间往往由相应的生态廊道将其有机地联系在一起。同理，农区（耕作区）生态基质、草地生态基质和水体生态基质等，也可以细分为不同的生物群落斑块。生态廊道网络类似于人体血管，生态基质、生态斑块等类似于人体心、肺、肾等重要器官。“廊道组团网络化城市群生态空间结构优化组合模式”与城市群经济社会发展空间布局的有机耦合，是城市群区域经济社会环境可持续发展的基础。

（二）城乡一体化生态空间格局

城市生态空间是一个有机整体，更是大地景观中自然生长的一部分，其城区规划范围之外不是理想中的空白，是广大具有优越生态条件的城市背景，必须重视城区内外生态之间的相互关系。在规划过程中要与都市区的空间层次一致，不能单从城区考虑，不能人为地将城市与农村分隔开（杨鹏飞，2008）。

美国著名城市理论家刘易斯·芒福德指出："城与乡不能截然分开；城与乡同等重要，城与乡村应当有机结合在一起，如果问城市与乡村哪一个更重要的话，应当说自然环境比人工环境更重要。"他主张将城市与乡村统筹为多中心的可渗透的区域综合体，并作为一个整体运行，使城市与乡村相互包容，引导城乡区域的整体发展，建立城乡之间的平衡。我国学者王如松认为可持续城市的空间规划就是要发展城乡一体化的城市空间系统，在城乡一体化网络中把城乡有机结合在一起，并特别强调建立环境可以接受的基本设施和自然保护的开放空间网络。加大力度注重保护和利用都市区范围的农田、森林、防护林体系、果园、风景区、湿地、水源地等，统筹兼顾、有针对性地采取保护生态环境的措施，使其与城市绿地系统相融合，将其纳入整体生态空间结构之中，保护跨越城市边界的自然开敞空间的连续性，这有利于城市的发展。

城乡一体化生态空间格局是为了人类更好地与自然环境协调发展，强调以人为本。城乡一体化在空间结构上做到空间的相互渗透、生态环境的相互协调，在保证经济、信息流畅达的同时，充分尊重自然生态过程，使自然生态过程畅通有序，城乡的生态环境有机结合，人们在享受城市生活高效便捷的同时，体验大自然带来的清新感受和良好的生态环境。城乡一体化生态空间格局真正实现了城乡之间经济、社会和生态效益的高度统一，促进城乡健康、协调发展（图2-9）。

（三）生态空间适宜性评价

城市的快速发展与急剧膨胀带来了一系列的生态环境问题，环境污染、资源浪费、交通拥挤、绿地减少、自然异化等使城市的可持续发展受到严重威胁。以生态学理论为指导，全面统筹建设城市的生态环境、社会环境、经济环境和物质形体环境，综合协调人类活动与自然环境的关系，维护城市自然—经济—社会系统平衡的城市规划手段，是实现城市和谐、高效、持续发展的重要途径。鲍海君（2009）认为，生态适宜性评价是

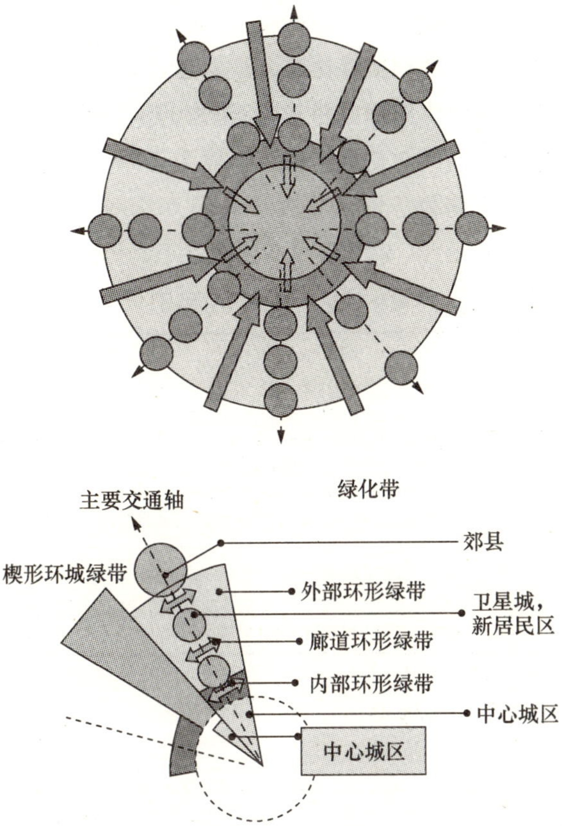

图2－9　区域内外一体化生态空间格局模式优化

资料来源：杨鹏飞，2008。

指某个生态环境中的生态要素为某类社会经济活动提供发展空间的大小以及对其正向演替的适宜性程度。生态适宜性评价是进行生态功能分区和空间优化的前提，即建设与城市社会经济体系相适应的自然生态体系，形成自我良性循环的生态安全格局，促进城市与自然的互融共生，保障和引导城市可持续发展。

城市生态空间优化的原则一般包括协调共性、因地制宜、整体优化原则等。在评价过程中，选取生态适宜性评价指标，一般而言，在指标选取过程中，需充分考虑区域生态环境特性、城市生态安全的功能、社会经济活动的需求、生态空间构建的方向与定位等。蔺雪芹等（2008）从生物多样性、景观价值、社会经济价值、城市生态价值、海岸线防护功能等5

个角度构建指标体系，如表2－3所示。在城市生态环境现状评价的基础上进行城市生态景观格局的整体优化；选取生态评价因子，利用GIS空间分析叠加技术进行城市生态适宜性和敏感性分析，划分城市生态功能区；结合城市的职能定位和产业选择，确定自然生态因子和经济活动的镶嵌关系，优化城市产业活动的空间配置。

表2－3　　城市生态适宜性评价因子

生态因子	评价标准
生物多样性	物种种类、物种数量、维护生态系统稳定性的能力
景观价值	美学特征、娱乐休闲价值
社会经济价值	社会经济活动承载类型和开展强度
城市生态价值	改善环境和保育生态的能力
海岸线防护功能	减灾避害、纳污净化

第五节　都市圈生态功能的影响因素及其协调机制

通过筛选都市圈生态功能影响因素，在此基础上解析不同因素对都市圈生态系统演化的贡献与作用，并提出协调都市圈生态功能与其他功能的保障机制。

一　都市圈的生态功能

生态功能是都市圈生态区的基本功能，用于维持生态系统的平衡和稳定，具体包括：①水体交往：通过加强水体交换，改善和增进水的循环，提高水体质量；②通风廊道：加强城市建设区与外围生态空间之间的空气交换，降低炎热、污染等对建设区的不利影响，改善城市空气质量；③水土保持：固定土壤，防止水土流失和降低暴雨的危害程度；④保护生物多样性：提供各种生物的生存空间，促进物质和能量循环；⑤生态防护：是对整个城市建设区域的生态防护，确保城市建设区被良好的生态本底所包围和保护，是城市生态空间的基本功能；⑥生态隔离：是对集中建设的城市区域进行分隔、分离，控制环境污染的影响范围，避免局部污染的扩散；⑦防范水灾：是保证城市不受洪水、内涝灾害的侵袭，包括泄洪、滞洪、蓄洪等功能。

二 都市圈生态功能的影响因素

在当今时代，自然生态环境、社会历史文化、新经济因素等对于都市圈生态区的形成起到至关重要的作用。通过整合各类影响因素，使生态空间结构逐步趋向合理，都市圈经济社会环境才能可持续发展，使“人与自然”和谐相处（郭荣朝等，2008）。

（一）自然环境

城市群自然生态环境（如地形条件、气候条件、水资源条件、生物多样性条件、土地利用条件）状况、城市群生态环境容量直接影响着城市群生态空间结构演变方向及其合理化程度，继而影响到城市群经济社会环境能否可持续发展，如图2-10所示。随着都市圈用地的不断扩展，农区等具有生态功能的面积相应缩减，呈现破碎化趋势，河流等生态廊道遭到极大破坏，阻断了土地的呼吸、植物的生长、水系的循环，尤其是生态流的交换，进而导致城市群区域生态承载能力不断下降。例如，美国、日本在城市化推进过程中也出现过“环境污染严重”等现象，美国华盛顿巴尔的摩都市区通过提高区内森林覆盖率使其生态环境容量与其城市化发展需要基本吻合，日本通过对城市群区域生态空间结构重组和提高森林覆盖率来满足城市化发展需要，并形成了良好的长效机制。自然资源禀赋状况在一定程度上决定其对城市群人类活动的承载能力，只有提高某些生态功能区质量，扩大生态功能区生态环境容量，或者通过生态功能区空间结构优化重组，提高生态环境承载能力，才能不断满足城市化推进而增加的生态需求。

此外，城市地域扩展、布局和形态结构，受城市自然生态环境的控制和影响。城市中的自然条件包括原有的植被森林、水系、山脉、气候等自然因子，特别是在带状绿地的方向与该城市的夏季主导风向一致的情况下，可以使城市郊区的气流趁着风势引入城市中心地区，为炎热城市的通风创造良好条件。在冬季，大片树林可以减低风速，发挥防风作用，故宜在垂直冬季的寒风方向种植防风林带（见图2-11）。

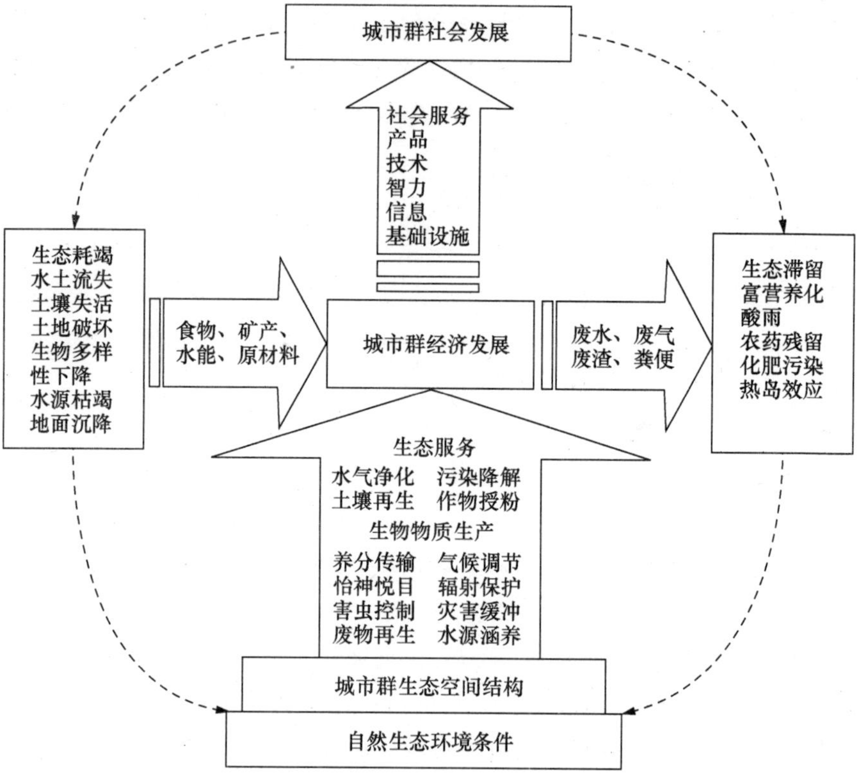

图 2－10 自然生态环境与城市群生态空间结构

资料来源：郭荣朝等，2008。

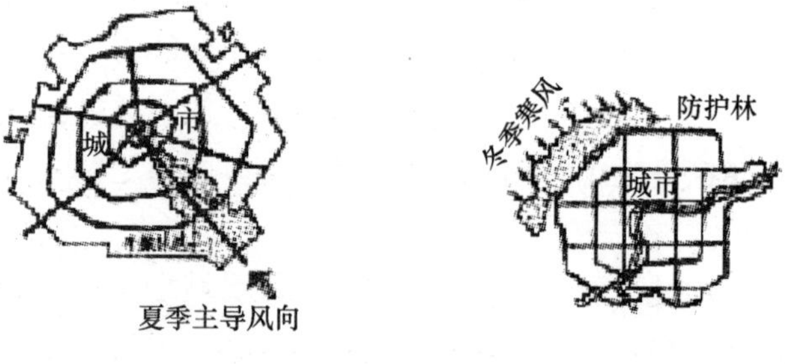

图 2－11 气候条件导向下的城市生态空间布局

资料来源：刘骏等，2004。

（二）产业要素

都市圈的产业发展水平对都市圈生态系统产生直接影响。产业发展类型决定其对环境的影响程度。从都市圈可持续发展角度应对企业进行评价。从交通区位条件、科技含量、发展潜力、生态容量、经济效益、社会效益等方面对企业进行全面评价，看其区位能否满足经济全球化的要求，产品是否符合产业发展趋势和城市群区域生态环境容量要求。对于符合产业导向要求的企业，可引导其向相应的工业园区集中，逐步完善都市圈生态空间结构，实现都市圈生态系统的良性循环，而对于不符合要求的企业要坚决实施关停淘汰，逐步推进产业结构的升级发展。例如，浙江温州地区引入市场机制，引导个体私营企业向小城镇集聚，不仅遏制了乡镇企业分散布局带来的严重污染，同时使城市化有序推进，都市圈生态空间结构不断优化，生态环境不断改善。

（三）城镇化

城镇化与工业发展阶段密不可分，不同工业发展阶段，城镇化对生态环境的影响随之变化（黄金川和方创琳，2003）。美国学者诺瑟姆（Ray M. Northam）1973 年对美国四个州 160 年的城镇化过程研究后，发现城镇化的时间曲线是一条被拉平的 S 形曲线，我国学者周一星对我国城镇化过程的研究也得出了类似的结论。城市化与生态环境的耦合过程从时间序列上可分为低水平协调、拮抗、磨合和高水平协调四个阶段（见图 2－12）。城市化与生态环境的时间过程双指数曲线表述的只是一种大尺度、长时期的一般规律，如果具体到特定区域，曲线的形式不可能如图中所示的那样圆滑，甚至还可能出现逆转。依据三次产业的消长关系，可将工业文明划分为起飞、发展和完成三个阶段，在不同阶段城镇化对生态环境的影响（表 2－4）将引起生态空间结构的变化。

（四）城市空间形态

城市空间结构的构型与生态系统密切相关，从生态学的角度来看，绿心、绿带、绿环、绿楔等是形成城市生态空间结构的重要组成因素，在城市各种绿地的生态作用中，尤以城市周边的森林绿地效果最佳。城市生态空间结构是为城市提供良好生态功能、确保城市具有良好的生存环境的基础性生态框架，其布局结构应与城市形态相对应，并与之构成共轭关系。在城市规划中，应考虑生态环境对城市规模的承载程度，如何将林地引入市区，与独立的片状绿地连成一片，发挥最佳的生态效益。城市生态空间结构组织途径有两种：第一种是把生态用地作为分割城市布局的主要内容来组织，或者把它作为干道系统的轮廓来组织。这种格局对城市的规划结

表 2－4　　不同工业发展阶段城镇化对生态环境的影响

阶段划分	主要特征
起飞	农业在国民经济中的比重很大，乡村人口占有绝对优势，城市化水平不高，城乡用地矛盾不突出。农业较少使用农药和化肥，土地开垦密度也不大，且大多分布在生态稳定的区域，因此对生态环境的破坏比较小。
发展	随着工业规模的逐渐扩大，城镇对农村劳动力吸引力加大，致使大量人口涌入城市。经济快速发展所带来的生产污染和人口聚集所带来的生活污染在该阶段都迅速增加；同时由于城市发展对农村用地的争夺，迫使农业向生态条件差的地域推进，从而也加重了农业对生态环境的破坏。城市发展已具备了相当的经济实力，而且随着人们环境意识的提高，清洁技术和环境政策日益受到重视，城市基础设施建设出现高峰，城市生产污染开始下降，并最终使生态环境过程曲线越过峰值后开始下降。城市生态环境的主要问题也开始由三废污染转移到人口积聚所带来的拥挤上。
完成	工业比重继续下降，第三产业比重继续上升，尤其是信息产业的兴起，使信息部分地替代了物质资源，相当程度地减少了资源消耗和生产污染。该时期城市人口已经超过农村人口，城市化速度开始放慢。

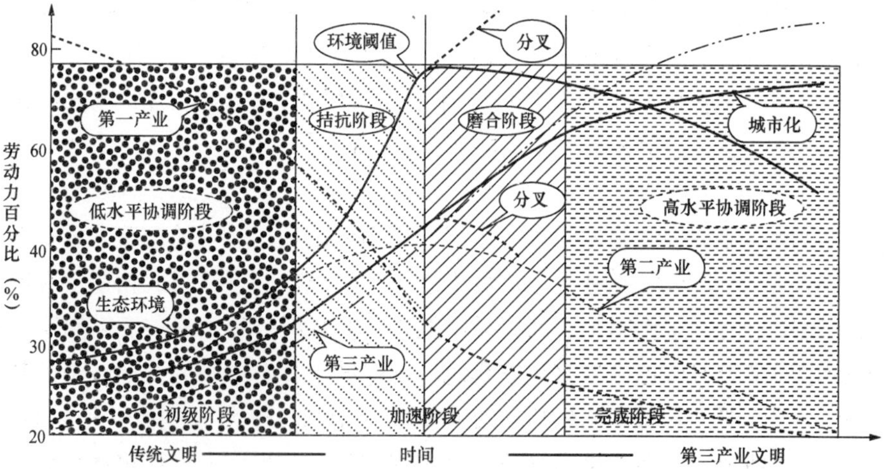

图 2－12　城市化与生态环境交互耦合的时序规律性图解

资料来源：黄金川等，2003。

构不会产生决定性影响，而在城市结构中则起一定程度的从属作用。第二种情况是把生态空间结构作为城市布局的形成系统来组织，大片绿地在形成城市规划布局时具有重要指导意义。

（五）交通要素

交通道路建设能够激活城市群区域的交流活动，加速产业要素的流动与转移，增强城市群的吸引、辐射能力，对于城市群生态空间结构演变起到一定的加速作用。随着地方财力增强与投资增加，将进一步完善城市群区域信息高速公路、交通网络体系、环境保护等基础设施建设，从而带来生产规模扩大；产业结构升级，产业间、地区间关联度增强，形成分工合作的产业群体。统一发达的市场和完善的信息体系，形成优化高效的城市群生态空间结构。同时，国内外资金技术、智力资源支持流入量加大，继而形成具有特定内在联系和功能的廊道组团城市群高等级开放经济系统（见图2－13）。因此，交通道路建设对城市群生态空间结构重组具有重要的引导作用，交通道路规划建设合理与否，对城市群生态空间结构能否优化具有重要影响。

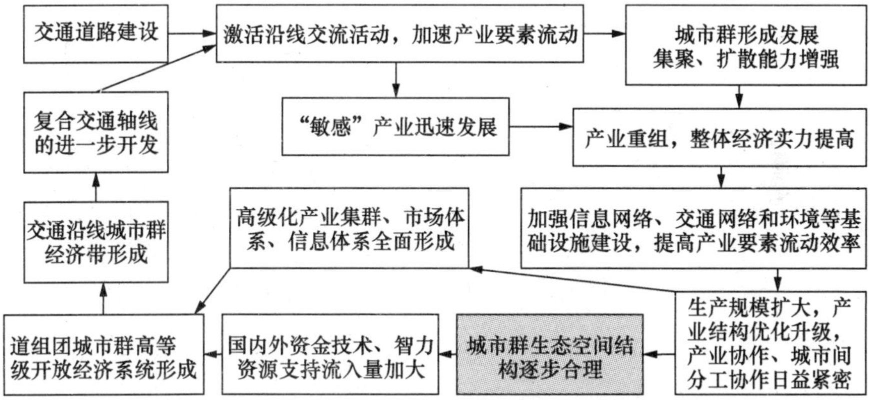

图2－13　交通引导与城市群生态空间结构导向

资料来源：郭荣朝等，2008。

三　都市圈生态功能的协调机制

生态区建设把以人为本作为目标，运用可持续发展理论、生态学理论及循环经济理论，以最小的经济社会成本与环境代价来实现经济社会最大限度的发展，以最小的经济社会成本来保护资源和环境。在此过程中，需协调环境污染、生物多样性、生态防护、自然灾害与城市发展之间的诸多矛盾。主要从以下6个方面构建都市圈生态功能的协调机制。

1. 生态空间管制机制

通过设立一定的建设准入门槛，有效控制都市圈生态区的开发建设行为。将城市生态空间结构区域划分为禁止建设区、限制建设区，执行严格的城市生态空间管制，加强对土地利用的控制和引导。从系统整体出发，确定都市圈生态空间的基本生态控制线的范围，对生态控制线范围内的生态资源进行评价和分区，凸显各城市功能，有效发挥区域资源对城市的整体服务功能。

2. 产业升级战略

区域产业整合是指区域内各地域单元的产业间通过整顿整理并实现重新组合。它是以产业分工为基础，以整合为主导，实现产业的集中度加强，产业结构的优化和升级，产业组织的改造，产业在空间上的协调与空间布局的合理化等目标。都市圈产业整合，应优化产业结构，通过构筑产业链条，加强产业之间的关联，加快都市圈创新体系建设，优化资源配置，以产业的整体发展效应提升城市群经济实力，使其能够担负起在区域经济发展中的重任。具体路径：①产业结构通过高级化、生态化调整，实现产业的整合、链接和提升，促进产业结构优化升级。限制与淘汰高投入、高消耗、高污染行业的发展，减轻产业发展对资源的依赖和对环境的损害，适度发展生态工业、生态农业、生态旅游等生态产业。②根据区域生态环境要求，制定针对不同行业的企业准入标准，保留企业的高端产业链，对于环境污染较大的低端产业链则设定门槛，以维护都市区内的生态环境。③通过集群化、差异化、园区化、生态化调整，促进限建区内产业空间格局的进一步完善。按照生态功能区和区域环境容量的要求，重新整合优化现有产业发展格局，积极拓展生态产业发展空间，实现产业布局与生态环境保护的一致性。

3. 生态补偿机制

在生态空间结构范围内，对于因生态保护使发展受到限制的区域，因生态环境保护和建设中所投入的人力、物力、财力必须给予相应的补偿。通过一定的政策扶持和财政转移手段，建立针对生态空间结构控制的行之有效的生态补偿机制。具体措施：①在健全公共财政体制、调整优化财政支出结构中，加大财政转移支付中的生态补偿力度。重点支持生态空间结构范围内的生态环境优化、自然资源保护、水土保持、退耕还林、停止或集中水面养殖等生态补偿效益明显的工作，优先支持生态环境保护作用明显的区域性重点环保项目。②进一步完善全市在水源、土地、森林等各种资源费的征收使用管理办法，加大各项资源费使用中用于生态补偿的比重，并向生态空间结构控制核心区倾斜。③引导鼓励生态环境保护者和受益者之间通过自愿协商实现合理的生态补偿，积极引导国内外资金投向生态建设、环境保护和资源开发，逐步建立政府引导、市场推进、社会参与的生态补偿机制和生态建设投融资机制。④应建立自然资源和生态环境统计监测指标体系，积极探索定量化的自然资源和生态环境价值评价方法，为建立健全生态补偿机制，以及地区间的财政转移支付机制提供依据。

4. 多层次的协调机制

协调机构的建立可以分为以下三个层次：区域和外部的协调机构，区域整体层面的协调机构，不同等级城市间、相邻城市间的协调机构。构建区域各方、多层次的协调机构，它们彼此相互配合、补充，形成较为完善的区域协调机制。①只有在都市圈自身与其他都市圈系统相互亲和、相互联系、相互调节的状况下，本身才能可持续稳定发展，因此，需要在不同都市圈之间建立一个统一协调机构，整合区域资源。②由地方政府与知识精英、行业协会、企业家联盟、商会等民间力量共同组成管理机构，共同实施决策行为。③形成多层次管理机构框架，在地级市设立专门的统筹协调机构，设置一定数量的专职人员，与区域联合政府对接，建立快速、便捷、准确的信息沟通与传输渠道，构成“都市圈—市—县”三级的多层次统筹协调机构设置。

5. 法律监管机制

通过立法保障都市圈生态空间管制的严肃性和权威性，确立其编制程序、调整程序，明确规划生态空间管制的主管部门，并规定其负有的法律责任和管理义务；对于不按法律的规定程序对生态空间管制做出违法行为的部门或个人，应当追究其法律责任。立法保障主要体现在对生态空间管制编制程序、调整程序、管理和责任追究的规定上。

加强生态空间管制的法律法规建设，以便提供可操作的法律依据。制定更为详细的基本生态空间管制管理规定和相关政策，并上升为地方法规，对于破坏生态区建设的行为，要依法追究其责任。

6. 公众参与及监督机制

在都市圈范围内，通过广播、电视、报纸等传统传播媒介和互联网，手机终端等自媒体、学校教育等多种手段，努力提高全民保护生态环境的意识，特别是以生态服务功能的区域。加强教育宣传力度，强化生态区的居民参与。通过举办环保讲座和环境展览向居民示范规范化的环境行为、传播生态区空间管制的知识和信息。

动员社会力量，建立都市圈生态功能的动态监督机制。由区域规划主管部门负责运用卫星遥感等技术手段对区内的建设情况进行监测，并将监测结果及时向上级政府报告以及向各区政府、街道办事处、城市管理综合执法部门通报，通过媒体向社会公布监测结果；依法对区内新建和改造的建设项目实施规划管理、监督、指导，配合对区内违法用地、违法建筑的查处工作。

实行民众自上而下的监督机制。民众既有可能是控制区域违规建设主体，更有可能是控制区域的有力捍卫者。鼓励民众对涉及自身利益的控制区域内的建设行为进行举报或监督，并通过一定的途径向政府或媒体反映问题，捍卫自身的合法利益，这也是生态区监督的基础。

第三章　贫困问题理论与贫困测度

第一节　贫困的概念及其类别

贫困不单单是一种经济现象，也是一种社会的、历史的现象。贫困的这种特性决定了很难为其下一个单一的、非常明确的定义，因为不同的研究者总是从不同的侧面来描述他们对贫困的不同理解。本书就贫困的定义、绝对贫困和相对贫困，以及城乡贫困、制度性和资源性贫困等方面的研究作一简要的评介，以期对环京津都市区贫困带贫困的定义和研究找到合理的依据。

一　贫困的概念

贫困概念主要是从经济意义上论述的，即个人或家庭依靠劳动所得和其他合法收入不能维持其基本的生存需求的一种经济状况，即为贫困（国家统计局农调总队，1989）。

其他较为宽泛的定义如：贫困是经济、社会、文化落后的总称，是由低收入造成的缺乏生活所需的基本物质和服务，以及没有发展的机会和手段这样一种生活状况（王培暄，1998）。

又如，贫困是指在一定的环境（包括政治、经济、社会、文化、自然等）条件下，人们在长时期内无法获得足够的劳动收入来维持一种生理上要求的、社会文化可接受的和社会公认的基本生活水准的状态（赵冬缓、兰徐民，1994）。这一定义强调以下四个方面的具体内容：（1）贫困与所处的生活环境密切相关；（2）贫困是在较长的时期内难以自我摆脱的一种现象；（3）贫困的本质内涵包括生产和消费两个方面；（4）界定贫困应考察生理和社会文化的双重准则，应涉及生理上的需要、安全的需要、教育上的需要以及社交和传统习惯消费上的需要四个方面。

二　贫困的界定——绝对贫困和相对贫困

在贫困问题的经验研究中，首先要解决的一个问题是如何界定贫困。一般而言，对贫困的界定有绝对和相对两种标准。

在绝对标准中，又存在着狭义和广义之分：狭义的绝对贫困主要强调个人的基本生活需要，通常是以最低营养水平和其他方面的最低生理需要作为确定贫困线的标准。按照这种标准确定的贫困线，一般是一个相对稳定的量。早期有关贫困的经验研究文献和现在对发展中国家贫困问题的研究大多采用了这种方法。广义的绝对贫困既考虑个人的基本生理需要，也考虑个人的社会活动方面的基本需要，将个人生存和从事正常社会活动所必需的最低消费额作为划分贫困人口的标准。由于这种方法把最低消费额从生理需要支出扩展到其他消费支出，并且确认最低消费额不是一个相对稳定的量，而是由经济发展水平、文化传统和风俗习惯等因素决定的一个变量，因而在运用这种标准确定贫困线时，研究者会不可避免地加入一些个人的主观因素。这也造成这种方法在实际运用中的困难（张问敏、李实，1992）。

相对标准是指与社会平均水平相比其收入水平少到一定程度而维持的一种生活状况（曹洪民，1997）。另外一种对相对标准更为宽泛：即相对贫困指与过去或未来某一时点相比较低下的经济状况，或者与其他社会阶层、其他地区居民相比水平较低下的一种生活状况（周民良，1999）。

有的学者对以相对标准测度和研究中国的贫困规模和程度阐述了如下几个方面的理由：第一，贫困不仅仅是一个绝对的概念，它有很强的相对性，特别随着社会的发展和进步，人们对它的相对性的重视程度会越来越高。第二，根据相同的收入定义，如果用绝对贫困线和相对贫困线划分出来的贫困发生率分别为 Pa 和 Pr，那么 Pa 和 Pr 之间的数量关系（即 $Pa = Pr, Pa < Pr$，还是 $Pa > Pr$）在很大程度上取决于收入水平和收入分配。根据中国人口的收入分布情况，绝对贫困线划分出来的贫困发生率一般要低于相对贫困线划分出来的贫困发生率，即 $Pa < Pr$，这意味着相对贫困线划分出来的贫困人口不仅包含了绝对贫困线划分出来的贫困人口，而且也包含了一部分濒临贫困的人口。第三，在对中国的贫困进行测度时，利用相对贫困线的方法可以将农村和城镇的贫困测度纳入到一个统一的标准中进行，没有必要像绝对贫困线的方法那样对农村和城市确定不同的贫困线。而且在一个社会中，对两个地域或两个不同的人群组采取不同

的贫困线指标往往会在观念上割裂他们之间的联系，同时也容易产生一种误导，即认为贫困只是一个区域内的概念，而不是一个整个社会的概念。第四，即使在绝对贫困线难以确定的情况下，贫困问题仍可以通过确定相对贫困线来进行研究（李实、古斯塔夫森，1996）。

也有学者主张只能采用绝对标准，认为利用绝对贫困线可以对贫困率的变动作纵向考察，而国家统计局每年从调查的家庭中截取收入最低的5%的家庭作为"困难户"的方法是以困难户的比例不变为前提的，无法对贫困率进行动态的考察。所以，将每年居民平均收入的一定百分比作为贫困线的方法是不妥当的。因为，第一，这样的贫困线每年都是不同的，不能作纵向时序比较；第二，这种相对贫困线实际上假定贫困线是与收入水平严格按比例变动的，因而违反了贫困线与经济发展水平关系的一般规律，即贫困线总是以低于经济发展水平的速度增加的（陈宗胜，1993）。

从现有的关于贫困问题研究的文献看，在划分贫困线时是使用绝对标准还是相对标准，主要取决于被研究地区的经济发展水平和收入分配的均等程度。对于经济发展水平较低而收入分配不均等程度较高的地区，大多采用绝对标准，而对于经济发展水平较高和收入分配不均等程度较低的地区，相对标准则受到研究者更多的偏爱。① 对于处于一定发展水平和一定收入分配均等程度的某个地区来说，两种方法划分出来的贫困人口规模会有很大的差异。一般而言，按绝对标准划分出来的贫困人口规模和按相对标准划分出来的贫困人口规模之间的差异，与地区的收入水平呈负相关，而与地区的收入差距呈正相关（张问敏、李实，1992）。

三　贫困的类别

1. 城市贫困和农村贫困

所谓城市贫困是指发生在城市里的贫困，而农村贫困是指发生在农村里的贫困。由于城市和农村在产业结构、生活水平方面的不同，无论在贫困范围还是在贫困成因方面，城市贫困和农村贫困都存在着很大差异。我国作为经济发展水平仍比较落后的发展中国家，农村贫困是一个长期问题。比较而言，城镇贫困倒是一个较新的问题。随着经济体制改革的进一

① 这一趋势在我国的贫困问题研究文献中得到了很好的体现。例如，学者们对农村贫困问题的研究多采用绝对标准［陈宗胜（1993），卡尔·李思勤（1994），卡恩（1999），魏众、古斯塔夫森（1998）］，而对于城镇贫困问题多采用相对标准［诸建芳（1997），李实、古斯塔夫森（1996），张问敏、李实（1994）］。

步深入，长期以来形成的就业、收入、住房、交通、教育、退休等一整套社会保障体系逐步瓦解，而与市场经济体制相适应的新的社会保障体系还没有完全建立起来，这种由新旧体制转换带来的矛盾和在市场经济条件下产生的收入差距，导致了城市贫困人口增加（曹洪民，1997）。另外，城镇中的流动贫困人口问题也应引起我们的重视。20 世纪 80 年代以来，中国城镇流动人口增长很快，1995 年的一项调查估计，流动人口增加到 7200 万，约占城镇人口的 20%（陈宗胜，1999），流动人口因其文化素质较低，无固定职业等因素，其贫困发生率高于城市居民。而目前关于城镇贫困问题的数据是在具有城镇户口的住户中抽样调查得来的，而忽略了城镇中的流动人口。如果将流动人口计入对城镇贫困的估算中，城镇的贫困发生率会显著上升。

2. 区域性贫困和个体性（包括家庭）贫困

区域性贫困是指根源于不同的自然条件、人口素质和历史机遇的区域连片分布的贫困。个体性贫困则是指由于个体之间的素质差异和机会不均等原因导致的贫困，这种贫困的发生与区域无关（曹洪民，1997）。1994 年我国颁布《国家八七攻坚扶贫计划》时确定了 592 个重点贫困县。此时，全国共有农村贫困人口 8065.5 万人，其中重点贫困县贫困人口为 5858.9 万人，占全国贫困人口总数的 72.6%；非国家贫困县的贫困人口 2206.6 万人，占全国贫困人口总数的 27.4%（海南课题组，1998 年）。可见，在中国区域性贫困问题与个体性贫困问题是高度重合的，大部分贫困人口分布在贫困地区。

3. 生存型贫困、温饱型贫困和发展型贫困

生存型贫困是指生活资料匮乏，满足不了基本需要，解决衣物和食物成了主要的奋斗目标，基本生活没有保障，生存受到威胁。温饱型贫困是指在正常条件下，食物和衣物能够得到正常供给，但由于经济发展还很困难，生活水平还很低，抵御灾害的能力也很差，食物和衣物的供给缺少可靠的基础，收入水平制约着进一步发展。发展型贫困则是指在吃饭、穿衣不成问题之后进一步发展过程中的相对贫困（曹洪民，1997）。

4. 制度性贫困与资源性贫困（张保民，1998）

制度性贫困是指由于社会经济制度的缺陷，限制了经济的发展所造成的贫困。资源性贫困是指由于资源匮乏所造成的贫困。1978 年时，我国农村有 2.5 亿贫困人口，这时的贫困主要是由于人民公社制度的缺陷所造

成的制度性贫困。而到了 1985 年之后，农村的贫困问题则主要是资源性贫困了。

以上是关于中国贫困问题的一些最基本的概念。另外，也有一些学者提出应该重视由于二元经济所造成的结构性贫困和由于社会政治经济资源分配不均所形成的阶层性贫困（周民良，1999）。

第二节 贫困的测度及其指标

一 贫困的测度

因为贫困线是确定贫困率的基础，所以贫困线的确定是研究贫困问题的关键。贫困线又称贫困标准，是衡量个人、家庭或某一地区贫困与否的界定标志或测定体系（赵冬缓、兰徐民，1994）。另有学者认为所谓贫困线即在一定的时间、空间和社会发展阶段的条件下，维持人们基本生存所必须消费的物质和服务的最低费用（何焕炎、文兼武、唐平，1993）。

贫困的度量通常假定存在预定且明晰的生活标准的水平线——“贫困线”——个人如果被认为不贫困则必须达到这一水平线。不可否认，存在多种物质资料（食物、衣服和居所）的消费水平，在此之下短期以上的生存都受到了威胁，虽然对于任意给定个体这条线的精确位置并不清楚。进一步来讲，在大多数存在某些最穷者的社会里，贫困构成的观念已经超出了为了生存而必须获得的绝对最低需要。贫困线是存在的，但是对于其位置却有各种看法。

有一种思维完全抛弃了贫困线的使用，认为并没有显著的方式表明，具有某种生活水准的个人如果稍微低于贫困线就会比稍微高于这一水平人的福利状况要差。然而，在我看来，这并不是对使用贫困线的非常有说服力的反对意见，尽管它是反对某些贫困度量的好理由。也就是说，贫困线的存在仅仅是为了判断某种生活标准之外，贫困比较应当给小的损益权重；对于一个百万富翁来说减少一美元对于贫困是多了一些还是少了一些当然没有什么影响了。

实际工作中发现设定贫困线的方法很少用公认的福利主义名词表述。从理论上讲，福利主义者的方式需要建立一个可参考的效用水平，它可以被看作是效用空间的贫困线。在名义消费空间里，贫困线就是消费者的成本函数（要得到给定效用水平需要的最小支出）与参考效用一致的点。[1]然而，这个程序并没有解决建立贫困线的问题，而仅仅是将其从一个空间（消费）转换到另一个空间（效用）。出于度量的众多目的，福利主义者的框架并未包括一个对于贫困含义的充分明晰的想法。

目前我国多采用人均年纯收入作为贫困线的界定标志（赵冬缓、兰徐民，1994）。具体来说，即是指国家统计局公布的农村居民人均纯收入和城镇居民的人均可支配收入。一些学者采用家庭居民总收入的概念，它由农村居民的纯收入和城镇居民的可支配收入和居民住房补贴部分的估算值两部分组成。由于城镇居民和农村居民之间住房补贴的差异以及不同地区之间消费物价指数的差异，对农村和城镇居民的收入分别调整，并利用国家统计局的家庭规模等值算子，对不同规模家庭在家庭消费方面不同的规模效益进行调整。经过调整后的收入被称为等值收入（魏众、别雍、古斯塔夫森，1999）。

近几年来一些从事国际贫困研究的学者在对贫困进行国际比较时，倾向于采用根据各国货币购买力平价制定国际统一的贫困线的估计方法。该方法首先利用购买力平价将各国的人均收入换算成按某一年度的美元值衡量的购买力平价收入。然后确定国际统一的贫困线，并以此来估计各国的贫困人口的规模（李实、古斯塔夫森，1996）。

当然，绝对贫困线与相对贫困线是不同的。绝对贫困线是指按维持劳动者及其所赡养人口的生存所需的人均最低生活费用，设立的一条最低生活保障线亦称贫困线（于祖尧，1997）。常用的测量绝对贫困线的方法有：热量—支出法、基本需求法（也称为定值定量法）、恩格尔系数法、超必需品剔除法、总支出与总收入之比法、编制贫困指数法、经济计量分析法、收入与营养摄入量分析法等（林闽钢，1994）。我国目前被广泛采用的绝对贫困线测量方法如下：第一，根据营养部门专家的意见选择最低热量摄入量；第二，选择合理的食物消费项目和数量；第三，结合调查得来的相应的价格水平，计算出最低食品费用支出；第四，用最低食品费用支出除以合理的恩格尔系数，所得商即为贫困线（何焕炎、文兼武、唐

---

① 用 $c(p, u)$ 表示当价格为 p 时，效用水平 u 的最小花费，则 $z = c(p, u)$ 是应对于效用贫困线 u 的货币贫困线，这是非常直观的。但是 u 又应当如何被确定？注意 z 也可能并不存在——或者它可能有一个以上的取值——如果 p 随收入变动而变动，例如，当穷人得到折扣时的情况，见帕拉格和贝叶（van Praag and Bayee，1990）。

平，1993）。

相对贫困线是指个人或某群体、某地区相对社会上其他个人、群体、地区的收入水平或实际生活水准而确定的贫困线。确定相对贫困线的主要方法如下：（1）收入等分定义法（也称比重法）。首先把国内各收入阶层按等分（通常按5等分或10等分）划分，辅之以基尼系数进行比较，最后确定把全部人口中的一定比例定义为贫困人口，然后根据这个比例，利用家庭调查材料，求出贫困线的标准。（2）收入平均数法。把居民人均生活费收入按不同水平进行统计分组，以全部居民人均生活费除以2或3作为居民的最低生活费用标准。（3）商品相对不足法。当家庭缺少某些必需的和普及的商品时，该家庭被认为是贫困的。具体做法是选定一个标准的消费模式作为社会普遍情况的代表，与之相比，家庭中缺少的东西越多，其不足程度越大，其贫困程度也越大（林闽钢，1994）。

关于贫困线的研究中还有一个问题值得关注。正如上述，学者们测定贫困线情况时多采用单一的贫困线。这种方法操作简便，但它忽略了不同年龄的居民对营养成分的需求差异。实际上，不同年龄组的居民对营养成分的需求差异是很大的，采用热量—支出法（营养支出/恩格尔系数）确定的单一贫困线会大大高估每月需要热量较低的儿童和老人的贫困状况，而每月需要热量最高的青少年（16—17岁）的贫困状况却被低估了。为克服这一缺陷，有学者在其研究中采用了随年龄变化而变化的可变贫困线来考察中国城镇贫困问题（张问敏、魏众，1999）。

二　贫困测度的若干指标

1. 贫困率或人头指数（HC）

贫困率或人头指数即贫困发生率，表明人均收入在贫困线以下的人口占总人口的比例（阿齐兹·拉曼·卡恩，1999）。公式如下：

$$HC = h/n \tag{3-1}$$

其中 h 为人均收入低于贫困线的家庭人口数，n 为人口总数。当贫困线被确定以后这一测度方法的计算工作是比较简单的。同时，它反映的贫困程度具有较强的直观性，易于理解。这也是该测度方法被普遍使用的一个主要原因。然而，到了20世纪70年代中期，以阿玛蒂亚·森为代表的一些学者对人头统计法提出了批评，他们认为这种方法只是反映了贫困人口的规模，并没有反映出贫困人口的贫困程度和贫困人口之间的收入差距（李实、古斯塔夫森，1996）。

2. 贫困距

贫困距（T）用来测量贫困人口收入与贫困线之间的总体差额（即为了使贫困人口收入达到贫困线水平所需的收入总额）。用公式表示为：

$$T = q \times (\pi - y_p) \qquad (3-2)$$

其中 q = 贫困人口数；π = 贫困线；y_p = 贫困人口人均收入。这一指标可反映出扶贫工作的难易程度，贫困距越大，则使现有的贫困人口摆脱困境需要较多的财力、物力投入。但这一指标反映的是贫困人口的总体情况，而未反映贫困人口的个体情况。

3. 人均贫困距

人均贫困距（G）是用贫困人口去除贫困距，它用来测量贫困人口的人均收入与贫困线的差额。其公式为：

$$G = T/q = (\pi - y_p) \qquad (3-3)$$

与贫困距 T 相比，人均贫困距 G 可以反映出贫困人口的个体情况。

4. 贫困距比例

用人均贫困距 G 除以贫困人口的人均收入 y_p，从而得到贫困距比例 P，它相当于贫困人口摆脱贫困其人均收入需要增加的比例，即：

$$P = G/y_p = (\pi - y_p)/y_p \qquad (3-4)$$

这一指标使我们认识到，将贫困人口的人均收入提高多大比例，才能使他们摆脱贫困的状态（卡尔·李思勤，1994）。

5. 成比例贫困距指数

它是贫困人口的收入与贫困线的差额加总后除以总人口得到的指数。其中，非贫困人口的贫困距为零。公式如下：

$$PPG = (1/n) \sum i^h = 1[(PIT - Y_i)/PIT]$$

$$= (h/n)(1/h) \sum i^h = 1[(PIT - Y_i)/PIT]$$

$$= (HC)(I) \qquad (3-5)$$

其中：PIT 为贫困线；Y_i 为贫困人口的收入；I 为贫困人口的平均贫困距，即成比例收入落差。

6. 加权贫困距指数

加权贫困距指数需经过两个步骤进行估算：第一步，分别计算低于贫困线的贫困人口的收入与贫困线的差额，并计算其与贫困线的比率，然后将这一比例平方后进行加总；第二步，将这一加总数除以总人口（阿齐兹·拉曼·卡恩，1999）。公式如下：

$$WPG=(1/n)\ \sum\ i^{h}=1[(PIT-Y_{i})/PIT]^{2} \quad (3-6)①$$

以上介绍的 *HC*、*PPG*、*WPG* 是贫困研究中最常使用的指标。其中，人头指数是最常用的衡量贫困的指数，一般适用于衡量那些收入不能满足最基本的营养与消费需求的贫困人口占总人口的比例。但是，如果贫困人口的收入与贫困线的平均差距发生了变化，贫困者的人数却可能保持不变。这时，人头指数就会使得人们对贫困人口的状况发生误解。在这种情况下，成比例贫困距指数可以用来衡量这一变化。事实上，成比例贫困距指数是人头指数与贫困人口的平均贫困距的乘积。同样，在贫困人口的收入分配状况可能得到了改善或恶化的同时，而贫困人口的人数和平均收入仍有可能保持不变。这时，政策决策者就需要对这一变化加以注意，而这种变化又是人头指数和成比例贫困距指数无法反映的，加权贫困距指数就可以精确地反映这一变化。当然，只使用加权贫困距指数是不够的，因为对它进行解释是困难的，往往需要通过其他两个给定的指数来补充（阿齐兹·拉曼·卡恩，1999）。

7. 贫困距的倒置的一般化洛伦兹曲线

为了使可比较的不同地区（或不同人群组）的贫困程度具有直观性，李实和古斯塔夫森（1996）在其研究中运用了贫困距的倒置的一般化洛伦兹曲线（Inverse Generalized Lorenz Curve）。该曲线是这样得到的，首先按照收入由高到低将样本人口进行排序，然后计算与累积的人口比例相应的累积的标准化贫困距（Normalized Poverty Gap）。以横轴代表累积的人口比例，纵轴代表累积的标准化贫困距，那么可以画出一条外凸的曲线。该曲线开始时随着累积的人口比例的增加而不断上升。当累积的人口比率等于贫困发生率时，该曲线出现转折，不再继续上升，只是向右水平移动。曲线转折点对应的横坐标点表明了贫困发生率的高低，纵轴坐标点表明了贫困距的大小。因此，在对不同地区或不同人群组的贫困程度进行比较时，只要画出它们的贫困距的倒置一般化洛伦兹曲线就可以对它们的贫困程度的差异作出直观的判断。

---

① 成比例贫困距的平方是该公式的特定形式，如果公式中的平方数 2 由参数 α 来代替，那么，*WPG* 成为一般形式的贫困指数；如果 $\alpha=0$，*WPG* 成为 *HC* 指数；如果 $\alpha=1$，*WPG* 就成为 *PPG* 指数。原文中此处公式为：$WPG=(1/h)\sum i^{h}=1[(PIT-Y_{i})/PIT]^{2}$。

8. 贫困收入指数

贫困收入指数表示社会总收入的多大比例转移给贫困人口，可以使他们摆脱贫困（张问敏、李实，1992）。公式为：

$$p = F(z) \times (\pi - Y_p)/Y \quad (3-7)$$

其中 $F(z)$ =贫困人口比例，Y=全社会人均收入。

9. 行政管理净成本

行政管理净成本 N 是指通过再分配来消除贫困时，非贫困人口的收入要减少的比例（卡尔·李思勤，1994）。公式为：

$$N = T/(y_n \times n) \quad (3-8)$$

其中 n 为非贫困人口数，y_n 是非贫困人口平均收入。应该注意，这里的“非贫困人口”指的是农村非贫困人口。

10. 测量城市居民收入向农村转移的比例

在中国总体收入分配中，城市居民收入水平处于中国整个收入阶梯的顶端，大大高于农村收入水平。但是，中国政府多年来的财政政策却一直向城市倾斜，总是把农村人口（贫困）的收入向城市人口（非贫困）转移。因此，一种更好的再分配的测量方法要反映城市居民应该拿出多大收入比例来消除农村贫困，即

$$U = T/(y_u \times U) \quad (3-9)$$

其中，u 是城市人口，y_u 是城市人均收入（卡尔·李思勤，1994）。

以上所述的 N 指标和 U 指标反映了政府利用转移收入的再分配手段来消除贫困时，所要付出的努力程度。不同之处在于转移收入的来源和受益对象的不同，前者的来源和受益对象分别为非贫困人口和贫困人口，后者则分别为城市居民和贫困人口。

11. 基尼系数

上述指标能够反映贫困规模和贫困程度，但是不能敏感地反映贫困人口的分布情况。而贫困人口的基尼系数能够反映出贫困人口的分布情况（卡尔·李思勤，1994）。

12. 测贫指标体系

鉴于单一指标的局限，有学者设计出了测贫指标体系，以全面考察贫困状况。测贫指标体系包括能反映贫困的本质特征及其内在联系的体系结构和具体操作指标两大部分。测贫体系结构由生存环境、质量、效果三个子体系构成，而具体操作指标则有 15 项：（1）人均 GNP 为 300 美元及增

长率为2%；（2）非农产品产值占GNP比例为65%；（3）“四通”综合比例为75%，其中乡村通电率为90%，通电话率为80%，通公路率为70%，通清洁卫生水率为60%；（4）自然缺陷指数（逆指标）为2，包括水土流失比例，旱地面积比例，专门气象灾害发生率，地理位置偏远度等；（5）人均年纯收入为600元及其增长率为2%；（6）人均衣着消费支出80元；（7）人均日三大营养摄取量中热量为2500千卡，蛋白质60克，脂肪50克；（8）人均精神文化生活消费支出比例为5%；（9）恩格尔系数55%；（10）年人均肉类消费量5公斤；（11）人均储蓄存款余额100元；（12）人均家庭财产占有额1400元；（13）人口自然增长率（逆指标）2%以下；（14）平均预期寿命65周岁；（15）劳动者平均受正规教育6年（赵冬缓、兰徐民，1994）。这一系列指标实际上包含了贫困人口越过温饱线的综合要求。我们可以将其归纳为3个层面10个大类，即生存环境层面3大类：经济发展指标（1）—（2），社会发展指标（3），生态指标（4）；生存质量层面4大类：收入（5），消费（6）—（10），储蓄（11），财产（12）；生存效果层面3大类：生存（13），健康（14），知识（15）。

总之，发展中国家和发达国家的文献上的差别是对绝对贫困的考虑在前者占统治地位，而相对贫困在后者更为重要①。一些发达国家的文献里甚至有这样的观点：“贫困”完全是“相对的”②。

在相对贫困线的设立过程中最普遍的实践是使用消费或收入分配的算术平均值或中值的某一比例作为贫困线。例如，许多研究使用设定在全国中值的50%上的贫困线（Fuchs，1967）③。在发现这将产生与贫困线固定时得到的贫困比较十分不同的结果时，我们不应当感到惊奇。④

是不是被迫使用建立在平均值的不变比例上的贫困线呢？我将在后面

① 也有例外，如美国政府也使用绝对贫困线（Sawhill，1988）。

② 例如汤森（Townsend，1985）对森（Sen，1983）的评注，也见森（Sen，1985b）的回应。

③ 一种可替代的方法——虽然不太普遍——是将贫困定义为那些消费某些物质产品数量较少的人，这与特定社会的“一般水准”有关，由形式上的消费估计而得；这种方法见汤森（Townsend，1979）以及德塞和夏（Desai and Shah，1988）。

④ 见阿特金森（Atkinson，1991），他显示了欧洲国家间贫困比较是如何被此选择所影响的；当我们将以每个国家的平均收入的不变比例为基础进行的贫困度量与以所有国家的平均收入的同一变化比例进行的度量相比较时，可以发现其等级发生了相当的变化。对于发展中国家的绝对贫困线和相对贫困线的比较见沙雷达（Sahota，1990）。

的章节里更详细地讨论贫困的度量，但现在我们只需要注意，几乎所有的贫困度量在平均值和贫困线之间都是极其类似的，这意味着所有收入和贫困线的倍增将使贫困度量不变[①]。我们可以将这样的贫困度量写作如下一般形式：

$$P = P(z/\mu,\ L)$$

这里的 z 是贫困线，是度量贫困的分配的平均值，L 是这种分配的洛伦兹曲线，它总括了有关不等式的所有相关信息。[②] 将贫困线设定在此平均值的不变比例之上，$z = k \cdot \mu$，这里 k 是某一常数[③]，则贫困的度量成为 P（k，L），且仅仅由洛伦兹曲线来决定。如果所有的收入以同一比例增长，则 P（k，L）将保持总体不变——相关不等式将不改变，因此 L 也不改变，贫困线将只是以相同比例增长。

① 具有这种性质的贫困度量是不随比例改变的度量。在一些著作中，它们被称为“相对贫困度量”，以与“绝对贫困度量”相区别，后者在对所有的收入和贫困线增加相同的绝对数量时是不变的；见布莱科与唐纳森（Blackorby and Donaldson，1980）以及福斯特和夏洛克斯（Foster and Shorrocks，1991）。我在这里不打算使用这个术语，因为这样有混淆上述绝对的和相对的贫困线的危险。几乎所有目前在实践中应用的贫困度量都是上述意义的“相对贫困度量”，而不管贫困线是绝对的还是相对的。

② 洛伦兹曲线给除了以收入划分级别时（横轴上的）最穷的百分之 p 的人口掌握（纵轴上的）总收入的份额。这条曲线自始至终上升，而且有递增的斜率。更严格的关于财富的洛伦兹曲线的论述，见高斯特华斯（Gastwirth，1978）和凯克万尼（Kakwani，1980a）。

③ 如 0.5，这也是阿特金森引用的欧洲研究中经常使用的。

第四章　二元结构理论与区域非均衡发展

第一节　发展经济学理论与区域经济

经济学家张培刚是对发展中国家经济发展进行系统研究的开拓者之一。张培刚1945年在美国哈佛大学写成的博士论文《农业与工业化》，是第一部从历史和理论上比较系统地探讨了贫穷落后的农业国家如何走上工业化道路的著作，因而被国际学术界誉为“发展经济学”的奠基之作，张培刚亦被誉为“发展经济学奠基人”之一。他在当时就能敏锐地观察到农业技术改革和农村经济结构调整的必要性及其一般技术经济变革的规律性，即一个落后的农业国家由自然经济转变为商品经济，从狭隘的小生产过渡到社会化的大生产的条件和若干具体的技术经济规律。他早期对中国农村经济研究所取得的成果，以及初步形成的一些重要的学术观点，直接成为他研究农业国工业化问题的理论支撑点。比如农业国要工业化，必须包括农业、农村的工业化；工业化一语“含义甚广，我们要做到工业化，不但要建设工业化的都市，同时也要建设工业化的农村”；再比如他早期对粮食问题的研究成果，就成为他后来写《农业国工业化》这本专著第二章的理论支撑点。[①] 这说明，根植于发展中国家经济发展的深厚沃土，研究其特殊规律，是发展经济学产生的动力所在。

第二次世界大战以后，重建问题引起了人们的重视，学者十分关注落后地区如何在战后实现经济的快速恢复和发展问题，代表性著作有：斯塔利（Staley，E.）的《世界经济发展》、曼德尔鲍姆（Mandelbaum，K.）的《落后地区的工业化》和罗森斯坦·罗丹的《东南欧工业化问题》等。

---

① 廖丹清、陈文科：《关于张培刚发展经济学的几点思考》，《江汉论坛》2002年第11期。

发展经济学的早期思想也在这些著作中得到体现，如：地区经济不发达的原因是缺少工业化；人口稠密而工业化不足的落后国家的常见“经济病”像是“大规模的农村伪装失业”；工业化的障碍在于需求不足和资本稀缺；国家干预是必要的；在消费工业建立之前必须大规模地筹集大量的、不可分割的社会分摊资本，单靠私人市场的积极性是不能及时做到这一点的；不发达国家工业化的进程，在很大程度上是以人力资本形成为基础的；在一个国家内或国家之间，市场机制并没有实现“最适度”，因为市场机制依赖于一些不现实的假设等。①

一　资本稀缺对经济发展的阻碍

生产要素包括土地、劳动、资本等。资本存量的多少，特别是资本形成的快慢，在早期发展经济学家的心目中被看作是促成或限制经济增长的基本因素。这种看法在发展经济学的第一阶段最为流行，形成一种“唯资本论”观点。W. 亚瑟·刘易斯（《经济增长理论》，1955；《劳动力无限供给条件下的经济发展》，1973）、罗森斯坦·罗丹（《略论“大推进”理论》，1966）、拉格纳·纳克斯（《市场规模和投资引诱》，1967）、霍利斯·B. 钱纳里（《外援与经济发展》，1966）等发展经济学的早期论著都十分强调资本形成的作用。

刘易斯着重研究了二元经济形成过程中的资本作用。他认为：“经济发展理论的中心问题是去理解一个由原先的储蓄和投资占不到国民收入4%或5%的社会本身变为一个自愿储蓄增加到国民收入12%到15%以上的经济的过程。它之所以成为中心问题，是因为经济发展的中心事实是迅速的资本积累（包括使用资本的知识和技术）。”② 刘易斯认为用于资本积累的储蓄来自资本家阶层的食利者，他的观点是“实际上所有的储蓄都是由获得利润和地租的人们进行的。工人的储蓄非常少。中产阶级储蓄一点儿，但是，实际上每个社会里，中等阶级薪水中的储蓄很少成为生产投资。”但是落后国家怎么出现资本快速积累是一个很难回答的问题，“大多数国家开始时似乎是从国外请来资本家；现代还有许多国家（例如苏联、印度）培养了一个国家资本家阶级，这些人由于各种政治原因，为了公共利益而决定迅速地创造资本。至于本地的私人资本家，他们的出现

① 谭崇台：《发展经济学》，山西经济出版社2000年版，第25—26页。

② 刘易斯：《劳动力无限供给条件下的经济发展》，载郭保熙主编《发展经济学经典论著选》，中国经济出版社1998年版，第137页。

大概是同某些新机会的出现，或是扩大市场的一些事物的出现有关。”① 刘易斯的理论中关于资本积累的观点可以总结为：（1）经济中资本主义部门的就业，总是伴随着资本形成的发生而扩大；（2）资本形成的结果，不是提高工资，而是提高国民收入中利润的份额；（3）资本形成不仅来自利润，而且来自信贷创造；（4）资本主义部门并不能够无限制地扩张，因为资本积累能够进行得比人口增长更快，工资在剩余劳动吸收完时开始上升到超过生存的水平。总的来看，刘易斯关注到了资本积累对经济发展的重要性，但他实际上没有解决资本积累的可行性问题。

罗森斯坦·罗丹在其早期著作《东南欧的工业化问题》里，就认为国际落后地区的工业化目标是通过为农业过剩人口创造生产性就业达到世界经济的结构均衡，而做到这一点的前提条件就是大量的投资。他估算，东南欧在1946—1956年间大约需要36亿英镑的国内资本。由于东南欧难以达到这一国内资本规模，因此“甚至一个大胆的、相当乐观的工业化计划似乎也不能在下个10年消除所有剩余贫困人口。”② 意即工业化依靠本国的资本积累是难以实现的。在《略论“大推进”理论》中，罗森斯坦·罗丹进一步阐述了社会基础资本的必要性。他的观点主要包括：（1）社会基础资本是不可分的，也是存在供给方面的外部经济的最重要例证；（2）社会基础资本最重要的产品就是在其他产业中被创造出来的投资机会；（3）社会基础资本包括诸如电力、运输或通信在内的所有那些基础产业，这些产业必须居先于那些能更快产生收益的、具有直接生产性的投资，因而，它们构成了整个经济的框架或基础结构（infrastructure）和分摊成本；（4）社会基础资本是非常聚集性的；（5）社会基础资本的高水平初始投资必须先行，或者让人们知道这样的投资肯定是存在的，以便为增加能更快地产生收益的直接性投资铺平道路；（6）社会基础资本的不可分性构成了欠发达国家的主要障碍之一。③ 罗森斯坦·罗丹特别强调这种社会基础资本投资不是通过计划经济来实现的，他认为封闭的、自给自足的计划模式只能缓慢实现工业化体系，会使整个国际分工水平降低，而

---

① 刘易斯：《劳动力无限供给条件下的经济发展》，载郭保熙主编《发展经济学经典论著选》，中国经济出版社1998年版，第141页。

② 罗森斯坦·罗丹：《东南欧的工业化问题》，英国《经济学杂志》1943年6—9月号。

③ 罗森斯坦·罗丹：《略论“大推进”理论》，载郭熙保主编《发展经济学经典论著选》，中国经济出版社1998年版，第229—230页。

且造成资源浪费。

拉格纳·纳克斯提出了“贫困的恶性循环”理论。拉格纳·纳克斯深入探讨了“贫困的恶性循环”和“投资引诱”两个经济发展中的重要现象。他认为，造成“贫困的恶性循环”的根本原因是相互作用和反作用因而使某个穷国维持其贫困状态的多种力量的循环集（a circular constellation of forces），而在这类循环关系中最重要的，是那些阻碍经济落后国家资本积累的关系。资本的供给为储蓄能力和愿望所左右，对资本的需求则受投资刺激的支配。因此他认为在世界上那些被贫困所困扰的地区，循环关系的存在，是因为存在着资本形成的这两个方面的问题。①

霍利斯·B. 钱纳里发现，大多数不发达国家严重依赖外部资源来提高它们的收入水平。根据粗略估计，在20世纪60年代每年从发达国家流入发展中国家的净值约为90亿美元，相当于后者投资的1/4和接近它们进口的1/3。他通过实证分析的方法证明了私人投资仅占总资源流量的1/4，但因为它对受援国发展的贡献而日益受到庇护。因此，外部资源的流入实际上已经变成一个独立的生产要素，它的生产率和配置成为现代发展理论的中心问题之一。有效地运用外援以取得迅速而持续发展的可能性，已经在希腊、以色列、菲律宾等国家得到了充分的证实。在每个例子中，主要由外国贷款和赠予提供的投资的大量的增加，已经导致了国民生产总值的迅速增长，伴之而来的是对外资依赖的稳步下降。外援不仅加快了增长速度，而且大大提高了本地区经济运用自己资源维持进一步发展的能力。

综上，围绕发展中国家如何发展经济的问题，发展经济学的“唯资本论”有三个主要观点：（1）强调物质资本积累的重要性与必要性；（2）强调工业化的重要性与必要性；（3）强调计划的重要性与必要性。西方经济学所重视的三个生产投入要素——自然条件、劳动力和资本中，物质资本的多寡及其形成的快慢，是发展中国家促进或束缚经济增长的首要因素。为这一论点提供证明的一个著名模型是哈罗德—多马增长模型（Harrod - Domar Growth Model）。这个模型从凯恩斯的收入决定论出发，认为为了维持某一时期的充分就业，必须以投资的扩大来提高有效需求，但

① 拉格纳·纳克斯：《市场规模和投资引诱》，载郭熙保主编《发展经济学经典论著选》，中国经济出版社1998年版，第239—240页。

是，在一个时期足以维持充分就业的有效需求，将不足以保证下一时期的充分就业，因为前一时期由于投资扩大而形成的生产能力，将在下一时期提供比前一时期更多的产出，从而为了维持下一时期的充分就业，就必须进一步扩大投资以增加有效需求。这样，由于投资率年复一年地扩大，产出将年复一年地扩大，反过来，要使产出年复一年地增长，投资必须年复一年地扩大，由此，哈罗德—多马模型得出了一个十分明确的结论：资本的不断形成，是经济持续增长的决定因素。

但是，无论是实践还是发展经济学自身的演进轨迹都证明，“唯资本论”只能成为早期发展经济学的引玉之作。从60年代开始，发展中国家经济出现了和这种论点不相一致的情况。理论上的10%的投资率并没有成为发展中国家经济“起飞”的充分条件。一些发展中国家的储蓄率和投资率都早已超过10%，但或因投资结构不合理，或是投资效率低下等情况，迟迟不能实现“起飞”。

这一论点的缺陷至少包括以下几点：

（1）过分夸大了资本形成的作用，忽视了其他投入要素尤其是技术进步对经济增长的贡献，不符合发展中国家经济发展的现实，而且对一些发展中国家的经济发展产生了不良影响，造成了片面追求高储蓄、高投资，忽视技术进步、教育、农业的发展和现有生产能力的充分利用以及生产效率的提高等问题。

（2）在开放经济条件下，如果发展中国家没有良好的投资环境，那么国内和国外的投资者可能将投资流向国外，因而储蓄的增加不一定导致资本形成的扩大。

（3）投资的增加不一定导致生产能力的提高。如果投资集中在高资本—产出比部门，而资本折旧大量发生在低资本—产出比部门，则资本存量很难迅速增加，从而生产能力难以提高。

（4）即使生产能力提高，也不一定能增加产出。如果缺乏熟练劳动力和管理人才，使扩大的资本存量得不到相应的要素配置，就难以发挥作用。

二　结构不平衡对经济发展的影响

发展经济学的结构主义观点认为发展中国家不仅需要增量调整的经济变动，更需要大规模的经济变化和重大的结构的改进。

迈克尔·P. 托达罗在《经济发展与第三世界》一书中从规模和收入

水平、历史背景、物质资源和人力资源、政府部门和私人部门的相对重要性、产业结构、外部的依赖性、政治结构、权力和利益8个方面详细说明了发展中国家多样化的结构。①

持结构主义观点的发展经济学家特别关注发展中国家的社会经济结构的刚性。他们认为，在市场体系没有完全建立的情况下，价格的相对变动对资源重新配置的推动作用很小，供给与需求向均衡交叉点运动不能自动进行，从而市场不能出清。因此对于发展中国家来说，普遍存在不自我均衡的体系，而是持续的不均衡状态。他们还强调部门间的结构上的差异，认为尽管各个部门都会谋求利润的最大化和效用的最大化，但是对刺激的反应快慢和反应机制，各个部门是不同的。因此，持结构主义观点的发展经济学家一般倾向于把经济分解为几个构成部分，去剖析经济发展的进程。

彼得·托马斯·鲍尔从经济发展与职业分布的关系分析入手，检验了“经济发展总体上与职业分布的某些明显的、必要的和可预见的变化有关，尤其与从事第三产业活动的相对增加有关”之一观点。但是他认为下述观点是武断的：

“我们研究了与不同国家结构有关的经济发展，得到一个严格确认的一般结论，即实际人均收入的高水平总是与第三产业劳动人口的高比例相关……；而实际人均收入的低水平又总与第三产业劳动人口的低比例和第一产业劳动人口的高比例相关……”②

“我们可以说，在每个先进经济中，就业和投资都从必要的‘第一产业’——没有它们所提供的产品，即使是过最原始的生活也是不可能的——转向各种第二产业，以及更大规模的转向第三产业……”③

他的理由是：“首先，大部分第三产业产品并不是需求收入弹性较高的奢侈品，相反，有些第一、第二产业产品倒是这种奢侈品，其总量规模可能还很大；其次，经济发展过程中可能会出现大规模资本对劳动的替代；再次，把需求收入弹性概念应用于整个经济产生了加总问题，使得任何关于变化和经济增长条件的平均值变化的一般命题都令人怀疑，而当相

① 迈克尔·托达罗：《经济发展与第三世界》，中国经济出版社1993年版，第24—30页。

② J. R. 希克斯：《空缺经济》，《劳埃德银行评论》1947年7月号，载郭保熙主编《发展经济学经典论著选》，中国经济出版社1998年版，第113页。

③ 同上书，第114页。

对要素价格和收入分配发生变化时，就尤其如此。”①

虽然两种观点迥异，但是它们都关注经济发展与经济结构特别是产业结构的内在关系。

发展经济学结构主义的先驱威廉·A. 刘易斯于20世纪50年代提出发展中国家部门变迁的“两部门剩余劳动”模型，认为工业部门可以在低工资的条件下雇用农业部门中的“剩余劳动”，由此产生的工业部门的高利润可以重新投入工业部门，推动工业部门进一步发展，最终达到消除剩余劳动和实现工业化的目的。②

古斯塔夫·拉尼斯和费景汉发展了刘易斯的“二元经济模型”。他们认为刘易斯的理论不能提供一个关于生存需求和劳动部门令人满意的分析。如何使劳动部门有所增长而使刘易斯所描述的机制不至于过早地停止，他们进行了更进一步的探讨。刘易斯在讨论劳动力无限供给情形下的经济发展时，并没有详细考察消除剩余劳动和工业化的约束条件：农业劳动生产率的提高和人口的持续增长。而这两个因素对于经济结构改变和经济发展发挥着不同的作用——前者被认为是积极因素，它会提高剩余农业产出，后者几乎被一致认为是个障碍，它会增加剩余劳动的供给。因此，古斯塔夫·拉尼斯和费景汉认为伴随着欠发达经济转折点的到来，与之相关联的经济结构变化还表现为：第一，转折点的到来伴随着农业部门的商业化；第二，在达到转折点以后，支配整个经济的资本积累源泉的规律也改变了；第三，随着劳动力首次成为稀缺商品，实际工资水平的不断提高就会出现，对于整个经济增长的消费格局将有重大的影响；第四，实际工资提高的另一后果是它对人口增长的影响，由于较高的收入水平，教育和城市化等等造成生育率下降，很可能会开始支配人口增长。③

缪尔达尔沿着结构主义的思路对经济发展的不平衡性进行了分析，认为由于机构刚性，由经济增长而提高的国民收入，不可能自然地、自动地、均等地普及到各个地区和各个阶层，以缩小地区间的贫富差距。

---

① 彼得·托马斯·鲍尔：《经济发展与职业分布》，载郭保熙主编《发展经济学经典论著选》，中国经济出版社1998年版，第115页。

② 刘易斯：《劳动力无限供给条件下的经济发展》，载郭保熙主编《发展经济学经典论著选》，中国经济出版社1998年版，第137页。

③ 王朗玲、孟庆琳主编：《西方经济思想库》第二卷，经济科学出版社1997年版，第435页。

经济发展的过程，不会是利益和谐的过程，而会是利益冲突的过程。

20世纪中期以后，一些经济学家借助投入—产出、计量经济、系统工程等方法对经济发展相关因素进行深入、具体研究，并将这一研究推向全新阶段。其中，具有代表性的，是S. 库兹涅茨和H. 钱纳里关于经济发展与结构转换的研究成果。库兹涅茨和钱纳里认为，在经济发展中，投资和储蓄不过是其必要条件，而不是充分条件。要获得经济的全面发展，需要全要素相关关系的总体协调，需要全面的结构转变。转换因素包括收入水平、资源禀赋、人口规模、发展目标、政府政策及国际环境等等，处于核心地位的，则是对就业结构转换及城市化过程的有效推进。综观各国农村人口向城市转移的共同性事实会发现，尽管城市几乎与阶级、国家相伴而生，但带有工业性质并集聚较大比例人口的城市却是工业革命以后的事情。也正是在此之后，才出现了农村人口持续向城市转移及就业结构不断重组的趋势。这一趋势，表现为一个问题的两个方面：一方面是农业在国民经济结构中所占份额的不断下降，另一方面是农业劳动力就业份额的相应减少。有关事实表明，在持续均衡的经济中，农村与城市间的劳动力转移是一系列社会经济因素变化的过程：在初始阶段，需求结构的变化及贸易结构的相应转变，推动经济由传统阶段向现代阶段转化，具体表现为以产业结构调整为契机的工业化过程、以提高人口竞争力为目标的人力资本投入的扩张、以农村人口向城市转移为主要内容的就业结构的转换，等等。其中，人口由农村向城市的转移，既是工业化过程的伴生物，又是推动产业结构顺利转换的核心。而在就业结构转换的背后，则是发展时期的变化。S. 库兹涅茨和H. 钱纳里的发展理论揭示出一个事实，即发展过程就是结构转换过程，发展或结构转换的目标则是把资源逐渐由低效率部门转移到高效率部门，从而使低效率的生产模式转变为高效率的生产模式。这个转变，使就业格局、产业结构、收入和消费模式等都发生系统变化。其中，就业结构即劳动要素组合的变化最为敏感、最为剧烈，并由此构成产业结构转换的核心。就业结构的转换同样又是多因素作用下的不断选择过程，影响其变化的主要因素有：发展阶段、产业结构、农业发展水平（以农业提供剩余程度相表征）以及人口素质，等等。①

针对发展经济学的结构主义分析的特点，钱纳里1975年撰文指出：

① 谢书森：《对经济发展和结构转换理论的考察》，《中国工业经济研究》1991年第11期。

“在过去25年中，结构分析的方法论已从一套直觉的假设发展为具有不断增长的经验效力和分析严密性的多种模式。”① 演进可归纳为三个阶段：第一阶段，提出假设；第二阶段，经验测试；第三阶段，建立较为完整的模式。刘易斯的二元经济理论和纳克斯的平衡增长理论都是按照这种模式进行理论考察的。

三　发展经济学的复兴

在20世纪70年代以后，经济学家在回顾发展中国家过去将近30年的发展状况时发现，140多个发展中国家和地区，除了少数几个成为新兴工业化国家和地区外，大多数未能如发展经济学所设想的那样发展起来，有一些发展中国家即使经济有了增长，但整个社会没有明显的发展，科学技术、文化教育以及人民大众的生活，仍然处在很低的水平上。尤其是非洲撒哈拉以南许多国家，还时常被饥饿的阴影笼罩着。于是西方一些发展经济学家和发展中国家的一些人士提出了疑问，发展经济学到底有用没有用？西方有些经济学家公开认为，发展经济学没有什么用处。英国经济学家西尔斯（D. Seers）在《发展经济学的形成、成长和死亡》一文中说，“发展经济学已被证明远没有它年轻时所期望的那么有用”。美国经济学家拉尼斯（G. Ranis）在《发展经济学：下一步迈向何处?》一文中说，“大家公论，发展经济学的全盛时期已经过去。”英国经济学家拉尔（D. Lal）在《发展经济学的贫困》一书中甚至这样说：“发展经济学的死亡，可能会使发展中国家的经济学和经济都得到正常的发展。”②

在发展经济学过去40年的演变过程中，新古典分析的复活以及由它衍生出来的适宜政策处方，是它的两个突出的特征。

诺贝尔奖获得者舒尔茨（T. W. Schultz）通过强调标准新古典经济理论的合理内容，批判“混乱的思想、错误的概念和无效的理论框架”。舒尔茨着重研究农业。他指出，农业一直是“糟糕的经济学中关于农业份额等观点的牺牲品”。促进工业化达到了有害于农业的程度，农业被榨取，隐蔽的失业被接受，农民对刺激的反应被忽视，土地的重要性日趋下降则没有察觉到。由于经济分析不合理，出现了经济政策的失误，尤其是在农业刺激受到扭曲方面。

---

① 钱纳里：《发展政策的结构主义思路》，《美国经济评论：论文及记录汇编》1975年第7期。

② 拉尔：《发展经济学的贫困》，云南人民出版社1992年版，第1页。

舒尔茨还对“新发展经济学”赋予公共部门的经济功能太多提出了批评，政府并不能有效地履行这些经济功能；与这个论点有关的另一个批评是，新发展经济学错误地假定标准经济理论不适用于分析低收入国家人们的经济行为，因而需要一种不同的经济理论。

为了改善农业实绩，舒尔茨强调要有奖赏农民的经济机会，而且十分强调人力资本投资和对农业科研经济价值的认识。同时他还认识到，现代化本质上是一个非均衡过程，因而企业家行为对处理非均衡是重要的。舒尔茨现在比过去更注重国际贸易在促进专业化和摆脱国内价格扭曲方面的经济功能。

在20世纪50年代，发展经济学先驱者们考虑欠发达国家为什么欠发达，他们提出了宏大的理论和一般战略。相反，在60年代和70年代，注意的焦点则更多地指向发展中国家的差异性和对不同国家不同增长率的解释。理论分析从高度总量增长模型转向非总量微观模型，着眼点则更多地置于国别的应用研究、提供数量信息和把新古典原理运用于解决政策问题。在越来越多的国家中，发展思想的上述变化带来了农业政策的改善、外贸体制的自由化以及项目评估的专业化。舒尔茨、哈伯勒、明特的论文证实了这些领域的进展。由于历史、文化、社会状况各有不同，发展中国家经济发展的初始制度基础不论与发达国家今昔状况相比，还是在发展中国家相互比较都具有较大的异质性和特殊性。尽管经济全球化是不可避免的趋势，但世界多极化又是必然的归宿，不同的发展中国家将提供丰富的发展经验，这就是发展经济学永不枯竭的源泉。因此，“所谓的发展经济学‘贫困论’或‘衰亡论’，如果不算是谬论，也应当是误解”①。

第二节　二元经济结构理论及其进展

在新兴古典经济学的分析框架下，从分工演进的视角重新解释经济发展中的二元经济结构及其转化问题，可以看作是对两个方面的一个回应：一是当前的发展经济学中关于二元经济结构及其转化的理论是不完整的和缺乏说服力的，它不能内生二元经济结构及其转化的诸多方面；二是我国

① 谭崇台：《怎样认识发展经济学》，《经济学动态》2001年第11期。

经济体系中的二元经济结构特征比较明显，已经成为影响到我国经济长期发展的一个“瓶颈性”因素。

一　理论解释

二元经济理论是发展经济学的奠基性理论之一（W. A. Lewis，1983；A. Bruton，1985），发展经济学家指出发展中国家经济体系的一个基本特征是并存着农村中以传统生产方式为主的农业和城市中以制造业为主的现代化部门，因此应该通过机制设计、特别是农村剩余劳动力的非农化转移来促使二元经济结构转化（刘易斯，1989；缪尔达尔，1992；费景汉、拉尼斯，1992；D. W. Jogenson，1962；Harrist & Todaro，1970；McIntosh，1975；P. Bardhan & C. Udry，1999），这种转化被实证性资料证明具有显著的增长效应（Kuznets，1985；Chenery，1970；Syrquin，1989）。这样，研究二元经济结构及其转化与经济发展之间的内在关系，应该是发展经济学中一个很有前景的主题。遗憾的是，伴随着“二战”之后发展经济学的衰退趋势①，针对二元经济结构问题的研究也就归于沉寂。

尽管如此，针对二元经济结构问题的研究仍然不能令人满意，古典主义的刘易斯—费景汉—拉尼斯模型仍然是解释发展中国家二元经济问题的主要依据。不可否认，刘—费—拉模型对于此后二元经济的理论研究具有启发意义，但由该模型所推演的传统二元经济理论大多具有如下的缺陷：①既没有说明二元经济结构形成的根本原因，也没有探究二元经济结构转化的客观效应，这意味着这些理论只揭示了事物发展中的“一个片断”，而不是具有系统性和动态性的“全部图景”；②单纯地从资源配置的角度分析问题，而忽视了经济发展中的组织演化特征，前者涉及的是资源在既定部门之间的优化组合，后者却强调产业和部门从无到有的拓扑性质，这种性质更能说明二元经济结构及其转化的内在机制；③可以说明有的国家二元经济结构为何能够转化，但却无法解释一些国家的二元经济结构为何不能迅速转化，这实际上暗示着一个理论创新的难得契机，因为“只有既能解释正命题，又能解释反命题，才能更深刻地理解研究对象，才会有更具说服力的理论”（盛洪，1994）；④前提假设往往与发展中国家的经

① 这种状况从一些有关发展经济学著作或文章的标题中就可以得到反映，例如，D. 西尔斯（1979）的《发展经济学的形成、成长和死亡》、U. 赫希曼（1981）的《发展经济学的兴起和衰落》、D. 拉尔（1983）的《发展经济学的贫困》。但在笔者看来，这些不应看作是对发展经济学存在价值的否定，而是对传统发展经济学解释力不足的失望。

济现实有差距，从而在形式化和解释力之间陷入“两难冲突”之中，例如：假定剩余劳动力的边际劳动生产率为零固然有利于模型的构建，但却以脱离一些发展中国家的经济现实为代价。由此可见，上述理论背景不仅为重新理解二元经济结构及其转化问题准备了基本条件，而且也为适应发展经济学的发展趋势以深化对二元经济问题的理论研究提出了内在要求。

二 现实解释

我国的经济体系在21世纪面临着双重任务：一是从中央高度集权的计划经济体制转变成分散决策的市场经济体制，二是由落后的欠发达国家发展为中等发达程度的国家（陈宗胜，1999；洪银兴，2000；刘伟、杨云龙，1994）。前者是转型问题，后者是发展问题。尽管转型问题和发展问题同等重要并且密切相关，但是人们对于前者的关注程度往往要超过对后者的关注程度①。问题在于，理论研究中的“忽视”并不能取代发展问题的存在，更不能表明发展问题的解决。特别是，针对经济发展中的二元经济问题，刘元春、罗玉波（2003）指出“二元经济转型的滞后不仅严重制约着制度变革的传导，而且直接影响着制度调整的空间。因此，积极推动我国二元经济转型快速发展是未来进行制度调整的基础”。可见，作为当前经济体系中的一个基本特征，二元经济结构已经成为我国经济长期发展的一个“瓶颈性”因素，对此可以从以下几个方面加以说明。

第一，在资源配置方面，二元经济结构内生出城乡分割的劳动力市场和资本市场，传统部门中的剩余劳动力不能有效地与现代部门中的资本要素相对接，从而在一定意义上形成了劳动与资本双重过剩的格局（王检贵，2002），这意味着我国的经济增长并没有接近或达到生产可能性曲线的最优边界。

第二，在收入分配方面，二元经济结构致使市场的竞争机制和工资的拉平机制难以充分发挥作用，由此内生的城乡居民收入差距不仅难以迅速缩减，反而有相对扩张的趋势。“尽管城乡居民收入差距的存在并不是中国独有的，但是在中国这种差距的幅度却是绝无仅有的”（G. 约翰逊，

---

① 这点只要注意到改革开放以来学术期刊发表文章的倾向就可以得到证实。夏业良、王欣（2000）对《经济研究》刊载文章的统计分析显示：1998—2000年经济学界讨论的焦点是国有企业改革、所有制问题等。在笔者看来，造成这种情况的原因也许是发展问题通常不像转型问题那样有成熟的理论模式可资利用，当然这种状况在近期有所转变，有关发展问题的著作和论文呈现出上升的趋势。

2000）。

第三，在地区发展方面，二元经济结构不利于地区之间经济的互补和依赖，资本、劳动、技术以及企业家才能等生产要素难以得到最优配置，这种情况诱发出的往往是地区之间的“回波效应”而不是“扩散效应”，其结果是改革开放以来我国的地区差距呈现出一种先减弱、再增强的“U”形趋势（范剑勇、朱国林，2002；洪银兴，2002；林毅夫、刘培林，2003）。

第四，在工业增长方面，二元经济结构导致工业增长基本上采用的是投资主导的“马克思类型”，而不是技术主导的“库兹涅茨类型”（速水佑次郎，2003），即工业增长更多依靠的是以资本—产出比率上升为特征的“粗放型”增长方式，“如果这个增长模式将继续下去的话，那么中国的经济必将面临东亚经济所面临的增长持续性的相关问题”（张军，2002）。

第五，在宏观经济方面，二元经济结构致使居民、特别是农村居民的消费能力提高缓慢，消费动机普遍不足，从而通过抑制需求而对宏观经济的稳定产生负面影响，“中国消费需求不足的原因是消费结构失衡，居民消费率低是由于农村居民消费水平很低”（郭克莎，2001）。

第六，随着经济体制改革的推进，整个经济体系以工农业的二元经济结构为核心，引申出区域二元经济结构、金融二元经济结构、技术二元经济结构、组织二元经济结构等次生产物，这些因素相互交织、彼此缠绕，共同构成我国经济持续快速发展的阻力。

综上所述，深入而系统地探讨二元经济结构问题在理论上具有重要性，在实践中具有迫切性。基于这种背景，试图在继承前人研究成果的基础上，从理论构建和应用分析两个层面来研究经济发展中的二元经济结构及其转化问题。这种努力无疑是一件颇有意义的工作，当然也是一项富有挑战性的工作。

经济发展不仅仅是一个总量增长的过程，更是一个结构转化和改善的过程，特别是针对经济发展中的二元经济结构转化，不能通过总量函数关系来刻画其内在的演变规律。从这种理解出发，结构分析法就成为剖析经济发展问题、特别是二元经济结构问题的基本视角。

概括性地说，试图从分工演进的角度对二元经济结构问题提供一个分析框架，在思想方法上采用逻辑实证主义，论证将遵循提出概念—形成假说—实证检验—应用分析的逻辑次序。同时在“思想试验”的过程中，主要利用新兴古典经济学的分析工具，以解释二元经济结构及其转化过程中的拓扑性质。鉴于发展中国家的基本特征，需要强调结构分析法。

对二元经济问题提供一个较为系统的分析框架，因此，从批判性继承的角度综述前人的研究成果是有意义的：一方面它提供了丰富的思想素材；另一方面它又开启了广阔的创新空间。

三　刘—费—拉模型

古典经济学认为“马尔萨斯陷阱”导致土地稀缺且劳动力过剩，因此农业中存在着部分边际生产率为零的剩余劳动力。这种思路被刘易斯及此后的费景汉和拉尼斯等人所继承，成为构建其二元经济理论的基石，由此所形成的刘—费—拉模型带有明显的古典主义色彩，并成为此后探讨二元经济结构问题的经典模型。

刘易斯模型

刘易斯认为经济增长导致农业同其他就业门路相比呈不断下降趋势，然而发展中国家往往难以顺利实现上述趋势，致使以农业为代表的传统部门中存在着过剩劳动力，对此“只有靠资本形成才能解决，因为资本形成会增加新资源或者使现有资源更为有用”。

刘易斯模型是对上述理解的形式化，此模型假定经济体由两个部门组成：一是传统的人口过剩的维持生计部门；二是劳动生产率较高的现代资本主义部门。同时，传统部门的劳动边际生产率为零，存在着劳动的无限供给；从传统部门转移出来的劳动力的工资由本部门的人均产出水平决定；现代部门中利润的储蓄倾向高于传统部门收入的储蓄倾向。依据这些假设，传统部门剩余劳动力对现代部门的供给价格较低，且现代部门的边际生产率远高于传统部门剩余劳动力的工资，因此现代部门不仅能够从传统部门获得无限供给的劳动力，而且可以通过劳动力工资与边际生产率之间的差额获得利润。进一步地，现代部门由于较高的储蓄倾向而维持扩张性的资金来源，这可以确保现代部门的发展并对剩余劳动力的吸纳能力不断增强，最终达到两部门劳动边际生产率相等的理想状态。

概括起来，刘易斯模型是经济学说史上第一个比较系统地论述二元经济结构问题的模型，该模型简洁地描述了发展中国家经济体系中的基本特征，对于此后二元经济的理论研究具有奠基性的作用。特别是，刘易斯提出按照生产率水平划分两个部门，这里现代部门主要是指工业部门而传统部门主要是指农业部门，但是并不存在严格的对应关系，这种思路对于二元经济问题的研究具有重要意义。正是在这种意义上，“刘易斯的二元经济结构理论是发展经济学中关于结构转变的最有影响力的理论”（郁义鸿，2002）。但是仔细分析就会发现：

第一，刘易斯模型关于经济发展中存在着劳动剩余的观点，是符合现实的。但是据此就认为传统部门对现代部门的劳动供给完全无弹性，现代部门可以在资本扩展的情况下无限地吸纳剩余劳动力，这种理解不仅会推演出农业发展对经济增长无关紧要的结论，而且也隐含着多种假设：现代部门的资本—劳动比率固定不变；存在着统一且有效的劳动力市场等等。针对这些假设，托达罗（1988）认为“当我们考虑到大多数现代技术的转化中节约劳动的倾向，考虑到大量资本外逃的现象，考虑到农村普遍不存在剩余劳动力以及即使城市存在大量公开失业现象、现代部门工资还倾向于迅速上升的情况，那么刘易斯的两部门模型虽然作为发展过程中部门间相互作用和结构转变的早期理论来说具有价值，但是，为了适合当代第三世界国家的现实，还要对模型的假设条件和分析方法做出重大修正”。

第二，刘易斯模型认为经济发展的关键是收入向利润获取者倾斜，以提高整个社会的储蓄和资本积累水平。这个观点实质上与库兹涅茨的收入分配“倒U形曲线”假说一致，即认为收入分配的不均等对经济发展来说是有利的，工资水平不仅由于劳动的无限供给而难以提高，而且即使提高也不能通过资本化而成为现代部门的资金来源，这种理解是以农业中存在着获取利润的地主和获得工资的农民为前提的。所以，“刘易斯模型的有效性，建立在他对农业社会结构的特殊假定上，即农业部门存在着占有全部耕地的地主和耕种这些土地的农民两个阶级，因此，刘易斯模型对于研究经济发展和劳动剩余转移并不具有一般的效力”（胡景北，1998）。这表明，刘易斯模型并没有揭示出二元经济结构的实质，该模型对于经济发展中的结构转化而言也并不具有普适性。

费景汉—拉尼斯模型

沿着刘易斯模型的思路，费景汉和拉尼斯依据亚洲一些国家和地区的发展经历，运用微观经济学理论和计量经济学方法来描述二元经济结构转变过程。费—拉模型假定农村中存在着不变的维持生计工资或者制度性工资，这样在农业部门和工业部门并存的情况下，经济结构转变需要经过三个阶段：在经济发展的第一阶段，由于农业部门劳动力转移的机会成本很小或者接近于零，因此工业部门劳动力供给曲线的弹性为无穷大，但在短缺点之后的第二阶段，农业剩余劳动力的非农化转移将使配置到工业部门的平均农业剩余降到低于农村不变的制度性工资水平，工业部门的交易条件迅速恶化，结果在全部剩余劳动得到重新配置和商业化点到达之前，经济发展将长期处于停滞状态。但是如果农业生产率水平不断提高，就可以促使短缺点和商业化点不断靠近并最终重合，这样阻碍经济发展的第二阶段就会消失，经济就可以得到持续的发展。

可见，费—拉模型敏锐地发现刘易斯模型忽视了农业的重要性，指出提高农业生产率以获取更多的农业剩余是经济发展的关键。该模型表明二元经济结构转化取决于三个因素：人口增长率、农业技术进步和工业部门的资本增长。与刘易斯模型相比，费—拉模型倾向于认为工农业的平衡增长对二元经济结构转化至关重要，它是在两部门平衡增长的基础上发展了刘易斯模型，这种努力使二元经济理论更加接近于发展中国家的经济现实。据此，费—拉模型被认为是“当今最有用的发展中国家经济增长模型”（雷诺兹，1984）。但由于该模型以刘易斯模型为蓝本，因此也存在着一些缺陷和不足：

第一，费—拉模型仍然认为发展中国家的农业部门存在着大量边际生产率为零的剩余劳动力，在剩余劳动转移的过程中又沿袭了刘易斯的收入分配思路，认为地主在二元经济结构的转化中发挥着关键性的作用。这意味着费—拉模型只是放松了刘易斯模型中的个别假设，它并没有完全克服刘易斯模型的实质性缺陷并提出富有解释力的理论。

第二，费—拉模型将刘易斯模型中的现代部门理解为工业部门，将传统部门等同于农业部门①。这种处理方式虽然有利于通过形式化来揭示工农业之间的内在关系，但却不可避免地缩小了二元经济结构的涵盖范围，忽视了工业和农业只是现代部门和传统部门中具有代表性的部分，从这种意义上理解，费—拉模型是对刘易斯模型的一种倒退。值得注意的是，为了契合主流经济学对于形式化的要求，费—拉模型“篡改”刘易斯关于部门划分的做法成为此后二元经济理论研究中的一个“惯例”。

① 需要说明的是，费景汉和拉尼斯在模型设立之后可能意识到此种处理方式并不符合刘易斯建立模型的初衷，因此在此后的文献中开始弱化工农业两部门的划分方式，而强调“商业化部门”和“非商业化部门”的对立，后者更能涵盖二元经济结构的外延。对此可参见拉尼斯在《新帕尔格雷夫经济学大辞典》所写的词条“劳动剩余经济”。

综上所述，刘—费—拉模型是在古典主义框架下分析二元经济问题的经典理论，其基本思想是：二元经济结构转化可以通过吸纳传统部门的剩余劳动力而实现，这种思路在理论上和实践中都有重要意义。然而，其所内含的一些缺陷和漏洞也使之受到挑战：

一方面，刘—费—拉模型的一些假设与发展中国家的经济现实并不完全吻合。例如假定传统部门存在着边际生产率为零的剩余劳动力，舒尔茨（1989）却在新古典主义框架下发现农民“贫穷但有效率”；假设两个部门的工资水平保持不变，然而胡景北（1994）却利用“效率”模型说明经济发展中工资上升的事实；假定利润和高收入者的收入有利于资本积累和经济发展，T. 帕森和塔伯里尼（1995）却指出历史资料显示收入不均和经济增长之间存在着显著的负相关①。

另一方面，刘—费—拉模型并没有揭示二元经济结构转变的“全部图景”，而只是说明了这种结构转变的“主要片断”。例如，它只是描述了二元经济结构转化的过程本身，而没有说明这种结构从何处来、到何处去；它只是解释了二元经济结构何以能够转化，而不能说明某些国家和地区结构转化迟缓的事实，因此，刘—费—拉模型本身并没有构成系统的关于二元经济结构的理论框架。“在文献中存在着一个漏洞，即存在着二元经济发展模型，也存在着非二元的经济增长模型，但是没有一个模型把不对称性和要素的不流动程度看成是内生的，因而没有一个模型分析了二元性本身的发展途径，显然，这是一个留待未来研究的重要领域”（坎伯、J. 麦金托什，1992）。

四 乔根森模型和托达罗模型

出于对刘—费—拉模型的系统性反思，有些经济学家试图在新古典主义框架下解释二元经济问题，其出发点是否定存在着边际生产率为零的剩余劳动，传统部门和现代部门的差异主要体现在生产方式方面，通过新古典式的资源配置可以逐步地消除这种差异。沿着这条线索，乔根森模型和托达罗模型可以作为新古典主义二元经济理论的代表。

---

① 收入分配不均对经济增长的负面影响，概括起来有三个解释：一是收入不均会导致低收入者的“寻租”活动增加、威胁产权的人增多，从而不利于促进投资与经济增长；二是收入不均会导致一种充满、不确定性的国内政治经济环境，从而影响投资与经济增长；三是收入不均容易诱发税率提高和政府支出增加，减少物质资本和人力资本的税后收益，从而阻碍私人投资和经济增长。

乔根森模型

乔根森模型（Jogenson，1967）假设：经济体系中涉及两个部门，一个是落后的或传统的农业部门，一个是先进的或现代的工业部门；农业生产使用土地和劳动两种要素，在土地固定不变的前提下农业生产唯一地取决于劳动投入；劳动的边际生产率大于零，不存在边际生产率等于零的剩余劳动力；工业生产使用资本和劳动两种要素，并且资本相对短缺；工资和利润的绝对数量呈上升趋势，但两者的相对份额不变；由于技术不断进步，工农业两部门的产出是时间的单调递增函数。

乔根森模型被视作新古典增长理论在发展经济的应用，它修正了刘—费—拉模型劳动边际生产率为零的假设，强调农业与工业之间的紧密关系，从而使二元经济理论更富有解释力。但这并不表明乔根森模型已经完美无缺：

首先，该模型的农业生产函数不考虑资本因素，然而在经济发展中农业不使用资本是难以想象的，纳卡穆拉对日本的研究、舒克拉对印度的研究以及森对埃及的实证性研究，都表明资本在农业发展中的作用非常显著（加塔克、英格森特，1987）。其次，该模型注重储蓄增长对经济发展的作用，隐含地要求收入分配向储蓄率高的阶层倾斜，此外该模型没有涉及一个部门和另一部门在需求增长方面的互补性，没有认识到农业部门的增长本身会增加对工业品的需求。最后，该模型抽象掉资本输入和人口流动对二元经济转化的作用，只探讨了国内工业部门的发展依赖于农业剩余，因此“乔根森模型是一个封闭经济条件下的模型，其中农业与制造业之间的贸易条件决定积累和增长率，这些贸易条件本身取决于供求平衡”（R. 坎伯、J. 迈金托什，1992）。

托达罗模型

托达罗模型（1969，1970）在劳动边际生产率为正的条件下，主要从城乡就业的角度分析二元经济结构转化问题。其出发点是在二元经济结构的背景下，城市中的就业格局会对劳动力的转移产生重要影响。刘—费—拉模型将城乡劳动力流动看成是劳动者从生产率较低的农业部门直接转向生产率较高的现代工业部门，托达罗模型则将此种转化看成是一个两阶段过程，首先农业剩余劳动力流向城市地区并在“城市中传统部门”中工作，然后这些劳动力有机会和有条件进入到“城市中的现代部门”。

沿着这种思路，托达罗经过模型设定及其求解，发现城乡人口流动的实际情况，并非如刘—费—拉模型所描述的那样剩余劳动力转移只是取决于收入差别。事实上，在城市存在失业的情况下，农民的流动不仅要考虑城乡居民的收入差异，还要考虑一定时期在城市就业的概率。因此，农民决策时要在进入城市后遭受失业风险和预期获得较高收入之间做出权衡。由此出发，相应的政策含义就是：放弃创造城市就业机会的努力，取消对城市工资的干预政策，调整教育的投资结构，重视农村和农业的发展。

客观地说，托达罗将预期因素引入城乡劳动力转移的分析中，从而更为确切地刻画了农业剩余劳动力转移的过程。在这方面，托达罗模型具有相对于刘—费—拉模型的比较优势，以至于“没有任何一个人像迈克尔.托达罗那样对第三世界城市高失业率和农村迁移者向城市地区大量流入并存的现象做出如此令人信服的解释”（R. A. Easterlin，1980）。然而，该模型强调预期因素，但是由于城乡居民在信息方面的不对称性，因此此模型的推论是劳动力流动具有相当程度的盲目性，这种见解被称为“托达罗教条”。针对这点，蔡昉（1997）认为农村剩余劳动力的非农化转移过程具有理性特征，所谓流动中的消极现象也只是由于扭曲的政策所致。

总之，托达罗模型从“预期至关重要”的角度论述了城乡劳动力流动，这种思路对于全面认识二元经济结构转化具有积极意义。但是，由于没有讨论城乡劳动力流动的实质原因，没有说明二元经济结构转化与劳动力转移之间的内在联系，同时也忽视了传统部门在吸纳剩余劳动力方面的重要作用。因此，托达罗模型只是二元经济结构转化的一个组成部分，它本身并不构成比较完整的二元经济理论。

显然，存在着两条研究二元经济问题的思路：一是以刘—费—拉模型为代表的古典主义；二是以乔根森模型和托达罗模型为代表的新古典主义，后者是在反思前者的基础上构建的。可以用表 4 – 1 反映两者之间的分歧：

可见，关于劳动生产率为零的假设，显然有助于准确描述二元经济结构转化、特别是城乡劳动力流动的情形。但是，乔根森模型和托达罗模型也体现出新古典理论的一般性缺陷，例如：劳动与产出比率不变的假设；两部门工资率一致的假设；劳动力市场配置有效的假设；两部门居民偏好

表4-1　二元经济理论的古典主义思路和新古典主义思路的比较

比较内容	古典主义	新古典主义
缺乏弹性的劳动力供给	存在	不存在
农业中的制度性工资	固定	可变
减少隐蔽性失业的方法	农业人口减少	农业人口减少、增加或不变
贸易条件	外生	内生
现代部门劳动生产率	不变	上升
资本—产出比率	下降	不变
工业中的产出、就业	加快	递减

相同的假设等等，显然这些并不符合发展中经济的现实。更重要的是，城乡劳动力流动固然是结构转化中的一个主要特征，但它本身不能替代也不能等同于二元经济结构理论，况且新古典主义模型在讨论城乡劳动力流动时没有分析流动的内在原因，也没有对农业在吸纳劳动力中的动态特征予以重视。

五　二元经济结构出现原因和解除路径

二元经济结构理论是发展经济学的奠基性理论之一。刘易斯（A. Lewis，1954）较早地揭示了发展中国家并存着农村中以传统生产方式为主的农业和城市中以制造业为主的现代化部门，由于发展中国家农业中存在着边际生产率为零的剩余劳动力，因此农业剩余劳动力的非农化转移能够促使二元经济结构逐步消减。此后费景汉、拉尼斯（H. Fei & G. Ranis，1964）修正了刘易斯模型中的假设，在考虑工农业两个部门平衡增长的基础上，完善了农业剩余劳动力转移的二元经济发展思想。这样刘易斯—费景汉—拉尼斯模型就成为在古典主义框架下分析二元经济问题的经典模型。出于对刘—费—拉模型的反思，乔根森（D. Jogenson，1967）力图在一个主义的框架内探讨工业部门和农业部门的发展问题，哈里斯特和托达罗（Harrist & Todaro，1970）则拓展了发展中国家产业间的劳动力流动理论。

总体上说，由于结构主义所内含的国家干预倾向在发展中国家的实践中存在差异，而且二元经济似乎也难以真正地纳入主流经济学的分析框架之中，因此其研究在二战后的一段时间中曾遭受挫折。但是，二元经济的理论研究在经过融合和创新之后又成为近期发展经济学研究的一个热点，体现为：在研究方法上综合地利用新古典经济学、新兴古典经济学、制度经济学、演化经济学的分析框架来解释二元经济问题；在研究内容上将分工组织、工资制度、市场分割、收入分配等概念引入到对二元经济的分析之中，丰富和充实使得二元经济学说有了更多的应用前景。

在刘—费—拉的二元经济模型中，发展中国家的二元经济结构被视作外生给定的，此类模型没有深入地探讨二元经济结构——即工业和农业劳动生产率存在差异的根本原因，而从直观上将发展中国家的二元经济结构归因于劳动力配置的不合理，其政策含义就是促使农业剩余劳动力向非农产业转移。近来许多发展经济学家并不满足于刘—费—拉模型的处理方式，而从新的角度来解释二元经济结构的形成原因和解除路径。

Jeffrey Sachs、杨小凯、DingSheng Zhang（2000）在反思传统二元经济理论的基础上指出：由于忽视了劳动分工的自发性演进，因而刘—费—拉模型就不能很好地解释二元经济结构的出现。基于这个原因，笔者首先区分了两种类型的二元经济结构：一是发展中国家内部现代商业部门和传统自给自足部门的对立；二是国际贸易收益在发达国家和发展中国家之间分配的差别，然后在新兴古典经济学的分析框架下，利用超边际分析构建了一个一般均衡模型，其中心思想是二元经济结构的出现和演化是个人专业化水平不断演进的结果。具体地说，如果所有国家的交易效率都比较低，那么国内和国际范围中的自给自足将不可避免；交易效率的进一步提高将使发达国家的分工得以演化，而发展中国家仍然处于自给自足状态；交易效率的继续提高将使得发达国家完全参与到国际贸易中，发展中国家只有部分居民卷入分工和国际贸易，而其他人仍然处于自给自足状态，此时两种类型的二元经济结构就会同时出现；最后当发展中国家的交易效率充分提高时，其国内和国际范围中的劳动分工就会得以拓展，两种类型的二元经济结构就会趋于消失。由此可见，交易效率的提高和分工水平的演进使二元经济结构经历了一个“出现—强化—消失”的动态过程。不难看出，该文是对亚当·斯密二元经济思想的形式化和模型化，它在开放经济的条件下内生了二元经济结构的演进过程。

无论是从农业剩余劳动力转移还是从分工水平演进的角度来理解二元经济结构，二元经济结构的转化都意味着农业比重的相对缩减和工业比重的相对增加，即二元经济结构转化的过程就是一个工业化的过程。Yasusada Murata（2002）探讨了二元经济结构的转化问题，他以发展中国家的工农业二元经济结构为出发点，侧重于从工农两种产业之间相互依赖的角度来解释工业化过程。其模型显示：如果农业生产中的工业品投入比重过低，那么就会陷入供给主导型的低水平发展陷阱；如果居民对工业品的消费支出占总消费的比重过低，那么就会导致需求主导型的低水平发展陷阱。发展中国家为了摆脱这两种类型的低水平发展陷阱，就必须通过提高劳动生产率和降低中间产品成本两个途径来推进工业化进程，特别是，从低水平发展陷阱走向工业化，同时也就意味着农业更多地采用迂回生产方式、居民更多地消费工业制成品和城市化水平的不断提高。

尽管如此，Murata 仍然是假定在农业和工业两个部门的背景下来考察二元经济结构转化的问题，但没有考虑到服务业在工业化进程中的作用。而 Mukesh Eswaran 和 Ashok Kotwal（2002）在立足于发展中国家工农业二元经济结构的基础上，重新思考了农业高产出对于工业化的意义，因为此前的发展经济学通常认为在一个封闭的经济体系中，农业高产出将通过创造需求而促进工业化，但是在开放经济条件下除非政府采取贸易保护主义，否则农业高产出将会刺激对于进口工业品的需求，从而对本国的工业化产生抑制作用。针对这个观点，笔者建立了一个一般均衡模型重点分析了服务业在工业化进程中的作用，结果发现农业高产出将提高人们的收入水平，从而导致对于服务业需求的数量增加、范围拓展，而这点又能够大幅度地降低本国工业品的生产成本。所以，在考虑到服务业的前提下，即使发展中国家采取贸易自由主义，农业的高产出仍然可以加速本国的工业化进程。

库兹涅茨分析了在工业化过程中，人均国民收入和不平等之间的关系呈倒“U”形。即当工业化开始时，人均收入开始增长，不均等开始加重；到中等收入水平时，不均等达到顶峰，最为严重；继而当工业化实现，收入达到工业化国家的水平时，不均等开始下降。

库兹涅茨进一步阐述：不均等与增长速度之间存在着替代关系，即要使得不均等下降，就必须降低增长速度；而要提高增长速度，就会导致较高的不均等。这一观点的依据是根据当时所能找到的不完全的数据资料所得出的，是对若干富国和穷国中的收入分配的估算，以及一些欧洲国家的经济发展史分析得出的结论。当时许多学者和经济学家对库兹涅茨的观点提出了质疑。其后，有关学者对这一理论进行了多次经验验证，得出的结果虽然不是严格拟合模型的推论，但较多国家的资料基本满足倒“U”

模型。

总而言之，库兹涅茨倒“U”模型，得到了某些支持，但仍然存在某些争议。不同类型国家的不均等数据，并通过计量经济分析，得出基尼系数与国民收入之间关系如下：

$$G = -1.072 + 0.395\log Y - 0.026\log Y^2 \qquad R^2 = 0.15$$

此时，G 为基尼系数，Y 为购买力平价计算的 1985 年人均国内生产总值的自然对数。显然基尼系数与人均国内生产总值的相关性虽然不是很大，而且拟合度只有 0.15，但基尼系数与人均国内生产总值毕竟是正相关关系，说明基尼系数与人均国内生产总值呈正相关关系，表明伴随着经济的发展，不均等是逐渐递增的。

针对库兹涅茨的倒“U”模型，刘易斯利用劳动剩余模型对库兹涅茨的倒“U”模型进行了解释。刘易斯认为：在一个国家的经济发展过程中，由于存在如下两个方面的原因导致收入不均等的加剧：第一，在非农部门的资本家（即控制资本的人，包括国有企业在内）的收入比重会随着现代部门或资本主义部门规模的扩充而提高，而工人的工资却由于劳动供给的无限弹性，工资不会随着工业化的发展而提高，因此工人和资本家之间将随着经济的发展收入差距拉大；第二，由于不断增长但总数仍然不多的迁移劳动者，从最低的维持生存的工资水平迁移到资本主义部门时，工资水平得到提高，导致迁移人口与剩余人口之间的收入不平等加剧。刘易斯进一步阐明：在二元经济中，当农村人口没有迁移时，迁移人口和剩余人口在一个农业部门内部，不存在工资水平的差异，但当迁移人口从农业部门向城市部门开始迁移时，由于两个部门存在工资差异，伴随着人口迁移，两部门的收入不均等出现，一直到所有剩余劳动被非农部门吸收完毕，二元经济转变为一元经济时，收入不均等开始消失。①

库茨涅兹的倒“U”模型以及刘易斯的对倒“U”模型理论的解释，暗含了人口迁移会导致不均等或者相对贫困，而且相对贫困也会随着人口迁移的结束而缩小，甚至消失。

费—拉通过利用二元古典经济学模型，结合发展经济学理论中的劳动剩余假设，推导劳动力供给和需求曲线，并利用供给曲线和需求曲线论

① 本段有关刘易斯的论述参见吉利斯等《发展经济学》，中国人民大学出版社 1999 年版，第 84 页。

证：在农村，由于人口基数较大，农村人口的迁移，会导致农村内部贫富差距拉大，即迁移人口与剩余人口之间的收入差距拉大，伴随着人口迁移，农业内部出现相对贫困的经济现象。这一理论的推导，参见图 4 - 1。

图 4 - 1 的左图，是费—拉所推导的劳动供给曲线，其理论依据是在古典二元经济模型假设条件下，劳动力市场的劳动供给都是由农业部门提供，而需求则来自非农部门的工业部门。坐标轴的横轴的箭头方向表示农村劳动力的减少，同时也表示非农部门吸收劳动增加；纵轴则表示边际产出，j 曲线为边际产出曲线。在农业部门，由于存在剩余劳动，按照规模效益递减规律，随着农业中劳动数量的减少，边际产出曲线向上倾斜。当边际产出曲线与横轴相交时，表示人口迁移没有发生，此时非农部门没有雇佣一名迁移人口，迁移人口全部被农业部门雇佣，虚线表示农业部门维持生存的工资水平。

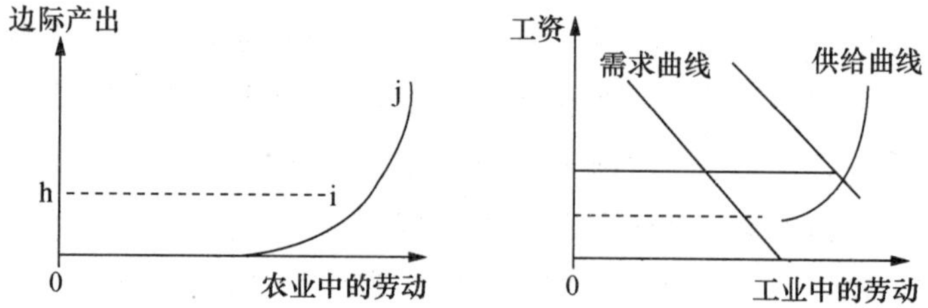

图 4 - 1　费—拉劳动供给曲线

在图 4 - 1 的右图中，水平虚线仍然表示农业部门维持生活的工资水平，实线表示资本家支付给迁移人口的工资水平，向上倾斜曲线仍然是从农业部门所推导的供给曲线。实线与虚线的工资差距是迁移人口与剩余人口的收入差距，也是二部门的工资差异，即促进农村人口迁移的经济因素。

当需求曲线与水平供给曲线相交时，农业部门存在剩余劳动，因而劳动供给曲线不会随需求变化而变化。当需求曲线与供给的曲线部分相交时，表明农村剩余劳动被吸收完毕，工人工资开始上涨。

水平供给曲线表明：由于存在劳动剩余，随着工业化的发展，迁移人口的工资始终得不到提高；但资本家则随着工业化和人口的迁移，收入在持续增加。因此，在剩余劳动没有吸收完毕之前，资本家和工人的收入差距在持续扩大。但是当剩余劳动吸收完毕，工人的工资开始上涨，资本家和工人的收入差距开始缩小。

此外，水平的供给曲线，存在着实线和虚线的差异，暗含着迁移人口在工业化过程中，生活水平的改善。但这种改善或者工资的提高，在一个较长时间里将保持不变，这个过程一直持续到剩余劳动力被吸收完毕。如果农村人口继续增加，或者农村人口基数较大，剩余劳动的吸收将会是一个较长的时间，因而农村经济发展将在一个较长的时间里处于停滞状态。

库兹涅茨的倒“U”模型与费—拉古典二元模型，分别从两个不同的角度阐述了农村人口迁移、工业化过程中的相对贫困现象，库茨涅兹的倒“U”模型强调工业化过程中，相对贫困产生在资本家与迁移人口、迁移人口与剩余人口之间；费—拉模型则强调相对贫困产生在资本家与迁移人口之间。以发展经济学的农村剩余劳动的假设，因此其结论有较大的相似性：第一，伴随着工业化过程中的人口迁移，资本家与迁移人口之间收入不均等会加剧；第二，不均等产生的原因是资本收入和农村劳动剩余的结果；第三，不均等会随着工业化的发展逐渐减弱。两个理论的基本推导过程，可参见图4－2。

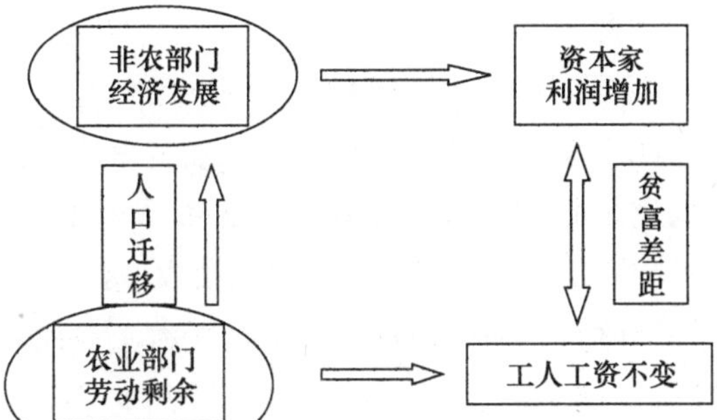

图4－2　库茨涅兹、费—拉的推导过程

根据图4－2，由于农业部门存在劳动剩余，从而导致人口迁移，且迁移导致工人供给过剩，因而工资不会随着经济发展而提高；而经济的发展却导致资本家利润增加，因此资本家与工人之间的收入不均等就逐渐拉大。

二者所得出的结论不同之处在于：其一，库茨涅兹认为相对贫困消失的时间是工业化完成之后，而费—拉模型则认为，相对贫困消失的时间从剩余劳动吸收完毕之后开始；其二，费—拉模型认为相对贫困发生在资本家和工人之间，而库茨涅兹则强调相对贫困除发生在资本家和工人（或者迁移人口）之外，还发生在迁移人口与剩余人口之间。

六　多元结构的实践路径

在研究我国的二元经济结构问题时，尽管理论界几乎都以刘—费—拉模型为基点，但是由于对该模型把握的重点不同、特别是对我国经济结构反差的认识各异，因此就形成了有关经济结构存在形态的不同见解。

二元经济结构论。此观点认为改革开放以来产业结构和城乡结构虽然出现了新态势，但我国的城乡经济发展仍然处于失衡状态（课题组，1996）。特别是，我国农村地区确实存在着大量生产率水平极低的劳动力，加上城乡居民的收入差距有不断拉大的趋势，这不仅证实了二元经济结构的存在性，而且也表明我国的二元经济结构具有“高强度和超稳态”的特征（郭剑雄，1999）。对此，必须采取有力措施来促进工农产业和城乡经济的协调发展。应该说，此观点是在整体上把握我国产业结构和城乡发展的现状，并在一个较长的时期内来探求二元经济结构的转化方案，这种努力对于人们宏观地、历史地认识二元经济结构反差问题是有益的。但我们不满意的是，这种观点没有探究我国二元经济结构形成的根本原因，更没有深入解答“我国二元经济结构转化为何相对缓慢”这个问题，之所以如此，是由于此观点缺乏一个系统的二元经济理论框架作为依据。

三元经济结构论。此观点认为改革开放以来，我国出现的不是二元经济结构，而是一种特有的“三元经济结构”：由农业部门、农村工业和城市部门所构成的经济体系，所以应该大力发展农村工业以实现经济结构的顺利转化（张朝尊、韩太祥，1995；陈吉元、胡必亮，1994；李克强，1991；赵勇，1996）。这种观点在理论界和实业界都有较大影响，原因是它注意到经济结构中的特殊成分——以乡镇企业为代表的农村工业。但是这种看法面临的挑战是：现代工业和传统农业是以生产方式为划分标准的，而城市工业和农村工业是以地理位置为区分准则的，标准的不一致导致三元经济在理论上难以并列。此外，由于缺乏城市的聚集效应，许多地区的乡镇工业对于促进国民经济发展而言也不具有持续性，近年来乡镇企业发展速度回落、特别是吸纳剩余劳动力乏力就反映了这种情况。

四元经济结构论。此观点认为我国正呈现出四元经济结构或双重二元经济结构的格局：城市现代部门、城市传统部门、乡镇企业部门和农村传统部门（徐庆，1999；陈宗胜，1998；李享章，1988；张炜、赵曦，1992）。显而易见，此观点是在工农二元经济的基础上通过对地域继续分拆的结果，换言之，它是按照“先产业后地域”的原则来区分经济结构的，因此在实质上仍然可以归结为经过拓展的二元经济结构，这种观点可能更加接近于我国经济结构的现实，同时也更有可能细致地描述经济结构转化的轨迹。但是问题在于，四元经济结构论也面临着与三元经济结构相同的划分准则不统一的问题，同时，将农村工业和城市工业相提并论，有可能在分析过程中抹杀它们内部存在的均质性，而过分强调它们在地域上的异质性。

环二元经济结构论。此观点认为我国总体上存在着两个“经济元”——具有优势的城市及工业和比较落后的农村及农业，同时在各个“经济元”内部也存在着优势与落后并存、两个相互并列的“微经济元”，并且还可以按照优势与落后的方法将“微经济元”继续细分，这样整个国民经济就形成了大小不等有着二元的环的重叠（吴天然、胡怀邦、俞海、陈伟明，1993）。不难看出，与二元经济结构论相比，此观点具有更强的内洽性和涵盖性；与三元或四元经济结构论相比，此观点揭示了我国经济结构的复杂性和层次性。尽管这样，该观点没有深入地探究这种特殊经济结构的形成原因及转化机制，同时层次的增加也可能会由于变量的指数式上升而使模型难以处理。

七　结构效应的深化研究

受库兹涅茨和钱纳里等人实证性研究的启发，我国理论界除对经济结构的存在形态进行研究之外，还试图探究经济结构的转化效应。例如，郭克莎（1994）注意到我国经济增长与结构转化的关系，其结论是：改革开放以来我国经济的总产出增长率较高，但是三次产业之间的资源配置效应明显较低，因而维持中国长期经济发展的着力点应放在调整产业结构。此观点在郭克莎（1999）的研究中得到了拓展，认为总需求不足的深层原因是结构问题。可见，这些文献讨论了与二元经济结构相关的产业结构转化问题，但这种研究基本上是实证性的，而没有在理论上解释影响这种转化的诸多因素及其内在机理。

如果说郭克莎是从经济增长因素分解的角度探讨结构效应，刘伟（1999）则从实现工业化的角度理解结构转化的意义。作者指出发展中国家“存在着一个如何从质态上按照经济历史演进规律提高产业结构高度的艰巨使命”，据此着重考察了工业化加速期的产业结构特征及其演进规律，以此为我国的产业结构转化提供较为可靠的历史依据。应该说，这种努力对于人们深入认识经济发展中的结构转变也有启发作用，但是作者的研究主题并不是经济发展中的二元经济结构转化，因此就不可能从理论上回答“我国二元经济结构转化为何迟缓”这类问题。

相比而言，石磊（1996）对于产业结构转型和二元经济结构转化的内在关系给予了更多关注，指出“二元经济的一般形态是现代工业部门与传统农业部门的两极对立，它既是多数国家在经济起飞前产业分化的结果，又是产业体系重新整合、走向同质结构的起点”。由此作者比较了促进二元经济结构转化的两种方式：以英国为代表的渐进式和以俄国为代表的革命式①，同时剖析了我国选择重工业主导型非常规结构转化的原因和后果。这种见解对于构建比较系统的二元经济理论来说是有启发意义的，但由此引申出的问题是：改革开放以来重工业主导型的非常规结构转化已经逐渐改进，为何我国的二元经济结构仍然比较突出、甚至有不断恶化的倾向。

与上述研究思路相区别，周振华（1999）比较系统地讨论了产业结构的增长效应。作者分别从结构关联效应、弹性效应、成长效应和开放效应等方面进行论述，得出了一个关于产业结构转型效应的较为系统的分析框架，至于二元经济结构转化问题可以在此框架内得到连带性的说明。从系统地论述二元经济结构产生、转化及其效应的角度出发，我们不满意上述框架的地方是其主题比较分散，不过它给我们的启发是：分析结构转化就必须找到一个核心概念，此概念能够涵盖结构转化中的诸多层面。

综上所述，我国对于二元经济结构问题的研究是从两个方面展开的：结构形态和转化效应，前者说明经济结构的存在方式，后者论证结构转化的重要作用。

---

① 渐进式的二元结构转化，如英、法、日等国曾采取的方式；革命性的二元结构转换，如俄国十月革命之后的工业化突进。前者主要依赖于私人资本积累和技术与组织的逐步创新，表现为一系列相关传导的生产函数，后者主要依赖于国家或政府的资本积累和宏观分配。两种方式的共同之处在于，有效地投人资本、投人生产领域，以提高产出水平和引导要素转移，这是经济结构中最基本、最富有本质意义的环节。

第三节　区域均衡发展与结构转型理论

一　区域非均衡发展理论简介与评述

区域均衡发展理论源于发展经济学的经济增长理论，其代表人物有纳克斯、罗森斯坦—罗丹、鲍莰和来宾斯坦等。

1. 罗森斯坦—罗丹大推进理论

发展经济学家保罗·罗森斯坦—罗丹（P. N. Posenstein – Rodan, 1943）主张发展中国家在投资上以一定的速度和规模持续作用于各产业，从而冲破其发展的瓶颈。此论在发展中国家较有市场，原因在于它的三个“不可分性”的理论基础即社会分摊资本的不可分性、需求的不可分性、储蓄供给的不可分性以及外部经济效果具有更能说服人的证据。大推进理论的论据和理论基础建立在生产函数、需求、储蓄供给的三个“不可分性”上面。

2. 诺斯出口基地理论

封闭经济模型主要缺陷是没有看到贸易对经济增长的潜在作用，出口基地模型弥补了这一弱点。出口基地理论（export base theory）最初由美国经济学家诺思（North, 1955）提出，后经蒂博特（Tiebout）、罗曼斯（Romans）以及博尔顿（Bolton）等人的发展而逐步完善。其理论基础是静态比较分析中的外贸乘数概念；其基本思想是：一个区域的经济增长取决于其输出产生的增长，区域外生需求的扩大是内生增长的主要原动力。根据这个理论，如果每个地区都集中力量发挥自己的优势，自由贸易会逐步平衡地区间的要素（资本和劳动力）、价格（利润和工资），从而导致地区差距不断缩小。

3. 纳克斯贫困恶性循环和平衡增长理论

该理论是由美国经济学家R. 纳克斯（R. Nurkse, 1953）提出的，纳克斯认为，发展中国家在宏观经济中存在着供给和需求两个恶性循环。从供给方面看，低收入意味着低储蓄能力，低储蓄能力引起资本形成不足，资本形成不足使生产率难以提高，低生产率又造成低收入，这样周而复始完成一个循环。从需求方面看，低收入意味着低购买力，低购买力引起投资引诱不足，投资引诱不足使生产率难以提高，低生产率又造成低收入，这样周而复始又完成一个循环。两个循环互相影响，使经济状况无法好转，经济增长难以实现。

纳克斯认为资本缺乏是阻碍不发达国家经济增长和发展的关键因素，是由投资诱力不足和储蓄能力太弱造成的，而这两个问题的产生又是由于资本供给和需求两方面都存在恶性循环：但贫困恶性循环并非一成不变，平衡增长可以摆脱恶性循环，是扩大市场容量和形成投资诱力的一种必需的方法。

4. 纳尔森的低水平陷阱论

纳尔森以马尔萨斯理论为基础，说明发展中国家存在低水平人均收入反复轮回的现象。不发达经济的痼疾表现为人均实际收入处于仅够糊口或接近于维持生命的低水平均衡状态；很低的居民收入使储蓄和投资受到极大局限；如果以增大国民收入来提高储蓄和投资，又通常导致人口较快增长，从而又将人均收入推回到低水平均衡状态中，这是不发达经济难以逾越的一个陷阱。在外界条件不变的情况下，要走出陷阱，就必须使人均收入增长率超过人口增长率。

5. 区域均衡发展理论简要述评

上述理论应用在区域经济中就形成了区域均衡发展理论，它不仅强调部门或产业间的平衡发展、同步发展，而且强调区域间或区域内部的平衡（同步）发展，即空间的均衡化。认为随着生产要素的区际流动，各区域的经济发展水平将趋于收敛（平衡），因此主张在区域内均衡布局生产力，空间上均衡投资，各产业均衡发展，齐头并进，最终实现区域经济的均衡发展。该理论构建了一个庞大而严格的逻辑体系结构，认为经济发展动力来源于“报酬递减”、“比较优势”等，然而该理论是建立在一系列与现实相去甚远的假设条件之上的：不但把技术进步当作外生因素，没有纳入其分析框架之中，而且丢掉了区域（空间）的一个重要特征，即克服空间距离会发生运输费用。所有这一切，都与新古典主义所讲的前提条件相抵触。

均衡发展理论的缺陷之一在于忽略了一个基本的事实，即对于一般区域特别是不发达区域来说，不可能具备推动所有产业和区域均衡发展的资本和其他资源，在经济发展初期很难做到均衡发展。缺陷之二，忽略了规模效应和技术进步因素，似乎完全竞争市场中的供求关系就能决定劳动和资本的流动，就能决定工资报酬率和资本收益率的高低。但事实上，市场力量的作用通常趋向增加而不是减少区域差异。发达区域由于具有更好的基础设施、服务和更大的市场，必然对资本和劳动具有更强的吸引力，从而产生极化效应，形成规模经济，虽然也有发达区域向周围区域的扩展效应，但在完全市场中，极化效应往往超过扩展效应，使区际差异加大。另外，技术条件不同也会使资本收益率大不相同，此时的资本要素流动会造成不发达区域资本要素更加稀缺，经济发展更加困难。

区域均衡发展理论显然是从理性观念出发，采用静态分析方法，把问题过分简单化了，与发展中国家的客观现实距离太大，无法解释现实的经济增长过程，无法为区域发展问题找到出路。在经济发展的初级阶段，非均衡发展理论对发展中国家更有合理性和现实指导意义。

二　区域经济非均衡发展理论的适用性

按发展阶段的适用性，非均衡发展理论大体可分为两类：一类是无时间变量的，主要包括循环累积因果论、不平衡增长论与产业关联论、佩鲁（Perrous）增长极理论、艾伯特·赫希曼（Albert O. Hirschman）中心—外围论、梯度推移理论等；另一类是有时间变量的，主要以倒“U”形理论为代表。

1. 佩鲁增长极理论

“增长极”概念是法国经济学家弗朗索斯·佩鲁（Francois Perroux，1950）首先提出来的，佩鲁把经济空间中在一定时期起支配和推动作用的经济部门（产业）称为增长极。作为经济空间的增长极，它不是一个空间区位，而是处于经济空间极点上的一个或一组推进型经济部门，它本身具有较强的创新和增长能力，并通过外部经济和产业之间的关联乘数效应推动其他产业增长。因此，作为经济单位的增长极是与主导产业相联系的。该理论从两个方面打破了经济均衡分析的新古典传统，为区域经济发展理论提供了新思路。一方面，它反对均衡增长的自由主义观念，主张区域经济非均衡增长；另一方面，通过引入空间变量丰富了抽象经济学分析的内容。

佩鲁提出的增长极概念的出发点是抽象的经济空间，是以部门分工所决定的产业联系为主要内容，所关心的是各种经济单元之间的联系。他认为增长并非同时出现在各部门，而是以不同的强度首先出现在一些增长部门，然后通过不同渠道向外扩散，并对整个经济产生不同的终极影响。显然，规模大、创新能力高、增长快速、居支配地位的且能促进其他部门发展的推进型单元即主导产业部门，着重强调产业间的关联推动效应。布代维尔从理论上将增长极概念的经济空间推广到地理空间，认为经济空间不仅包含了经济变量之间的结构关系，也包括了经济现象的区位关系或地域结构关系。因此，增长极概念有两种含义：一是在经济意义上特指推进型主导产业部门；二是地理意义上特指区位条件优越的地区。应指出的是，点—轴开发理论可看作是增长极和生长轴理论的延伸，它不仅强调“点”（城市或优区位地区）的开发，而且强调“轴”（点与点之间的交通干线）的开发，以点带轴，点轴贯通，形成点轴系统。

增长极理论应用十分广泛。许多国家从城市与周围地区相互联系的角度出发，把增长极看成是加快区域发展，尤其是加快落后地区经济发展的地域组织模式。但大多数国家的实践，不是导致失败就是收效不明显。如我国“三线”建设中，从内地迁至三线的一些现代化企业与当地无法形成产业链，出现产业结构联系中断，各种资源要素无法扩散，只能形成“孤岛经济”。其实，增长极理论的应用是需要一定区位条件的。然而这些条件对经济落后地区来说是缺乏的，正因为这样，增长极模式不能作为这些地区经济发展的地域组织模式。

2. 缪尔达尔循环累积因果理论

冈纳·缪尔达尔的循环累积因果论认为，经济发展过程在空间上并不是同时产生和均匀扩散的，而是从一些条件较好的地区开始，一旦这些区域由于初始优势而比其他区域超前发展，则由于既有优势，这些区域就通过累积因果过程，不断积累有利因素继续超前发展，从而进一步强化和加剧区域间的不平衡，导致增长区域和滞后区域之间发生空间相互作用，由此产生两种相反的效应：一是回流效应，表现为各生产要素从不发达区域向发达区域流动，使区域经济差异不断扩大；二是扩散效应，表现为各生产要素从发达区域向不发达区域流动，使区域发展差异得到缩小。在市场机制的作用下，回流效应远大于扩散效应，即发达区域更发达，落后区域更落后。基于此，缪尔达尔提出了区域经济发展的政策主张。在经济发展初期，政府应当优先发展条件较好的地区，以寻求较好的投资效率和较快的经济增长速度，通过扩散效应带动其他地区的发展，但当经济发展到一定水平时，也要防止累积循环因果造成贫富差距的无限扩大，政府必须制定一系列特殊政策来刺激落后地区的发展，以缩小经济差异。

佩鲁的增长极理论从正面论述了“发展极”对自身和其他地区经济

发展的带动作用，但忽视了“增长极”对其他地区发展的不利影响。诺贝尔奖获得者缪尔达尔（G. Myrdal，1957）提出了“地理上的二元经济”结构（geographical dual economy）理论，弥补了增长极理论的这一缺陷。缪尔达尔批评了新古典主义经济发展理论所采用的传统的静态均衡分析方法，认为生产要素自由流动，市场机制自发调节可以使各地区经济得到均衡发展的观点并不符合发展中国家的实际。他用“循环积累因果关系论”来说明地理上的二元经济产生的原因及其如何消除的问题。他认为，某些地区受外部因素的作用，经济增长速度快于其他地区，经济发展就会出现不平衡。这种不平衡发展会引起“累积性因果循环”，使发达地区发展更快，发展慢的地区更慢，从而逐渐增大地区经济差距，形成地区性二元结构。因此，不发达地区的政府应制定相应的政策来发展自己的经济，缩小这种差别。最初针对佩鲁的经济发展增长极理论存在的缺陷之一，即他并未提及增长极的负面效应而只看到正面效应的缺点，他把重点放在了增长极构建的自然因素上，即大量资金、先进技术和大量人力资源和机器设备，以及良好的基础设施等硬件上，这就客观上要求增长极的构建必须在区域条件好的基础上，而忽略了条件差的地区。

缪尔达尔在1944年出版的《进退维谷的美国：黑人问题和现代民主》一书中提出了“循环的或积累的因果关系”原理，即积累的增长和下降理论，他认为，经济的发展是一个动态的各种因素相互作用、互为因果、循环累积的非均衡发展过程，其中任何一个因素的变化都会引起其他因素的变动，从而导致起始变化因素的进一步变动，这种过程一直沿着初始因素的变动循环累积下去，这就是累积的增长和下降理论。在此基础上，缪尔达尔在其作品《经济理论和不发达地区》和《亚洲戏剧：各国贫困问题考察》中提出了两种累积循环因果运动及其正负效应：一种是增长极对周围落后地区的阻碍作用，即“回波效应”，促成各种生产要素向发展极回流和聚集，即极化效应，产生一种扩大两大地区经济发展差距的运动趋势。另一种是对周围落后地区的推动作用，即“扩散效应”，促成各种生产要素在一定发展阶段上从发展极向周围不发达地区的扩散，因而产生一种缩小两大地区经济发展差距的运动趋势。他强调指出：市场机制的作用总是倾向于扩大而不是缩小地区间的差距，这就意味着回波效应大于扩散效应，从而形成“地理上的二元经济结构”。后来的学者把这种情况归结为经济自由主义占上风的“自发的发展极”现象。而缪尔达尔则主张政府采取积极的干预政策，来刺激发展极周围落后地区的发展，填补累积性因果循环所造成的经济差距。后来的学者把这种情况归结为国家干预主义占上风的“诱导的发展极”现象，这是缪尔达尔增长极理论的精髓。可见，缪尔达尔主张政府在构建增长极当中起到了至关重要的决定作用。

3. 赫希曼与弗里德曼的“核心区—边缘区”理论

美国经济学家 A. 赫希曼（Hirschman，1958）提出了区域非均衡增长的“核心区—边缘区”理论。赫希曼认为，经济发展不会同时出现在所有地方，而一旦出现在某处，在巨大的集聚经济效应作用下，要素将向该地区集聚，使该地区的经济增长加速，最终形成具有较高收入水平的核心区，与核心区相对应，周边的落后地区称为边缘区。在核心区与边缘区之间同时存在着两种不同方向的作用，赫希曼称其为“极化效应”和“涓滴效应”。在这一过程中，极化效应往往大于涓滴效应，因而市场的力量往往使区域间的差别扩大。

该理论认为经济进步并不同时出现在每一处，经济进步的巨大推动力将使经济增长围绕最初的出发点集中，增长极的出现必然意味着增长在区域间的不平等是经济增长不可避免的伴生物，是经济发展的前提条件。他提出了与回流效应和扩散效应相对应的“极化效应”和“涓滴效应”。在经济发展的初期阶段，极化效应占主导地位，因此区域差异会逐渐扩大；但从长期看，“涓滴效应”将缩小区域差异。

4. 弗里德曼的“中心—外围论”

弗里德曼在考虑区际不平衡较长期的演变趋势基础上，将经济系统空间结构划分为中心和外围两部分，二者共同构成一个完整的二元空间结构。中心区发展条件较优越，经济效益较高，处于支配地位，而外围区发展条件较差，经济效益较低，处于被支配地位。因此，经济发展必然伴随着各生产要素从外围区向中心区的净转移。在经济发展初始阶段，二元结构十分明显，最初表现为一种单核结构，随着经济进入起飞阶段，单核结构逐渐为多核结构替代；当经济进入持续增长阶段，随着政府政策干预，中心和外围界限会逐渐消失，经济在全国范围内实现一体化，各区域优势充分发挥，经济获得全面发展。该理论对制定区域发展政策具有指导意义，但其关于二元区域结构随经济进入持续增长阶段而消失的观点是值得商榷的。

5. 区域经济梯度推移理论

区域经济梯度推移理论的基础是美国的跨国企业的工业生产生命循环阶段问题。认为工业各部门甚至各种工业产品都处在不同的生命循环阶段，在发展中必须经历创新、发展、成熟、衰老四个阶段，并且在不同阶段，将由兴旺部门转为停滞部门，最后成为衰退部门。区域经济学者把生命循环论引用到区域经济学中，创造了区域经济梯度转移理论。根据该理论，每个国家或地区都处在一定的经济发展梯度上，世界上每出现一种新行业、新产品、新技术，都会随时间推移由高梯度区向低梯度区传递。威尔伯等人形象地称之为“工业区位向下渗透”现象。

无时间变量的区域非均衡学派虽然正确指出了不同区域间经济增长率的差异，但不能因此而断定区际差异必然会不可逆转地不断扩大。因为各种非均衡增长模型片面地强调了累积性优势的作用，忽视了空间距离、社会行为和社会经济结构的意义。缪尔达尔和赫希曼的理论动摇了市场机制能自动缩小区域经济差异的传统观念，并引起一场关于经济发展趋同或趋异的大论战。但是在美国经济学家威廉姆逊的倒“U”形理论提出之前，论战缺乏实证基础。他的研究使讨论向实证化方向迈出了有力的一步，倒“U”形理论也成为有时间变量的非均衡发展理论的代表。

6. 威廉姆逊的倒“U”形理论

威廉姆逊把库兹涅茨的收入分配倒“U”形假说应用到分析区域经济发展方面，提出了区域经济差异的倒“U”形理论。他通过实证分析指出，无论是截面分析还是时间序列分析，结果都表明，发展阶段与区域差异之间存在着倒“U”形关系。这一理论将时序问题引入区域空间结构变动分析。由此可见，倒“U”形理论的特征在于均衡与增长之间的替代关系依时间的推移而呈非线性变化。

7. 区域经济非均衡发展结构评述

纵观上述两类非均衡发展理论，其共同的特点是，二元经济条件下的区域经济发展轨迹必然是非均衡的，但随着发展水平的提高，二元经济必然会向更高层次的一元经济即区域经济一体化过渡。其区别主要在于，它们分别从不同的角度来论述均衡与增长的替代关系，因而各有适用范围。在关于增长是否不论所处发展阶段如何都存在对非均衡的依赖性问题上，这两类理论之间是相互冲突的。增长极理论、不平衡增长论和梯度转移理论倾向于认为无论处在经济发展的哪个阶段，进一步的增长总要求打破原有的均衡。而倒“U”形理论则强调经济发展程度较高时期增长对均衡的依赖。

结构主义区域发展观强调的是发展对于不平衡的依赖。增长极理论主张把有限的稀缺资源集中投入到发展潜力大、规模经济和投资效应明显的少数部门和区位，使增长点的经济实力增强，同周边区域经济形成一个势差，增长点再通过市场机制的传导媒介力量引导整个区域经济发展。增长极理论从总体上看是建立在发达市场经济机制的背景之上的，所以在发达地区，产业结构和城市体系发育比较成熟，具有便捷的交通通信联系，产业之间具有较明显的关联效应，各中心之间也有较强的空间相互作用，引进一个新的增长极，有可能产生较大的区域乘数，从而推动区域经济发展。相反，后发区域最大的弱点就是产业之间缺乏联系效应，加上落后的基础设施，引进的增长极很有可能成为区域经济中的“孤岛”，更不可能促进和带动区域经济发展。

核心—边缘理论强调长期的地理渗透效应对促进后发区域经济发展和减少区域差距的重要作用，这对研究后发区域经济发展的动力机制具有一定的启发意义，但这些理论都没有阐述非均衡发展的合理界限问题。对于一个社会而言，是否存在一个最优非均衡发展的“度”？显然，这些理论忽视了区域成长过程中，区域差距扩大可能会付出因社会激化所导致的经济停滞的高昂代价。

另外，结构主义非均衡发展理论的政策主张是不一致的，主要表现在对政府和市场作用的认识上。与佩鲁不同，赫希曼和缪尔达尔的理论主张政府积极干预。赫希曼认为，尽管经济增长的聚集将首先加大地区间的经济差异，但长期的地理渗透效应将足以减少这种差异。赫希曼对渗透效应能减少地区差异的乐观估计是建立在依靠国家干预的基础上的。从世界上许多国家的经验来看，区域差异的变动一般受经济发展的内在规律性、市场作用和政府干预三种力量的影响，是三者综合作用的结果，片面强调哪方面的作用，都是不恰当的。

非均衡增长理论中的出口基地理论，可以作为其增长战略的理论基石之一。一个区域经济的增长取决于其输出产业的增长，区域外生需求的扩大是区域经济增长的重要原动力。观察山东、江苏、浙江等近年来获得成功的省份，也可以证明这一点。一个封闭的、没有外部需求的国家或地区，不可能有较高的增长速度，也无法获得比较利益。

三　改革开放以来我国区域经济发展战略理论

关于区域经济的发展模式，大都是依据区域经济非均衡发展的某种理论提出的。目前在一些发达国家，以及包括中国在内的发展中国家，主要实施的有梯度推移发展模式（包括反梯度推移模式）、增长极模式、点轴开发模式和网络开发模式等。

1. 梯度推移发展模式

该模式是基于缪尔达尔、赫希曼等人的“二元经济结构”理论，区域经济发展已形成了经济发达区和落后区（即核心区与边缘区），经济发展水平出现了差异，形成了经济梯度，试图利用发达地区的优势，借助其扩散效应，为缩小地区差异而提出的一种发展模式。

2. 增长极开发模式

增长极开发模式是空间增长极理论在区域开发中心的运用。增长极开发模式备受青睐，它形象直观，易于接受，然而准确把握增长极的内涵和运用条件，却没有引起足够重视，因此，试验成功者很少。我国持增长极开发观点的学者较多，认为我国的中部和西部地区虽在总体上落后于东部地区，但现在一些交通干线上已形成了若干中心城市（增长极），这些中心城市的向心作用和扩散作用是东部地区无法替代的。因此认为中西部地区的开发可以通过多层次的增长极在不同点上带动周边地区经济发展，而且我国地域辽阔，经济的内向型特征和资源分布的不均衡特征，决定了我国的经济发展更适合采用增长极开发模式。

3. 点轴开发模式

点轴开发模式是增长极理论的延伸。从区域经济发展的过程看，经济中心总是首先集中在少数条件较好的区位，呈斑点状分布。这种经济中心既可称为区域增长极，也是点轴开发模式的点。随着经济的发展，经济中心逐渐增加，点与点之间，由于生产要素交换需要交通线路以及动力供应线、水源供应线等，相互连接起来就是轴线。这种轴线首先是为区域增长极服务的，但轴线一经形成，对人口、产业也具有吸引力，吸引人口、产业向轴线两侧集聚，并产生新的增长点。点轴贯通，就形成点轴系统。因此，点轴开发可以理解为从发达区域大大小小的经济中心（点）沿交通线路向不发达区域纵深地发展推移。京津带的中小城市群已出现水平不等的点轴经济带。

4. 网络开发模式

在布局框架已经形成，点轴系统比较完善的区域，进一步开发就可采用网络开发模式，进而构造现代区域空间结构。一个现代化的经济区域，其空间结构必须同时具备三大要素：（1）“节点”，即各级城镇；（2）“域面”，即节点的吸引范围；（3）“网络”，由商品、资金、技术、信息、劳动力等生产要素的流动网及交通网、通信网等组成。网络开发是强化网络已有点轴系统的延伸，提高区域各节点、各域面之间，特别是节点与域面之间生产要素交流的深度与广度，促进地区一体化发展，特别是城乡一体化发展。这是区域发展中一种较完善的模式，是区域经济发展走向成熟阶段的标志。这种模式主要适合于经济较发达的区域，如京津冀地区、长江三角洲地区都适宜这种开发模式。

上述几种开发模式的实质在于怎样安排区域发展的先后顺序，以及如何进行资源配置和确定投资的空间布局。不同的开发模式立足点不一样，根本上讲，其不同点就在于怎样对经济发展的“公平”与“效率”做出选择，应注意这几种开发模式都具有一定的合理性和适用范围。不同的地区有不同的经济特征，各个地区应根据自己的区情，制定适合本地实际情况的资源配置策略和经济发展模式。

四 我国区域经济发展模式的选择：非均衡协调发展

区域经济发展中有三种可选模式，一是均衡发展模式，即每个区域、每个产业都保持相同的发展速度；二是区域经济的非均衡发展模式，即发展有快有慢，有先有后；三是区域经济的非均衡协调发展模式，强调在区域经济非均衡发展的同时，采取积极的方法，对这种不均衡进行适度的调控，以期实现区域整体经济的快速、健康和可持续发展。此模式已成为许多国家和地区经济发展的首选模式，也是我国实现经济和社会可持续发展战略的首选模式。

1. 适度倾斜的不均衡发展战略

所谓适度倾斜，就是国家根据需要和各地区的投资经营环境和投入产出效果，确定若干重点开发区域，并在资源分配和政策投入上实行适度的倾斜政策。一是具有大规模开发能源和原材料工业条件的资源富集地区，如以山西为中心的能源重化工基地、三峡地区等；二是发展高新技术产业和出口创汇产品条件好、开发潜力较大的经济技术较发达地区，如沪宁杭地区、山东半岛城市群等；三是生产技术设备、产业结构和产品结构严重老化、亟待大规模更新改造的老工业基地，如辽宁中部地区等。

2. 区域之间协调与互补的战略

我国东部沿海地带经济发达，技术较先进，科研力量也强，市场发育程度较高，但自然资源短缺；中、西部地区自然资源丰富，但技术工艺比较落后，科研力量较弱，市场发育程度也较低。区域之间这种优劣并存、长短互见的状况，正是推动区域间互相依赖、互相补充，开展经济技术协作的内在动力。实行非均衡协调发展战略，在经济建设中可以建立各区域优势互补、互通有无的新格局。在比较利益选择和优化产业结构的基础上，创造真正的经济活力。

3. 开放型的战略

实行非均衡协调发展战略，东、中、西部都要根据对外开放的要求，积极参与国际竞争和交换。东部沿海地带，已形成了沿海特区、对外开放城市、开发区等经济开放的格局，利用有利的机遇，实现产业结构高级化，及时跻身于国际分工行列，并为中、西部让出一部分传统制成品的国内市场。中、西部也要在国际竞争中有所作为。建立多元化的开放体系，形成多元化的开放格局。

4. 符合社会综合效益原则的战略

实行非均衡协调发展战略，不仅东部，而且中、西部原有工业基础将得到应有的发展和提高，这对整个国民经济持续、健康发展是至关重要的。还必须看到，非均衡协调发展战略可以使中、西部特别是西部获得同东部公平竞争的体制和政策环境，使聚居在西部边远地区的少数民族经济可以得到相应的发展。这些地区和民族经济发展了，也就为开发西部地区创造了非常有利的条件。

5. 符合市场经济条件下的区域经济发展战略

非均衡协调发展模式首先尊重市场经济规律和市场的选择，强调按照最大效率原则配置和利用各种社会和经济资源，使之发挥最大的经济效益，这既是区域经济实现可持续发展的基础，同时又是产生区域经济发展非均衡的直接原因；其次，它强调区域经济的协调发展，即国家通过宏观政策和宏观调控确保区域经济非均衡现象的适度化，实现社会的稳定和区域经济的协调和可持续发展。因此，区域经济非均衡协调发展模式是我国市场经济条件下“公平和效率的统一”、“看得见的手”和“看不见的手”的完美结合。

总之，关于经济发展过程中的二元经济问题，现有的研究成果对本书的研究具有明确启发和借鉴意义。并为本书的研究提供了切入点：①在理论构建上，针对经济发展中的二元经济问题，从分工组织演进的角度提供一个比较系统且在逻辑上合理的分析框架。②在应用分析上，利用理论推导的结论，对我国的二元经济结构转化问题、特别是二元经济结构转化相对缓慢做出解释并给出推进思路。

寻 因 篇

第五章　环京津区域经济、人口、城乡发展基本现状

环京津地区包括北京、天津两个直辖市以及河北省的唐山、保定、廊坊、秦皇岛、沧州、张家口和承德7个地级市。这一地区是全国政治、文化中心，也是北方最大、发育最好、现代化程度最高的城镇和工业密集区。同时，由于该地区具有良好的港口群、丰富的旅游文化资源和密集的智力资源，这里也是我国北方的外向型经济中心和我国旅游及知识产业中心。

图5－1　环京津地区范围

环京津地区面积共16.88万平方公里，占全国的1.76%；人口6370万，占全国的4.92%；GDP总值为10313.4亿元，占全国的8.5%；人均

GDP 为 15071 元，是全国的 1.84 倍；地均 GDP 为 611 万元/平方公里，是全国的 4.35 倍，是我国北方经济发展的核心区域（表 5－1）。

表 5－1　　2007 年环京津地区在全国的地位

2007 年	面积（万平方公里）	人口（万人）	人口密度（人/平方公里）
环京津地区	16.88	6370	377.4
占全国比重	1.76%	4.92%	2.8 倍
2007 年	GDP（亿元）	人均 GDP（元/人）	地均 GDP（万元/平方公里）
环京津地区	10313.4	15071	611
占全国比重	8.5%	1.84 倍	4.35 倍

近几年来，随着经济全球化和我国加入 WTO，以广州为核心的珠江三角洲和以上海为中心的长江三角洲经济先发地区，掀起了新一轮区域经济合作的浪潮，带动了整个区域社会经济的进一步发展。在这种形势下，京津冀地区的区域合作问题再一次受到政府、企业以及理论界等各个层面的高度关注。

近年来的区域合作有以下几个值得注意的特点：

第一，京津塘高速公路沿线经济产业带规模效应明显。

在京津塘高速公路沿线，1984 年以来已经陆续出现了一系列科技园区和工业开发区；包括天津经济技术开发区、中关村科技园区（一区十六园）、亦庄开发区、顺义空港工业区以及廊坊经济技术开发区等，初步形成了一条主要由高新技术产业和现代制造业为主导的新经济产业带。

第二，跨行政区的产业梯度转移已经开始。

在北京经济结构调整过程中，一些缺乏比较优势的产业，特别是一些传统重工业，如钢铁业和传统制造业，已在进行梯度转移。“十五”期间，北京首都钢铁公司炼钢厂、北京焦化厂、第一机床厂铸造车间等一些大型企业，或整体或将部分生产环节迁移到河北省周边地区（见表 5－2）。

第三，跨行政区的产业链初步浮现。

随着经济全球化、信息化进程的加快，产业价值链发生着重大变化，形成生产环节中的分工和产业交叉融合的新型分工模式。目前，在京津冀地区这两种分工形式都有所表现。

表 5－2　　北京企业迁移情况

企业名称	迁入地	迁入时间
北京第一机床厂铸造分厂	河北省保定市高碑店	2000 年 3 月
北京内燃机总厂铸造分厂	河北省沧州市泊头	2000 年 7 月
北京白菊公司洗衣机生产基地	河北省霸州市	2001 年 9 月
北京量具刃具厂（部分工序）	河北省霸州市	2002 年 12 月
首都钢铁公司炼钢厂	河北省唐山市迁安	2003 年 4 月
北京新型建材集团粒状棉生产线	河北省张家口市	2001 年 8 月
北京焦化厂	河北省唐山市乐亭县王滩京唐港	2003 年 4 月

资料来源：作者整理。

在企业之间生产合作配套方面，如围绕京津各自的汽车和电子信息产业而发展的零部件供应、配套生产企业，并不仅仅只为各自的整车、整机和总装厂服务，也在京津冀经济圈内展开一定的区域合作，即为临近行政区内同行业提供零部件。

在企业内部产业链延伸方面，京津冀地区存在着产业链双向延伸现象。既有北京企业将生产环节迁移到津冀地区，也有津冀企业将研发、营销以及企业总部等环节落户在北京。近年来，不仅国际跨国公司总部入户北京，津冀大公司入户北京的势头也值得注意（见表 5－3）。

表 5－3　　津冀大型企业在京设立研发机构情况

研发机构名称	母公司名称	地点
海湾集团电子技术事业部	河北海湾科技集团有限公司	海淀区
北京金利普生物技术开发有限公司	河北北方电力开发股份有限公司	海淀区
北京海波尔生物医药研究所	河北万岁制药集团	大兴区
基因工程与资源药物工程研究中心	石家庄制药集团公司	海淀区
中药制药与新药开发关键技术工程研究中心	石家庄科迪药业有限公司	海淀区
乐凯－化大联合实验室	中国乐凯胶片集团有限公司	朝阳区

资料来源：天津经济技术开发区《开发区研究·决策参考》（2002 年合订本）。

可以看到，区域合作开始由政府主导向由政府和市场共同推动转化。虽然区域合作领域多为资源、生态和环境保护等方面的合作，产业合作很少，合作领域的广度和深度仍然十分有限，但是经济生态链的协作方式开始出现。

第一节　环京津区域经济总量特征①

一　经济发展

环京津地区经济总量持续增长，2003 年 GDP 和人均 GDP 分别为 1978 年时的 10.9 和 8.3 倍（图 5－2）。

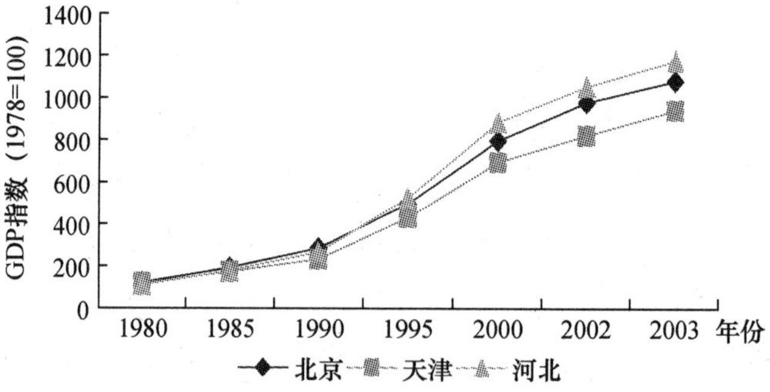

图 5－2　京津冀地区主要年份 GDP 增长情况

GDP 总量、第一产业和第三产业增加值占全国比重呈上升趋势，尤其是第三产业的上升趋势更加显著（图 5－3）。

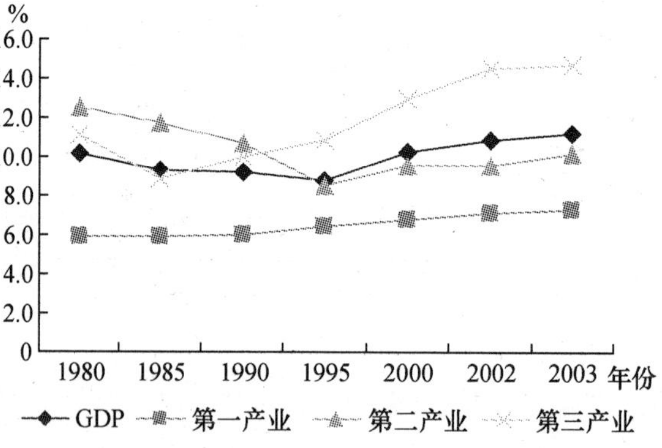

图 5－3　京津冀地区 GDP 及三次产业在全国地位的变化

① 根据数据收集情况，本节部分内容使用河北北部全省数据代替河北七市数据进行分析。

二　居民生活水平

城市居民家庭人均可支配收入持续增长，2002 年北京、天津、河北的城市居民家庭人均可支配收入分别是 1978 年时的 5.4、5.1、5.1 倍（按 1978 年可比价），高于全国 4.7 倍的平均增长水平（图 5－4）。

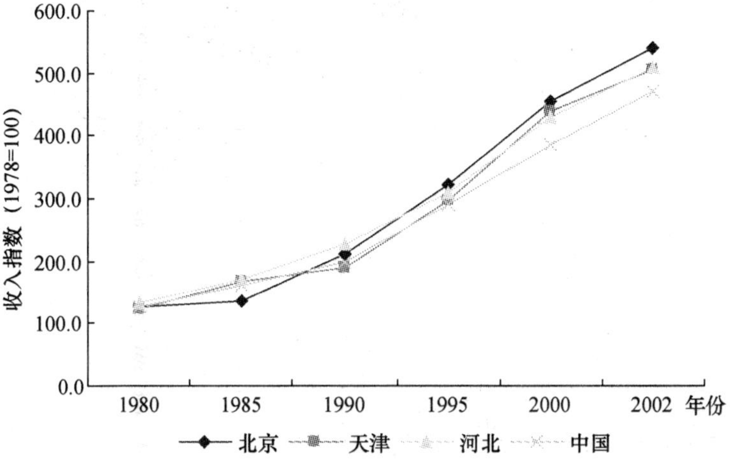

图 5－4　京津冀地区及全国城市居民家庭人均可支配收入增长趋势

三　外资、外贸发展

2002 年京津冀地区的外商直接投资额达到 64.23 亿美元，占全国的比重由 1990 年的 5.7% 上升到 7.0%，但期间波动较大（图 5－5）；进出口总额达到 435.35 亿美元，占全国的比重由 1990 年的 11.4% 上升到 12.2%，不过 2002 年与 2000 年相比地位却有所下降（图 5－6）。

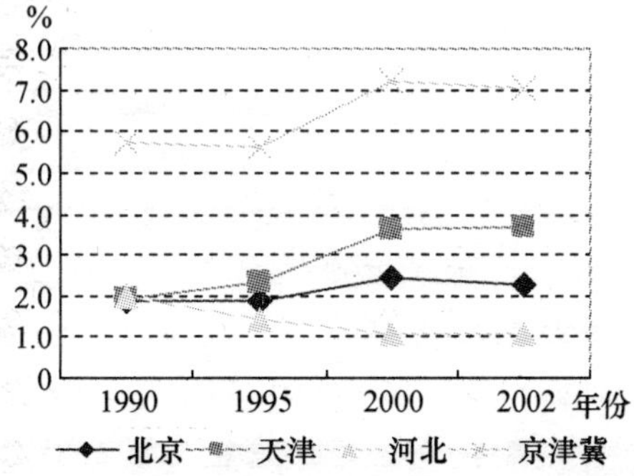

图 5－5　京津冀地区外商直接投资在全国地位变化

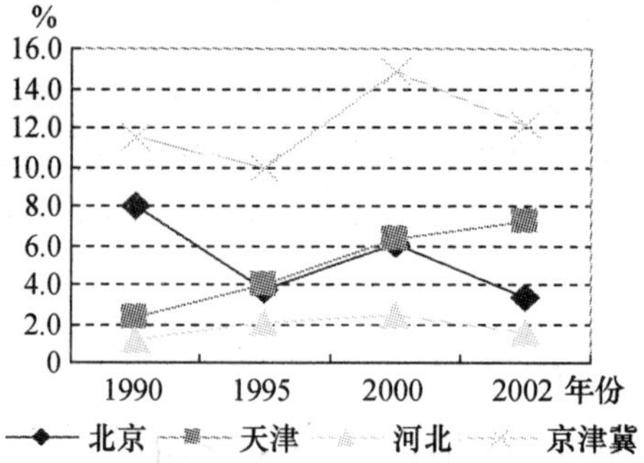

图 5-6 京津冀地区进出口总额在全国地位变化

第二节 经济结构特征

一 环京津地区产业结构

2002 年，环京津地区产业结构以从业人员计为：38.1∶29.7∶32.2，相比于全国 50.9∶26.2∶22.9 的产业结构，三产比重较高。从各个城市来看，河北七市产业结构主要以第一产业为主，第二、三产业所占比重均较低，北京以第三产业为主，天津以第二产业为主，但二、三产业比重比较接近（图 5-7）。

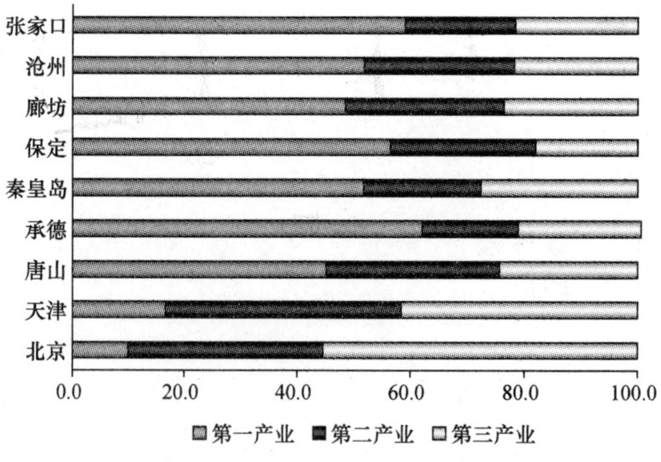

图 5-7 2002 年环京津地区按从业人员划分的产业结构

2002 年，环京津地区产业结构以增加值计为：8.8∶43.4∶47.8，相比于全国 15.4∶51.1∶33.5 的产业结构，三产比重较高。从各个城市来看，北京、秦皇岛、张家口第三产业比重均超过第二产业，形成“三、二、一”产业结构，其余城市以第二产业为主（见图 5－8）。

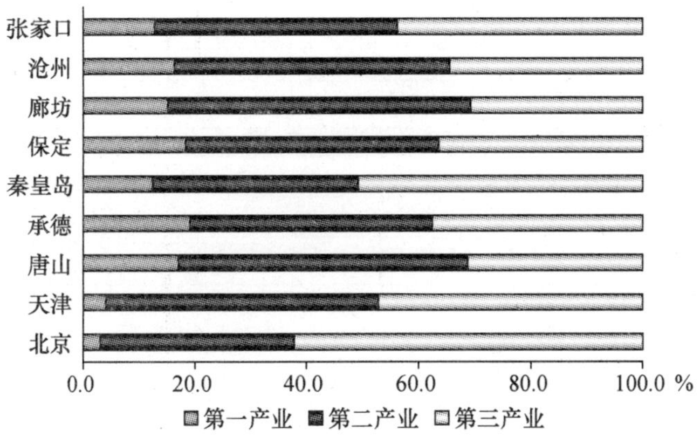

图 5－8　2002 年环京津地区按增加值划分的产业结构

二　环京津地区经济结构变动趋势

1. 产业结构

第一、第二产业比重持续下降，第三产业比重持续上升。2002 年京津冀地区的第一、第二产业比重分别比 1980 年时下降了 7.5 和 14 个百分点，而第三次产业比重比 1980 年时上升了 21.5 个百分点（见图 5－9）。

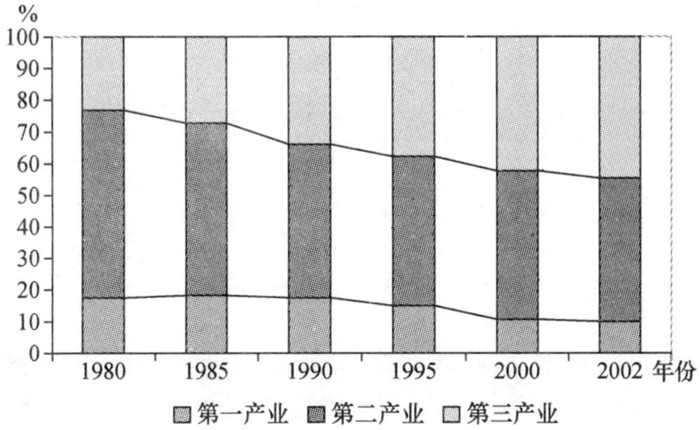

图 5－9　环京津地区产业结构

2002年北京第一、第二产业比重分别比1980年时下降了1.3和34.1个百分点，而第三次产业的比重比1980年时上升了35.4个百分点（图5-10）。

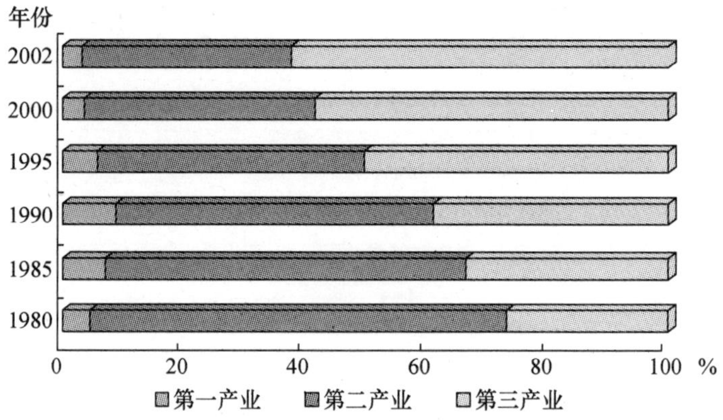

图5-10 北京历年产业结构

2002年天津的第一、第二产业的比重分别比1980年时下降了2.2和21.2个百分点，而第三产业的比重比1980年时上升了23.4个百分点（图5-11）。

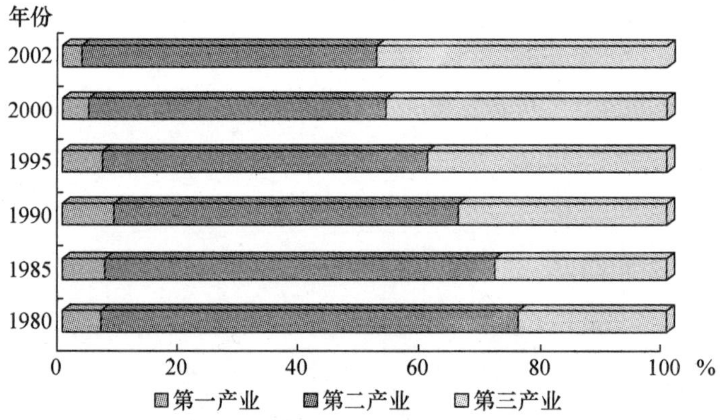

图5-11 天津历年产业结构

2002年河北的第一产业的比重比1980年时下降了15.5个百分点，而第二产业、第三产业的比重分别比1980年时上升了1.5和14个百分点（图5-12）。

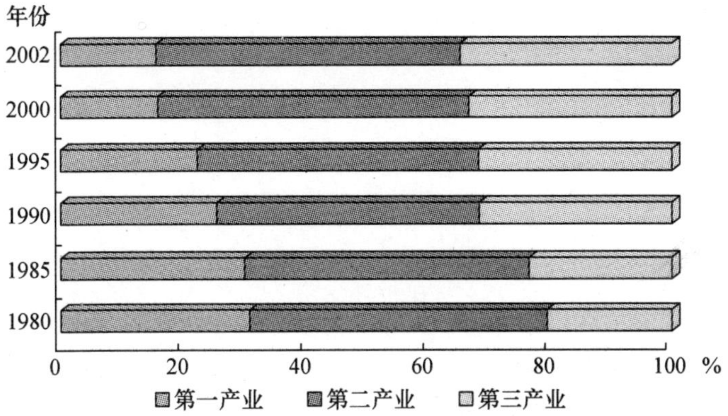

图5－12　河北历年产业结构

2. 主导产业

环京津地区主导产业状况如表5－4所示。

表5－4　环京津地区主导产业状况表

	产业结构（按从业人员划分）	第三产业主导行业	第二产业主导行业
京津冀地区	一、三、二	批发零售贸易和餐饮业 交通运输仓储、邮电通信业 社会服务业 教育文化艺术、广播影视业	电子及通信设备制造业 黑色金属冶炼及压延加工业 电力、蒸汽、热水的生产和供应业 非金属矿物制造业 石油加工及炼焦业 医药制造业
北京	三、二、一	批发零售贸易和餐饮业 社会服务业 教育文化艺术、广播影视业 交通运输仓储、邮电通信业 科研综合技术服务业 国家机关、政党机关和社会团体	电子及通信设备制造业 黑色金属冶炼及压延加工业 专用设备制造业 化学原料及化学制品制造业 石油加工及炼焦业 医药制造业 非金属矿物制造业

续表

	产业结构 （按从业人员划分）	第三产业主导行业	第二产业主导行业
天津	二、三、一	批发零售贸易和餐饮业 交通运输仓储、邮电通信业 社会服务业 教育文化艺术、广播影视业	电子及通信设备制造业 石油和天然气开采业 交通运输设备制造业 普通机械制造业 金属制品业 医药制造业
河北	一、二、三	交通运输仓储、邮电通信业 教育文化艺术、广播影视业	黑色金属冶炼及压延加工业 电力、蒸汽、热水的生产和供应业 非金属矿物制造业

注：各区域主导产业选择标准为，区位熵 >1 的基本部门，同时满足行业从业人员比重（第三产业）或占工业增加值比重（工业）>3% 的行业部门为主导行业（2002 年数据）。

通过对北京、天津、河北区域产业化程度的比较，可以看出目前北京、天津之间产业结构趋同比较明显，整个地区尚未形成明显的区域分工。但河北在原料工业、重化工业，天津在加工制造业，北京在科研技术服务、教育文化产业以及以电子通信制造、医药和专用设备制造为代表的高科技产业方面的优势已初步显现，使未来在区域间开展分工成为可能。就冀北七市而言，廊坊、承德、保定、沧州的教育文化艺术及广播影视业，唐山、秦皇岛、张家口的制造业在大的行业结构中处于主导地位（见图5－13、表5－5、表5－7）

表5－5　　京津冀各地区产业区位熵（2002 年）

	北京	天津	河北	京津冀
农林牧渔业	0.20	0.33	0.99	0.80
采掘业	0.50	2.05	2.35	2.04
制造业	1.64	2.58	1.25	1.45
电力煤气及水生产供应业	1.26	1.79	1.67	1.62
建筑业	2.01	0.89	1.24	1.31
地质勘查水利管理业	1.26	1.60	1.34	1.36
交通运输仓储邮电通信业	1.58	1.89	1.20	1.33

续表

	北京	天津	河北	京津冀
批发零售贸易和餐饮业	1.91	1.73	0.99	1.21
金融保险业	2.27	1.73	1.34	1.53
房地产业	13.29	5.01	0.57	3.00
社会服务业	7.92	3.58	1.01	2.35
卫生体育社会福利业	2.71	2.16	1.35	1.64
教育文化艺术及广播影视业	2.57	1.83	1.29	1.54
科研综合技术服务业	15.23	4.20	0.68	3.29
国家机关、政党机关和社会团体	2.01	1.48	1.26	1.40

表 5-6　　京津冀各地区工业区位熵（2002 年）

	北京	天津	河北	京津冀
煤炭采选业	0.41	#	1.06	0.52
石油和天然气开采业	#	1.84	0.47	0.51
黑色金属矿采选业	0.09	#	5.58	2.16
有色金属矿采选业	0.00	#	0.32	0.12
非金属矿采选业	0.08	0.93	0.79	0.49
食品加工业	0.26	0.10	0.52	0.29
食品制造业	0.94	0.54	1.31	0.86
饮料制造业	0.84	0.61	0.70	0.61
烟草加工业	0.15	0.13	0.31	0.18
纺织业	0.21	0.37	0.71	0.40
服装及其他纤维制品制造业	0.48	0.82	0.45	0.46
皮革、毛皮、羽绒及其制品业	0.06	0.14	0.92	0.39
木材加工及竹、藤、棕、草制品业	0.29	0.34	0.69	0.40
家具制造业	0.71	2.53	0.56	0.87
造纸及纸制品业	0.34	0.34	0.82	0.47
印刷业、记录媒介的复制	1.42	1.22	0.62	0.86
文教体育用品制造业	0.46	1.12	0.14	0.39
石油加工及炼焦业	1.08	0.68	0.99	0.80
化学原料及化学制品制造业	0.60	0.84	0.69	0.58
医药制造业	1.14	1.23	1.03	0.94

续表

	北京	天津	河北	京津冀
化学纤维制造业	-0.02	0.24	0.61	0.27
橡胶制品业	0.19	1.12	0.63	0.49
塑料制品业	0.29	1.08	0.49	0.46
非金属矿物制造业	0.70	0.27	1.05	0.65
黑色金属冶炼及压延加工业	0.80	0.79	2.21	1.21
有色金属冶炼及压延加工业	0.27	0.55	0.45	0.35
金属制品业	0.61	1.29	0.83	0.72
普通机械制造业	0.45	1.00	0.50	0.50
专用设备制造业	1.45	0.62	0.65	0.77
交通运输设备制造业	0.51	1.15	0.35	0.48
电气机械及器材制造业	0.49	0.55	0.39	0.39
电子及通信设备制造业	1.42	3.44	0.13	1.07
仪器仪表及文化办公用机械制造业	1.43	1.43	0.21	0.74
电力、蒸汽、热水的生产和供应业	0.42	0.41	1.07	0.60
煤气的生产和供应业	4.00	-2.16	0.56	0.96
自来水的生产和供应业	0.88	1.10	0.46	0.62

注：#表示未统计该项数据；北京、天津为全部工业，河北为全部国有及年产品销售收入500万元以上非国有工业企业的数据。

表5-7　　　　冀北各城市产业结构特征

	产业结构	主 导 行 业
廊坊	一、二、三	教育文化艺术及广播影视业，国家机关、政党机关和社会团体，交通运输仓储邮电通信业，卫生体育社会福利业，金融保险业
承德	一、三、二	教育文化艺术及广播影视业，国家机关、政党机关和社会团体，采掘业，交通运输仓储邮电通信业，卫生体育社会福利业，金融保险业
唐山	一、二、三	制造业，采掘业，国家机关、政党机关和社会团体，电力煤气及水生产供应业
秦皇岛	一、三、二	制造业，教育文化艺术及广播影视业，交通运输仓储邮电通信业，国家机关、政党机关和社会团体，社会服务业，卫生体育社会福利业，金融保险业
保定	一、二、三	教育文化艺术及广播影视业，国家机关、政党机关和社会团体，建筑业，卫生体育社会福利业，金融保险业

续表

	产业结构	主　导　行　业
沧州	一、二、三	教育文化艺术及广播影视业，国家机关、政党机关和社会团体，批发零售贸易和餐饮业，建筑业，交通运输仓储邮电通信业，卫生体育社会福利业，电力煤气及水生产供应业
张家口	一、三、二	制造业，教育文化艺术及广播影视业，国家机关、政党机关和社会团体，批发零售贸易和餐饮业，交通运输仓储邮电通信业

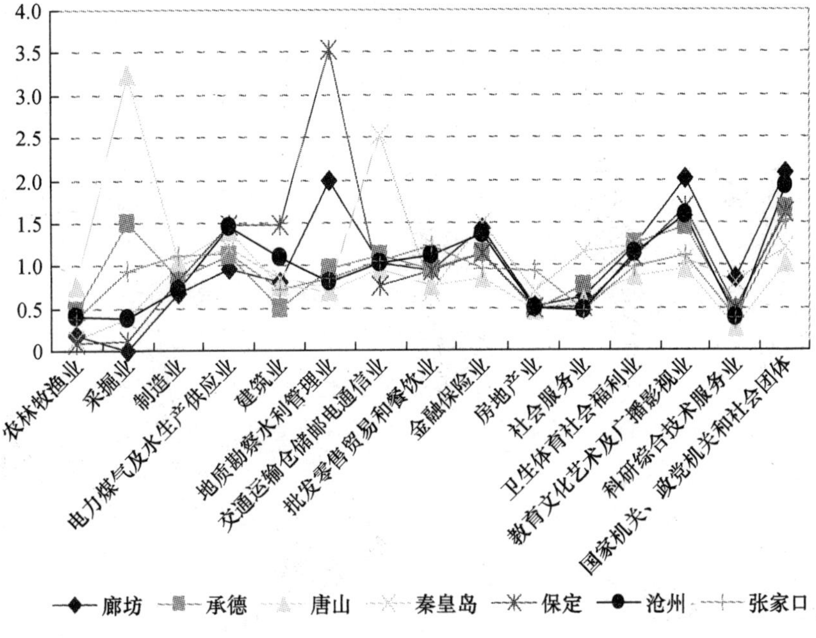

图5－13　冀北各城市产业特化状况（区位熵）

3. 行政区划比较优势分析

（1）北京

优势：2007年，GDP为8130亿元，是天津的1.55倍。具有科技资源优势，产业基础优势（高新技术产业和新兴第三产业），信息优势，市场需求优势，国际化程度较高，等等。北京地区拥有市级以上独立科研机构503个和62所高校。北京是全国的教育和科技中心，是智力最密集的行政区。人口受教育程度高，创新能力强。北京是首都，还是全国的政治、文化中心。有3个国家级开发区。目前的北京，类似于深圳，逐渐成为移民城市。因此，发展的软环境和人文氛围，要比上海更为宽松，更具有包容性，对外排斥性和歧视要小。

劣势：资源和能源约束（土地、水、电等），生态环境保护约束，较高的产业运作成本和商务成本，作为政治中心而带来的不宜宽松的经济发展环境，官本位思想较强。

（2）天津

优势：产业基础（传统的工商业城市，行业齐全，工业配套能力强），基础设施（港口和机场），一定的产业扩展空间，等等。天津有高校40所。沿海，较早地享受沿海开发区优惠政策，拥有实力强大的天津经济技术开发区。

劣势：整个计划时期没有国家重点、重大投资项目安排；投资环境落后于北京；在观念和理念上比北京保守，小富即安的思想较强。

（3）河北

优势：充足的土地、劳动力，传统产业基础，等等。

劣势：与新经济产品市场距离较远，终端消费能力较低，信息闭塞，科学技术水平低，新经济薄弱，工业配套能力差，科技含量较高的仪器仪表及办公用品机械制造业和电子及通信制造业在全国同行业中明显处于竞争劣势，等等。

第三节　人口与城乡分布特征

人口分布和经济发展水平已基本形成了圈层结构，京津构成了最内圈，人口密集，经济发达；唐山、廊坊、保定、沧州构成人口分布的中间圈；而张家口、承德、秦皇岛则构成外圈（图5－14）。唐山、廊坊构成经济发展水平的中间圈，张家口、承德、保定、沧州、秦皇岛则构成外圈（图5－15）。

区域内2002年共拥有县级以上城市21个，其中500万人口以上城市2个，100万—500万人口城市1个，50万—100万人口城市3个，20万—50万人口城市3个，20万人口以下城市12个（见表5－8）。

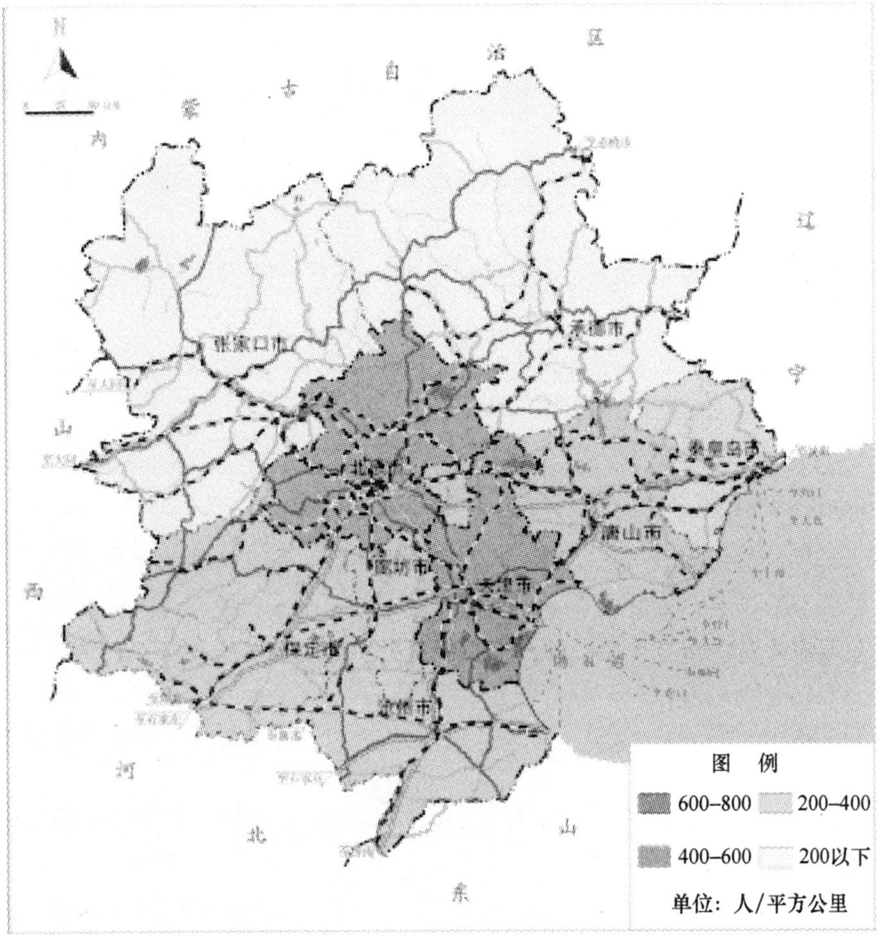

图 5 – 14　环京津人口密度分布状况

表 5 – 8　　　　城镇体系结构特征

城市规模级	数量（个）		总人口（万人）		总人口比重（%）	
	1992	2002	1992	2002	1992	2002
特大城市（>100 万）	3	3	1161	1452	80.4	78.5
大城市（50—100 万）	1	3	58	190	4.0	10.3
中等城市（20—50 万）	4	3	140	98	9.7	5.3
小城市（<20 万）	12	12	86	110	5.9	5.9

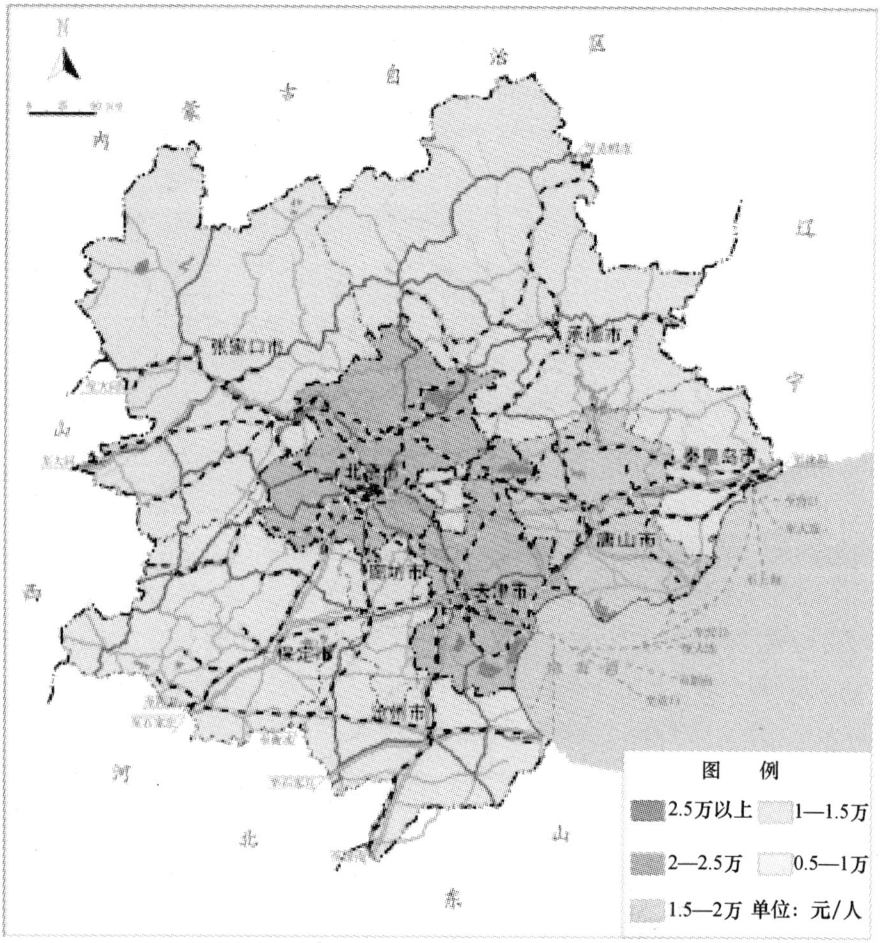

图5－15 环京津人均GDP分布状况

1995—2002年，环京津地区的各年非农人口比例均高于同期全国非农人口比例。2002年，环京津地区非农人口比例为36.47%，低于同年珠江三角洲的45.11%和长江三角洲的43.41%。同时，环京津地区从1995年到2002年非农人口比例上升的幅度为3.84%，小于全国同期的非农人口比例上升的水平（见表5－9）。

环京津9个核心城市城镇化水平差异显著，2002年北京的非农人口比例为71.01%，接近世界中高收入国家或地区的平均水平；天津为58.88%，也远高于全国27.89%的同期平均水平；而保定、张家口、承德、沧州和廊坊5个城市的非农人口比例均低于全国同期非农人口比例，其中保定最

表 5－9　　环京津地区非农人口变化情况　　单位:%

年份	2002 年	1995 年	1995 年到 2002 年的变化量
全国非农人口比例	27. 89	23. 31	4. 58
全国城镇人口比例	39. 09	29. 04	10. 05
京津冀北地区非农人口比例	36. 47	32. 63	3. 84

低，2002 年的非农人口比例仅为 16. 20%。其次，从 1995 年到 2002 年，各核心城市非农人口比例上升幅度差异明显。非农人口比例增加最多的是秦皇岛，为 7. 73%，高于全国平均水平；非农人口比例增加最少的是天津，仅增加了 2. 10 个百分点（见表 5－10）。

表 5－10　　环京津各市人口变化情况

	北京	天津	唐山	秦皇岛	保定	张家口	承德	沧州	廊坊	全国
2002 年非农人口比例（%）	71. 01	58. 88	28. 16	30. 15	16. 20	25. 04	19. 66	17. 28	19. 65	27. 89
1995 年非农人口比例（%）	64. 81	56. 78	24. 80	22. 42	13. 41	22. 32	16. 41	13. 90	14. 02	23. 31
1995 年到 2002 年变化量（%）	6. 20	2. 10	3. 36	7. 73	2. 79	2. 71	3. 25	3. 37	5. 63	4. 58

依托北京主要放射状交通通道，环京津地区已初步形成点轴型空间结构（图 5－16）。但核心城市间空间联系仍然比较薄弱，属于松散的点轴型空间结构。同时，圈域空间结构在横向上发育迟缓，连接河北 7 市、天津的城际快速通道建设滞后。

更重要的是，京津二市作为环京津地区的双核心，不能协调发展，北京发展的主导方向为西北，天津发展的主导方向则为东南。与此同时，京津 2 市将河北 7 市劈成南北两块，这两块在区位条件、产业基础和开放程度上都存在较大差异。同时，北京作为该地区的核心城市，城市职能过于

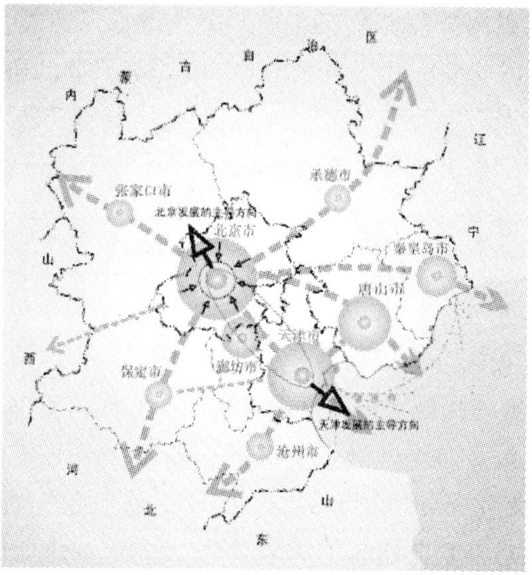

图 5－16　环京津空间结构示意图

集中，缺乏与周边地区的有效联系，已形成明显的“一极集中”型的地域空间格局。

第六章　环京津区域贫困产生的自然因素

环京津区域生态问题，是环京津贫困带经济和社会发展中的重大问题。通过对环京津贫困带的研究得出，环京津区域的贫困产生根源之一是受到“区域性贫困导致掠夺性资源开发”引发生态恶化；而恶化了的生态环境，又是导致区域性贫困的重要根源。探寻产生贫困带的地理自然的历史原因和现实因素条件显得至关重要。

第一节　环京津贫困带形成的自然原因

在经济市场化的背景下，某特定区域内的地方政府已不再是农业社会时期那种垂直统治下“自给自足”型的封闭式政府，而是拥有相对独立地方利益和横向竞争压力的开放式政府。京津冀地区的政府竞争包括了北京、天津与河北一省两市的竞争，也包括了北京、天津、唐山、石家庄等在内的城市间的竞争。有差别就有竞争，良性的竞争是促进社会经济发展的动力，其积极意义显而易见。政区竞争有利于经济发展和经济转型，政区竞争迫使地方政府合理规划本行政区域内的产业发展，扶持本地企业的发展，有利于引导企业加快技术进步，提升产业层次。同时，政区竞争也迫使地方政府规范政府行为，改善政府效率，提高政府服务质量，从而有利于政府本身的发展和地方社会经济的发展。改革开放以来，京津冀取得的成就在一定程度上要归功于政区竞争，三地在经济上的竞争极大地促进了区域经济实力和人民生活水平的提高。

在我国由计划经济向市场经济转轨的过程中，政区竞争对我国经济持续快速发展、人民生活迅速提高起到了至关重要的作用，但是这种竞争已经出现朝着不良竞争、恶性竞争演化之势。政区竞争也主要表现为行政区之间的经济竞争，在经济利益的驱动下，行政区经济的种种弊端也逐渐暴露且越发严重，经济发展中形形色色的地方主义、山头主义、舍我其谁等恶性竞争屡禁不止，在区域经济发展中各地方政府追赶式的激烈竞争也开始出现。不少地方在开放引资上竞相出台优惠政策，产业同构、重复建设、市场分割日趋明显，已经严重阻碍了区域的发展。沿京津塘高速公路众多的开发区、一省两市的众多港口和机场、环京津贫困带的出现等，这些事实说明，地方政府间的恶性竞争客观存在，必须引起高度正视和重视。如何趋利避害，规范作为区域公共管理核心主体的地方政府间的竞争行为，促进区域间的良性协调发展，是我们当前需要认真研究的主题。

行政区之间的依存关系表现为经济方面的依存和社会生活方面的依存。其中最主要的是经济上互相依赖。当今全球化和区域经济一体化的浪潮席卷全球，自给自足的封闭经济已经成为历史，所有的区域都必须在开放的前提下参与区域乃至全球的竞争。一个经济发达的区域必须拥有自己的经济腹地，否则其经济发展便失去了依托，形成“孤岛效应”。而且随着产业的发展与升级，产业梯度转移也必然出现，没有腹地的支撑，产业的发展和转移便成为空中楼阁。

京津冀三地之间存在着很强的互补和依赖关系。首先，从地缘关系看，三地之间有着千丝万缕的联系。津冀两地从明朝开始就属于京师重地，是首都的门户。天津的大部分地区和北京的部分地区都曾经是河北省的属地，这种地缘关系使得三地之间的交往和联系从古至今都十分密切，彼此依赖。其次，从城市功能来看，北京是全国政治、文化和国际交流中心，而且经济实力雄厚，产业基础好，商业服务业发达。天津是中国北方重要的、综合性的港口城市和环渤海地区经济中心，城市经济发展历史悠久，加工工业门类齐全，经济发展潜力巨大。京津两市组成了政治、文化、经济三位一体的核心区。河北是京津两市天然的经济腹地，从经济联系来看，河北在能源及原材料、工业、港口运输、旅游等方面具备优势。

北京的城市拓展和产业转移需要天津和河北的支撑，天津和河北两地需要北京的高科技产业和高科技人才，京津两市都需要河北这个天然的生态保护屏障。京津冀产业上的高度关联、城市功能的互补性、生态环境的整体性，使得两市一省互相依存、密不可分。虽然京津冀的依存关系十分明显，但是我们也看到该地区生态环境破坏严重、产业同构、重复建设十分突出，各地区之间的经济联系非常薄弱，北京、天津的“孤岛效应”也越发明显。也就是说行政区经济的负面效应在这一地区的作用越来越大，并且仍将在很长一段时期内存在。

一　特殊的区位因素

环京津贫困带处于半干旱和半湿润过渡气候带，属农牧交错地带，脆弱的自然环境条件导致这一地区成为多种自然灾害的多发区，恶劣的自然条件和多发的自然灾害，直接影响这一地区生产条件的改善和农牧业的发展。

环京津贫困带位于内蒙古高原与华北平原过渡带，区内明显划分为高原、山地、丘陵和盆地四种类型，并被永定河、潮白河、滦河、拒马河切割得支离破碎，八山一水一分田的地貌特点，增加了该地区形成有市场竞争力的规模经济的难度。

环京津贫困带地处京津冀众多城市的上风上水位置，是京津冀平原地区的生态屏障（见图6－1）、城市供水源头、风沙源重点治理区。为保护首都及其他城市的水源和防止风沙危害，中央和地方政府不断加大对这一地区资源开发和工农业生产的限制，不断提高水源保护标准，因而不可避免地限制了该地区的经济发展。

二　恶劣的自然因素

环京津贫困带的生态环境十分脆弱，是极易遭受人为破坏并且难以得到恢复的地区。区内广泛分布移动和半移动沙丘、沙滩、坡蚀和沟蚀严重的黄土区，超强垦殖形成的退化草场和林地，难以开发利用的石质山地和岗坡，遍布全区的风口和风道，干枯断流的河床和山泉，适合人类合理开发利用的土地不足总土地面积的30%。

从经济分布来看，两大中心城市经济发达，河北省的滨海城市唐山也发展迅速，该地区的经济密度高（见图6－3），京津唐三角是京津冀地区的经济集中区域，该三角区位于京津冀地区的中心，经济总量占整个地区的61%，是整个地区的经济中心。而且，北京的中心城区（包括西城区、东城区）是其经济密度最高的区域，天津市则略有不同，经济密度最高的地区是中心城区（市内六区）的外围（包括塘沽区、东丽区、西青区、北辰区和大港区），河北省的其他11个地级市的经济密度都明显高于其周围地区。也就是说京津冀地区的经济中心在京津唐三角，而各个地区的经济中心都是其政治中心所在的城市。京津冀地区的经济分布表现出中心高度发达，外围地区十分薄弱的态势。

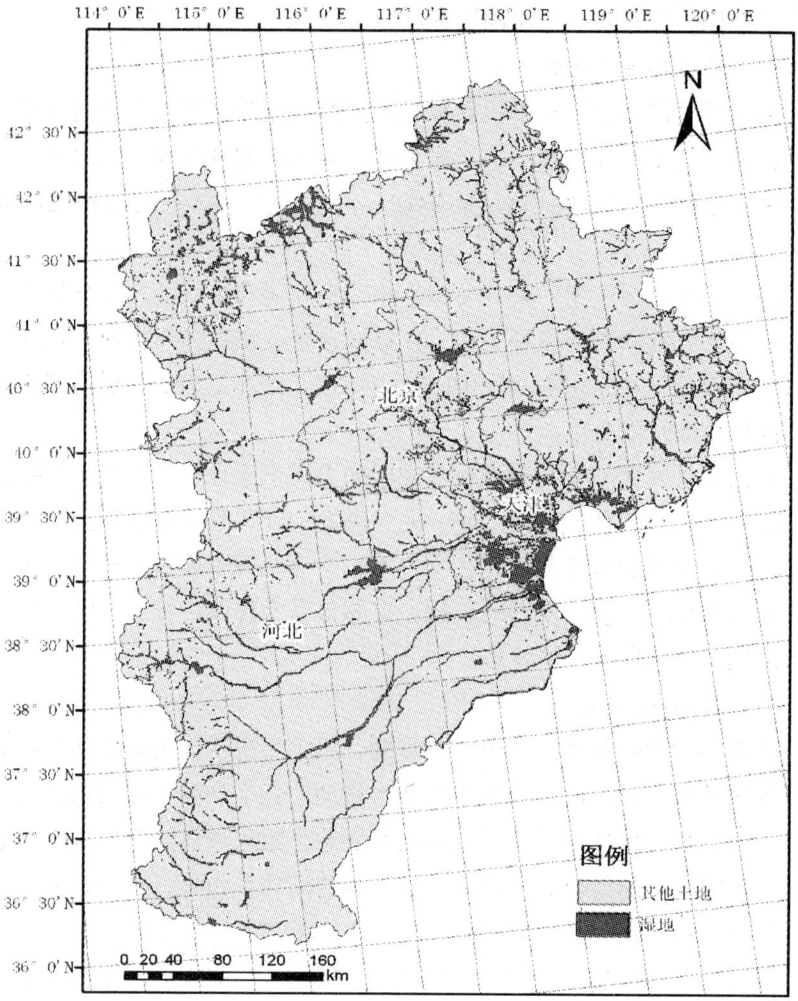

图6-1 环京津区域2006年湿地空间格局

从地区分布来看，经济最为发达的中心京津唐三角外围成片分布着26个国家级贫困县和6个省级贫困县，即通常所说的“环京津贫困带”（见图6-2）。“欧洲的城市”与“非洲的农村”同时出现在半径100公里的区域内，发达的城市与其腹地之间形成了巨大的经济落差。但是，中心的发达是相对的，与长三角和珠三角地区相比，京津冀尤其是河北的中心城市弱小。2006年河北省11个地级市的经济总量占全省份额不到1/3，而江苏和浙江却达到一半左右，广东则高达85%以上；河北城市面积仅

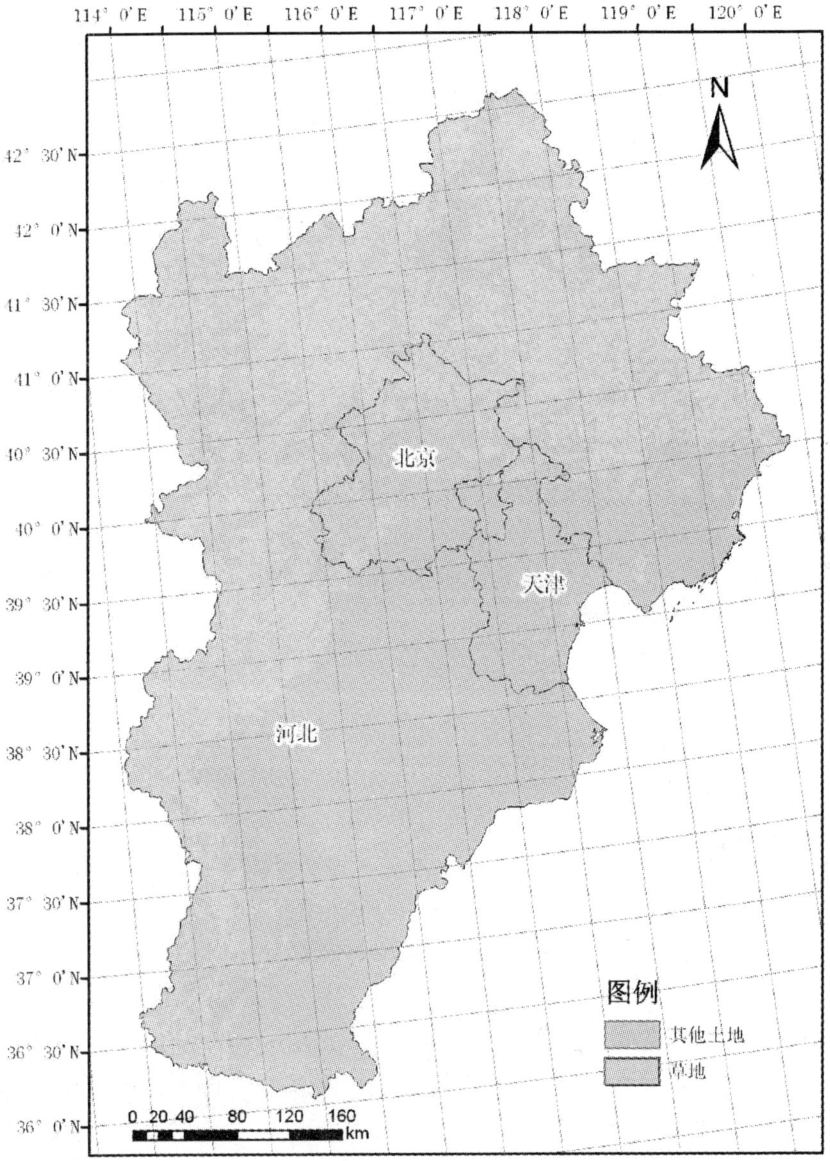

图 6－2　环京津区域 2006 年草地空间分布图

占全省面积的 2.22%，而江苏、浙江和广东却高达 21.21%、17.53% 和 18.01%；河北城市总人口占全省的 17.79%，而江苏和浙江都在 1/3 左右，广东则接近 40%。与发达地区相比，河北省的城市无论从经济实力还是从城市规模上都过于弱小，难以形成对周围地区有力的辐射和带动作用。

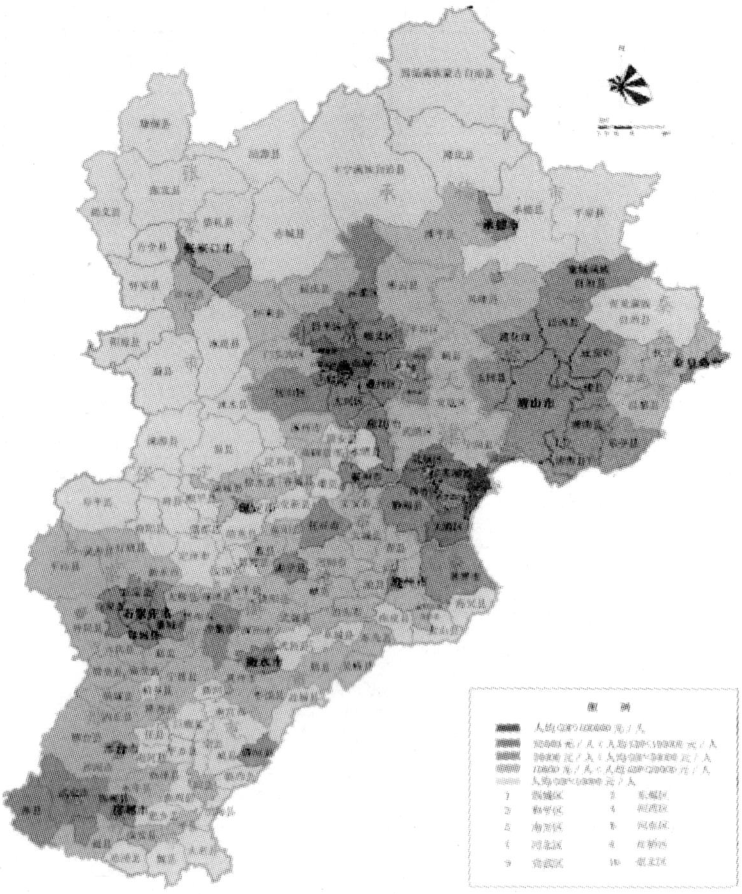

图 6－3 京津冀经济密度图

三 严重超采和退化的资源条件

长期的超强开发和垦殖，导致区内对国计民生有重大影响的自然资源全部动用，并呈持续退化状态。区内的水资源主要是永定河、潮白河、滦河、拒马河等四条河流的地表水，开发利用程度高达 95% 以上，即使是丰水年也无河水入海。平原河段全部干枯断流，桑干河册田水库以下已经干枯断流十余年。由于地表水资源超强度开发，区内已经到了无水可采，上下游严重争水的局面，并且污水排放量逐年增大，呈现出有水皆污的状态。

长期以来，环京津贫困带区域的土地资源不但已经全部开发利用，而且呈现出严重超强垦殖状态。现有耕地中，绝大部分是旱涝难保收的中低产田，水浇地和基本旱作农田只占耕地面积的25%；现有草场中，绝大部分是严重退化草场，人工草场和得到人工保护利用的草场只占草场总面积的8%（见图6-2）。

由于京津冀地区正处于工业化和城市化加速的阶段，经济社会发展对资源的需求不断增加，经济增长和环境保护的矛盾十分突出，形势十分严峻。因此，政府和各界人士对生态环境的保护都越来越重视，为保护环境付出了巨大的努力。但从整体上看，生态环境恶化的趋势仍未得到有效的遏制，环境污染和生态恶化相当严重。京津冀地区的主要问题是生态系统破坏和水污染。

四　自然生态空间碎片化明显

京津冀地区山区整体生态质量下降。近年来区域基础设施、城市扩张及农村蔓延及厂矿等建设用地增长，占用了大量耕地，在耕地占补平衡的压力下，在山区进行了大量的开荒垦殖，导致了生态用地的大量蚕食。其结果是生态用地的斑块化、碎裂化加剧，生态服务功能下降。

自然保护区成为孤立的片段和孤岛。在大面积的垦殖中，原有条件较好的仍保留有一定比例的原生态森林成为区内主要的自然保护对象，但由于区内整体环境质量的下降，人工种植的林种单一，使区内森林植被单一化趋势明显，自然保护区成为局部的孤立片段，成为被人工化空间包围下的孤岛。自然保护区小而分散，急需形成保护区连续空间，整体保护。

平原地区由于农业的发展，生物多样性越来越随着农、林业种植结构的单一化而受到严重破坏。在大量、频繁施用各种化学农药降低害虫种群数量、减灾增收的同时，又增强了病虫害的抗药性、影响着天敌种群数量，破坏了生态系统历经长期进化过程形成的物种多样性及其种间关联。

京津冀区域内缺乏统一的水资源利用与控制体系，上游建水库，筑坝拦截，导致中下游缺水，整体流域用水失衡。流域整体性已大都遭到破坏（见图6-4、图6-5），生物多样性急剧减少，中下游湿地萎缩。流域整体性削弱的直接后果就是中下游局部地区的水生态系统遭到破坏：湖泊萎缩、湿地面积减少，缩减了生物的生存空间。

（1）从总体上看，京津冀都市圈中西北部张家口地区植被指数范围主要在0.5以下，东南部平原地区在0.5以上，体现了从西北到东南逐渐递增趋势。各大城市市中心整体的植被指数比较低，与周围郊县及山区形

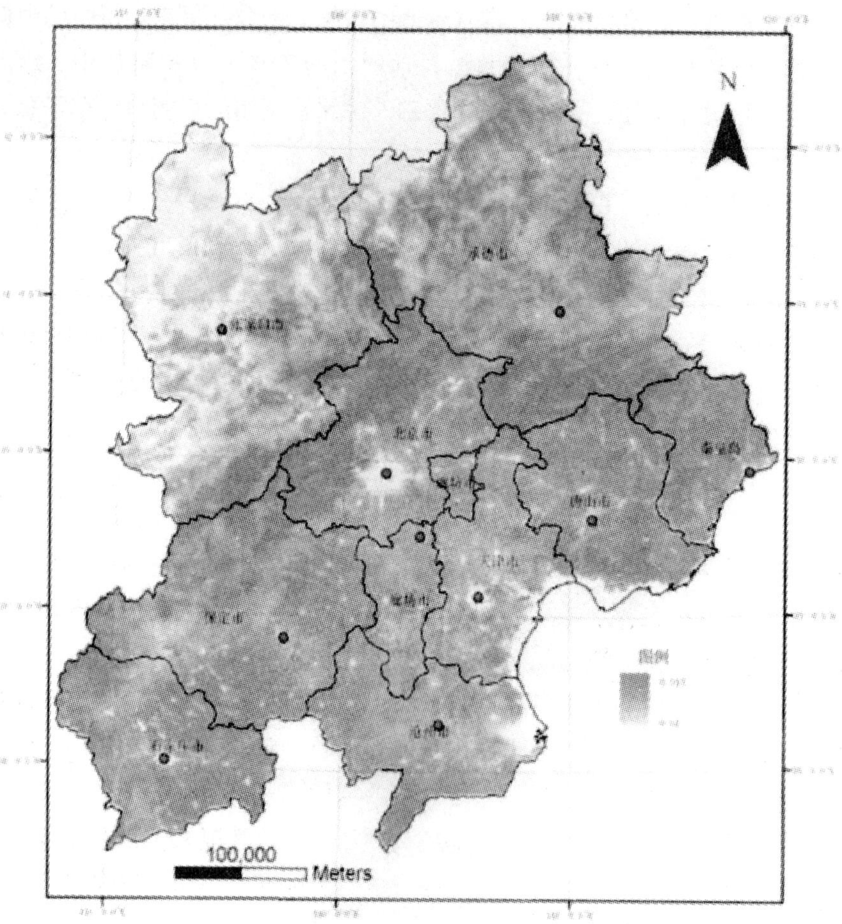

图 6－4　2001 年 7 月环京津带植被指数（HDVI）分布图

成了强烈的对比，尤其是植被长势最好的 7 月份表现最为突出，可以明显地看出各个城市中心建成区范围；水体和裸地分布的区域植被指数偏低。该现象表明不同的城市性质影响着植被指数的高低。

（2）唐山市、廊坊市、天津市、沧州市以及北京、保定、石家庄东南部区域：该区域属于华北平原，地势平坦，植被覆盖以农作物为主，森林、草地覆盖较少，因此植被指数主要受季节、农作物种植的种类和种植方式影响较大。

（3）沿燕山—太行山山脉一带山区：该区域地势较高，地形相对复杂，人类活动少，以林地覆盖为主。燕山—太行山山脉环绕于华北平原西

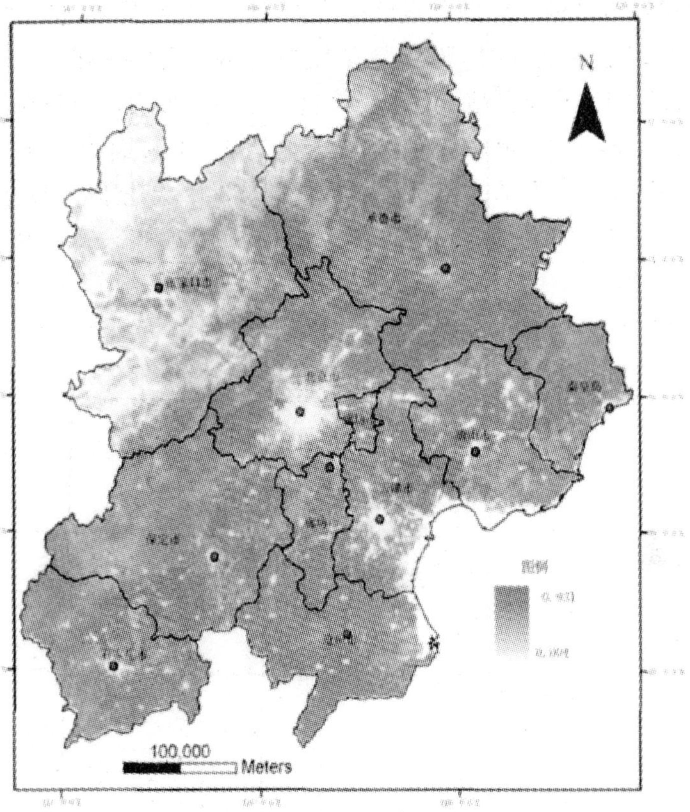

图 6-5　2006 年 7 月环京津带植被指数（HDVI）分布图

北侧，其屏障作用拦截了来自东南方向的暖湿气流，使山区的降水量增大，有利于植物的生长。随着公众对生态保护意识的加强，退耕还林、封山育林政策的实施，该区域的自然植被破坏现象减少，物种越来越丰富，植被覆盖率逐渐增加。

（4）张家口坝上地区：该区域地处内蒙古高原，属于温带季风性气候向温带大陆气候过渡地区，年平均降水量很小，多风沙，生态系统极为脆弱。由于过度放牧和过度垦殖等人为因素影响，对该地区的草原生态系统造成了严重破坏，导致荒漠化日益加剧，因此植被指数较低。

五　水资源匮乏，水污染日益严重

京津冀地区属于严重的资源型缺水地区，人均水资源占有量只有 317 立方米，相当于全国平均水平的 1/7，其中天津、沧州、廊坊、石家庄人均水资源占有量仅在 200 立方米左右，各个城市都面临持续缺水的问题，而且京津冀地区的水资源总量已经从 20 世纪 50 年代末期的 290 亿立方米，降至 21 世纪初期的 150 亿立方米左右，减少了约一半。

与此同时，京津冀地区水污染严重而且逐渐加剧，地表水污染普遍，特别是流经城市的河流污染严重，地下水受到点状和面状污染、水位持续下降，加剧了水资源的供需矛盾。2006 年与 2004 年相比，海河流域未受污染的河长所占比例减少了 10.1%，严重污染的河长所占比例增加了 2.9%（见图 6－6）。

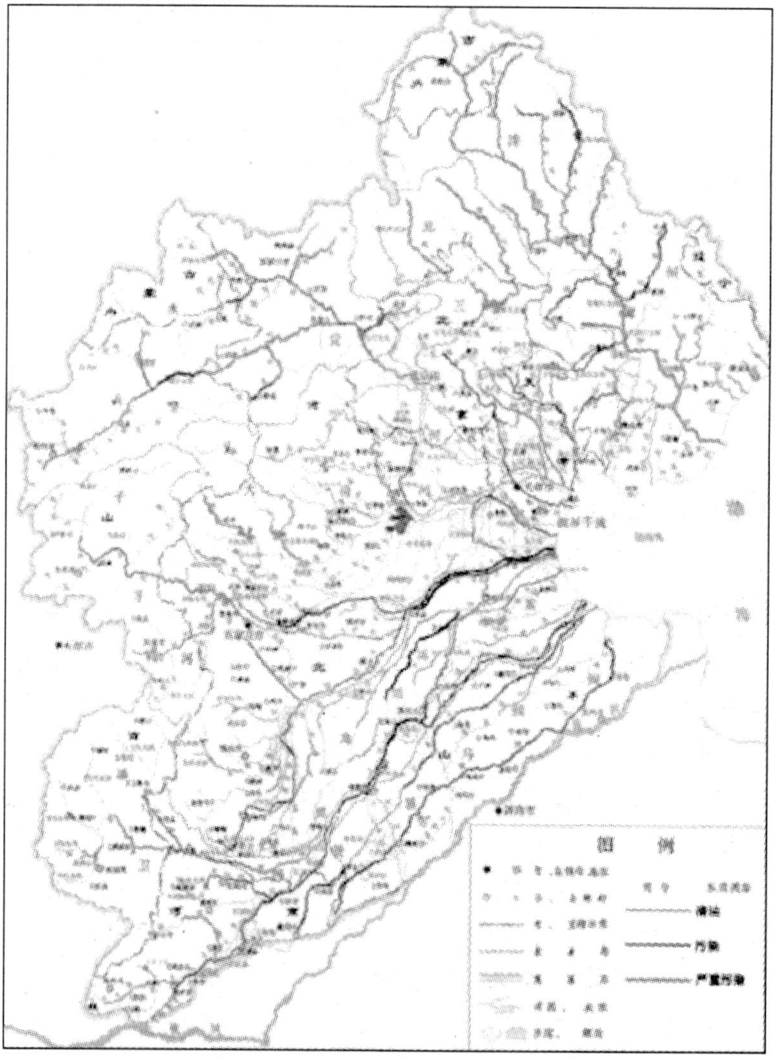

图 6－6 2006 年海河流域水质分布

尽管水资源缺乏，水污染日益严重，但未来20年京津冀地区人口和经济仍将迅速增长，面临的资源压力更为严峻。在人口迅速增长、城镇化水平加快的形势下，水资源对京津冀未来生产、生活、生态的制约将进一步加强。

第二节　生态环境系统破坏的影响

从自然生态系统上看，京津冀经济圈是共处在一个区域的生态整体，背山面海，一河连通，互为依托，共进共荣。这片依常年干涸的海河水系连接起来的18.3万平方公里土地，承载着七千万人口生存与经济发展，和唯一的首都特殊功能，给本来脆弱的生态系统带来了巨大的压力，不安全生态因素已经直接威胁着区域经济的发展。必须针对人口、资源、环境不协调的现状，统筹考虑人与自然和谐的关系，制定自然环境保护与改善的方案，加大投入力度。经济发展的现实以及未来规划预测表明，京津冀都市圈生态安全的重大问题主要有：资源型水资源紧缺和超量利用的生态问题；气候干旱与土地过度开发问题；人口密集与代谢需求问题；GDP承载与环境保护力度不协调的问题。主要表现为以下几点。

一　水资源危机日趋严重，水文地质灾害频繁发生

水是人类赖以生存的基础和经济发展的保障。据水利部测算，京津冀都市圈依赖的海河流域（总面积31.82万平方公里）1956—1998年多年平均总水资源量为372亿立方米。多年平均的人均占有水资源量为298立方米，属资源型区域性缺水区。

河北省全省用水量在200亿—230亿立方米之间，不仅大大超过了可用水量，而且也超过多年平均水资源总量203亿立方米。京津冀同处一个海（滦）河流域，张承二市多年来一直通过官厅水库、密云水库、引滦工程等保证京津二市的用水，致使河北省用水更加困难，不得不超量开发利用，形成了水资源的恶性循环，引发了河流干涸、地下水位漏斗群生、湿地减少，入海口淤积、地面下沉、地裂、海水内浸等一系列生态环境安全问题，严重影响到京津冀都市经济圈的可持续发展与人民的正常生活。

1. 资源型缺水十分突出

按1997年人口、耕地统计，河北省分别占全国人口与耕地的5.37%和8.61%，而水资源总量，仅占全国第一次水资源评价总量的0.72%，

人均、亩均水资源总量分别为311立方米和208立方米，仅为全国平均值的11%多，不足国际通行标准严重缺水地区人均水量（人均1000立方米）的1/3，比世界上以干旱著称的以色列还少。而且，随着人口的增加和经济的发展，资源型缺水的局面将更为突出。

2. 自产地表水资源量大幅度减少

由于大规模开采地下水，20世纪80年代以来地下水位大幅度下降，土壤干化，滞蓄径流能力增强，使地表水资源量明显减少（见图6-7）。多年平

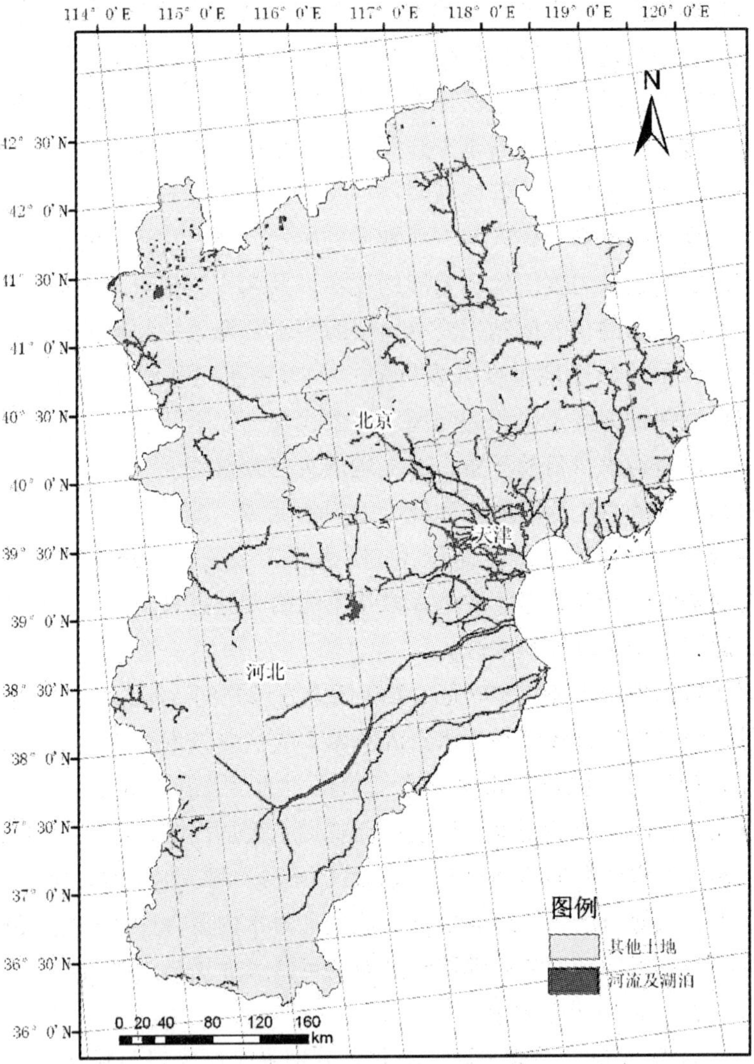

图6-7 环京津区域2006年河流及湖泊（水系）

均地表水资源量由原来的 152×10^8 立方米减少到 125×10^8 立方米，减少 17.8%。现在看来这种减少趋势是不可逆转的。

3. 入出境水量锐减，可利用量减少

入境水量是河北省可利用水资源的重要组成部分。但是，由于上游省区工农业用水量的不断增加，导致流入河北省的水量急剧减少，由 20 世纪 50 年代的 99.8×10^8 立方米，锐减到 90 年代的 30.0×10^8 立方米，减少幅度达 69.9%。今后仍将进一步减少。

由于河北省用水增多，出境水量也大幅度减少，全省由 20 世纪 50 年代年均 166×10^8 立方米，减少到 90 年代年均 33.8×10^8 立方米，减少 79.6%。其中，海河南系由 112×10^8 立方米减少到 6.27×10^8 立方米，减少 94.4%，90 年代如不考虑大水年份出境水量，年均只有 3×10^8 立方米左右。滦河及海河北系的出境水量主要流入北京的密云、官厅和天津的于桥水库以及引滦入津，80 年代以来平均每年向京、津二市的补供水量高达 17.5×10^8 立方米。

入海水量同样在大幅度减少，全省 50 年代年均入海水量 86.4×10^8 立方米，90 年代减到 33.7×10^8 立方米，减少幅度高达 61.0%。海河南系也是如此，由十几亿立方米减少到 4×10^8 立方米，如除去 1996 年大水年，年均只有 2×10^8 立方米左右。

4. 地表水超常规利用，水面减少

20 世纪 80 年代全省地表水利用率平均达 70%，90 年代除 1996 年大水外，年均利用率为 86.4%。如加上 10×10^8 立方米入河污水，则消耗利用率超过 100%，属超常规。按国际通行惯例，地表水利用率超过 20%，对生态环境开始有影响，超过 40% 将产生严重影响。河北省超限利用所造成的生态环境问题是触目惊心的。据南水北调中线供水区 17 条主要河道调查统计，1980—1997 年平均河干天数达 335 天，人们称之为“有河皆干”。

河道断流，排污不畅，河流污染加重，形成“有水皆污”。1997 年对全省有径流的 6998 公里河道监测结果表明，水质为 1—3 类的河长 1545 公里（主要分布在山区），仅占监测河长的 22%，水质为 4 类的 818 公里，水质为 5 类的 535 公里，超 5 类河长达 4100 公里。4 类以上水质的河段长度占监测河长的近 80%。

20 世纪五六十年代，河北省有十几个大型湖泊，总面积 1662.7 万亩，目前大多干涸，只剩下 100 余万亩水面，其他的只作为大水年份调蓄洪水用。著名的华北明珠白洋淀，1949 年后发生干淀 15 次，特别是 80 年代连续干涸 6 年。入海水量的减少造成平原河道及入海口严重淤积，使泄洪能力大为降低，渤海湾赤潮频发，水产养殖业受到严重破坏。

另外，由于地表水资源的减少，使 30 万亩以上大型灌区面积由 60 年代的 795 万亩，减少到 424.8 万亩，减少 46.6%。近年来滦河下泄水量减少，水稻种植面积下降，由 145 万亩减少到 90 万亩。

5. 浅层地下水超采严重，资源量减少

为了维持社会经济发展，不得不靠超采地下水。目前依靠地下水的供水量占用水量的 70%。1980—1997 年平原区浅层地下水平均每年开采量为 105.79×10^8 立方米，而多年平均可补给的开采量仅为 77.01×10^8 立方米，年平均超采 28.78×10^8 立方米。海河南系年平均超采量 26.91×10^8 立方米，占全省平原区超采量的 93.5%。

地下水超采，使得地下水位持续下降，地面下沉，降水入渗补给困难，地下水的储水量不断减少。经计算，河北省 2003 年地下水资源量为 130.4×10^8 立方米，比 1990 年完成的《河北省地下水资源评价报告（1956—1984）》减少了 19.22×10^8 立方米，减少 12.8%。如不采取补源措施，地下水资源量将会继续减少。

6. 大量动用深层后备水源，喝了子孙水

河北平原中东部是地下含有咸水层的咸水区，面积达 32966 平方公里，为了满足生活与生产用水，不得不开采咸水体之下蕴藏的深层淡水。这层淡水是经过漫长的地质时期逐步形成的，其补给源为山前侧向补给和越流补给，补给非常迟缓，强度甚微。据同位素碳十四测定，其循环周期一般在 1 万—2.5 万年，通常被人们称之为“后备水源”。

20 世纪五六十年代深层淡水呈承压状态，有的地方承压水位可以高出地表 5—6 米之多，可自流，现在深层淡水已不再为承压水状态。70 年代开始大量开采，到 1997 年已累计开采 405.88×10^8 立方米，近年来年平均开采量为 15.66×10^8 立方米。

7. 地下水高强度持续超采后果严重，水文地质灾害频繁

长期大面积超采地下水，带来地下水水位普遍下降，降落漏斗丛生，含水层疏干，地面沉降，泉水断流，海水入侵，咸淡水界面下移和扩展等一系列生态环境地质问题。尤其是太行山前平原区，地下水位平均年下降

速率达到0.54米。石家庄全市平均埋深由9.56米下降到21.95米；保定全市平均埋深由4.81米下降到10.07米。

地下水降落漏斗主要分布在以地下水为主要水源的城市和其他强开采区，并有快速扩展的趋势。如石家庄漏斗中心埋深1981年为23.27米，漏斗面积200平方公里，1997年末中心埋深达35.59米，漏斗面积扩大到305.6平方公里；沧州深层水开采区的漏斗中心承压水位埋深1985年6月为75.65米，到1997年6月达92.42米，漏斗面积超万平方公里。

地下水位大幅度下降引发地面沉降、塌陷、土地干裂。据1995年观测资料，京津以南平原8个主要地面沉降区，沉降量大于300毫米的面积达15224平方公里。其中沧州市中心沉降量达1680.9毫米，年约沉降84毫米；平原区已发现地裂缝约200条，涉及5个市县的65个乡。其中长度由数米到500余米，少数达数千米，最宽可达2米左右，可见深度10米左右。深层地下水的过量开采造成咸淡水界面下移是又一个环境地质问题，沧县、阜城两个典型区域现状调查与研究得出，两区咸淡水界面一般下移超过10米，最大下移超过了30米。咸水入侵深层淡水破坏了经过漫长的地质时期形成的深层淡水资源，后果严重，且难以逆转。

海水入侵导致大片土壤盐碱化，抚宁县沿海入侵区面积32.4平方公里，秦皇岛市海港区入侵面积为23.04平方公里。

二　湿地减少、湖泊萎缩、地圈干化直接影响气候变化

湿地是地球上重要的生态系统，它处于陆地生态系统（如森林和草地）与水生生态系统（如深水湖和海洋）之间，是陆生生态系统和水生生态系统之间的过渡带。湿地素有"地球之肾"之称，也是鸟的乐园，生物多样性的基础，与森林、海洋一起并称为全球三大生态系统。

河北省原有天然湿地总面积为110.7万公顷，占全省总面积的5.9%，大致可分为近海及海岸湿地、河流湿地、湖泊湿地、沼泽和沼泽化草甸及库塘五大类型。另外还有水（稻）田、水产养殖场、盐场等人工湿地。

近年来，湿地生态环境迅速恶化，地圈干化。首先，湿地水面大量减少。20世纪50年代洼淀共110.8万公顷，目前仅剩6.7万公顷。东部平原原有11490个较大坑塘，蓄水能力达1.15×10^8立方米，现已绝大部分干枯。白洋淀先后有15个年头干涸。全省水面覆盖率由50年代的2.9%降到80年代的0.2%。

水面减少，影响了航运、水产和旅游业的发展，更影响了气候的变化。海河水系有悠久的通航历史，1960年通航3100公里，进入70年代，河道少水且经常断流，到1980年通航仅剩29公里，目前航运全无。坝上沼泽湿地减少，众多湖淖常年干涸，最大的安固里淖2004年夏天也干枯。

水田面积大量减少，1999年水田面积达到145.65千公顷，减少到2003年的92.99千公顷，主要是滦河下游水量减少，水稻面积骤减，2003年种植面积减少到75.6千公顷。

其次，湿地污染突出。在全省21座大中型水库和两处平原洼淀中，1997年符合1—3类水标准的有11座，符合4类水标准的有8座，陡河、庙宫水库分别为5类水质和超5类水质。两处平原洼淀水质污染较为突出，白洋淀为4类水质，衡水湖为超5类水质，均属有机型污染。

第三节　水资源污染、土地退化和沙尘暴的影响

环抱京津二市的京津带有林业用地面积8446万亩，2002年有林地面积达到5483万亩，森林覆盖率19.48%。2003年底增加到6869.115万亩。2002年全省果树总面积2063万亩，年产量76亿公斤，面积和产量均居全国第二位；林业产业总产值350亿元，其中林果产值160亿元，占全省大农业总产值的9.3%。

但是，河北省新造林地多，幼林多，活立木总蓄积仅有7931万立方米，平均立木蓄积只有1.44立方米/亩，因此水土环境保护效益较差。水土环境恶化的主要表现是：水蚀和风蚀造成水土流失、土壤退化、沙化，沙尘暴危害加剧和大气的污染。

一　坝上草原过度开垦，土壤风蚀沙化严重

河北坝上地区包括康保、张北、沽源、尚义等4个县，面积1.38万平方公里（2070万亩），属内蒙古高原南缘（见图6-8），海拔1300—1600米，为大陆性干旱和半干旱气候，植被主要为典型草原类型，本是草原牧区，近二百多年来的农耕开垦，形成了天然草原—开垦、破坏—荒漠化的“开发史”图卷，随着垦耕系数的迅速增加，演变成了农牧交错地带。

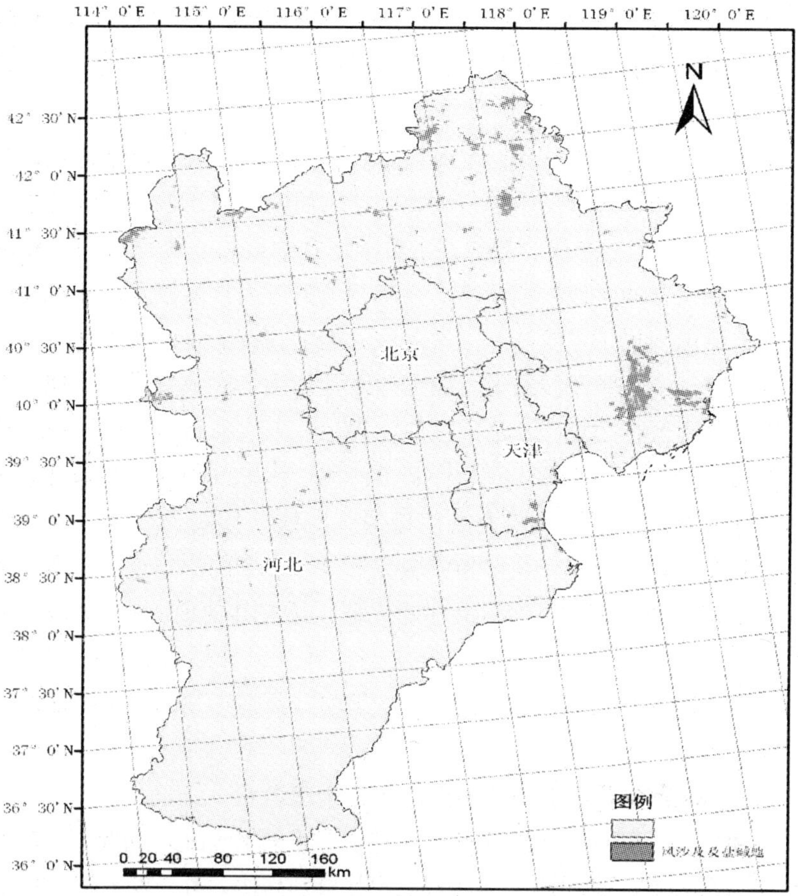

图6-8　环京津带2006年风沙及盐碱地分布图（退化土地）

但是，坝上地区多年平均降水量为300至380毫米，而且降水年变率大，分布不均，十年九旱。由于农业垦殖，土地迅速沙化，同时，草场退化严重，覆盖度由原有的90%下降为44%，产草量由280公斤/亩下降为45公斤/亩左右，下降了84%。坝上地区成为风沙逼近北京的主要通道和重要沙源地之一。

据调查了解，张北县和康保县沙化面积分别占土地总面积的50%和60%。大风日数多，大于8级以上的大风日数在40天以上，沙尘暴平均每年发生8至12天。据资料记载，康保县满德堂乡西孟家村村西的洼地，由于风蚀地面已降低0.67米，因风蚀造成地面高度下降0.3米以上的有

6至7个村庄。

坝上地区从20世纪五六十年代开始，曾多次营造防风固沙林和各种防护林，但还未能达到预期目的，大多形成小老树，总体恶化局部好转的沙化局面还没有根本转变。

由此，形成了三大沙区、六大风口、五大沙滩、九条风沙通道，是京津沙尘暴危害的祸源。据中国科学院等单位研究，北京沙尘天气的主要物质是直径≤0.063毫米的颗粒物，主要来源是内蒙古、张家口坝上地区退化的草场和裸露的耕地，桑干河、洋河谷地的五大沙滩以及水土流失严重的冀北丘陵山地也是主要沙源。影响最大最为直接的是两大沙区、五大沙滩、六大风口和九条风沙通道。两大沙区是指坝上农牧交错区和坝下燕山丘陵山地水源区，是京津地区的主要沙源地；五大沙滩是指沿洋河、桑干河川地两侧分布的宣化黄羊滩、怀安金沙滩、阳原开阳滩、怀来甘家滩和南马场等五处成片沙滩；六大风口指坝头沿线的怀安马市口、万全新河口、张北黑风口、崇礼三龙口和赤城独石口、丰宁的小坝子等六大天然隘口（这是来自河北京津风沙源治理的规划，还有其他说法），这是内蒙古高原（坝上）风沙入侵京津的必经之路；九条风沙通道是指以洋河、桑干河、壶流河、清水河、潮河、白河、黑河、天河、汤河谷地形成的九条风沙通道。

二 水土流失严重，造成河道沙化、水库淤积

京津上游河道众多，因植被破坏，造成严重的水土流失。滦河、潮白河、永定河、辽河四大入海水系，土壤侵蚀模数分别高达1731、1938、2760、1732吨/平方公里/年；其中，永定河上游的洋河流域土壤侵蚀模数更高达0.5万—1万吨/平方公里/年，河川径流的含沙量达21公斤/立方米。

水土流失一方面造成沙随水移，河道淤塞，造成大面积的沿河沙地，形成逼近北京城的局面。在永定河上游的桑干河、洋河至今分布着五大沙滩。在官厅水库东岸，还形成了京津闻名的“天漠沙丘”。它们都是水土流失造成的沿河次生沙地。沙地一旦形成，风蚀严重，成为危害京津的沙尘暴沙源。例如黄羊滩，位于北京西北的上风口，距北京直线距离138公里，总面积14.6万亩，全部为沙化土地，其中流动沙丘占30%。冬春季节黄沙飞扬，遮天蔽日，波及京津；夏秋之季，洪水暴发，泥沙顺势卷入洋河，直逼官厅水库，造成严重淤积。据统计，每年黄羊滩内表层沙土被大风刮蚀达2.57万吨，被洪水吞蚀达65万吨（风蚀模数264吨/平方公里，水蚀模数6678吨/平方公里）。在潮河上游的丰宁县小坝子沙地也是严重的水土流失区，原本沙随水直达北京东的顺义、通州的潮白河下游沙地，现在则淤积在密云水库。

另一方面是水库淤积，降低水库调节水源的功能。几条河流每年向官厅、密云、潘家口三大水库入沙量高达5000万吨。滦河上游的庙宫水库建库40多年，已淤积泥沙9650万立方米，占总库容的62%。以官厅水库最为严重。官厅水库1951年10月动工修建，1954年5月全部竣工。官厅水库是北京的第二水源地，40多年来每年可为北京提供生产、生活用水近10亿立方米，还为京津消除了水灾隐患。但是，由于上游的桑干河、洋河是水土流失严重地区，到1998年已累计淤积泥沙6.46亿立方米，占总库容的28.5%，库区形成了一道沙坎，把水库分隔成两个库区，约四分之三的Ⅲ类水被挡放不出来，加上污染，1998年就失去了为北京提供饮用水的功能。

三　污染物汇聚，水资源污染严重

而京津冀正处于生态物流能流的通衢，代谢物自上而下汇聚能力强，环境容量小，自净能力差，对环境保护十分迫切。因此，河北省经济与环境和谐、脱贫与治污并举的压力特别大。

1. 地表水污染（河道污染）

河北省人口密集，资源匮乏，环境基础容量小。据介绍，主要污染物二氧化硫、烟尘、粉尘、氨氮排放量分别位居全国第3、3、2、3位，远远超过环境承载能力。按照国家《海河流域水污染防治规划》，到2005年河北省COD（化学耗氧量，广泛用于污水中有机物含量的测定）排放量应控制在38.6万吨，削减任务很重。

全省废水排放总量为18.1×10^8吨，其中：工业废水排放总量为10.8×10^8吨，比上年增加了1.9%；生活污水排放量为7.3×10^8吨，比上年增加了9.0%。全省化学需氧量（COD）排放量为63.6万吨，其中工业COD排放量为35.3万吨，比上年减少3.6%；生活COD排放量为28.3万吨，比上年增加了3.3%。据近几年河北省水资源公报，在全省近百条河流7000多公里的河道上，受污染的河长达85%，其中严重污染的河长占30%。七大水系中，大清河水系上游、滦河水系、漳卫南运河、永定河水系部分河段水质较好，基本能够满足功能区划要求；黑龙港运东、子牙河、北三河水系水质较差，以五类、劣五类水质为主；主要污染物为氨氮、挥发酚、高锰酸盐指数、生化需氧量等。

1985 年以来，全省污水排放量以年均 0.8 $\times 10^8$ 吨的速度增加，1995 年全省污水排放量已达 19.3 $\times 10^8$ 吨。

2. 地下水污染

河北省主要城市地下水污染元素主要为总硬度、锰离子、铁离子和矿化度，其次为硫酸根离子、氯离子和氟离子。咸水分布区沧州市和衡水市水质最差，Ⅳ类水和Ⅴ类水合计分别占 77.92% 和 73.13%，其次为廊坊市、石家庄市、邢台市和邯郸市，Ⅳ类及Ⅴ类水合计均占 55% 以上。与上年相比，唐山市水质污染加重，其他城市地下水质基本稳定。

地下水污染有三个方面的污染源：一是沿海地区的海（咸）水入侵。这是我国最突出的区域性的人为因素引发的地下水污染问题，主要原因是地下淡水的过量开采。

二是硝酸盐污染。地下水硝酸盐污染的来源主要有两种类型。第一种类型是地表污废水排放，通过河道渗漏污染地下水；城市化粪池、污水管的泄漏以及垃圾堆的雨水淋溶等。第二种类型的污染源主要是农耕面源污染，造成农耕区地下水硝酸盐的含量严重超标。

三是石油和石油化工产品的污染。随着石油的大规模勘探、开采，石油化工业的发展及其产品的广泛应用，石油及石油化工产品对于地下水的污染已成为不可忽视的问题。

3. 湖泊富营养化

自 1980 年至 2005 年的工业化、城市化过程中，湖泊富营养化及其灾害越来越严重，富营养化的占 26.5%，而到了 1988 年达到 61.5%，在 1996 年 26 个国家湖泊（水库）调查中，总体处于富营养化的高达 85%，其急剧恶化趋势令人震惊。白洋淀是海河流域和华北平原最大的浅水型淡水湖泊。最大水位时总面积约 366 平方公里，蓄水量 7 $\times 10^8$ 吨左右，平均水深 24 米。近二十年来由于河北保定地区工业迅速发展，大量未经处理的造纸、化纤、石油、印染和化学工业废水直接排入白洋淀水系河流和淀区。据统计，保定市现有工业企业 700 多家，年排放工业废水 6200 万吨，排放的污染物主要有 COD 19400 吨、BOD 5700 吨、总磷 60 吨、氨氮 180 吨等。保定市区现有人口 169 万人，年排生活污水约 2900 万吨，其中 COD 8000 吨、BOD 3000 吨、总磷 10 吨、氨氮 710 吨。

每年有大量的氮磷等营养物质进入淀区致使白洋淀的氮磷含量大，特别是具有高度刺激作用的磷，其平均含量已超过正常湖水 0.05mg/l 含量的两倍多。自 1958 年以来浮游生物鱼类明显减少，浮游生物的数量大大增加，水产品的产量急剧下降。

4. 乡镇企业排污的影响

2003 年环京津带乡镇企业 107.5 万个，年内增加值 2953.6 亿元，占工业总增加值（4154.6 亿元）的 71%。由于乡镇企业总体上还是工艺落后，设备陈旧简陋，操作粗糙，污染治理设施较少，用水浪费，排污浓度高，给附近农村环境造成了严重影响。乡镇企业中污染严重的行业主要是化工、造纸、印染、皮革、冶炼等，这些企业给农民造成了严重危害。一是污染土壤，造成土壤板结和盐碱化。根据河北省环保局、乡镇企业局 1995 年对全省污染比较严重的 50202 个乡镇企业的调查结果：1995 年废水排放量 4.97×10^8 吨，废气 1879×10^8 立方米，固体废弃物 742 万吨，其中悬浮物 104 万吨。化学需氧量 60 万吨，石油类 457 吨，氰化物 31 吨，烟尘 71 万吨，二氧化硫 35 万吨，工业粉尘 86 万吨。

四 海洋海岸及污染

海洋是京津冀都市圈的重要组成部分，也是新的经济增长点。河北省的大陆海岸线长 487 公里，管理海域总面积约 9000 平方公里。浅海开发利用率达 20% 左右，岸线利用率达 90% 以上。海岛 132 个，海岛岸线长 199 公里，面积 8.42 平方公里。秦皇岛港、塘沽港以及正在建设的黄骅港、京唐港、曹妃甸港等是都市圈的明珠，对海洋经济、临港经济的发展有重要意义。

但是，河北省所处的渤海湾西岸是我国沿海遭受海洋灾害最严重的地区之一，灾害种类繁多，危害严重。十年来，因风暴潮、赤潮、巨浪海冰等海洋灾害造成的经济损失和死亡人数远远高于其他灾害，其中 3 次风暴潮灾就造成损失达 15 亿元，仅 2003 年 10 月 11 日温带风暴潮灾直接经济损失就达 5.84 亿元。

海水受污染也十分严重。2000 年，秦、唐、沧三个沿海地级市共排放污水 49582.96 万吨，其中工业废水 30536.96 万吨，入海污水 11832.7 万吨。三个地级市中，秦皇岛污水排放总量 10982.37 万吨，其中，工业废水排放总量 4679.37 万吨，入海污水 6149 万吨；唐山污水排放总量 28962 万吨，其中，工业废水排放总量 20094 万吨，入海污水 4794.5 万吨；沧州污水排放总量 9638.59 万吨，其中，工业废水排放总量 5763.59 万吨，入海污水 889.2 万吨。2001 年，河北省实际使用的海上三类废弃物倾倒区共有4个。倾倒的废弃物全部为港口建设和维护产生的三类疏浚物，全年共批准倾倒量1380.4万立方米。由于加强了海洋倾废的监督管理，监测表明，各海洋倾倒区的环境质量基本良好。

第四节 京津冀都市圈生态安全的保障作用

针对京津冀经济圈人口、资源、环境不协调的现状，统筹考虑人与自然和谐的关系，制定自然环境保护与改善的方案，加大投入力度。

1. 水供给的资源保障

水，对于京津冀都市圈来说，不仅是稀缺资源，更是战略性资源。保障水安全是生态保障系统的首要任务。

京津的水源地均在河北，保证京津安全供水一直是河北肩负的一项政治任务。尽管河北省是我国最严重缺水的省份，特别是近年来连续干旱化，但始终无偿地承担着向京津供水的义务。河北省滦河及海河北系的出境水量主要流入北京的密云、官厅及天津的于桥水库以及引滦入津，20世纪80年代以来平均每年向京、津补供水量高达17.5×10^{8}立方米。官厅水库和密云水库是由河北和北京共同修建，建成之初，水资源由双方共享。从80年代开始，北京用水吃紧，河北放弃了应当分享的每年9×10^{8}立方米水资源。1983年，又实施了引滦入津跨流域调水工程，河北每年向严重缺水的天津供水10亿立方米。

为了保护京津水源，在半个世纪里，河北省政府与人民积极营林，保持水土，为保护环境作出了艰苦的努力，付出了巨大牺牲。

例如修官厅水库，怀来县县城（始建于明朝洪武年间）和61个村庄搬迁，移民6.7万人，失去了15万亩良田、1万亩果园。20世纪80年代以后，当地为防治污染，先后砍掉14家工业项目，关闭了7家有污染的工厂；由于库岸塌陷，又有10余万亩土地被浸没废弃。那些移民从沃野搬到丘陵半丘陵地带的高坡上，由于土壤贫瘠，生活十分艰难。怀来县每年给移民专项补助资金，仍然不能改变这些村庄贫困的面貌。张承地区是北京的上风上水之地，同时又是河北最贫困的地区之一，当地经济基础薄弱，这些年为了保护北京水源投入成本过高，承德、张家口关停了靠近官厅、密云水库周边的一些小企业，一定程度上阻滞了本地经济的发展。

今后京津的安全供水与水源地安全，河北省需要加强建设与承担保护任务，但这一艰巨的生态整治工程要包括京津协同的生态环境建设与保护体系，才能彻底解决。

2. 洪涝灾预防与减灾的保障

在历次防洪中，河北总是“一保京津，二保铁路，三保自己”。

河北省也是京津的洪涝灾害的缓冲区。1963 年海河流域大水之后，为了保护天津，保护京津经济命脉，做出了巨大努力。按照保京津、保铁路、保油田的目标，增加海河水系的入海口，开挖了新河道。例如，环京津地区 1998 年 8 月大水，均发挥了很好的保障作用。

3. 气候与大气质量的重要屏障

气候变化和大气质量的保护是一个复杂的问题。依据联合国“人与生物圈计划（Man and the Biosphere Program，MAB）”“国际地圈—生物圈计划（International Geosphere – Biosphere Programme，ICSU）”“国际气候研究计划（WCRP）”等关于全球气候变化领域的研究成果，人对环境的影响是气候变化的重要原因。土地干化、大气二氧化碳增加、植被减少等都是气候恶化的原因。

最为明显的是 2000 年春季以来京、津、冀地区频繁发生的高强度沙尘暴和扬尘天气，对当地和京津地区经济发展和人民生活构成极大的威胁，也给首都北京的国际形象带来不可低估的负面影响。

维护和改善京津冀都市圈的良好气候，首先必须保护和恢复本地区的湿地、森林等生态系统。

湿地保护工程已经启动。河北省重要湿地有：白洋淀湿地、衡水湖湿地、沧州南大港沼泽湿地、滦河口湿地、昌黎黄金海岸湿地、北戴河沿海湿地、滦河源湿地、官厅水库湿地、安固里淖湿地、塞罕坝湿地等。

表 6 – 1　　环京津自然保护区名录

序号	保护区名称	行政区域	面积/hm^2	主要保护对象	类型	级别	始建时间	主管部门
冀 1	滦河源	灵寿县	50637	草原生态系统	草原草甸	省级	2001 – 7 – 1	林业
冀 2	漫山	灵寿县	12028	野生动植物	野生动物	省级	2001 – 3 – 1	林业
冀 3	驼梁	平山县	15870	水源涵养林	森林生态	省级	2001 – 03 – 031	环保
冀 4	石臼坨列岛	乐亭县	3775	海洋鸟类	海洋海岸	省级	2002 – 5 – 1	海洋

续表

序号	保护区名称	行政区域	面积/hm²	主要保护对象	类型	级别	始建时间	主管部门
冀5	北戴河海滨鸟类	秦皇岛市北戴河区	6415	候鸟	野生动物	县级	1990-7-1	林业
冀6	老岭	青龙县	8406	暖温带森林生态系统	森林生态	市级	1992-7-1	林业
冀7	黄金海岸	昌黎县	30000	海滩及近海生态系统	海洋海岸	国家级	1990-9-30	海洋
冀8	柳江盆地地质遗迹	抚宁县	630	地质遗迹	地质遗迹	省级	1999-5-1	国土
冀9	杏峪	内丘县	400	原始次生林	森林生态	市级	2001-8-1	环保
冀10	白洋淀湿地	保定市	31200	湿地生态系统	内陆湿地	省级	2002-11-6	环保
冀11	小五台山	蔚县	21833	褐马鸡及森林生态系统	森林生态	国家级	1983-11-1	林业
冀12	泥河湾	阳原县	1015	新生代沉积地层	地质遗迹	国家级	1997-2-1	国土
冀13	大海陀	赤城县	11205	森林生态系统	森林生态	国家级	1999-7-1	环保
冀14	御道口	承德市	32620	草原生态系统	草原草甸	省级	2002-5-1	农业
冀15	雾灵山	兴隆县	14247	温带森林、猕猴分布北限	森林生态	国家级	1988-5-9	林业
冀16	滦河源草地	丰宁县	21500	草原生态系统	草原草甸	省级	1997-10-1	环保
冀17	茅荆坝	围场县	26806	森林生态系统	森林生态	省级	2002-8-1	林业
冀18	塞罕坝	围场县	27613	森林生态系统	森林生态	省级	2002-8-1	林业
冀19	红松洼草原	围场县	7300	草原生态系统	草原草甸	国家级	1994-8-1	农业
冀20	南大港湿地	沧州市	9800	湿地生态系统、鸟类	内陆湿地	省级	1995-5-1	林业
冀21	小山火山	海兴县	1381	地质遗迹	地质遗迹	省级	2003-7-1	国土
冀22	黄骅古贝壳堤	黄骅市	117	古贝壳堤	古生物遗迹	省级	1995-8-1	海洋
冀23	蒋福山	三河市	5170	野生植物	森林生态	县级	2001-9-1	林业
冀24	衡水湖	衡水市	18787	湿地生态系统及鸟类	内陆湿地	国家级	2000-7-1	林业

城市森林作为城市的重要生态支撑系统和经济发展的基础设施，为加快城市经济发展作出了巨大贡献。据估算，一个完整的城市防护林体系，可以降低能源消耗10%至15%。

为了保护京津的蓝天，将风沙堵在河北，2001 年开始实施《京津风沙源治理工程实施规划》，开展了大规模包括沿边沿坝防风阻沙防护林带工程、五大沙滩治理工程、通道绿化工程等冀北风沙源治理工程及坝上草原大规模的退耕还林还草工程，这些工程整体显现了绿色生态屏障功能。据调查，北京市空气质量二级和好于二级的天数由 2000 年的 177 天提高到 2004 年的 229 天，增加了 52 天。

风沙源治理是一项长期的生态建设任务，但一些投入机制与后续产业的不同步，影响到这项建设任务的可持续性。风沙源治理是一项大型的区域合作工程，要整合区域内的所有力量。

4. 生物多样性的基础

多样性的地貌和生态系统是京津冀都市圈生物多样性的基础。

河北省地处温带、暖温带，土地辽阔，自然条件复杂，动植物种类繁多。尤其是植物资源种类多、分布广、数量大，是全国植物资源比较丰富的省区之一。

河北省植物资源有 3000 余种。其中森林植物种类达 204 科、940 属，2800 多种。其中蕨类植物 21 科，占全国的 40.4%；裸子植物 7 科，占全国的 70%；被子植物 144 科，占全国的 49.5%。主要分布于燕山和太行山。可供建筑用的木材类植物有 40 余种。其中国家重点保护植物有野大豆、水曲柳、黄檗、紫椴、珊瑚菜等。燕山南麓和太行山东麓又是全国主要的落叶果树分布区。果树种类很多，栽培和野生果树共有 100 多种，还有药用植物约 1000 种，纤维植物有 140 多种，酿造植物有 900 多种，牧草用植物有 300 多种。栽培作物主要有：粮食作物小麦、玉米、谷子、水稻、高粱、豆类等；经济作物有棉花、油料、麻类等。

河北省共有陆生脊椎动物 530 余种，约占全国的 1/4。家养畜禽约有 100 种，野生动物资源主要有兽类、鸟类、爬行类等。其中以鸟类居多，约 420 种，占全国的 36.1%；兽类次之，约 80 种，占全国的 20.3% 左右；两栖类和爬行类较少，分别为 8 种和 23 种。有国家重点保护动物 91 种，其中国家一级保护动物 18 种（兽类 1 种，鸟类 17 种），二级保护动物 73 种（兽类 11 种，鸟类 62 种）。另外，还有国家保护的有益的或者有重要经济、科学研究价值的陆生野生动物 79 种，其中有两栖类 3 种，爬行类 5 种，鸟类 71 种。在野生动物资源中，有不少全国珍贵、稀有种类，如鸟类中的褐马鸡、白冠长尾鸡、天鹅等；兽类中的猕猴、白鼬、金钱豹、青羊、黄羊等，其中褐马鸡为国家一类保护动物。我国特有的珍稀雉类褐马鸡，仅分布于河北小五台山及附近山区和山西省吕梁山区。河北省还有陆地淡水鱼类106种。

河北省海域有海洋生物650多种，分属浮游植物、浮游动物、浮性鱼卵稚鱼、浅海底栖生物、潮间带生物。其中鱼类有110多种，甲壳动物、软体动物、海藻等100多种。从生态平衡的角度来看，渤海每年可捕获鱼类资源25万吨左右。

生物多样性的基础是从高原、山地、湿地到海洋的复杂生态系统。维护这些生态系统，就维护了生物多样性。

5. 海洋海岸安全是京津冀经济吐纳的保障

海洋空间资源，主要指沿海和海域的空间利用，包括港口建设、海上运输、海滨疗养等，是一个经济区对外开放的基础保证。河北省拥有487公里长的海岸线，含秦皇岛、唐山和沧州三个省辖市；从港口资源来看，沿海有大型港址4处，中小型港址7处。秦皇岛港港阔水深，不淤不冻，是中国北方能源输出基地。

沿海地区农业、渔业、水产养殖业历史悠久，特别是有中国第二大产盐区，现有盐场68个，盐田面积7.75万公顷，原盐年产量达400多万吨。盐化工业品在全国已居前列。

沿海工业及港口运输也很发达，形成了以港口、运输、旅游、渔业及海洋化工业等为主的海洋产业。

沿海安全对港址资源、盐田资源、海洋油气资源、沿海后备土地资源、海水养殖资源、滨海旅游资源的开发有重要作用。

然而，日趋频繁的海洋灾害和滞后的海洋监测、预报预警体系制约了河北海洋经济的可持续发展。

6. 环境安全的保障

随着我国社会经济整体水平的提高，生态保障问题越发突出。地质公园和湿地是生态保护的重要内容，其在环京津地区形成的生态保护屏障需要区域作为生态红线加以规划和建设（见表6-2）。

草地和森林对大气的净化作用包括沙尘沉降、化学物质的吸收、吸附，表现出很强的自净能力和很高的环境容量。自内蒙古高原南下京津的冷气寒流及沙尘经过数百公里的燕北山地，大气得到净化，灾害得到缓冲，这是不可或缺的屏障。

同时，在保证京津水资源的同时，良好的植被可以控制水土流失，防止泥沙危害。

表6-2　　环京津生态带地质公园和湿地名单　　单位：个

国家级地质公园	1	涞源县白石山国家地质公园
	2	阜平县天生桥国家地质公园
	3	秦皇岛市柳江国家地质公园
	4	涞水县野三坡国家地质公园
	5	赞皇县嶂石岩国家地质公园
省级地质公园	6	阳原泥河湾地质公园
	7	灵寿五岳寨地质公园
	8	海兴县小山火山遗迹地质公园
	9	临城崆峒山地质公园
	10	武安名河源地质公园
	12	赤城侏罗纪地质公园
湿地名单	1	白洋淀湿地
	2	衡水湖湿地
	3	沧州南大港沼泽湿地
	4	滦河口湿地
	5	昌黎黄金海岸湿地
	6	北戴河沿海湿地
	7	安固里淖内陆湖盆湿地
	8	滦河源湿地
	9	官厅水库湿地
	10	安固里淖湿地
	11	塞罕坝湿地
	12	石臼坨湿地
	13	石家庄小壁林场湿地
	14	平山县冶河湿地
	15	赤城云州水库湿地
	16	蔚县壶流河水库湿地
	17	宣化洋河滩湿地
	18	沽源滦河源上游湿地

第七章　环京津区域贫困产生的产业和经济因素

第一节　转型时期环京津区域部门二元结构的影响

改革开放以来，我国大力推行经济体制改革，从计划经济体制向社会主义市场经济体制转型。随着改革内容的不断深化，传统体制下“政府—企业—市场”这个基本三角关系发生了根本性的变化。改革政企关系一直是我国经济体制改革的中心环节。我国的经济体制改革就是从扩大企业自主权开始的，这种改革的基本方向就是政企分开和企业独立地位的不断明确。政府逐渐从直接管理企业的生产经营中解放出来，企业成为自主决策、自主经营、独立核算、自负盈亏的经济实体。同时，资源的配置由主要靠政府的计划转变为靠市场。政府减少了对市场的直接干预，市场竞争程度明显提高，市场作用的机制也已经初步确立。但是我们应当看到，当前在“行政区经济”运行时期，我国的市场分割还十分严重，经济运行仍然是以行政区边界这堵看不见的墙为基础来组织。企业和市场还没有完全成长为经济体系的主体，仍然受到政府这个主体的严重制约。这种经济模式实质上是一种“二元混合经济”模式，政府仍然是经济运行的主体，企业和市场在一定程度上成为市场的主体，承担部分经济主体的功能。企业竞争中渗透着强烈的地方政府经济行为，生产要素跨行政区流动不畅。

进入20世纪90年代以来，特别是确定建立市场经济体制、金融体制、投资体制、计划体制、外贸体制等重大改革在全国铺开，对行政区经济的基础造成了重大冲击，政府职能由直接控制向间接控制转化，削弱了地方政府作为经济主体的地位，市场体系的发育大大增强了生产要素的流动性，削弱了地方经济的封闭性和独立性，企业作为经济主体的地位逐步确立。在这个进程中，随着我国社会主义市场经济体制的逐步建立和完善，行政区经济将会在阻力与动力并存中，逐步向以横向系统运行为主的区域经济过渡。与此同时，随着我国城市化进程的不断加快，都市化、都市圈化成为城市化发展的新趋势。

城市在社会经济发展中发挥着越来越重要的作用，而且有不断增强的趋势。都市区、都市圈内经济联系较为密切，各城市的经济也将长期处于共同的发展状态，行政区经济的作用和影响将进一步淡化，逐步走向空间整合的都市圈经济。在未来时期，我国的区域经济将主要表现为行政区经济烙印下的都市圈经济。

按照区域经济一体化发展的内在要求，在组织区域经济运行时不应该局限于某一个行政区管辖范围，而应突破行政区划界限，在更大的经济联系空间范围内，按经济区网络合理组织区域经济运行，大力培育各种不同类型的经济区经济，从而推动区域经济一体化的发展。然而，我国的行政区经济仍将在一定时期内长期存在，政府对市场的干涉也必将长期存在，市场和社会对政府的依赖惯性依然存在，市场的经济主体的地位受到一定的限制。因此转型期的行政区经济实质上是一种“二元混合经济”。从本质上讲转型时期的行政区经济也是一种特殊形式的区域经济类型，只不过由于行政区经济的影响，政府对市场的干预过分强大。

行政区行政是与农业经济、工业文明等闭合社会相适应的政府治理形态，而当今社会是开放的信息社会，处于一种权变、风险、不确定性的复杂社会环境中，市场变得无界化，信息出现无缝隙化，社会公共事务表现出高度渗透的趋势，区域乃至全球社会间结成“你中有我，我中有你”的相互依赖状态。区域性和区域化的“深度”和“广度”得到前所未有的增强。因此在这种形势下，民族国家或地方行政区域内部的大量公共问题，已经明显表现出“外溢化”或“区域化”态势。

近年来，环京津城市经济快速扩张。然而，不容乐观的是，在此过程中，区域城市化道路选择的结果并未像初期人们所设想的那样，使得城乡差距日益缩小，最后达到一体化。相反，区域长期以来存在的二元结构日益凸显，城市与农村、农业与工业、农民与市民的二元对立不断加大。正是在这个意义上，城市化和产业化问题显得尤为紧迫。

许多学者提出环京津区域二元化问题必须通过城市化来解决，而在城市化的道路选择上，事实证明，近年来京津冀区域选择了一条优先发展大城市的道路模式。在这种城市偏好、制度偏好的模式下，农村问题不但没有得到解决，反而愈演愈烈，地区关系紧张、贫困地区社会不稳定因素突增，农民陷入一种永恒贫困中。

城市化进程中，随着经济的发展和技术的进步，工业经济占据主导地位。一方面，农业劳动生产率的大幅度提高使农业剩余劳动力大量出现；另一方面，经过一定时期的资本积累，城市劳动密集型产业部门扩大再生产能力增强，生产规模普遍扩大。其强有力的劳动力吸纳能力，导致了大量农村人口向城市转移，促使城市化进程加快。

与此同时，资金充足使产业结构向资金密集型产业方向发展，重化工业逐渐成为主导部门。资金密集型产业内部存在资金排斥劳动力的倾向，但是在这些产业部门的规模形成期，由于追求规模效益和集聚效益，因此仍表现出较强的吸纳农业剩余劳动力的能力。这是城市化继续较快发展的时期。

随着区域产业结构向更高层次转化，资金、劳动力向第三产业转移。同时，第二产业中资金转移也在加快，并且表现出从化学、机械、消费性电子向高新技术产业以及倚重高新技术的现代制造业（如计算机、航空器、生产性电子、通信设备、制药产业）转移的规律。

在第三产业成为主导产业时，知识型服务业逐渐占有重要地位。在城市扩大的条件下，生产流通容量在加大，企业在这样的条件下组织生产就需要更多的服务部门，以增强自身的竞争能力。企业对城市的生产性服务也不断提出新的要求，例如，生产运作要求金融、通信、运输、研究机构的协助；产品流通要求批发、零售、仓储、广告等行业的配合。与此同时，随着城市居民生活水平的提高，对消费型服务业也提出了更高的要求，刺激城市迅速出现各种各样的服务性行业，如零售饮食、社会保险、文化娱乐、体育卫生、教育、房地产等产业部门。因此，这些第三产业门类的增多，又为城市提供了一定数量的就业岗位，城市化仍然表现出一定程度的发展。

这一时期资金、劳动力等生产要素对城市化的动力作用有所减弱。而且资金对劳动力的排斥作用明显，技术密集型产业需要的劳动力大多为技术人员，质量提高，但数量明显减少。城市化发展速度减缓。

一　产业发展与产业结构的变化

与此相应的城市化模式也有同步变化：在轻工业为主导阶段，企业考虑到运输的空间成本，所以选址倾向于在劳动力丰富的原材料产区。城市化模式表现出以中小城市为主的分散型。

在以劳动密集型的轻工业转变为资金密集型的重化工业为主导时，由于聚集效益和规模效益的存在，企业带动人口向大城市集中，城市化模式由分散型转向集中型。在城市化的空间形态上，区域中心城市形成。但是，由于交通、通信等到网络建设不完善，所以对周围地区并没有形成很大的带动和辐射作用，没有形成带状城市群。这个时期空间城市的布局特点是一个中心城市与周围散落的中小城市并存。

工业化后期，随着区域产业结构的演变，新兴第三产业成为区域主导产业，中心城市已经具有相当规模，主导产业得到较大发展，产业关联度大大提高。由于大城市人口的增长和经济活动集中程度提高，由于级差地租的存在，中心城市地价昂贵大多传统制造业利润率下降，加之城市郊区有大面积较为廉价的土地，吸引企业迁出、扩建和新建。同时，新兴第三产业扛租能力强，向中心城市集中，使中心城市以及原来较为落后的地区得到大规模的发展，中心城市的服务和管理机能大大加强，出现逆城市化现象，城市化模式以分散型为主。在城市化地域结构形态上，区域内已形成一个或几个大特大城市，还形成了大、中、小城市相配套的城市体系，区域内形成了航空、铁路、高速公路、通信、信息等密集的网络系统，各城市之间已形成密切的生产、生活联系，从而形成了以网络化为特色的城市群，并进而形成城市带，区域一体化真正得到实现。

二　京津冀地区的人口流动与聚集

人口流动，实际上是最重要的资源要素——人力资本的产业转移。首先是农业剩余劳动力从农村迁移到城市，在城市中还有一个向部门转移的问题。在要素的转移中，资金要素是先导。资金与劳动力的可替代性，使得在不同的发展阶段，劳动力与资金的配置出现不同的走向。

当第一产业占较大比重时，城市第二产业主要为劳动密集型产业，如纺织、服装、食品等。但是，这一时期，由于农业和工业的劳动生产率都较低，农业释放剩余劳动力和工业可容纳的劳动力都有限，所以城市化速度较慢。在北京产业结构与空间布局进行由内向外分散化大调整的同时，京津冀地区的人口流仍向京津两大城市聚集。

表 7－1　　2002 年京津冀地区的人口流动与聚集状况

项目	外地人口数(万人)	其中:									
		天津	河北	江苏	安徽	山东	河南	湖北	四川	浙江	合计
北京	246. 3217	1. 7885	55. 5015	14. 1129	22. 8394	18. 9092	33. 4605	10. 4905	16. 7709	9. 2865	
比重(%)	100	0. 7261	22. 5321	5. 7295	9. 2722	7. 6766	13. 5841	4. 2589	6. 8085	3. 7701	74. 358
天津		北京	河北	山东	河南	安徽	黑龙江	四川	湖北	江苏	合计
比重	73. 5033	0. 4401	20. 2685	12. 2028	7. 3785	5. 8891	5. 2352	3. 2505	2. 4769	2. 0398	
(%)	100	0. 5987	27. 5750	16. 6017	10. 0383	8. 0120	7. 1224	4. 4223	3. 3698	2. 7751	80. 5153
河北		北京	天津	黑龙江	河南	四川	山东	内蒙古	湖北	安徽	合计
比重	93. 0455	2. 8903	3. 2476	11. 1764	10. 5216	10. 6255	6. 5971	6. 2492	5. 4861	5. 0617	
(%)	100	3. 1063	3. 4903	12. 0118	11. 3080	11. 4197	7. 0902	6. 7163	5. 8961	5. 4400	66. 4788

资料来源：2003 年《中国统计年鉴》第 112—115 页“表 4－13 全国按现住地、户口登记地在外省份的人口”。

应该说明的是，流动人口数的统计难度很大，动态性很强，取某时点的数据只能说明趋势性的某些问题。上表显示：

①京津冀地区对人口吸引力最大的仍属首都北京。天津和北京是该地区的双核，但是在人口的引力上，天津和北京仍有相当大的距离。

②北京和天津都是全国人口流动的目标地；而河北则既是人口流动的流出地，也是人口流动的流入地。

③表 7－1 选取了三地流入人口最多的九个地区。对于北京来说，虽然是全国各省市流动人口的主要目标地，但是，在所有流入人口中，河北省的流入人口仍占居首位，比重为 22. 5321%；对于天津来说，河北省的流动人口同样占到了 20. 2685%，也居第一位。

④河北虽说既是人口流动的流出地，也是人口流动的流入地，但是从流入与流出的总量来看，流出为 121. 8985 万人，大于流入人口的 93. 0455 万人（见表 7－2）。

⑤从三地整体来看，流入人口 412. 8705 万人，大于流出人口 139. 3186 万人（见表 7－2）。

表 7－2　　2002 年京津冀流入流出人口的基本情况　　单位：万人

项目	流入人口	流出人口	流入 > 流出
北京	246. 3217	9. 1702	237. 1515
天津	73. 5033	8. 2499	65. 2534
河北	93. 0455	121. 8985	－28. 853
三地合计	412. 8705	139. 3186	273. 5519

应该说，这是一个由人口流动所表现出来的经济的集聚过程。实际上，京津冀三地已经形成了一个阶梯形的差异度。对于这一差异度还要从多方面进行分析和解读。

三　京津冀地区产业结构的调整

产业结构调整的城市化效应十分明显：在第二产业向郊区发展的同时，第三产业向城区集中；城市化达到一定程度，出现了多中心的分散化现象。城市化走向区域城市群的发展模式，正在逐渐清晰。

京津冀地区产业结构的调整与城镇化的响应呈现出不同的特点，详情见表 7－3、表 7－4、表 7－5。

表 7－3　　1978 年以来北京的三次产业结构与城镇化发展态势　　单位:%

年份	一产比重	二产比重	三产比重	城镇化率
1978	5. 15	71. 14	23. 71	54. 93
1980	4. 39	68. 87	26. 74	57. 63
1985	6. 92	59. 78	33. 3	59. 73
1990	8. 77	52. 4	38. 83	61. 97
1995	5. 84	44. 1	50. 06	65. 15
2000	3. 63	38. 06	58. 31	68. 70
2001	3. 27	36. 22	60. 51	69. 49
2002	3. 05	34. 75	62. 2	71. 02
2003	2. 64	35. 95	61. 41	71. 93

表 7 – 4　　1978 年以来天津三次产业结构与城镇化发展态势　　单位:%

年份	一产比重	二产比重	三产比重	城镇化率
1978	6. 09	69. 61	24. 31	49. 50
1980	6. 31	69. 97	23. 72	52. 42
1981	4. 80	71. 11	24. 09	52. 71
1985	7. 37	65. 01	27. 62	55. 38
1990	8. 79	57. 73	33. 48	56. 04
1995	6. 62	54. 62	38. 76	56. 77
2000	4. 49	50. 03	45. 48	58. 31
2001	4. 27	49. 16	46. 57	58. 56
2002	4. 10	48. 85	47. 06	58. 88
2003	3. 66	50. 88	45. 46	59. 36

表 7 – 5　　1978 年以来河北省三次产业结构与城镇化发展态势　　单位:%

年份	一产比重	二产比重	三产比重	城镇化率
1978	28. 52	50. 46	21. 02	10. 94
1980	31. 06	48. 29	20. 65	11. 88
1985	30. 33	46. 44	23. 23	13. 64
1990	25. 42	43. 23	31. 34	14. 37
1995	22. 16	46. 42	31. 42	17. 07
2000	16. 20	50. 30	33. 49	16. 90
2001	16. 38	49. 61	34. 00	20. 35
2002	15. 63	49. 75	34. 62	21. 34
2003	14. 99	51. 52	33. 49	26. 72

由表 7 – 3、表 7 – 4、表 7 – 5 可以看出，北京、天津两大直辖市与河北省处在三次产业结构变动的不同的变化期，城市化也分别属于不同的阶段，形成了明显的梯度。这种梯度差有利于区域经济的融合。

首先，从产业结构分析，京津冀三省市在技术上存在梯度差距，进而形成了产业的梯度差距，京津尤其是北京，技术水平和产业结构都优于河北，并且都面临着城市功能转换和产业结构进一步升级，需要向外转移一些不再具有比较优势的产业。由于京津与冀北地区在产业上的梯度差，京津冀在产业结构上具备了梯度转移的“天时”条件。

其次，京津冀地域相连，三地间的交易成本和生产要素结合成本低廉，可以大大提高生产要素的利用效率，降低产业结构的转移和调整成本，这就使京津冀具备了产业转移的“地利”条件。

再次，京津冀之间的经济联系密切。“大北京”规划把环京津地区都包括在内，京津对加强与河北经济合作有着内在需求，河北也早就提出了充分利用环渤海、环京津优势的“两环开放带动战略”，使京津冀具备了相互合作的“人和”条件。因此，实现“大北京”经济圈产业的合理、顺利转移，不但是优化“大北京”经济圈城市空间布局、实现生产要素在区域大系统内配置的需要，更是促进“大北京”经济圈产业转移和产业结构优化的需要。

从产业结构变化的内在规律来看，京津冀将进入一个产业结构有序递升和城市化快速成长发展的新时期。具体说来，在经济发展处于较低水平时，第一产业的地位极其重要，其产值和就业比重都非常高，第二产业和第三产业所占比重则很低。随着经济发展水平的提高，必然出现第一产业产值和就业比重持续下降、第二产业和第三产业产值和就业比重不断增加的情况，其中第二产业产值和就业比重增加到一定程度后会逐渐稳定下来，第三产业的增加持续时间更长，也就是说，第二产业早于第三产业停止增长，第三产业的发展潜力较大。著名经济学家钱纳里曾作过经济发展水平与经济结构关系的相关研究，下面我们仅引用人均 GDP 1000 美元以下的产业结构情况与京津冀产业结构的变化情况作一简单的比较研究（见表 7－6、表 7－7）。

表 7－6　　　　钱纳里城市化和工业化发展模型

人均 GDP（美元）	城市人口比例（%）	GDP 产业构成（%）			劳动力产业构成（%）		
		一产	二产	三产	一产	二产	三产
300	43.9	39.4	28.2	32.4	74.9	9.2	15.9
500	52.7	31.7	33.4	34.9	65.1	13.2	21.7
1000	63.4	22.8	39.2	37.8	51.7	19.2	29.1

表 7－7　　京津冀产业结构和就业结构变化

年份	人均 GDP（美元）	城市人口比例（%）	二市一省各产业产值比重（%）			二市一省各产业从业人员构成（%）		
			一产	二产	三产	一产	二产	三产
1980	451.89	25.79	17.47	59.35	23.18	62.27	22.17	15.55
1985	385.20	—	18.21	54.50	27.28	50.18	28.99	20.82
1990	440.26	31.96	17.51	48.56	33.93	49.47	29.46	21.07
1995	720.22	—	14.98	47.25	37.76	42.53	31.44	26.04
2000	1242.66	39.03	10.73	46.96	42.31	41.11	29.30	29.59
2001	1378.39	—	10.58	45.82	43.60	41.17	29.13	29.71
2002	1491.22	—	10.06	45.66	44.28	40.66	29.68	29.66
2003	1719.43	—	9.54	47.24	43.22	38.81	29.64	31.55

由表 7－7 可知，京津冀地区自 20 世纪 80 年代以来第一产业产值和就业比重开始快速下降，第二产业产值比重则开始下降，第三产业产值比重上升较快。2000 年人均 GDP 超过 1000 美元时，无论是第一产业产值比重还是就业比重，都大大低于钱纳里模型值，第二产业和第三产业产值、就业比重都大大高于钱纳里模型值。这说明京津冀地区产业结构升级的速度还是比较快的。

从城市化进程看，1978 年以前京津冀地区与全国一样，城市化经历了曲折的发展历程，城市化进程缓慢，至 1980 年，京津冀二市一省共有城市 14 个、建制镇 90 个左右，市镇人口比重仅为 25.79%。改革开放以后，京津冀与全国一样经济发展进入快车道，城市化进程明显加快。1990 年，城市数量增加到 25 个，建制镇增加到 775 个，市镇人口比例增加到 31.96%。2000 年，城市数量增加到 36 个，建制镇数量增加到 1147 个，市镇人口比重增加到 39.03%。应该说，近 20 年来的城市化速度还是比较快的，但与经济发展水平相比，就显得很低了，滞后于经济发展水平的情况仍很严重。

按照城市化一般规律，当城市人口比例达到 30% 时，城市化速度将明显加快。近 20 年来京津冀地区城市化速度加快的情况就再次验证了这一点。预计到 2025 年京津冀地区城市化速度仍将维持较高水平，预计可能达到 70% 左右。

四　贫困区域的农民收入差异分析

通过实施“国家八七扶贫攻坚计划”和“河北省 1994—2000 年扶贫

攻坚计划”，河北贫困地区农民基本解决了温饱问题，扶贫攻坚任务基本完成。为了在新世纪巩固扶贫成果，进一步缩小贫困地区与省内发达地区的差距，我们利用农村贫困监测调查和农村住户抽样调查资料，对河北贫困县农民与全省农民收入水平之间的差异进行了分析。

1. 贫困区域农民收入差异

（1）人均纯收入差异

2001 年，46 个贫困县（区）农民人均纯收入为 1782.60 元，与同期全省农民人均纯收入 2603.60 元相比少 821.00 元，低 31.5%，收入之比为 1.46∶1（以贫困县农民人均纯收入为 1，下同）。从收入来源看，贫困县农民人均劳动报酬收入 679.20 元，收入比为 1.44∶1，人均家庭经营纯收入为 1020.79 元，收入比为 1.47∶1。

从变动趋势上看，贫困县农民收入与全省农民平均收入水平的差距先缩小后扩大。1996—1998 年收入差距逐年缩小，1998 年贫困县农民人均纯收入为 1803.27 元，与同期全省农民人均纯收入 2405.32 元相比少 602.05 元，低 25.0%，比 1996 年的 29.5% 缩小了 4.5 个百分点。1999—2001 年收入差距逐年扩大，2001 年贫困县农民人均纯收入为 1782.60 元，与同期全省农民人均纯收入 2603.60 元相比少 821.00 元，低 31.5%，比 1998 年的 25.0% 又扩大了 6.5 个百分点。本已缩小的收入差距又呈现出扩大趋势，其根本原因就在于贫困人口相对集中的张、承地区连年旱灾，使主要依靠种植业收入的贫困县农民收入 1999 年和 2000 年连续两年下降。2001 年，贫困县农民人均种植业收入 893.22 元，比同期全省农民人均种植业收入 1301.46 元少 408.24 元，低 31.4%。

（2）产业结构差异

从农村经济内部发展情况看，农民收入差距在很大程度上取决于地区间农村产业结构。2001 年，贫困县农民第一产业收入占家庭经营收入的比重与同期全省农民平均水平相比高 6.2 个百分点；第二、三产业收入占家庭经营收入的比重与同期全省农民平均水平相比低 6.2 个百分点。在工资性收入中，贫困县农民从第二、三产业得到的收入占工资性收入的比重为 94.6%，比全省低 3.4 个百分点。由此可以看出两者在农村产业结构上的差异，说明贫困县农民比较依赖于效益较低的农业，而农业更依赖于自然条件。

（3）货币收入差异

2001 年，贫困县农民人均现金收入 1769.15 元，现金收入占总收入的比重为 76.0%。与同期全省农民人均现金收入 2788.67 元，占总收入比重 80.2% 相比，差距表现在现金收入绝对量人均少 1019.52 元、比重低 4.2 个百分点上。究其原因，一是工资性收入较少。2001 年，贫困县农民人均工资性收入 679.20 元，比全省平均水平少 299.18 元；贫困县农村劳动力中有 10.2% 的人外出务工，比全省平均水平低 3.2 个百分点。二是农产品出售量较小，商品率低。2001 年，贫困县农民人均出售粮食 169.55 公斤，商品率为 29.3%，分别比全省平均水平低 97.53 公斤和 8.6 个百分点。由于出售量相对较少，因此农产品价格上升的有利因素对贫困地区的影响要小于非贫困地区，限制了贫困县农民实物收入转化为货币收入的进程。货币收入少使得贫困县农民积累能力低，进而影响其再生产能力的扩大。2001 年末，贫困县农民人均现金、存款余额为 1700.42 元，比同期全省农民平均水平少 1224.97 元，低 41.9%；人均固定资产原值 931.79 元，比同期全省农民平均水平少 638.97 元，低 40.7%。

（4）生活消费差异

2001 年，贫困县农民人均生活消费 985.89 元，比上年同期增加 43.74 元，增长 4.6%。比同期全省农民生活消费平均水平 1429.81 元少 443.92 元，比值为 1.45:1，差距与上年持平。从构成生活消费的几大项支出看，贫困县农民与全省农民平均水平存在不同程度的差距。2001 年，贫困县农民人均食品消费支出 468.83 元，与全省农民平均水平差异为 1.21:1；衣着消费支出 70.20 元，差异为 1.51:1；居住消费支出 163.92 元，差异为 2.01:1；家庭设备用品及服务消费支出 44.01 元，差异为 1.51:1；医疗保健消费支出 54.18 元，差异为 1.50:1；交通通信消费支出 47.14 元，差异为 2.10:1；文教娱乐及服务消费支出 105.86 元，差异为 1.32:1。在生活消费支出中，贫困县农民食品、衣着、居住等基本消费比重仍高达 71.3%，比全省高 1.1 个百分点。2001 年，贫困县农民恩格尔系数为 47.6%，与全省的 39.7% 相比高 7.9 个百分点。

2. 差异产生的原因分析

收入上的差异是由一系列因素差异引起的，它们互为因果，并相互制约。

（1）生产投入差异

“土地似肉，资金如血”。资金是农村生产诸要素的黏合剂，是增加农民收入的重要物质基础，而收入又制约着投入的增减。2001 年，贫困县农民人均家庭经营费用支出 418.71 元，比全省低 36.3%；人均固定资产投资 44.9 元，比全省低 68.5%。这表明，贫困县农民生产投资更倾向于短期投资，而长期投资、扩大再生产能力较弱，即使是短期投资也受到自然环境的较大影响。近几年，张、承两地连年旱灾，农民收入和生产投资连续下降。1999 年，贫困县农民人均纯收入比上年下降 3.2%，生产投资比上年下降 8.4%；2000 年，农民收入和生产投资在上年下降的基础上又分别下降了 0.6% 和 8.2%。没有投入就没有产出，没有产出则更无法投入，恶性循环制约了贫困地区农民投入的增长。可见创造一个良好的投资环境至关重要。退耕还林还草，不仅改善生态环境，而且调整结构、增加收入，是自然条件恶劣的贫困地区实现增收的重要途径之一。

（2）人口素质差异

贫困县农民收入与全省平均水平差距拉大，不仅仅受上述几个因素的影响，更深刻的影响还在于人口的整体素质。首先，两者之间文化素质差异较大。2001 年，河北贫困县农村劳动力文化程度指数为 7.9，与全省农村劳动力文化程度指数 8.6 相比，低 0.7 个百分点。文化程度低与受教育条件有着密切关系，到 2001 年底，贫困县中有 4.0% 的村没有小学，87.6% 的村没有初中。由于贫困县劳动力文化素质偏低，限制了其择业领域，85.7% 的劳动者从事第一产业的生产经营，从事第二、三产业经营的只占 14.3%。其次，两者之间医疗保健条件差异较大。2001 年，贫困县中距离卫生站两公里以内的村只占 44.4%，与全省农村平均水平 76.9% 相比低 32.5 个百分点。贫困县人口不仅在知识、技能、健康等方面处于劣势，更重要的在于商品经济观念和开放意识的落后，使其难以在市场竞争中取胜。因此，扶贫资金优先投资于基础教育和基层医疗保健领域，以社会发展逐渐促进经济增长，从而带动农民收入的提高，是各级地方政府更为明智的选择。

（3）社区环境差异

虽然近年来政府加大了对贫困地区投资的力度，但是在交通、通信等基础设施方面仍明显落后于其他地区。2001 年，河北贫困县中还有 1.8% 的村不通电，有 5.3% 的村不通电话，有 5.8% 的村不通公路，有 30.7% 的村距离邮电所在 5 公里以上，有 90.7% 的村距离火车站在 5 公里以上。脆弱的生产条件和落后的基础设施是其贫困的重要原因。因此，各级地方政府要把贫困地区的道路交通建设、输电线路建设以及邮电通信和信息传播设施等方面的建设当做一件大事来抓，进而扭转过去地缘封闭、获取信息困难，走不出去也请不进来的困难局面。

（4）自然条件差异

河北贫困县多处于自然环境恶劣地区，交通不便、土地资源贫瘠、水资源严重缺乏、自然灾害频繁，实施的是广种薄收的粗放经营方式，对其经济发展和贫困人口脱贫有着深刻和长远的影响。据有关分析表明，河北46个贫困县中受自然条件约束的约占64.3%，是制约贫困人口脱贫的重要因素。虽然贫困县自然环境恶劣，但与其他地区相比也有其独特的资源优势，应以发展区域特色经济为基点。有的贫困县有丰富的矿产资源可开发；有的县农副产品品种丰富，独具特色；有的县气候独特，可错季生产蔬菜、水果，弥补淡季的不足；有的县地貌独特，可开发旅游资源等等。

五　行政区与经济区的分工与竞争

在区域分工深化的过程中，各区域经济发展的专业化倾向日益突出，伴随着区域之间竞争的加剧也出现了区域之间相互依赖程度的加深。现代区域经济发展的普遍意义在于，区域之间通过优势互补、优势共享或优势叠加，把分散的经济活动有机地组织起来，把潜在的经济活力激发出来，形成一种合作生产力。通过合作所获得的经济综合优势所产生的经济效益是分散条件下所难以取得的。合作为分工提供了保障，使区域经济专业化能够存在和发展。通过合作可以冲破要素区际流动的种种障碍，促进要素向最优区位流动，加强区际经济联系，形成区内和区际复杂的经济网络，提高区域经济的整体性和协调能力。正由于合作带来的这些优势，在遵循公平竞争的原则下，越来越多的企业选择各种形式的合作与联合，以获得“正效应”。可以说，竞争基础上的合作依赖已经成为区域经济最主要的表现之一。

京津冀地区表现出非常明显的经济区域内相互竞争与依赖关系。如，天津港是北方最大的港口之一，2006年天津港累计货物吞吐量总量居世界港口前十名。港口的发展需要有庞大的腹地，通过临近城市向内地辐射。京津塘高速公路、京张高速公路、京沈高速公路以及京包线、大秦线等陆路交通网络将京蒙晋冀鲁豫以及东北地区连接起来，其辐射范围包括整个华东和东北地区。又如，北京是文化、科技和政治中心，科技文化发达。

而津冀两地的发展需要高科技产业的扶持和大量的专业技术人才，北京可以利用技术和人才优势加强与河北和天津的交流，扩大其经济辐射力。同时北京的产业发展成本已经居高不下，需要向外转移。河北省有丰富的土地和人力资源，可以承接北京的产业转移以及部分城市功能的分散。这样既可以扩大北京的经济腹地，加强一省两市之间的经济联系和交流，同时也可以带动河北省的经济发展，促进整个区域的繁荣。

行政区与经济区既有很大的差别，又有着千丝万缕的联系。行政区划处于国家政权统治和管理的需要，对相互关联的自然区域进行的人为划界，经济区是自然存在的，是根据经济关联度对不同行政区域重新进行的自主组合。前者是“分”（行政划分），后者是“合”（经济融合），两者有不同的运行方式和发展规律，是一对矛盾关系①。一方面，经济基础决定上层建筑，经济区的发展决定行政区的发展，因此，行政区划从根本上说应该以一定的经济区划为基础；另一方面，行政区划的格局一旦确定下来，则会反作用于经济区的发展，成为促进或阻碍经济区发展的因素。

行政区与经济区是两种具有不同运行主体与运行机制的区域类型。行政区的运行主体是政府，行政区的运行机制是依托一整套完整、发达和自上而下的纵向行政管理系统，具有高度的组织化的特征。而经济区的运行主体是企业，其运行机制是依靠发育不均衡的横向经济联系网络，在市场机制作用下运行的，具有高度市场化的特征。而且，行政区的本质和主导功能首先体现在其政治功能上，而经济区的本质和主导功能则表现在经济功能上。因此，从理论上看，如果没有政府介入经济活动的话，行政区与经济区应该是两个相对独立的运行系统。但是在任何制度下，任何国家的政府都会对社会经济活动进行管理和规范，都会干预经济活动，政府介入是不可避免的。因此，行政区与经济区不可能独立运行而不发生相互作用。而且在二者的作用过程中，政府介入的方式、强度、广度和深度等因素就确定了行政区与经济区的关系结构。

在我国传统体制下，政府完全取代了市场成为经济活动的主体，因此政府成为推动区域经济发展的唯一主体，区域经济也就是“地方政府经济”，行政区与经济区的竞争与依赖完全一致。随着我国市场经济体制改

---

① 王川兰：《经济一体化过程中区域行政体制与创新——以长江三角洲为对象的研究》，博士学位论文，复旦大学，2008 年。

革的推进，企业在一定程度上获得了自主权，成为经济区运行的一支重要力量。但是在现阶段，政府对企业和市场的干预程度仍然十分严重，企业很难成为经济区运行的主体。因此，在行政区经济运行时期，地方政府仍然是推动区域经济的主体，区域经济表现为“地方政府经济圈”的特点。因此，行政区之间的竞争主要表现为经济竞争，行政区与经济区的作用范围局限在行政区划界限之内，二者表现出一致性。我国行政区经济运行的机制仍然在起作用，地方政府出于自身利益而干预区域经济的情况仍很突出，从行政区经济过渡到经济区经济依然要经过一个艰苦的过程。但是，我们也应当看到，市场和企业的力量也正在壮大，这种力量的加强必然会打破传统的地方政府经济运行方式，向经济区经济方式过渡。

在经济全球化和区域经济一体化的背景下，进一步提升京津冀地区经济合作，加快区域经济一体化进程，不仅对京津冀地区经济发展具有重要意义，而且对提升整个中国在全球的国家竞争力也具有十分重要的意义。然而京津冀地区的经济还是较为突出的行政区经济，行政区与经济区之间的各种矛盾，使区域内统一的共同市场难以形成，导致这个区域的经济增长的成本增加，增长速度放缓，严重地阻碍了京津冀的进一步发展。因而打破行政区经济，实现从行政区经济向经济区经济的转变，才能整合各种资源，成为充满活力的经济区域，从而提高整个区域的竞争力，提高整个国家的竞争力。随着国家“四个全面”战略布局的不断深入，经济全球化、区域经济一体化的迅速发展，社会主义市场经济体制的不断完善等，我国区域经济以纵向运行为主、过渡性质的行政区经济最终将走向以横向运行为主，区域之间有序竞争，开放的、一体化的、市场性质的经济区经济。

第二节 环京津区域经济与区域产业结构差异的影响

一 第一产业结构特征

北京，一方面，由于受到城市功能定位的制约，在环境保护和防范重大动物疾病与人畜共患病方面要比周边其他行政区有更高标准的要求，因此，一般种植业和常规养殖业的发展要受到很大限制；另一方面，由于水资源短缺和土地及劳动力机会成本高；因此，和周边行政区相比发展传统常规农业缺乏比较优势。在这种情况下，与周边地区的农业合作已成大势，表现为以下三个特点：

1. 河北省已经成为京津农副产品的主要生产基地，作用不可替代

据2010年《中国统计年鉴》显示，河北省的蔬菜、生猪、活牛、活羊、果品在京津的市场占有率分别达到40%、50%、40%、25%和40%以上。

2. 以农产品加工龙头企业带动农户的农业产业化经营区域合作，在京津冀经济圈已经出现

据2010年《中国统计年鉴》显示，围绕北京、天津已兴建高产奶牛示范园区700个，发展规模奶牛户1100个，奶牛存栏28万头。兴建起了以三元集团、天津中芬乳业和海河乳业公司等为龙头的一批奶制品基地。

3. 北京的农业高新技术成果正在向河北推广

2003年2月，中国农科院与河北廊坊联手，利用农科院40多个研究所及相关科研院校在技术、人才、国际交流等方面的科技优势和廊坊市良好的区位优势，在万庄镇创建国际农业高新技术产业园。京冀联手共同打造农业高新技术产业园，对北京来说，这既有农业高新技术推广，也有新技术的产业化服务。"技术+产业"合作模式将是推进京冀区域农业现代化进程的主导模式。

二　第二产业结构特征

津冀地区已经进入工业化加速阶段，北京地区已经进入现代化初级阶段，呈现以科技创新为特征的服务型经济。区域协调发展的关键是：第一，区域内不同地区存在产业梯度；第二，存在适时、有序进行产业梯度转移的机制。只有在动态结构优化中，才能形成分工协作、优势互补的区域经济带。

1. 量化指标

产业高梯度的形成与两大因素有关：一是本地区的该产业正处于产业生命周期的上升阶段，创新推动了具有市场潜力的新产品的诞生和产品成本的下降；二是空间的集聚，生产要素通过极化效应在本地区集聚，提高了本地区该产业的专业化程度，形成该产业在本地区具有较高的区位商。所以对于产业梯度可以用两个指标进行量化描述：比较劳动生产率和区位商。

①比较劳动生产率是反映在本地区的某个产业其生产者在生产能力方面的比较优势，既涵盖了劳动者整体素质，也体现了本地区该产业的技术

水平。其公式为：

该地区某行业的比较劳动生产率

=该地区某行业增加值在全国全行业增加值中的比重/该地区某行业从业人员在全国同行业总从业人员中比重

公式说明：地区某行业的比较劳动生产率，就是以全国该行业的劳动生产率为基准对地区该行业的劳动生产率的评价。如果地区该行业劳动生产率大于1，则说明该地此行业存在比较优势，数值越大，表明优势越强。

②该地区某行业的区位商反映的是该地区某产业的专业化水平。其公式为：

该地区某行业的区位商

=该地区某行业的增加值占本地区GDP的比重/全国相应行业增加值占全国GDP的比重

公式说明：地区某行业的区位商，就是以全国该行业的平均专业化水平为基准对地区该行业的集聚与专业化水平的评价。如果地区该行业区位商大于1，则说明该地此行业存在聚集优势，数值越大，表明优势越强。

③行业梯度系数是比较劳动生产率和行业区位商的综合，其公式为：

该地区某行业的行业梯度系数

=该地区某行业的比较劳动生产率×该地区相应行业的区位商

行业梯度系数虽然综合了该地区某行业的比较劳动生产率和区位商，但是如此综合方法似乎过于简单。有的行业虽然没能在两个指标上同时表现优势，行业梯度系数难有好的表现，但是，或在比较劳动生产率，或在区位商上出现明显优势，有时却是成长过程中的一种向上的信号。为了区别，本书把单项优势特别算作一类。

2. 测算结果

以定量为基础，将行业区分为三类。第一类是比较劳动生产率和区位商均大于1的行业。这类行业是该地区具有比较优势的顶端产业，极化效应正在起作用，使其他地区的生产要素不断向该地区聚集。第二类是其中一个指标大于1的行业。从比较优势上说，该产业正处于产业梯度的中间层，在适当的条件下，既有可能向第一梯队升迁；也可能已经进入转移期。第三类是两个指标均小于1的行业。位于该层的产业，多数已经失去竞争优势，成为包袱行业，是理应淘汰或转移的产业。

下面分别对北京市、天津市和河北省的行业进行评价。

①北京市行业梯度分析

对北京市行业梯度的测算，请见表7-8。

表7-8　　北京市行业梯度分析：三类行业

项　目	比较劳动生产率	区位商	综合
第一类行业			
专用设备制造业	2.77	2.01	5.56
电子及通信设备制造业	1.58	1.97	3.11
仪器仪表及文化、办公用机械制造业	1.44	1.97	2.83
医药制造业	1.47	1.58	2.32
饮料制造业	1.37	1.16	1.59
食品制造业	1.19	1.30	1.54
第二类行业			
化学原料及化学制品制造业	1.80	0.83	1.49
非金属矿物制品业	1.52	0.96	1.46
煤炭开采和洗选业	2.38	0.57	1.35
石油加工及炼焦业	0.78	1.50	1.17
黑色金属冶炼及压延加工业	0.97	1.10	1.08
电力、蒸汽、热水的生产和供应业	1.66	0.59	0.97
电气机械及器材制造业	1.14	0.68	0.77
有色金属冶炼及压延加工业	1.94	0.38	0.73
造纸及纸制品业	1.54	0.47	0.72
普通机械制造业	1.06	0.62	0.65
烟草加工业	1.83	0.20	0.37
第三类行业			
金属制品业	0.97	0.84	0.82
交通运输设备制造业	0.68	0.70	0.48
食品加工业	0.97	0.37	0.35
纺织业	0.95	0.28	0.27
黑色金属矿采选业	0.49	0.13	0.06
化学纤维制造业	-0.19	-0.02	0.00

资料来源：《中国工业经济统计年鉴》(2003)。

北京市分行业在比较劳动生产率和区位商上高于全国平均水平的行业，即高梯度行业有6个：专用设备制造业；电子及通信设备制造业；仪器仪表及文化、办公用机械制造业；医药制造业；饮料制造业；食品制造业。在京津冀区域中，高梯度行业一共有13个，北京占1/2弱。

北京市分行业在比较劳动生产率和区位商上单项指标大于1的行业有11个，约占区域中这类行业的1/3强。

北京市分行业在比较劳动生产率和区位商上处于劣势的行业有6个，占区域中这类行业的1/4弱。

表7－8使用的是2002年的统计数据。如果和以2001年统计数据为基础作出的以上三个指标对比的话，可以看到，各行业数值变化较大，有升有降。这说明北京市三次产业格局基本已定的情况下，第二产业仍处于结构优化过程中。

很多行业都存在转移的潜力。

②天津市行业梯度分析

对天津市行业梯度的测算，请见表7－9。

表7－9　　　　天津市行业梯度分析：三类行业

项　　目	比较劳动生产率	区位商	综合
第一类行业			
电子及通信设备制造业	2.33	4.74	11.02
普通机械制造业	1.37	1.37	1.88
交通运输设备制造业	1.11	1.59	1.76
第二类行业			
煤炭开采和洗选业	57.84	0.08	4.40
医药制造业	0.98	1.69	1.66
金属制品业	0.87	1.77	1.55
石油和天然气开采业	0.50	2.53	1.26
石油加工及炼焦业	1.08	0.93	1.01
仪器仪表及文化、办公用机械制造业	0.72	1.37	0.98
有色金属冶炼及压延加工业	1.23	0.76	0.94
化学原料及化学制品制造业	0.79	1.16	0.92

续表

项　　目	比较劳动生产率	区位商	综合
饮料制造业	1.06	0.83	0.89
黑色金属冶炼及压延加工业	0.68	1.09	0.74
有色金属矿采选业	1.27	0.50	0.63
电力、蒸汽、热水的生产和供应业	1.10	0.56	0.62
第三类行业			
食品制造业	0.52	0.75	0.39
非金属矿物制品业	0.95	0.38	0.36
纺织业	0.65	0.52	0.33
造纸及纸制品业	0.54	0.47	0.25
化学纤维制造业	0.51	0.33	0.17
烟草加工业	0.46	0.18	0.08
食品加工业	0.16	0.14	0.02

资料来源：《中国工业经济统计年鉴》(2003)。

天津市分行业在比较劳动生产率和区位商上高于全国平均水平的行业，即高梯度行业有3个：电子及通信设备制造业；普通机械制造业；交通运输设备制造业。在京津冀区域高梯度行业中，天津占1/4弱，低于北京市。

天津市分行业在比较劳动生产率和区位商上单项指标大于1的行业有12个，约占区域中这类行业的1/3强。

天津市分行业在比较劳动生产率和区位商上处于劣势的行业有7个，占区域中这类行业的1/4弱。

表7－9使用的是2002年的统计数据。如果和以2001年统计数据为基础作出的以上三个指标对比的话，可以看到，各行业数值变化较大，有升有降，不亚于北京。天津市的三次产业和第二产业内部结构都还处于大变化之中。

天津市第二产业中具有转移潜力的行业也是比较多的。

③河北省行业梯度分析

对河北省行业梯度的测算，请见表7－10。

表 7－10　　河北省行业梯度分析：三类行业

项　目	比较劳动生产率	区位商	综合
第一类行业			
黑色金属矿采选业	1.46	5.45	7.97
黑色金属冶炼及压延加工业	1.18	2.16	2.55
食品制造业	1.08	1.28	1.38
电力、蒸汽、热水的生产和供应业	1.18	1.05	1.24
第二类行业			
石油加工及炼焦业	1.37	0.96	1.32
煤炭开采和洗选业	0.90	1.04	0.93
非金属矿物制品业	0.87	1.03	0.90
医药制造业	0.87	1.01	0.88
金属制品业	1.00	0.81	0.81
食品加工业	1.03	0.51	0.53
有色金属冶炼及压延加工业	1.16	0.44	0.51
石油和天然气开采业	1.01	0.46	0.47
第三类行业			
纺织业	0.85	0.70	0.59
造纸及纸制品业	0.74	0.80	0.59
饮料制造业	0.81	0.68	0.55
化学原料及化学制品制造业	0.75	0.67	0.50
化学纤维制造业	0.75	0.60	0.45
专用设备制造业	0.70	0.64	0.45
电气机械及器材制造业	0.92	0.38	0.35
普通机械制造业	0.63	0.49	0.31
有色金属矿采选业	0.79	0.32	0.25
交通运输设备制造业	0.67	0.34	0.23
烟草加工业	0.64	0.30	0.19
仪器仪表及文化、办公用机械制造业	0.68	0.20	0.14
电子及通信设备制造业	0.95	0.13	0.12

资料来源：《中国工业经济统计年鉴》(2003)。

河北省分行业在比较劳动生产率和区位商上高于全国平均水平的行业，即高梯度行业有4个：黑色金属矿采选业；黑色金属冶炼及压延加工业；食品制造业；电力、蒸汽、热水的生产和供应业。在京津冀区域高梯度行业中，河北省占1/3弱，而且优势突出集中在黑色金属矿采选与冶炼及压延加工方面。

河北省分行业在比较劳动生产率和区位商上单项指标大于1的行业有8个，约占区域中这类行业的1/4强。

河北省分行业在比较劳动生产率和区位商上处于劣势的行业有13个，比较多，占区域中这类行业的1/2弱。

表7－10使用的是2002年的统计数据。如果和以2001年统计数据为基础测算出的以上三个指标对比的话，可以看到，各行业数值变化虽然有升有降，但是最有优势的行业，即黑色金属矿采选业、黑色金属冶炼及压延加工业、食品制造业仍然在第一梯队，而且强化趋势十分明显；第二梯队的石油加工及炼焦业上升之势突出，大有进入第一梯队之势。总之，河北省的三次产业和第二产业内部结构都还处于大变化之中。

河北省第二产业中的劣势行业比较多。河北省处于京津冀产业梯度低端，劣势行业差距比较大，不利于高梯度地区行业转移的引进和吸收。这一点应当引起充分重视。

3. 第二产业的分工演进

京津冀三地还都处于产业结构优化升级的大变动时期。三地的第一类行业在全国已经表现出明显的比较优势。第二类行业虽然具有一定的比较优势，但是不同的行业走向并非一致：有的是从一般比较优势逐渐强化，甚至很快就会进入第一类行业；有的则是正处于待转移或转移状态；第三类行业亦并非都是包袱行业，有的实际上是正在调整的行业。以定量为基础对三类行业的定性是科学的，但是在京津冀的结构变化状态下，必须认真调查研究，观察每个行业的实际变化。

从以上趋势看，京津冀整体的行业比较优势已经形成：河北作为全国的黑色金属矿采选业、黑色金属冶炼及压延加工业的重化工业基地；京津则是以高新技术产业为支撑的现代制造业产业带的北方双核城市。

上述所说的个别行业主要指北京和天津都具有比较优势的电子及通信设备制造业。从上面的测算结果可以看出，天津该行业体现比较优势的综合行业梯度系数为11.02，大大高于北京的该行业综合行业梯度系数

3.11。电子信息产业是我国目前发展最快的主导产业之一，国家电子信息产业基地也正在大力的建设中，第一批推出了北京、天津、青岛、上海、苏州、杭州、深圳、福厦沿海地区、“珠三角”地区9个城市和地区作为国家电子信息产业基地，其意义是深远的①，已经考虑了京津的强强联合与产业带的形成。北京将以掌握核心技术为途径，实现做大做强；发展的重点行业是：计算机及网络产业、数字高清晰电视、移动通信、半导体照明材料及汽车电子及智能交通。天津在产业价值链中则定位于依托北京电子信息产业的研发优势，与北京形成互补，发挥两城市产业带的集聚效应，将天津市打造成世界级电子信息产品制造基地和重要的研发中心。

汽车业也是京津冀都在发展的行业。从目前已经形成的态势看，错位竞争对于形成京津冀汽车制造产业带并不是不可能的。

京津冀已经形成了明显的产业梯度。但是并不是只要存在产业梯度，产业的合理转移就可以水到渠成。京津与河北省产业梯度过大不利于产业的梯度转移，应当引起高度重视。

三　第三产业结构特征

京津冀在先天资源禀赋及后天功能定位等方面的差异，决定了各自第三产业发展速度、结构以及对国民经济增长的贡献有较大差异，由高到低呈北京—天津—河北的格局。北京第三产业的发展处于较高阶段，第三产业占地方GDP的比重已超过60%，已经成为拉动经济增长的主要力量；而在津冀，第三产业还处于相对较低的发展阶段，对国民经济增长的贡献较小，在地方GDP中的比重还不及第二产业。不过和河北相比，天津第三产业对经济增长的贡献相对还是较大的。

从第三产业的发展规律看，第三产业的发展一般经历了三个阶段，第一阶段是商业和交通通信业发达阶段，第二阶段是金融保险业和服务业发达阶段；第三阶段是科技教育业和信息产业迅速崛起阶段。根据这种区分标准判断，北京处于从第二阶段向第三阶段迈进的时期，天津和河北正从第一阶段向第二阶段转移时期。

从伦敦、巴黎、东京等其他世界城市发展的经验看，以新兴第三产业为支柱的北京第三产业对经济圈内其他城市第三产业的影响将越来越强。在以下行业上，合作趋势已经显出一定规模：

---

① 《首批九个国家电子信息产业基地推出》，《经济日报》2004年9月29日。

旅游业：京津冀三地一直互为旅游客源地与目的地。在2006年召开的"三大经济圈旅游论坛"上，酝酿已久的京津冀"无障碍旅游共识"初步达成。"共识"的内容包括：在区域间、政府间、企业间建立无障碍旅游合作机制，力求资源共享；为发挥各自优势，不断加强合作，建立旅游磋商机制，每年定期不定期就大家共同关注的旅游发展问题进行磋商；逐步打破旅游市场中的种种壁垒等。

公共交通业：城际交通是区域经济发展的重要导向性因素。北京的城市公共交通系统的9字头公交线路已经陆续延伸到河北省的涿州、廊坊、固安、三河等重要市县。目前，从北京出发的省际公路客运线路共有1028条，其中一半是来往于北京与河北省各县市之间的。

四　京津冀主导产业结构比较

京津都将高新技术产业、现代制造业、都市工业和现代服务业选为主导产业。在高新技术产业中，京津虽然在电子信息、生物技术与现代制药、新型能源与材料和环境保护等行业里产品种类相近，例如移动电话、芯片、软件和显示器等，但如果将各自的主导产品按档次、市场定位细分，还属错位竞争。在新型制造业中，情况也基本如此。河北的廊坊等地也在大力发展电子信息、生物制药等高新技术产业。在服务业中，会展业和物流业也是京津冀都竞相发展的产业。在京津塘沿线，已经出现了几个物流园和会展中心。

北京的传统工业，如化工、冶金、传统制造业等呈萎缩趋势；而天津的传统工业，依然势头较强；河北的唐山、沧州等地也在大力发展其具有传统优势的冶金、化工等重化工产业。对于北京来讲，传统工业的技术改造和升级换代正在紧锣密鼓地进行，同时伴随着机制转换和梯度转移。因此，光机电一体化等现代制造业发展较快。由此带来的，是传统工业项目的梯度转移在加速。

就京津冀经济圈而言，支持北京和天津经济增长的主导产业主要是电子通信和现代制造业。而对于唐山、沧州等地来讲，支柱产业则主要是冶金或化工。

五　京津冀经济圈行政区划经济梯度分析

1. 京津冀经济圈行政区划经济和技术发展梯度

从京津冀产业结构变化的整体趋势来看，改革开放以来，三省市的第一产业在GDP中的比重呈逐渐缩小趋势，京津第二产业比重也渐趋收缩，河北省第二产业比重变化不太明显，三省市第三产业比重均呈稳步提高趋势。2000年，北京呈第三产业比重最大、第二产业比重次之、第三产业比重最小的“三二一”型结构，天津与河北则仍属于第二产业占主要比重、第三产业次之、第一产业最小的“二三一”型结构。

总的来看，京津在第一产业方面处于劣势，第二产业对于北京的支撑作用正在相对弱化，天津第二产业也呈逐步下降的趋势，而京津第三产业比重及对GDP的贡献度却稳定上升，这与配第—克拉克定理及库兹涅茨的研究结论基本一致，与其城市经济的地位也相符合。而河北在第一产业方面具有明显的优势，第二产业对于河北GDP增长起着关键作用并将在长期内继续发挥重要作用，第三产业发展方兴未艾。但无论是第二产业还是第三产业，在产业技术层次上都与京津存在明显差距。因此京津冀之间在产业结构上不但存在梯度差距，也存在梯度转移的可能。

从京津冀的经济和技术发展程度来看，京津冀三省市在技术上存在梯度差距，并进而形成了产业的梯度差距，京津技术水平、产业结构水平都高于河北，并且都正面临着产业结构的进一步升级，需要都向外转移一些不再具有比较优势的产业。由于京津冀在产业上的梯度差，北京、天津与河北在产业结构上具备了梯度转移的条件。

具体来说，京津由于其在经济、技术上的优先地位，在产业转移中相对属于转移方，北京“退二进三”战略的实施和产业向第三产业、高新技术产业集中就是其产业梯度转移的具体表现；河北则相对处于接收方的地位，河北应充分利用京津进行新一轮产业结构调整和向外转移部分产业的机会，主动参与京津的产业梯度转移，积极吸收本省具有一定比较优势并有利于本省长远经济发展的产业，抓住机会发展高新技术产业、改造传统产业，提高产业素质和产业层次。

2. 京津冀经济圈行政区划要素禀赋互补性分析

京津具有明显的资金（总量）、技术、信息等要素优势，而自然资源尤其是水资源明显不足，土地资源随着其城市规模的不断扩大也日渐紧张。与京津相比，河北在土地资源、濒海区位、海岸线长度、劳动力资源等方面具有明显的优势。因此，京津冀经济一体化是三地实现要素禀赋互补的必然之路。首先，从京津冀的地理位置来看，京津冀地域相连，三地间的交易成本和生产要素结合成本低廉，可以大大提高生产要素的利用效率，降低产业结构的转移和调整成本，这就使京津冀具备了产业转移的地利条件。其次，从京津冀之间的经济联系来看，京津冀都是环渤海经济区的成员，在区域规划、产业政策等方面会受到国家一定程度的支持，京津冀三省市在地理位置上的相近性和生产要素禀赋的互补性，使京津冀具备了相互合作的条件，可以做到优势互补（见表7－11）。

表7－11　　　　京津冀生产要素比较（全国排位）

	科技（综合实力）	资金（总体水平）	劳动力（综合水平）
北京	1	13	1
天津	12	15	4
河北	14	7	16

从科技要素的综合投入角度看，北京在全国排在第1位，天津排在第12位，河北排在第14位，河北、天津与北京的差距较大。从科技要素的转化和产出情况看，北京排在第1位，天津排在第14位，河北排在第13位，但与其他省份相比，京津冀在这一方面都不具明显优势。从科技要素的综合实力看，北京排在第1位，天津排在第14位，河北排在第15位。

由于现阶段影响我国各地区资金综合实力的主要原因是各地区的资金充足程度，而资金使用效率和增值能力的影响较弱，这就决定了：（1）尽管北京的资金使用效率和增值能力排在第29位，但由于北京的资金充足程度在全国排第9位，使得北京资金要素的总体水平在全国排第13位。（2）尽管天津资金的使用效率和增值能力明显较北京高，在全国排第7位，但由于天津资金充足程度弱于北京，在全国排第13位，使得天津资金要素的总体水平在全国排第15位。（3）在京津冀经济圈中，河北资金的充足程度最高，资金的使用效率和增值能力居于中间水平（高于北京而低于天津），使得河北资金总体水平在京津冀经济圈中最高，在全国排在第7位。需要指出的是，资金充足程度是相对而言的，北京虽然资金总量比较大，但由于经济发展尤其是知识经济发展过程中需要资金量很大，因此资金充足程度反而较低。

京津冀劳动力要素的综合水平呈明显的梯度分布，北京排第1位，天津排第4位，河北排第16位。这是由构成劳动力综合要素各方面共同作用形成的。从人口数量看，河北排第6位，北京排第26位，天津排第27

位；从人口识字率看，北京排第4位，天津排第8位，河北排第15位；从每十万人拥有的大专以上人口数量看，北京排第1位，天津排第3位，河北排第22位；从全国县级以上自然科学技术和社会人文科学技术领域的科技活动人员总数看，北京排第1位，天津排第12位，河北排第17位；从城市化率看，北京排第2位，天津排第3位，河北排第26位。

和“长三角”及“珠三角”相比，京津冀经济圈区域协调发展之所以落后，主要原因在于市场化程度低，而并非地方政府缺乏积极性。企业选择配套和零配件采购，主要是市场配置的结果，而并非由政府行政干预所左右。

京津冀经济圈尚未能较好地协调发展，主要有以下三方面的原因：一是企业生态环境关。京津冀经济圈本身的企业生态环境与长江三角洲和珠江三角洲相比有很大差距，主要是区域内的内在产业链联系不够紧密，能够为企业提供配套服务的不多。二是为龙头企业服务观念关。北方各个省市，尤其是京津两地，其实都是在谋求自身和单体发展，对于合作的兴趣不大。应知，任何一个经济圈只能有一个龙头。珠江三角洲的城市市长联席会议无疑提供了一条可资借鉴的经验。

二元结构学说的创立者诺贝尔经济学奖获得者刘易斯指出：发展中国家一般存在着由传统农业部门和现代工商业构成的二元经济结构。在发达国家，二元结构的转换是通过漫长曲折的自我演进，在市场作用下实现的。而发展中国家大都面临着经济起飞和加速工业化的历史使命，一些发展中国家在没有完全摆脱劳动过剩的特征之前，出现了严重的有效需求不足问题。

发展中国家在市场化经济转型过程中更多的是注重适应市场经济内在要求的制度的变迁，而以实现资源合理配置为分析思路的传统二元经济理论恰恰忽视了制度因素在转换二元经济结构中的重要作用。

第三节　环京津区域产业结构与就业的影响

未来京津冀区域将进入一个前所未有的大发展的时期。经济的发展所带来的变化，需要强有力的社会适应性予以支撑，也就是说，区域的发展急需一个综合的协调机制予以把握。考虑到城市化的加速和区域发展中日益凸显开放性，人口的流动与就业将是区域经济发展中面临的一个重大问题。

全国城市化过程的加速是影响未来京津冀区域发展的一个重要因素。如何估计这一大潮的来势，怎样预测其影响，对于前瞻京津冀的发展走势都是非常重要的。

在按人口的自然增长和按就业岗位需求对2004—2020年京津冀人口规模进行预测基础上，我们运用两组模型数据，进一步对可以容纳的流动人口数进行了测算，结果中有两个值得思考的问题：

从就业需求角度测算，2004—2020年京津冀区域经济发展可以承载的人口量高于以人口自然增长形成的人口量1600万—2000万人。就是说，在未来的20年里，京津冀区域仍然是可以接纳人口净流入的地区。

在北京和天津人口出生率下降并趋于稳定，老龄化速度加快的情况下，京津冀地区劳动适龄人口的比重从2004年的72%下降到2020年的68.73%。由于劳动岗位需求而流入的人口，则可以大大减缓该地区，特别是京津两市人口老龄化的速度。由于流入人口的劳动适龄人口比重较大，可以使总人口中的劳动适龄人口比重提高到近70%。

一　河北省农业剩余人口的转移

河北省剩余劳动力的转移是事关京津冀区域发展的重要问题。下面我们就此问题进行更具体的分析。

1. 河北省农业剩余劳动力测算

据赵晓等测算，根据目前的农业劳动生产率，一个农业劳动力耕种10亩耕地不成问题。由于我国农业劳动生产率的情况缺少统计数字，进行预测十分困难。我们假设：由于劳动生产率的不断提高，一年一个农业劳动力平均可耕地增加0.1亩，那么在我们上面所作预测基础上，对河北省的农业剩余劳动力进行了测算。结论是：如果河北省的农业剩余劳动力能够顺畅转移的话，到2020年，大约可以有1000万劳动力转移到二产或三产就业。

2. 农业剩余劳动力相关的待转移人口

与这一大规模就业结构调整相适应的，应该有近3000万的农村人口迁移到城镇。要容纳这么多的迁移人口，需要建立相当50万人的城市60个。

3. 京津冀的二产、三产是对转移劳动力吸收能力

根据我们上面的预测，2003 年京津冀二、三产业总就业人数为 2866.37 万人，在 2003—2020 年的经济发展中，二、三产业的就业需求呈上升状态。但是，即使如此，到 2020 年二、三产业的就业容纳量也只比 2003 年多出 857.32 万人，比农业剩余劳动力还要少 122.67 万人。

4. 剩余劳动力人口素质与就业需求

如果考虑农业剩余劳动力的素质的话，将有很大一部分农业剩余劳动力不能适应就业需求。未来世界范围的经济竞争首先是人口素质的竞争。大力提高京津冀区域整体人口素质，特别是河北省农业劳动力的受教育水平，不仅仅有利于提高产业结构对经济发展的适应度，同时也促进了城市化过程的有序跟进，对于该区域产业带及城市群的形成都是一项极为重要的战略举措。

5. 河北省农业剩余人口的转移协调分析

京津冀区域经济的协调发展要与社会的协调发展同步进行，以减小发展中的社会震荡。建立经济与社会发展的综合协调机制迫在眉睫。

首先需要注意的是，从战略发展上充分估计京津冀区域的就业与人口流动趋势，进行科学的把握和调控。我们建议京津冀农业剩余劳动力的产业转移以及城市化的发展要与产业结构的调整、城市群的形成相协调，以扩大就业率和提高人民群众生活水平为基点，稳步前进。或者更确切地说，农业剩余劳动力的产业转移要以不扩大失业率、不造成这部分转移劳动力的收入下降为预警信号。

农业剩余劳动力的转移是产业结构调整中难度很大的一项系统工程。从京津冀区域前景来看，未来将是跨越式的大发展时期，要求社会具有很强的适应性。在社会适应性的多元因素中，劳动适龄人口对就业需求的适应性，就业队伍对产业结构调整、产业转移的适应性都是根本性稳定因素，但是，如果没有各项制度的适时跟进，很难构造出大发展所需要的社会适应性。从人口发展战略大局上全面考虑加强社会适应性，将对京津冀区域的协调、稳定发展作出重要贡献。

二　北京产业结构调整中劳动力需求的演变

改革开放以来，特别是 20 世纪八九十年代，北京经历了产业结构的一次大规模转型，同时劳动生产率也得到了空前提高。表现在劳动力需求上，出现了两个方面的重要变化。

表7－12及图7－1显示了北京25年来产业结构从“二、三、一”到“三、二、一”结构大调整、大变化的过程。这一过程所显示出的趋势将对京津冀未来的经济、就业与人口产生重要影响。

表7－12　**1978—2003年北京就业需求的演变**　单位：万人，%

年份	就业总需求	一产就业需求		二产就业需求		三产就业需求	
		就业数	比重	就业数	比重	就业数	比重
1978	444. 1	125. 9	28. 35	177. 9	40. 06	140. 3	31. 59
1979	470. 5	121. 4	25. 80	195. 2	41. 49	153. 9	32. 71
1980	484. 2	118. 0	24. 37	207. 3	42. 81	158. 9	32. 82
1981	511. 7	117. 2	22. 90	220. 4	43. 07	174. 1	34. 02
1982	535. 2	115. 1	21. 51	228. 6	42. 71	191. 5	35. 78
1983	552	117. 1	21. 21	240. 2	43. 51	194. 7	35. 27
1984	556. 2	106. 7	18. 83	246. 5	43. 51	213. 3	37. 65
1985	558. 7	97. 1	16. 89	254. 3	44. 24	223. 4	38. 87
1986	572. 7	93. 3	15. 81	260. 8	44. 20	235. 9	39. 98
1987	580. 3	91. 8	15. 35	264. 1	44. 15	242. 3	40. 50
1988	603. 1	88. 4	15. 13	267. 6	45. 81	228. 1	39. 05
1989	593. 9	91. 0	15. 32	266. 3	44. 84	236. 6	39. 84
1990	627. 1	90. 7	14. 46	281. 6	44. 91	254. 8	40. 63
1991	634	90. 8	14. 32	279. 7	44. 12	263. 5	41. 56
1992	649. 3	84. 5	13. 01	281. 6	43. 37	283. 2	43. 62
1993	627. 8	65. 1	10. 37	279. 4	44. 50	283. 3	45. 13
1994	664. 3	73. 2	11. 02	272. 2	40. 98	318. 9	48. 01
1995	665. 3	70. 6	10. 61	271. 0	40. 73	323. 7	48. 65
1996	660. 2	72. 5	10. 98	260. 1	39. 40	327. 6	49. 62
1997	655. 8	71. 0	10. 83	257. 6	39. 28	328. 1	50. 03
1998	622. 2	71. 5	11. 49	226. 0	36. 32	324. 7	52. 19
1999	618. 6	74. 5	12. 04	216. 2	34. 95	327. 9	53. 01
2000	619. 3	72. 9	11. 77	208. 2	33. 62	338. 2	54. 61
2001	628. 9	71. 2	11. 32	215. 9	34. 33	341. 8	54. 35
2002	679. 2	67. 6	9. 95	235. 3	34. 64	376. 3	55. 40
2003	703. 3	62. 7	8. 92	225. 8	32. 11	414. 8	58. 98

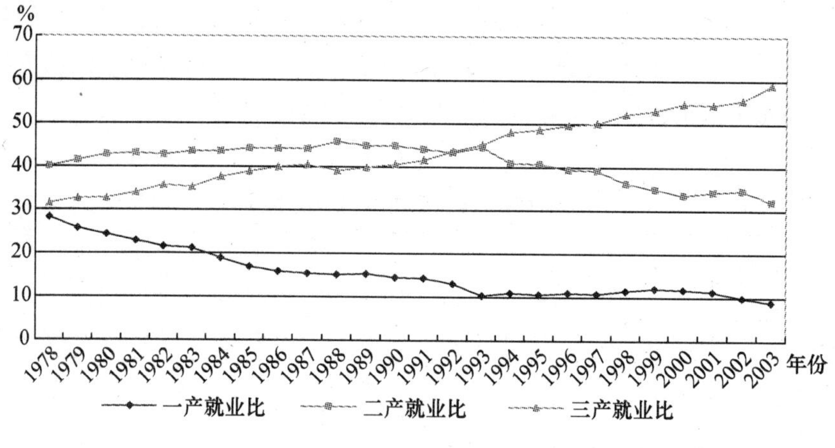

图 7－1　1978—2003 年北京就业需求结构演变动态

北京在就业结构产生重大变化的同时，随着劳动生产率的提高，就业对人的素质的需求提高，而单位产值吸纳的就业人数则有大幅下降。表 7－13描述了 1978—2003 年万元增加值岗位就业比在一、二、三产业的动态走势。

表 7－13　1978—2003 年北京万元增加值岗位就业比

单位：就业岗位/万元增加值

年份	综合	一产	二产	三产
1978	4. 080301	22. 46105	2. 297595	5. 436728
1979	3. 940619	23. 48203	2. 304589	5. 212179
1980	3. 628656	20. 14366	2. 255746	4. 453316
1981	3. 891885	18. 80589	2. 522674	4. 596212
1982	3. 791295	12. 26098	2. 513388	4. 690747
1983	3. 376608	10. 16037	2. 388351	3. 789336
1984	2. 895328	8. 096682	2. 126564	3. 385196
1985	2. 677738	6. 725158	2. 038824	3. 21535
1986	2. 520044	6. 127563	1. 971812	2. 957344
1987	2. 33028	4. 954789	1. 897874	2. 652647
1988	2. 146905	3. 481026	1. 765705	2. 193965
1989	2. 024725	3. 667108	1. 641422	2. 226379

续表

年份	综合	一产	二产	三产
1990	2.028757	3.345806	1.738579	2.122879
1991	1.873011	3.529582	1.697783	1.780132
1992	1.718709	3.255793	1.528086	1.690272
1993	1.482421	2.475367	1.373326	1.462196
1994	1.382123	2.207214	1.228218	1.41199
1995	1.231395	2.237544	1.137393	1.196827
1996	1.119148	2.377167	1.04284	1.056777
1997	1.014199	2.341194	0.976422	0.930855
1998	0.876383	2.34208	0.813718	0.80832
1999	0.790703	2.368828	0.715191	0.730949
2000	0.713122	2.312512	0.629905	0.667873
2001	0.651286	2.254873	0.617297	0.584972
2002	0.638269	2.082825	0.636316	0.568525
2003	0.59439	2.006	0.5309	0.57089

注：表中数据以1978年为不变价进行了处理。

可以看出，无论是从总体上看，还是分别从三次产业来看，万元增加值所提供的就业岗位普遍下降。第一产业下降幅度最大；原来认为第三产业是北京就业人口的主要吸纳空间，但数据说明，第三产业万元增加值所能涵盖的就业岗位的降低是十分明显的，已经超过了第二产业的下降幅度。这意味着北京传统三产地位的弱化和新兴第三产业的提升。

同时，应该看到，北京进入了一个发展的新时期。这一时期资金、劳动力等生产要素对城市化的动力作用有所减弱。而且资金对劳动力的排斥作用明显，技术密集型产业需要的劳动力大多为技术人员，质量提高，但数量明显减少。不仅意味着北京就业空间的缩小，同时意味着对转向城市的农村劳动力的吸引力的弱化。对于这种趋势，图7－2展示得非常清楚。

造成这一变化的主要原因是北京正在经历着的以产业结构升级支撑的增长方式的转换。产业的服务化和科学技术的渗透，使集约型模式快速代替了粗放式模式。

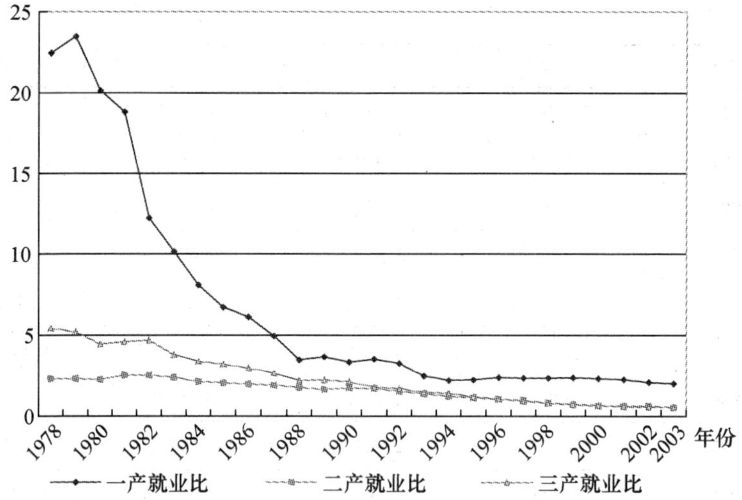

图7-2 1978—2003年北京万元增加值岗位就业比变动

三 天津产业结构调整中劳动力需求的演变

天津与北京被称为京津冀的双核。但是从就业需求的视角观察，两市却有着重要的差异。

1. 就业需求结构变化缓慢

表7-14所显示变化趋势为一产、二产就业需求比重下降，三产就业份额上升。但是变化幅度都要比北京小得多。直到2003年，仍然是“二、三、一”的格局，第二产业还是就业需求最强的产业。

表7-14　　1985—2003年天津就业需求的演变　　单位：万人,%

年份	就业总需求	一产就业需求		二产就业需求		三产就业需求	
		就业数	比重	就业数	比重	就业数	比重
1985	455.9	99.13	21.74	228.04	50.02	128.73	28.24
1986	466.94	96.06	20.57	231.02	49.48	139.86	29.95
1987	470.93	94.12	19.99	232.03	49.27	144.78	30.74
1988	465.15	91.19	19.60	229.85	49.41	144.11	30.98
1989	469.79	93.46	19.89	231.57	49.29	144.76	30.81
1990	470.17	93.63	19.91	232.27	49.40	144.27	30.68

续表

年份	就业总需求	一产就业需求		二产就业需求		三产就业需求	
		就业数	比重	就业数	比重	就业数	比重
1991	479.67	94.27	19.65	237.24	49.46	148.16	30.89
1992	485.7	92.50	19.04	238.4	49.08	154.8	31.87
1993	503.1	89.00	17.69	245.2	48.74	168.9	33.57
1994	513.0	85.6	16.69	246.5	48.05	180.9	35.26
1995	515.3	82.9	16.09	247.1	47.95	185.3	35.96
1996	512.0	82.1	16.04	241.4	47.15	188.5	36.82
1997	513.33	81.26	15.83	235.69	45.91	196.38	38.26
1998	508.1	80.88	15.92	233.21	45.90	194.01	38.18
1999	508.14	79.57	15.66	230.33	45.33	198.24	39.01
2000	486.89	81.29	16.70	222.15	45.63	183.45	37.68
2001	488.34	82.7	16.93	212.65	43.55	192.99	39.52
2002	492.61	82.25	16.70	205.38	41.69	204.98	41.61
2003	510.9	83.19	16.28	219.44	42.95	208.27	40.77

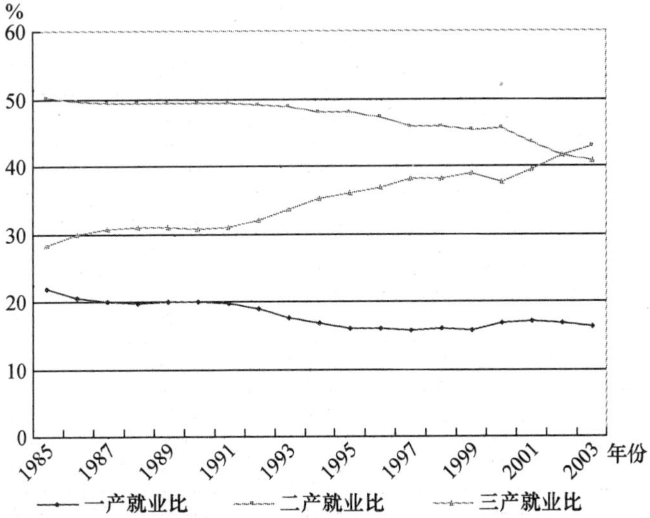

图 7－3　1985—2003 年天津就业需求的演变动态

2. 单位增加值就业比下降速度与北京相当

虽然和北京相比天津三次产业的就业需求格局变化略缓，但是，三次产业的增加值就业比的下降趋势却基本与北京一致，特别值得注意的是：一产降幅缓于北京，而二产与三产的降幅却略大于北京。应该说，这从另一角度反映了天津为什么城镇化速度趋缓；同时也意味着天津在工业化和城市现代化上的实力。

表 7-15　　1985—2003 年天津市万元增加值岗位就业比

单位：就业岗位/万元增加值

年份	综合	一产	二产	三产
1985	2.9186	8.6106	2.2456	2.9838
1986	2.8254	6.8535	2.2216	2.9593
1987	2.6483	5.9318	2.0959	2.8247
1988	2.4724	4.8014	1.9877	2.6930
1989	2.4577	5.1596	1.9516	2.6619
1990	2.3337	5.2894	1.9970	2.1385
1991	2.2461	5.1708	1.9585	1.9969
1992	2.0361	5.2698	1.7822	1.7747
1993	1.8814	5.0417	1.6251	1.7081
1994	1.6784	4.3645	1.4473	1.5633
1995	1.4673	3.5656	1.2882	1.3613
1996	1.2755	3.3265	1.13134	1.1539
1997	1.1408	3.2129	1.0049	1.0328
1998	1.0331	2.9686	0.9601	0.8752
1999	0.9393	3.0033	0.8671	0.7965
2000	0.8123	3.0230	0.7407	0.6728
2001	0.7274	2.8856	0.6443	0.6173
2002	0.6522	2.6591	0.5567	0.5767
2003	0.5892	2.6191	0.4974	0.5284

注：表中数据以 1978 年为不变价进行了处理。

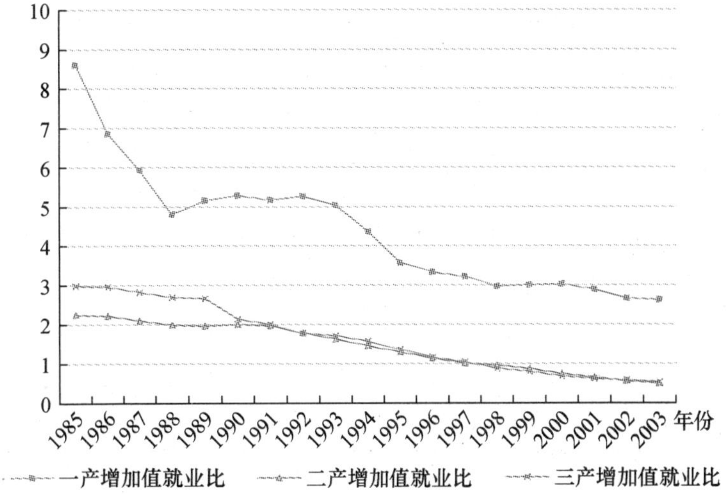

图7-4　1985—2003年天津市万元增加值岗位就业比变动

四　河北产业结构调整中劳动力需求的演变

河北劳动力需求的变化有着和北京与天津截然不同的特点（见表7-16）。

表7-16　　1978—2003年河北省就业需求的演变　　单位：万人,%

年份	就业总需求	一产就业需求		二产就业需求		三产就业需求	
		就业数	比重	就业数	比重	就业数	比重
1978	2109.4	1621.6	76.88	292.8	13.88	195.0	9.24
1979	2141.5	1614.3	75.38	315.9	14.75	211.3	9.87
1980	2182.8	1637.4	75.01	321	14.71	224.4	10.28
1981	2264.2	1699.7	75.07	325.3	14.37	239.2	10.57
1982	2346.6	1741.5	74.21	345.7	14.73	259.4	11.05
1983	2489.3	1835.1	73.72	351.7	14.13	302.5	12.15
1984	2533.6	1762.6	69.57	425.8	16.81	345.2	13.62
1985	2555.4	1603.4	62.74	557.5	21.82	394.5	15.44
1986	2626.4	1602.2	61.00	607.4	23.13	416.8	15.87
1987	2725.8	1615.6	59.27	653.2	23.96	457.0	16.76
1988	2808.3	1659.6	59.10	690.3	24.58	458.4	16.32

续表

年份	就业总需求	一产就业需求		二产就业需求		三产就业需求	
		就业数	比重	就业数	比重	就业数	比重
1989	2857.9	1739.1	60.85	674.3	23.59	444.5	15.55
1990	2955.5	1820.5	61.60	680.1	23.01	454.9	15.39
1991	3040.3	1905.3	62.67	690	22.70	445.0	14.64
1992	3106.3	1874.6	60.35	722.6	23.26	509.1	16.39
1993	3171.4	1857.1	58.56	778.7	24.55	535.6	16.89
1994	3210.4	1780.5	55.46	832.6	25.93	597.3	18.60
1995	3252.0	1729.3	53.18	879.1	27.03	643.6	19.79
1996	3300.2	1635.2	49.55	942.1	28.55	722.9	21.90
1997	3324.2	1634.03	49.16	940.2	28.28	750.0	22.56
1998	3367.2	1650.2	49.01	932.6	27.70	784.4	23.29
1999	3322.3	1653.3	49.76	879.7	26.48	789.3	23.76
2000	3385.7	1678.12	49.56	887	26.20	820.6	24.24
2001	3409.2	1676.3	49.17	899.7	26.39	833.2	24.44
2002	3435.0	1662.6	48.40	929.1	27.05	843.3	24.55
2003	3470.2	1672.26	48.19	942.8	27.17	855.2	24.64

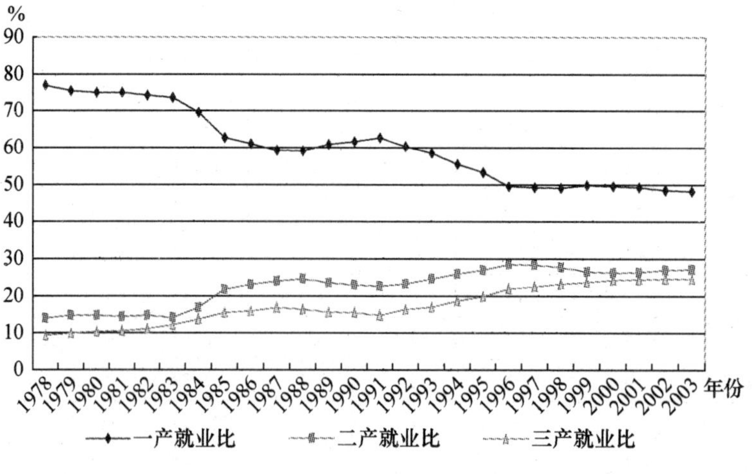

图 7－5　1978—2003 年河北就业需求的演变动态

河北省的就业需求结构如果扩展到新中国成立初期进行分析，可以看到，从 1952 年至今，河北劳动力的三次产业结构转变明显呈现出三个阶段：第一阶段是 1952—1978 年的缓慢转变阶段；第二阶段是 1978—1991 年的加速转变阶段；第三阶段是 1991—2003 年的高速转变阶段。

在第一阶段中，河北第一产业劳动力比重从 92.4% 下降到 76.88%，比重绝对下降 15.52 个百分点，年均下降 0.6 个百分点；而第二、三产业总比重由 7.6% 增长为 23.12%。但是，总的来看这一阶段劳动力需求结构的变化仍然相对缓慢。

在第二阶段中，随着改革开放政策的实行，伴随农业生产的大幅度增长和乡镇企业的异军突起，第二产业劳动力需求增大，全省第一产业劳动力向第二、三产业转移出现了相当高的速度。第一产业的劳动力占全社会劳动力的比重下降到 62.7%，比 1978 年下降了 10.2 个百分点；第二产业劳动力比重上升为 22.7%，比 1978 年上升了 8.8 个百分点；第三产业比重上升为 14.64%，比 1978 年上升 5.4 个百分点。

第三阶段中，随着改革开放的深入，人民生活水平的提高，服务业在人们生活中发挥的作用越来越大。此阶段第三产业劳动力需求增大，第一产业劳动力大幅度向第三产业转移，而第二产业劳动力比重变化不大。第一产业的劳动力比重下降到 48.19%，比 1991 年下降了 14.48 个百分点。虽然改革开放以来全省第一产业劳动力转移规模较大、速度较快，但是由于河北省第一产业劳动力基数大，所以，河北省仍然呈现出“一、二、三”的劳动力就业结构。

表 7－17 显示：2003 年河北省的三次产业增加值结构为“二、三、一”结构，但是劳动力需求结构却是“一、二、三”结构，显然，劳动力需求结构发展滞后。这种滞后，使得大量农村剩余劳动力得不到释放，严重影响了城市化的进程。

如果从京津冀区域发展的角度考虑，河北省的这一问题，不仅不利于河北省的城市化，在今后的区域人口发展战略中，也必须认真对待。

从单位增加值就业比的动态来看，虽然随着劳动生产率的提高，三次产业的单位增加值就业比也在全面下降，但是下降速度要缓和得多。第二产业劳动生产率提升速度明显高于其他二个产业，但是，却大大低于北京和天津。

表 7 – 17　　　1978—2003 年河北省万元增加值岗位就业比

单位：就业岗位/万元增加值

年份	综合	一产	二产	三产
1978	11. 5229	31. 0651	3. 1695	5. 0673
1979	10. 9830	27. 5322	3. 2355	5. 4579
1980	10. 8477	26. 2008	3. 3032	5. 4008
1981	11. 1299	26. 1764	3. 4498	5. 4114
1982	10. 3172	22. 4948	3. 5444	4. 9414
1983	9. 8158	20. 0723	3. 4186	5. 1009
1984	8. 7330	18. 1088	3. 3434	5. 2758
1985	7. 8296	16. 1967	3. 6780	5. 2045
1986	7. 6566	16. 5209	3. 7301	5. 0092
1987	7. 1203	16. 0007	3. 4791	4. 8561
1988	6. 4634	16. 5042	3. 4454	3. 4318
1989	6. 1994	15. 8089	3. 2101	3. 1540
1990	6. 0595	14. 6807	3. 2252	2. 9757
1991	5. 6107	15. 9125	2. 9682	3. 3505
1992	4. 9589	14. 8827	2. 5732	3. 1988
1993	4. 2978	14. 1055	2. 1043	2. 2674
1994	3. 7864	10. 1651	2. 0398	2. 2580
1995	3. 3704	8. 0893	1. 9627	2. 1228
1996	2. 9950	7. 3106	1. 7736	2. 0831
1997	2. 6817	6. 8418	1. 5503	1. 9021
1998	2. 4538	6. 4737	1. 3877	1. 7615
1999	2. 2191	6. 2606	1. 1967	1. 5852
2000	2. 0653	6. 3178	1. 0756	1. 4945
2001	1. 9132	5. 7413	1. 0176	1. 3752
2002	1. 7588	5. 4462	0. 9562	1. 2473
2003	1. 5921	5. 1171	0. 8396	1. 1717

注：表中数据以 1978 年为不变价进行了处理。

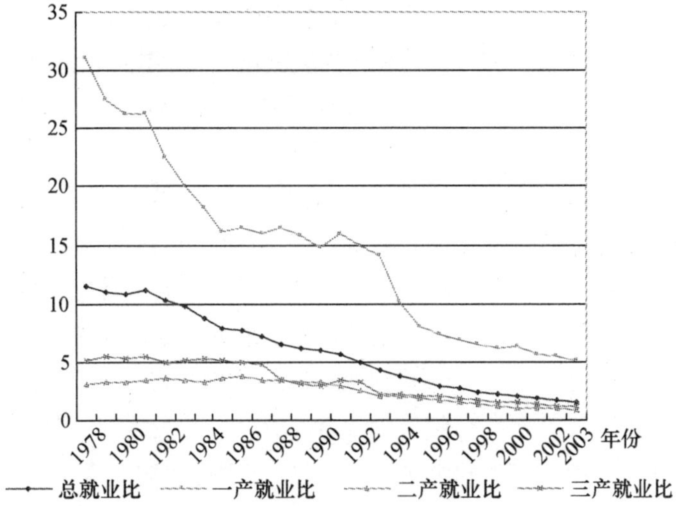

图 7 -6　1978—2003 年河北省万元增加值岗位就业比变动

五　结论

（1）北京产业结构的调整已经取得明显成效，正在以“三、二、一”结构向国际化大都市迈进。这种人力资源的集聚，必然将在京津冀产业带的形成上产生重要影响，并成为主导京津冀人口规模与布局的内在力量。

（2）天津在劳动力需求上表现出一个现代工商贸城市的特点：在第二产业为主导产业的同时，第三产业跟进，劳动力的需求结构基本保持为“二、三、一”。

（3）河北目前仍然是“一、二、三”型劳动力需求结构。

（4）京津冀三地的三阶式变差，是未来 20 年京津冀地区人口迁移与布局的基础性平台。

第四节　环京津区域资源空吸与极化的影响

北京和天津作为京津冀区域的两个核心大城市，在京津冀区域城市化进程中应具有举足轻重的作用。但由于这两个超级大城市均为直辖市，无论在内部整合还是在城市之间的整合上，这两个距离只有 120 公里的特大城市存在着各自为政、封闭、互不联系的问题，缺乏必要的整合，因而，两个城市之间斥力有余、互补不足，未能形成功能互补的城市群，从而使京津二市成为京津冀区域中的两个“单中心”，而不是京津冀区域中的“核”，不仅对京津冀区域城市化未能起到应有的带动作用，而且也限制了各自的发展。

一 二元户籍制度是制约区域协同发展的重要因素

按照经济发展的一般规律，城市化是工业化的必然结果，是伴随着工业化和现代化进程中农村剩余劳动力向城市的转移而实现的。然而，在我国由于二元社会结构和与之相适应的户籍制度的限制，农村剩余劳动力向城市的转移却受到户籍制度的硬约束，即使在农村存在大量剩余劳动力、城市的发展也需要补充农村剩余劳动力的情况下，还是难以顺畅转移。农村剩余劳动力进城后得不到市民待遇，只能是临时市民，影响到这种转移的稳定性。从京津冀城市化进程看，目前城市化水平不高的原因主要在于河北省，河北省城市化是京津冀城市化的瓶颈。众所周知，河北省是一个人口大省，同时也是一个资源大省，环绕在京津两大直辖市周围，既是京津二市的“资源库”，也有重要的市场价值，可以说是京津二市的“后备库”。建立京津冀都市圈，没有这个“后备库”是不可想象的，这个“后备库”的作用不能充分发挥出来也必然影响到整个区域城市化进程。就目前情况看，河北省在京津冀都市圈建设中的区位优势还远远没能发挥出来，其关键就在于户籍制度的限制，而不是缺乏农村剩余劳动力转移的动力机制。

虽然改革开放以来河北省人口城市化水平有了较大提高，但与全国及多数省份相比，河北省人口城市化水平仍然较低，差距依然较大，并且有不断扩大的趋势。1990 年全国城市化水平为 26.24%，河北省为 19.21%，比全国平均水平低 7.03 个百分点，在大陆 30 个省、市、自治区中仅居第 24 位。2000 年，全国人口城市化水平达到 36.22%，河北省则为 26.33%，差了 9.89 个百分点，在大陆 31 个省、市、自治区中仅排在贵州、甘肃、河南、云南和西藏五省区之前，居第 26 位。按照钱纳里模型，河北省 2000 年人均 GDP 已经达到 7663 元（折合美元约为 930 美元），市镇人口比重应达到 60% 以上，而事实上河北省市镇人口比重还不到 30%。可见，河北省城市化水平滞后于社会经济发展水平的问题比较突出。

再与河北省人口数量相当的江苏省和安徽省以及菲律宾、埃及和土耳其的城市化率相比，也显示出河北省城市化的落后。2001 年，菲律宾、埃及和土耳其的人口数分别为7832万人、6518万人和6623万人，人均GDP分别为912美元、1511美元和2230美元。这三个国家的人口数量和人均GDP均与河北省相近，具有一定的可比性（见表7－18）。表面上看河北省人均GDP较低，但如果用购买力平价法计算的话，至少会提高1倍。2001年，我国人均GDP为7625元，按汇率折合为908美元，但按购买力平价计算的人均GDP则为4020国际元，比按汇率计算多了3.43倍。按此比例计算，河北省人均GDP可达到4457国际元，与菲律宾、埃及和土耳其按购买力平价计算的人均GDP分别为3840国际元、3520国际元和5890国际元的水平基本一致，但河北省城市化水平却远远低于这三个国家。

表7－18　　河北省人口城市化与经济发展水平比较（2001年）

名称	人口数（万人）	城市化率（%）	人均GDP（美元）	人均GDP（国际元）
河北省	6699.1	26.33	1006	4457
江苏省	7351.6	42.3	1562	6920
安徽省	6328	26.7	628	2782
菲律宾	7832	59.3	912	3840
埃及	6518	42.7	1511	3520
土耳其	6623	66.2	2230	5890

资料来源：菲律宾、埃及和土耳其数据源于《国际统计年鉴·2003》；河北省、江苏省、安徽省人口数源于《中国统计年鉴·2002》，人均GDP（美元）根据《中国统计年鉴·2002》有关资料和汇率计算，人均GDP（国际元）根据《国际统计年鉴·2003》中的中国数据折算。

按2000年人口普查数据，京津冀市镇常住人口中有334.11万人户口不在本市、镇，而这些人口基本上都是劳动年龄人口，他们因得不到市民待遇，多数都将家眷留在农村。另外，河北省农村剩余劳动力数量相当大，据估计占总数的1/3以上，约有900万人（2000年河北省农村劳动力数量为2707.1万人）。如果能消除户籍制度的屏障，前一个因素至少可使京津冀城市人口增加700万人，后一因素也可增加1000万人以上。这样，京津冀城乡人口结构将会发生重大变化，即市镇人口由3517万人增加到5217万人，农村人口由5493万人减少到3793万人，市镇人口比重为57.90%。这还没有考虑京津两大直辖市对区域外人口的吸引。

从城市规模分布看，河北省缺乏超大型城市的情况也是制约京津冀城市化进程的一大因素。2002 年，河北省与全国按市区非农业人口划分的城市规模为：200 万人口以上的超大城市，全国为 15 个，河北省没有；100 万—200 万人口的特大城市，全国为 30 个，河北省 3 个；50 万—100 万人口的大城市，全国为 64 个，河北省 3 个；20 万—50 万人口的中等城市，全国为 225 个，河北省 5 个；20 万人口以下的小城市，全国为 365 个，河北省 23 个。再看省会城市规模，1999 年石家庄市区非农业人口 137.7 万，在大陆 28 个省会城市中（三个直辖市除外）排在第 18 位。近年来，石家庄市放开户籍限制后，市区非农业人口数量增长较快，2002 年非农业人口已增加到 197.1 万，在省会城市中比 1999 年前移了 9 个位次，排在第 12 位。石家庄市 1999 年以来的人口增长说明，放宽进城方面的户籍限制是促进城市化的重要因素。

二 缺乏对农村剩余劳动力的吸引力

国外城市化实践表明，在城市化达到一定程度后必然出现郊区化趋势，这是一条规律；再就是郊区与市中心区无论在基础设施建设上还是在生活水平上，都有一个先扩大、后缩小、再趋同的过程。我国目前的城市化仍处于快速发展阶段，客观上会出现郊区与市中心区差距拉大的问题，作为一条规律，这一点是难以改变的，除非以牺牲效率为代价。但我们可以尽量给郊区以特殊支持，尽可能缩小这一差距。就京津冀的情况看，以下问题的存在既影响到城市规模的扩大和城市人口容量的增加，也不利于城市化进程的加速。

城乡收入差距呈扩大趋势。例如，1993—2002 年北京市农民收入增长 2.8 倍，年均增收 431 元；城镇居民收入增长 4.3 倍，年均增收 1010 元，增收额是农民的 2.3 倍。城乡居民收入之比由 1.5∶1 扩大到 2.12∶1。城镇低收入户人均可支配收入比农民人均纯收入平均水平还高 178 元，是农民低收入户的 2.9 倍。天津市和河北省同样存在城乡居民收入差距拉大的问题。

失地农民安置率低。随着农村城市化进程的加快，必然要向郊区扩展，从而导致失地农民大量增加。例如，北京市耕地面积 2003 年比 1995 年减少约 20 万公顷。据对顺义和大兴两区六镇的 100 户失地农户调查：98.5% 的耕地被占，其中 83 户农民的耕地全部被占。由于相应政策不配套，对农民的安置补偿不如人意，20.8% 的农民成为“三无”人员，近 60% 的农户收入下降。这种情况有可能增大农民的抵触情绪，从而影响到城市化进程。我们认为，在城市化进程中应特别强调维护农民利益问题。对失地农民，要分别情况，保障他们的基本生活，积极创造就业机会，配套解决好土地处置和农民户籍问题，有序引导农民离开土地，使他们顺利完成从农民向市民的转变，实现保障、土地置换、户籍转性的“三联动”。

农村剩余劳动力就业难。推进城市化的关键在于农村剩余劳动力转移到城镇，并实现稳定就业，实现城镇稳定就业的关键在于加快城镇二、三产业发展。据测算，2002 年北京市第一产业有 20%—30% 的剩余劳动力。河北省农村剩余劳动力所占比重更高，估计在 1/3 以上。这就是说，需要转移的劳动力数量十分庞大。从郊区农村劳动力的现实情况看，一般都存在着“三多”（即女性多、老年人多、文化程度低的多）问题。据北京市乡镇企业局通过实际调查提供的数据，“三多”问题是比较突出的：农村中女性劳动力占 56% 以上，40—60 岁的劳动力占 62%，初中以下的劳动力占 78%。河北省农村劳动力文化素质更低。农村劳动力素质低的问题是向第二、第三产业转移的一大障碍。对于土地很少或已经失去土地的郊区农民来说，如果不能实现职业转换，就难以得到生活保障，甚至还会影响到社会稳定。因此，这是一个必须引起注意，并努力解决好的一个大问题。

目前，京津冀多数城市仍处于向中心区集中的阶段，导致一些城市的中心区出现不同程度的“城市病”。郊区则由于投资不足，发展较慢，缺乏吸引力，不能分流城市中心区的压力，更难以对农村人口形成吸引力。

在环京津带，其城镇化路径中也将在新一轮的发展中有所变化，人口变动和空间分布也将由于受到几种不同因素的影响而出现新的规律性的东西。从宋代下沙盐场的建立开始，京津带的城镇化进程就和产业的发展及结构调整密切关联。一方面，由于廊坊、唐山等市的乡镇企业发展较好的城镇的带动，京津带的城镇化水平在近年来有一定的发展，一些大镇等成为城镇人口聚集的主要地区，城镇化势头发展较好；另一方面，大部分城镇非农人口比重较低，城镇化处于刚刚起步的阶段，而且城镇辐射半径小，城镇规模过小产生了很多阻碍城镇化发展的因素，导致一直以来，城镇化效率不高。

环京津带的发展要打破原先的二元经济结构，作为大城市的组成部分，要求推进城市化、现代化和国际化。如果撤县建区在行政区位上为京津带的发展提供了初步的条件，从京津冀都市区整体发展角度考虑，位于特大城市远郊区的环京津带将由于北京发展战略东移而成为城市化发展的主要地区之一。这一切都说明环京津带未来城市化道路还将受到另一个力量的作用，即城市郊区化，都市中心区人口和产业郊迁扩散以及都市区整体规划的自上而下的力量。

因此21世纪的环京津带城镇化发展将受到城市郊区化和农村城市化的双重影响，其发展态势类似于北京远郊区发展的初期，有所不同的是还有滨海新区这一新的增长极。环京津贫困带发展的不稳定性，京津带的城镇化发展历程必将呈现出剧烈的、不确定性较强的特征。

二元结构学说的创立者诺贝尔经济学奖获得者刘易斯指出：发展中国家一般存在着由传统农业部门和现代工商业构成的二元经济结构。在发达国家，二元结构的转换是通过漫长曲折的自我演进，在市场作用下实现的。而发展中国家大都面临着经济起飞和加速工业化的历史使命，一些发展中国家在没有完全摆脱劳动过剩的特征之前，出现了严重的有效需求不足问题。

发展中国家在市场化经济转型过程中更多的是注重适应市场经济内在要求的制度的变迁，而以实现资源合理配置为分析思路的传统二元经济理论恰恰忽视了制度因素在转换二元经济结构中的重要作用。

三 环京津区域农村的极化层级影响

在经济领域，第一产业内的合作由来已久，并以河北为北京、天津提供农副产品为主要形式。目前河北省已经成为京津农副产品的主要生产基地，蔬菜、生猪、活牛、活羊、果品在京津地区的市场占有率在40%、50%、40%、25%、40%以上[①]。而北京、天津的一些食品、饮料等企业，都纷纷在河北省建立了原料生产基地。政府、企业与科研机构之间以科技为纽带的联合成为区域合作的一种新形式，带动了这一区域的农业合作和发展。

第二产业内的合作，跨行政区的产业梯度转移尚未形成，产业链断裂问题严重。该领域的合作主要有两个方面：一是京津塘高速公路沿线高新技术产业带初具规模，形成了一条主要以高新技术产业和现代制造业为主导的新经济产业带的雏形；二是跨行政区的产业梯度转移正在进行，部分产业链条正在形成。北京的一些传统重工业如钢铁、传统制造业，正逐步

① 赵国岭：《京津冀区域合作的问题研究》，中国经济出版社2006年版，第98页。

转移至河北。京津的汽车和电子信息产业的零部件、配套生产企业在为本行政区的企业提供产品的同时，也为相邻行政区的企业提供产品和服务。

第三产业的合作主要集中在两个方面。一是商贸流通领域。2006 年，京津冀 13 个城市联合发布《京津冀都市圈城市商业发展报告》，在本区域内实行统一质量认证体系、商业信息联网共享、物流资源整合、力促连锁经营等重大举措，在商贸、物流、口岸等领域加强了合作。二是旅游市场。2005 年 8 月，在承德召开的中国北方环渤海旅游区域合作论坛上，北京、天津、大连、沈阳、鞍山、秦皇岛、承德、唐山、赤峰、锦州、葫芦岛等环渤海 11 城市旅游管理部门的负责人共同签署了《中国北方环渤海 11 城市旅游区域合作框架协议》。确定从 2006 年 1 月 1 日起，在环渤海 11 城市旅游区域内共同开放旅游市场，提出建立无障碍旅游机制。

从合作的内容与区域范围来看，合作的内容也从简单的物资交换发展到技术合作、资本联合、资源的优化配置以及水资源保护与合理利用、重大生态建设和环境保护等方面。合作的地域范围由较发达地区向落后地区扩展，而且更涉及环渤海地区的辽宁、山东、山西、内蒙古等地。在基础设施领域，京津冀在机场、港口、轨道交通和公路等基础设施建设方面的合作不断深化。首都机场和天津机场实现了跨区域的联合，北京与天津港口岸已开始直通。北京的城市公交线路已经延伸到河北的涿州、廊坊、固安等地，京津城际轨道 2008 年正式通车。

从区域发展的角度看，上海经济的快速发展带动了江苏、浙江等相关地区的快速发展。而京津冀三地都是在相对独立地发展，北京对两者的辐射作用微乎其微，北京与周边地区经济发展差距较大，使人才、资源逐渐向北京集中，又使北京与周边地区的差距进一步拉大，造成周边地区发展等相对迟缓。城市对周边地区的吸附效应远大于扩散效应，索取远大于给予。首都北京的经济社会发展状况存在着一种“孤岛效应”，拉大了贫富差距。

有学者运用增长极理论对“空吸”现象进行研究，指出北京“空吸”现象就是增长极聚集效应大于扩散效应造成的，是增长极理论中增长极极化作用的体现①。增长极的迅速发展，具有利益相对性，产生吸引力和向心力使周围地区的劳动力、资金、技术等要素转移到核心地区，剥夺了周

① 蒋秀兰、刘金方：《从增长极理论看京津冀区域经济发展》，《城市》2007 年第 5 期。

围区域的发展机会，使核心区域与周围地区的经济发展差距扩大，这是增长极对周围区域产生的负效应。

关于“空吸”与“极化”的研究结论都是指出北京的“空吸”与“极化”造成了周边地区的发展缓慢。事实上，京津冀区域的“空吸”与“极化”分为三个层次：第一层次是北京的“空吸”、“极化”效应；第二个层次是天津的“空吸”、“极化”效应；第三个层次是各地级市对周边地区的“空吸”、“极化”效应。现有的研究都集中在第一个层次，北京的“空吸”与“极化”效应是最强的，这是毋庸置疑的，但是天津与河北省的5个地级市对其周边地区也有类似的作用，也是造成京津冀区域发展不平衡的重要原因。另一方面现有的研究指出了北京经济上的“极化”效应大于扩散效应，然而却忽视了另一个重要的“极化”效应——制度“极化”。北京作为首都与中央政府关系密切，其政策和制度资源的获得性在区域乃至全国都是最高的，利用掌握的制度资源促进了经济上的“极化”。在行政区经济运行时期，制度“极化”为经济“极化”保驾护航，行政区的封锁确保“极化”成果不外溢，导致对周边地区的辐射效应很低。

其实，行政区经济理论对这一现象更具有解释力。行政区经济运行体系中，各行政区都以行政区划为边界组织经济运行，行政中心与经济中心保持高度一致。各行政主体利用各种保护手段，进行市场封锁、设置壁垒来确保本行政辖区的经济利益不外溢。各行政主体都将经济资源聚集在离行政中心较近、易于掌控的范围内，这就形成了资金、人才都集中在经济（行政）中心的局面。而且，行政区经济具有边界衰竭的效应，经济中心对周围的辐射作用随着距离的增加而衰减。因此，行政区交界地带往往成为经济欠发达、贫困人口的聚集地区。

要解决这个问题，需要做三方面的工作：首先，中央政府在投资体制、财政体制等方面向落后地区倾斜，在制定投资决策时，按照市场规律办事，而不是以首都为中心来做出决策。其次，北京应转变观念，为京津冀地区服务。如果城市的繁荣与周边的贫穷长期存在下去，也不利于城市自身的发展。最后，河北方面要积极主动地融入京津，任何地方，最大的发展希望只能寄托在自己身上，而不是别处的“溢出”，只有这样获得的发展才是最可靠的。

第八章　环京津区域贫困产生的政策及制度因素

第一节　环京津区域非均衡态势的历史考察

新中国成立后，京津冀三地一如既往地重复着分分合合的历史，1949年，中华人民共和国成立后，恢复河北省建制，北京和天津为直辖市。1952年撤销平原省，将武安、涉县、临漳三县划归河北省，同年还撤销察哈尔省，将其原察南、察北两个专区划归河北。1956年撤销热河省，将其原大部分辖区划归河北省。1958年将河北省的顺义、延庆、平谷、通县、房山、密云、怀柔、大兴等县划归北京市。1958年2月，全国人大决议将天津划归河北省，天津由直辖市降格为河北省省辖地级市。1966年，美国对越南战争急剧升级、中苏关系迅速恶化，使得战争的危险加剧。考虑到天津地处沿海，一旦打起仗来，可能会成为主战场，不利于政府掌握全局和指挥作战，也为了落实和响应“备战、备荒、为人民”的重大战略指示，1966年5月，河北省省会由天津迁回保定，天津又升格为直辖市。随后，在1968年2月，鉴于石家庄市是重要的交通枢纽，可以形成全省的“政治、经济、文化中心”，经中央批准，河北省省会迁到了石家庄。1973年，将河北省的蓟县、宝坻、武清、静海、宁河等五县划归天津市。至此，基本形成了京津冀区域现在的格局①。

从京津冀的历史沿革来看，京津两市均是从河北析出，河北孕育了一个首都、一个直辖市。首都北京在唐朝时受河北道管辖，天津数易其“主”，河北行政区划历经数次变迁。京津冀三地之间历史上形成了千丝

---

① 参见行政区划网《北京、天津、河北政区沿革》，www. xzqh. org。

万缕的联系，经历了分—合—分的风雨变迁。北京从古代的军事重镇发展到现在的政治中心，河北与天津也成为拱卫京师的门户，这种历史上的密切关系对京津冀三地融合有着重要的影响。

一 第一阶段：1949—1978 年

京津冀的区域合作，早期以经济技术协作为主要内容，随着我国经济技术制度的建立与完善而逐步展开。在 50 年代初期，三地之间固有的经济关系比较密切，经济联系较为畅通，经济技术协作与往来较多。随着“一五”规划的开始，我国进行了大规模建设，其主要内容包括两个方面，一是平衡沿海与内地的工业布局；二是建立独立的地区工业体系和经济体系。在这种均衡发展的战略模式下，生产由国家统一部署，物资统一分配与调拨，财政实行统收统支，一切经济管理都由国家统一安排，企业没有自主权，各地区的自我支配权较少。

1958 年为了适应当时的国际形势和国内经济发展需要，成立了东北、华北、华东、华中、华南、西南、西北七大经济协作区，各协作区都成立了协作区委员会及经济计划办公厅。这一时期，在资源和生产力合理配置的思路下，在中央高度集权的统一管理下，京津冀之间开展了多次的区域发展研究，形成了不同的发展态势。①

京津城市功能集聚，是以经济功能为先导，直接导致了周围生产要素的集中。在 20 世纪 70 年代，中央提出各地建立自成体系的工业经济，燕山石化、石景山钢铁厂、东方红炼油厂等大项目接二连三地矗立起来，从而使没有铁矿石和石油的北京市形成了年产 300 万吨生铁和 30 万吨乙烯的能力。这直接导致了与河北省同类产业争资源、争能源、争投资、争项目，使本来一些按经济规律和城市功能应投入河北省的建设资金和项目，投向了京津两市。

这一阶段京津两个特大城市功能集聚与扩散交织在一起，在集聚与扩散矛盾中以集聚为主，即京津的集聚是主要的、主动的，而扩散是附着在集聚过程中的副产品，并且也是在集聚压迫下的自然外溢，例如 20 世纪 70 年代后期京津城市人口的集中，使蔬菜供不应求，本能地导致了农副产品生产功能的外溢。

① 参见闫凌州《政府主导京津冀科技创新联盟研究》，硕士学位论文，河北工业大学，2005 年。

河北省面对这一时期京津两市经济功能的集聚，基本处于一种被动的地位，在资金、人才、物资等方面为京津城市的功能集聚做出的贡献和牺牲是最大的，主要反映在自然资源的无偿使用和工业布局的政策倾斜。

回顾这一段历史，起决定作用的有两个因素：中心城市发展规律和中央计划指令。因而，河北省对于京津的集聚显得苍白无力。这一阶段的区域合作主要是围绕区域自然资源而展开，而且是在指令性计划的行政强制手段下进行的，因此，这并不是现代意义上的区域合作。由于计划经济体制的影响，造成了经济发展质量低、资源禀赋的差异，造成了自然资源在区域之间的流动，从而形成了粗放型经济增长模式。这一时期区域经济处于失衡和畸形发展状态，特别是区域经济系统中的内在联系由于缺乏动力，使其经济发展始终停留在一个低级而松散的层面。

二　第二阶段：1979—1995 年

随着改革开放与国民经济的迅速发展，京津冀区域经济进入了一个产业结构急剧变动时期，各地区根据自己的发展战略目标、经济结构调整路径、体制创新以及各项产业政策的实施，初步实现了工业化中期的主要目标。三方之间的经济技术合作逐步加强。统计资料表明，1985—1989 年间，河北省与其他省市共签订经济联合项目 10037 项，引进省外资金 71.37 亿元，引进技术 4888 项，引进人才 25863 人。其中，与京津二市签订经济联合项目、引进技术和人才均占总数的 63%，而引进资金总额的 75% 来自京津①。

1982 年，在《北京市建设总体规划方案》中，首次提出了“首都圈”的概念。“首都圈”包括两个圈层：内圈由北京、天津和河北的唐山、廊坊和秦皇岛组成；外圈包括承德、张家口、保定和沧州四市。之后不久，京、津、冀、晋、内蒙古五省市区在呼和浩特市召开了第一次华北地区经济技术协作会议，成立了第一个区域协作组织“华北地区经济技术协作区”。主要通过高层会商，解决地区间的物资调剂，指导企业开展横向经济联合。它的成立有效地促进了地区间的物资协作，在解决区域内各省区物资短缺方面发挥了显著作用。

---

① 参见闫凌州《政府主导京津冀科技创新联盟研究》，硕士学位论文，河北工业大学，2005 年。

20 世纪 80 年代末，小区域、企业间的合作成为新的重点。1986 年以后，华北协作区显现出区域范围过大、地区间经济关联度低、凝聚力下降的弊端和没有日常工作机构的组织缺陷。1988 年，北京与河北环京地区的保定、廊坊、唐山、秦皇岛、张家口、承德六地市组建了环京经济协作区，建立了市长、专员联席会议制度，设立了日常工作机构。协作区以推行系统联合为突破口，带动企业间的联合与协作，建立起地区企业间的广泛联系，由行政和市场双层面推进了区域经济合作。

20 世纪 90 年代，由于种种原因，区域协作和区域组织逐步削弱。华北地区经济技术协作会在经历 1982 年到 1990 年七次会议后销声匿迹。环京经济协作区自 1994 年后也进入了走走停停的状态。由于缺少了区域协调机构，企业之间、地区政府之间无序竞争、重复建设也愈演愈烈，区域生态环境破坏严重，沙尘暴连年冲击京津地区（图 8－1—图 8－5）。

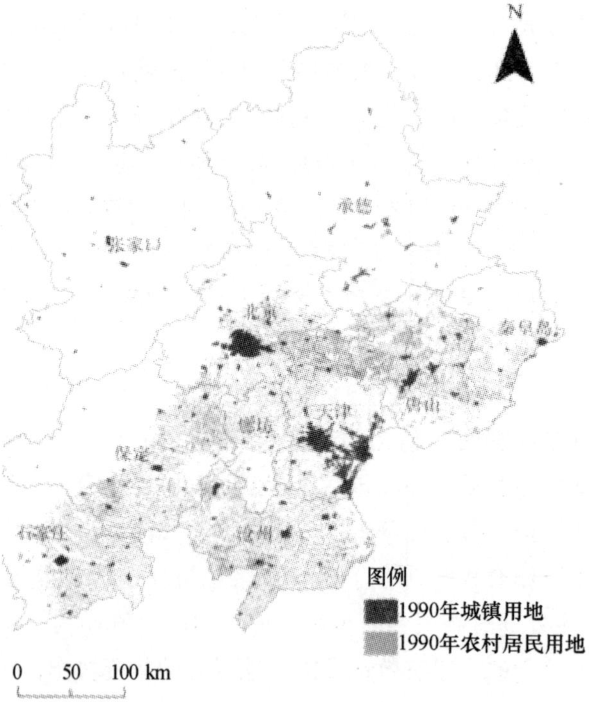

图 8－1 1990 年京津冀区域城乡建设用地基准影像

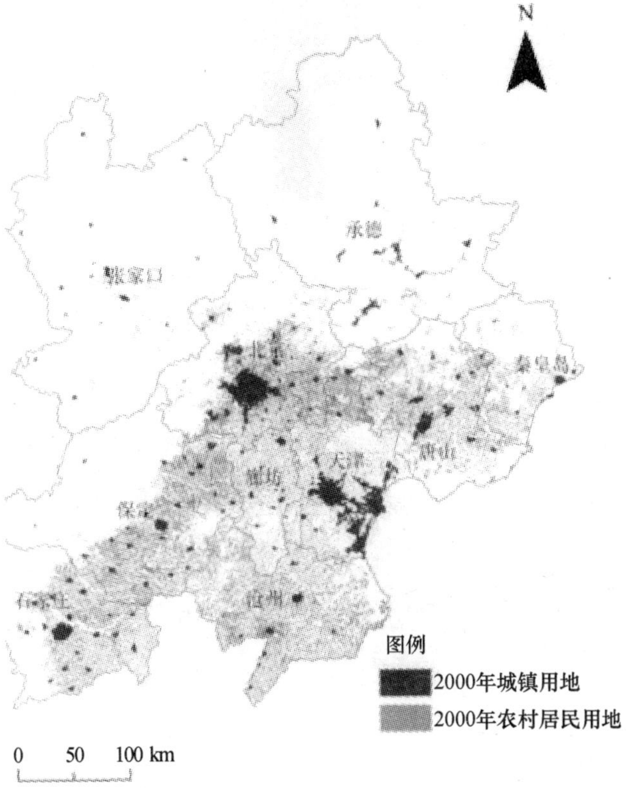

图 8－2　2000 年京津冀区域城乡建设用地基准影像

由物资协作向多领域扩展。20 世纪 80 年代中期，北京与环京地市合作建立了肉蛋菜生活资料基地和纯碱、生铁等生产资料基地。到 90 年代发展到共建港口、道路等多领域合作。如北京与河北合作共建京唐港；张家口市怀安县与北京市延庆县合作建设张同公路怀安段等一批项目。在环京经济协作区的运行下，创办了农副产品交易市场、工业品批发交易市场，组建了信息网络、科技网络、供销社联合会等行业协作组织，在地区企业之间建立起广泛的联系。

由单个项目型合作向政府间的全面合作扩展。随着与京津联合协作不断深入，领域不断增加，双边都已经感受到充分发挥各级政府高效协调、管理各种经济协作的必要性。北京市西城区与河北省张家口市的张北县及沽源县分别签订的对口支援协议就属于这种政府间的双向合作。

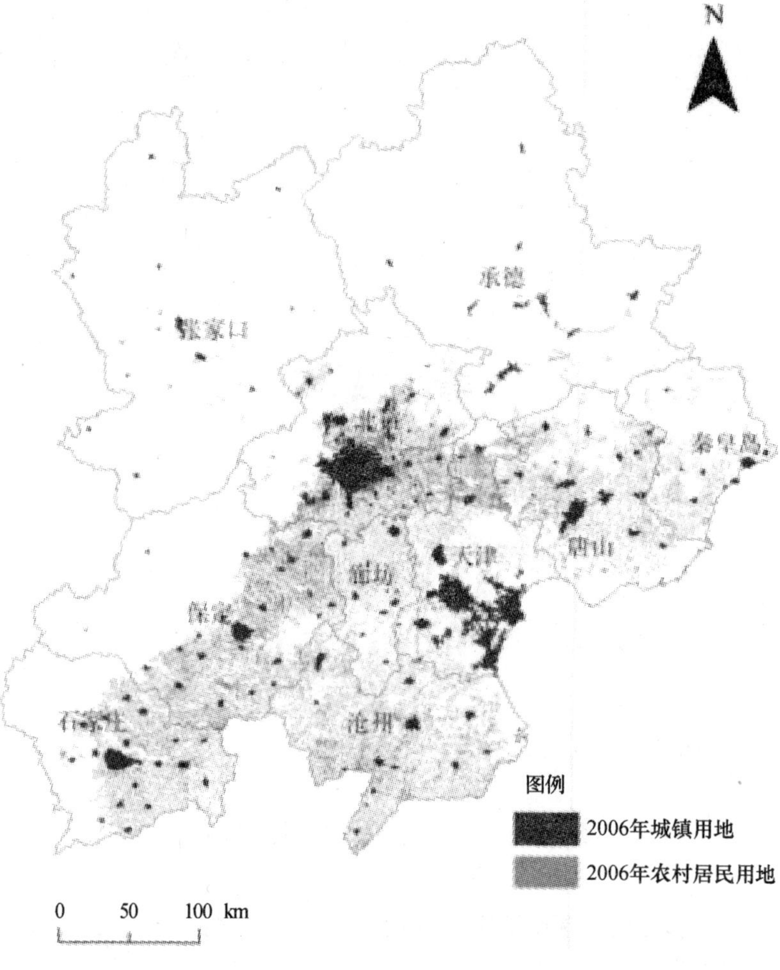

图 8-3　2006 年京津冀区域城乡建设用地基准影像

综合分析，制约三方经济关系的因素发生了很大变化，如经济体制的改革形成了计划与市场的双重作用的局面，中央行政指令受到限制，市场经济规律开始发生作用，三方共同受益受损程度趋向公平，在某些问题上体制因素作用强度大于城市发展规律的作用强度。

三　第三阶段：1996 年至今

自 1996 年以来，京津冀区域合作开始复兴，合作步伐加快、力度加大、领域拓宽、规模增大、方式增多，层次有所提高。1996 年北京制定《北京市经济发展战略研究报告》，提出首都经济圈（以京津为核心，包括河北省的唐山、秦皇岛、承德、张家口、保定、廊坊、沧州）。河北省提出了两环带动战略，即外环渤海内环京津。2001 年，吴良镛院士在《面向新世纪建设“大北京”》中提出了大北京地区规划的思路，引起了广泛关注，获得了较多的认同。2004 年 2 月 12 日，国家发展改革委员会地区经济司召集北京、天津、河北省及秦皇岛、承德、张家口、保定、廊坊、沧州、唐山等市召开了京津冀区域经济发展战略研讨会，最后达成了加强区域合作的“廊坊共识”，主要内容是①：

第一，加强京津冀区域协调发展符合区域内各方的利益，是提高区域整体竞争力的迫切需要，也是推进区域经济一体化进程的必然选择。京津冀地区的区域经济合作取得了一定成效，但在协调发展中还存在体制、机制、观念等方面的障碍，必须予以突破。

第二，京津冀地区协调发展应坚持市场主导、政府推动的原则，在平等互利、优势互补、统筹协调、多元发展的基础上循序渐进，逐步形成良性互动、竞争合作的区域发展格局。

第三，启动京津冀区域发展总体规划和重点专项规划的编制工作，统筹协调发展中的基础设施、资源环境、产业布局、城镇体系等相关问题。共同构建区域统一市场体系，在区域建设和用地上进行区域统筹，推动生产要素的合理流动，促进产业合理分工。在河北省北部与京津接壤的地区，截至 2005 年，冀北地区国定和省定扶贫工作重点县（区）共计 32 个，其中京津以北连片的贫困县（区）21 个，京津以南不连片的贫困县 11 个。由于冀北地区的贫困县与京津存在较大发展落差，并与京津存在很强的资源环境和发展关系。

第四，联合开展港口、公路、铁路、机场等交通设施建设，逐步构筑联系各地的快速交通通道，形成现代区域交通体系。协调区域内重大生态建设和环境保护问题，联合开展水资源的保护与合理利用。

第五，积极引导和支持区域内行业及企业间的经贸合作、技术合作，共同举办京津冀一体化论坛、经贸合作洽谈及招商引资活动。

2004 年 6 月 26 日，环渤海合作机制会议在廊坊举行，会议达成《环渤海区域合作框架协议》，确定这个合作机制名称为环渤海区域经济合作联席会议，为环渤海地区的政府官员、企业家、专家学者提供一个高层次、

① 参见《河北日报》2004 年 3 月 15 日。

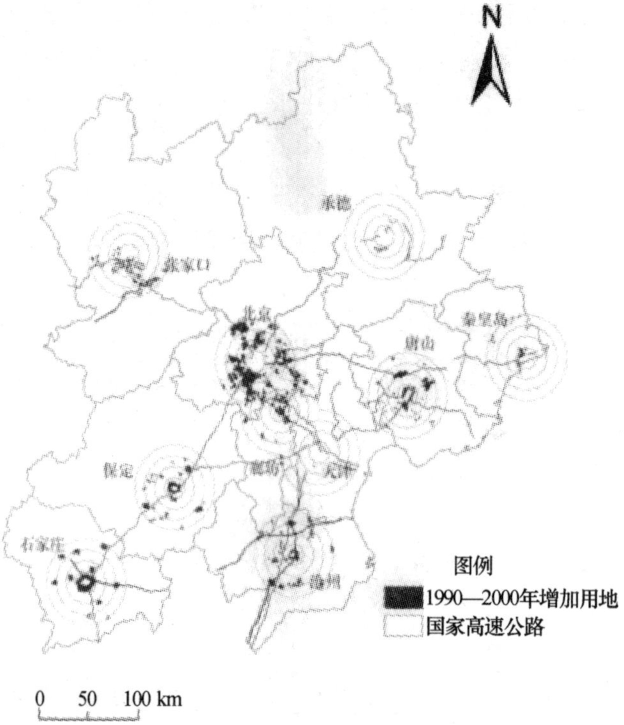

图 8－4　京津冀城镇用地增长环状缓冲区

有组织的定期磋商机制，以加强内部交流、协调和对外经济合作，京、津、冀、鲁、辽、晋、内蒙古等与会各方赞同博鳌亚洲论坛所提出的在河北省廊坊市设立一个负责日常工作的合作委员会的建议，以推动 7 省（区、市）的定期会晤和磋商；决定成立三层组织架构，负责推进合作发展。第一层架构是确立由各省省长、直辖市市长、自治区主席担任环渤海合作机制轮值主席，每年举行一次的联席会议制度，研究决定区域合作重大事宜。第二、三层架构是建立政府副秘书长协调制度和部门协调制度。明确环渤海区域经济合作联席会议接受国家有关部委指导，对外联络由博鳌亚洲论坛负责，各省市均设专门的联络机构和联络人员；鉴于河北廊坊具有内环京津，外环渤海的优势，环渤海区域经济合作联席会议日常工作联络机构设在廊坊。

廊坊共识及环渤海区域合作框架协议是目前京津冀地区区域治理最为重要的标志性事件，也是迄今为止取得的最为重要的成果。总体来看，这

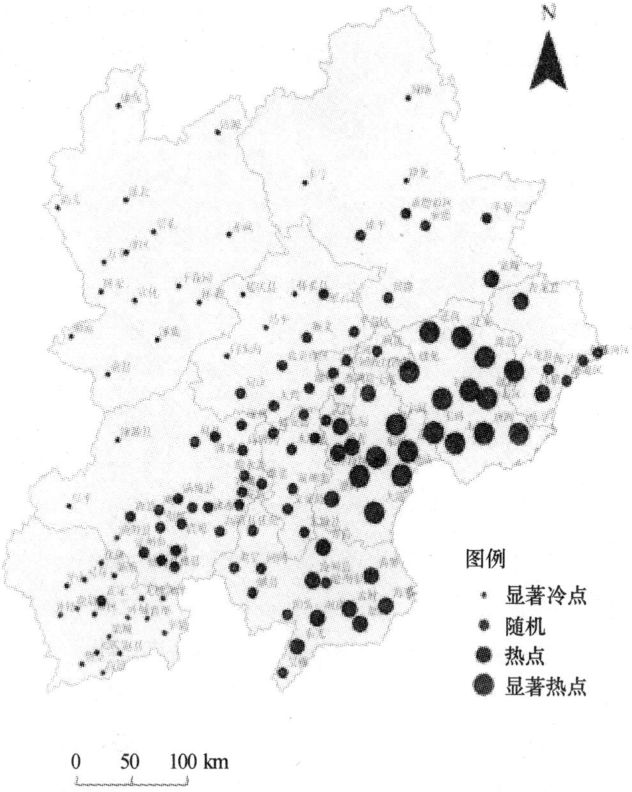

图8－5　2000—2006年城镇增加用地聚集分布

一时期合作的深度和广度都获得了空前的发展，从经济领域扩展到非经济领域，而且建立了新型的正式合作机制，签署了正式合作的框架协议。在国家发改委的推动下，京津冀都市圈区域规划从2004年就开始着手编制，现已完成①。

第二节　城乡二元土地制度是致贫原因

长期实行的城乡二元分割制度导致城市和农村的巨大差距，具体表现在农村和城市在收入、社会福利、教育、社会保险等方面的巨大差距。这

① 樊杰：《京津冀都市圈区域综合规划研究》，科学出版社2008年版。

些差距的存在，使失地农民被排斥在城市的大门之外，具体表现在就业歧视的存在使失地农民非农就业无法实现，社会保障体系的不健全使失地农民心理安全感下降，而户籍制度的缺陷使失地农民政治权利丧失等方面，使失地农民在农地非农化的同时因无法顺利市民化而呈现边缘化状态。

一　城乡二元分割制度的形成和产生的后果

新中国成立初期，我国的城乡关系主要是由旧中国自然演变的结果，较少政府干预的特征。同时由于我国城乡的生产力发展水平都较低，因而城乡之间的差异并不大。我国对城乡关系的行政干预主要是通过户籍制度和统购统销制度来实现的。1953—1954 年，为了缓解粮食问题，国家先后出台了关于粮食统购统销等一系列相关规定。统购统销制度的制定，对缓解当时的粮食紧张局面产生了重要作用，但也正是这一制度的建立，奠定了城乡二元分割社会结构的基础。此后不久，大批农民因粮食不足而涌入城市，形成了在短时期内几十万“盲流”入城的局面。为了限制农民进城，国务院连续下文，要求地方政府采取强有力措施坚决抵制“盲流”并在各地成立“遣返站”，把已经进城的农民遣返回去。正是在这一背景下，1958 年出台了《中华人民共和国户口登记条例》，对农民进城实施了严格的限制。户籍管理制度不仅具有限制城乡人口流动的职能，而且还将农民与国家的有关福利分割开来，人为地改变了城乡关系的原有格局，使城乡差距逐渐拉大，利益的天平明显向城市倾斜。虽然改革开放后取消了粮食统购统销制度，户籍管理制度也有所松动，但是长期的城乡分割使农村和城市之间产生了相当大的差距。

从调查情况看，发展型农户主要集中在涿州的码头村、徐晓街、官庄村以及廊坊的韩营、化营、辛庄、碾子营、董村、堤口和楼庄村。这些村庄的农户土地征用后几乎全部以非农收入为主，家庭收入来源多元化，有的家庭有两种或多种收入来源，包括外出务工、出租房屋、村集体分红等多种收入来源。在调查中发现，家庭年收入在 3 万元以上的有 35 户，家庭年收入在 2 万—3 万元之间的有 40 户，高于失地前平均 0.8 万—2 万元的收入水平，属于失地农民中的富裕阶层，顺利实现生活水平的提升。

从总数来看，总样本中属于上升型农户共有 72 户，占调查样本的 27%。从调查来看，上升型农户分布具有以下特征：

首先，从区域来看主要集中在廊坊经济技术开发区周围和涿州的影视城周围。非农产业的发展，为失地农民提供了较多的非农就业机会和收入机会，土地征用后增加的非农收入超过了由于土地征用所带来的农业收入的减少，顺利实现生活水平的上升。

其次，从失地农民的安置方式来看，在同区位因素中，开发型安置方式下失地农民较易实现生活水平的上升。从调查情况来看，涿州的官庄村和廊坊的董村采用的都是开发型的安置方式，在同区位失地农民生活水平普遍下降的情况下，顺利实现生活水平的上升。

最后，从失地前的类型来看，名义型农户发展为发展型农户的概率较大。从调查来看，生活水平上升的 72 户失地农户中，征地前属于职业型农户的有 27 户，占职业型农户的 25%；征地前属于兼业型农户的有 26 户，占兼业型农户的 23%；征地前属于名义型农户的有 19 户，占名义型农户的 50%。

失地农民实现生活水平上升的原因是多方面的，其中主要的原因在于以下几个方面：一是土地征用后新项目的兴建为失地农民带来更多的非农收入机会，因为收入来源增加而出现生活水平上升；二是由于采用了较好的安置方式，通过分享城市化收益而实现生活水平的上升；三是因为较好的就业技能，使非农就业收入高于原农业产出而实现生活水平的提升。具体内容如下：

1. 土地征用后新项目的区位效应带来失地农民生活水平上升

廊坊经济技术开发区地处环渤海经济圈、环京津经济圈的中心，大北京规划圈的腹地，位于京津塘高速公路廊坊出入口处，于 1992 年 6 月 26 日正式开始建设。廊坊经济技术开发区目前已有 1000 多家企业进区，其中包括美国天河集团、德国鲁尔集团、德国西门子、韩国 LG 集团、澳大利亚 BHP 等世界 500 强企业。投资国涉及美国、日本、法国、德国、瑞典、丹麦、荷兰、韩国、新加坡、澳大利亚等 30 个国家和港澳台地区，初步形成了以机械电子、食品、新型建材、轻工纺织、生物制药为主的五大主导产业，被原国务院特区办列为向海外客商重点推荐和重点联系的九个开发区之一。廊坊开发区根据不同产业园区的特点，进一步规划并制定了相关促进政策，形成了以东方大学城、清华科技园、国际履约环保产业园、电子产业园、汽车零部件产业园、新奥燃机工业园、华日工业园、石油管道工业园为代表的特色园区，同时北京大学、中国科学院、北京航空航天大学、北京科技大学的科技园项目正在建设中。这些园区的建设使廊坊经济技术开发区走出一条借园区造势、互动式招商、功能化建设的特色发展之路。大企业的入驻为廊坊经济技术开发区带来了活力，也为周围失地农民提供了就业机会和更多非农收入机会。据调查，在廊坊经济技术开发区周围的辛庄、化营、堤口、楼庄、梨园都是土地征用最多的村庄。土地征用后，这些村庄的大部分年轻人都在开发区上班，每月工资都在1000—1500 元之间，高于廊坊市其他地区失地农民的平均工资。而且经济开发区的兴建也为失地农民带来了更多的收入，人流带动了商流，几乎每家都把房屋出租作为家庭收入的第二个来源。一般情况下如果是商铺出租，每月每间的租金在 200—300 元，如果把房屋租给在开发区上班的人，每间租金在 120—150 元，调查中发现几乎每家都把正房自己居住，把东、西厢房和门口建房对外租住，每家几乎都有 10 间左右房屋对外出租，每月收入在 1000 元以上；开发区土地征用和东方大学城土地征用是以租用的方式进行的，所以每年村委会会把租金向村民分配，基本每人每年分得3000 元左右。另外，还有村民约 30% 的人搞商业，也取得不菲的收入。所以，在调查土地征用后失地农民的生活水平时，在廊坊经济技术开发区周围的 6 个村庄调查中反映生活水平上升的占 100% 远远高于廊坊市总调查样本中生活水平上升 36% 的比例。

涿州影视城的建设也带动了失地农民生活水平的提升。1993 年建立涿州影视城，共征用土地 130 多公顷，征用的主要是徐晓街和码头两个村的耕地。在土地征用前，两个村都以农业收入为主，和涿州的其他村庄没有任何区别。1993 年土地征用时，并没有给失地农户任何补偿和安置政策。但是影视城的兴建，为附近村庄带来了更多的非农就业机会和收入。自影视城兴建后，村庄的很多人开始开办商业门脸、摆摊设店，做起了跟旅游相关的行业。年轻人开始外出到北京打工，增加了就业渠道，村里几乎家家盖起了二层楼，成为附近有名的富裕村。在调查征地后对生活水平的影响时，两个村庄中反映生活水平上升的有 6 户，占调查样本的 30%，远高于涿州市 16% 平均生活水平上升的比例；两个村中反映对生活水平没有影响的有 12 户，总占调查样本的 60%；反映生活水平下降的有 2 户，占调查样本的 10%，远远低于涿州地区平均生活水平下降 44% 的比例。

2. 开发型安置方式顺利解决失地农民生活难题

从调查来看，目前失地农民的安置方式主要集中在货币安置、社会保险型安置、农业安置和开发型安置。从调查来看，20 世纪 90 年代末期主要采用货币型安置方式，进入2000年后主要采用农业安置方式和社会保险安置方式，个别村土地征用采用开发型安置方式。

货币安置：这种安置模式是指土地征地部门将土地补偿费、安置补助费和青苗补偿费以货币形式一次性支付给农民，对失地农民不进行任何安置的安置模式。这种方式简便易行，许多地方政府乐于用此方式解决失地农民的安置问题，而大部分农民，特别是经济发达地区，土地升值较快的城市近郊的农民从眼前利益出发也愿意接受货币安置方式。近年来，在各地报国务院审批的建设用地项目中，采用一次性货币安置的高达90%以上。但是，从长远看，由于失地农民整体素质偏低，缺少非农就业能力和谋生手段，一旦有限的补偿款用完以后，没有了经济来源，生活极易陷入困境，进而产生大量失地农民问题，引起较大的社会问题。所以这种安置方式，虽然具有操作简单的优点，但是容易导致失地农民陷入生活困境，对国家和对失地农民都产生许多不利影响。调查中发现，很多村庄在征地后都采用该种安置方式，导致大量贫困失地农民的产生。

农业安置：这种安置方式是将失地农民继续留在农村，通过村集体机动地划拨或重新进行土地调整，给失地农民一定的土地经营，以解决失地农民的生活和就业问题。这种安置方式对失地农民的生活方式影响最小，安置后的失地农民仍以农业生产为主，尤其是对非农就业技能较差和文化素质不高的农民不需要重新进行技能培训，就可以解决其温饱问题。农业就业安置和移民安置的方式都属于这种类型。但是这种安置方式也有其缺陷，一是在目前我国人多地少、人地矛盾极为突出的情况下，进行农业安置越来越不可能；即使能够进行农业安置，也是建立在全村村民生活水平下降的基础上的。从调查看，很多村在进行农业生产安置后，人均土地不足一分地，根本不能保障农民的生活；二是在我国目前农地压力巨大的情况下，农地非农化后仍将大量农业人口滞留在农村，将更增加农地面临的压力，即使是移民安置，也仅仅是缓解局部的农地紧张情况，对缓解全国的农地压力紧张局面也于事无补；三是农民失地增加了农民从农业阶层向社会更高阶层流动的机会，如再将农民限制在农村，既不合理也不公平。

社会保险型安置：该种安置方式是在农民失去土地后为60岁以上农民建立各种保险主要是养老保险，以代替土地对农民的保障作用。这种方式能够解决失地农民的后顾之忧和养老问题，增强失去土地后失地农民的社会保障能力。但是这种安置方式仍有其缺陷：一是社会保障并不能解决失地农民的生活和就业问题，所以社会保障只能是锦上添花，而不可能是雪中送炭；二是社会保障的能力有限，从调查情况来看，每个月 50—80 元的养老款并不能解决老年人急需的医疗和养老问题；三是目前的社会保险还仅仅是社区性质的养老保险，还不是严格意义的社会保险，其稳定性受到社区财力的制约，稳定性较差，从社区保障到社会保障还有很长的路要走。

开发型安置：这种安置方式的特点是“三集中，三统一”，即集中管理土地，统一进行拆迁补偿；集中安置农民，统一进行综合开发；集中使用土地补偿安置费，统一安排农民生产生活。通过这种类型的安置方式充分发挥了集体的优势，将留下的土地和就业安置费集中使用，既解决了失地农民的生产和生活，又解决了村集体创业资金不足的难题。通过土地补偿款集中使用，可以增强村集体的财力，集中财力办大事；通过土地集中开发，使土地价值升值，使农民可以分享土地增值带来的收益，建立一份永久的土地保障；如果资金运用得当，还可以实现资产的增值和资本的快速积累，解决失地农民的发展问题。而且通过集体开发，既能保证大部分人的就业安置，又能使个别能力差或情况特别的人有生活保障。无疑这种模式是对失地农民安置方式的一次新的探索，并且形成了成功的模式。从调查来看，廊坊的董村和涿州的官庄村就是通过土地补偿款统一使用，建立临街店铺对外出租，取得较好的收益，较好地解决了失地农民的生产和生活问题，使两个村成为远近闻名的富裕村，顺利实现生活水平的提升。

3. 就业技能成功帮助失地农民实现角色平稳转换

从调查资料可知，名义型农户实现生活水平上升的概率为 50%，兼业型农户实现生活水平上升的概率为 23%，职业型农户实现生活水平上升的概率占 25%。分析名义型农户较易实现生活水平上升的原因，主要有以下几个方面：

首先，名义型农民的受教育程度较高。从调查来看，名义型农户的平均受教育年限为 6.68 年，高于全体失地农民 5.27 年的平均受教育年限。从调查情况来看，260 户失地农民中有 40 人为没有受过教育的文盲，占调查样本的 15%；小学学历的受教育年限为 5 年，共有 93 人，占调查样本的 35%；初中学历的受教育年限为 8 年，共 113 人，占调查样本的 43%；高中学历的受教育年限为 11 年，共有 12 人，占调查样本的 5%；大学学历的受教育年限为 15 年，共有 2 人，占调查样本的 2%。而名义型失地农民没有上过学的有4户，占名义型农户的3%；小学文化的有7户，占名义型农户的18%；初中文化的有22户，占名义型农户的58%。

二　贫困型失地农户的情况分析

在涿州和廊坊两市的调查中，贫困型失地农户主要集中产生在涿州以及廊坊的薛营、碾子营、东尖塔、下庄村等村。从收入来看，这些类型的家庭年收入基本保持在0.4万—1万元之间，与土地征用前平均年收入0.8万元的生活水平有所降低。从调查数据来看，在调查的260户失地农民中，属于贫困型农户的有96户，占失地农民的37%。收入下降型失地农民主要呈现以下特点：

首先，收入来源单一或几乎没有稳定的收入来源。从调查资料来看，贫困型失地农户单一依靠外出打工收入的有54户，占贫困型农户的56%；没有收入来源的有6户，占贫困型农户的6%。收入来源单一和来源的不稳定，导致失地农民生活水平下降。

其次，从安置方式来看，贫困型失地农户的安置方式主要集中在货币安置方式和农业安置方式。货币安置方式和农业安置方式由于没有考虑失地农民在非农就业时所遇到的困难，对失地农民的就业和发展问题没有做出安排，当非农就业无法实现时，生活水平下降在所难免。

再次，贫困型失地农民主要产生在职业型失地农民中。从调查情况看，在调查的260户失地农民中贫困型失地农民属于职业型的有55户，占贫困型失地农户的57%；属于兼业型的39户，占贫困型失地农户的41%；属于名义型的2户，占贫困型失地农户的2%。从资料来看，贫困型失地农户主要产生在职业型农户和兼业型农户中。

贫困型失地农民产生的原因是多方面的，主要是征地补偿制度和失地农民自身因素共同作用的结果。其中征地补偿制度设计的不合理是导致失地农民生活水平下降的首要因素，失地农民自身非农就业技能低和文化程度不高也是导致失地农民生活水平下降的因素之一。具体内容如下：

1. 征地补偿制度导致失地农民生活水平下降

征地补偿制度设计的不合理是导致失地农民生活水平下降的首要因素。政策设计不合理主要体现在以下几个方面：一是以粮食的产出来确定征地补偿价格，造成征地补偿不足，导致失地农民因补偿不足而生活水平下降；二是征地范围过宽，造成失地农民人数过多，超过了城市的承载能力，因无法充分就业而出现生活水平下降；三是征地程序设计不严密，失地农民难以参与其中，因监督失效而出现生活水平下降；四是没有就业安置等妥善安置政策，造成失地农民因缺乏发展机会而生活水平下降。首先，目前的土地征用价格的确定是以土地征用前三年粮食产出作为计价依据，这种计价价格明显偏低。众所周知，粮食收入是农业收入中产出最低的，一公顷土地的产出在 9000 元左右，这也就是国家发放粮食补贴的原因之一。城乡接合部作为城市的蔬菜基地和瓜果基地，单纯种植粮食的耕地已经很少，种植蔬菜和瓜果、鲜花和其他经济作物是目前农地的主要用途。以种植蔬菜为例，每个大棚占用土地 0.067 公顷，每个蔬菜大棚年收入就在 1 万元以上。而这种不顾土地原使用用途而统一按照粮食产出的价格予以补偿，必将导致失地农民生活水平下降。以廊坊 2002—2005 年平均工业用地每公顷补偿价格 30 万元计算，每亩土地的补偿价格仅仅相当于一个蔬菜大棚一年的收入，却剥夺了农民对土地永久的使用权，生活水平下降也就不足为奇了。

其次，征地范围过宽，盲目搞市政建设，超过城市的吸纳能力，就业岗位缺乏，是造成失地农民生活水平下降的另一重要原因。在涿州市调查发现，为了建立涿州市经济技术开发区，涿州市征用了大量土地。但是土地征用后土地空置率高，很多企业在开发区内建起了宿舍楼和别墅区，造成失地农民因无法充分就业而生活水平下降。

从调查情况看，由于廊坊距离北京较近，城市发展较快，尤其是廊坊经济技术开发区的建立和东方大学城的建立，许多知名企业入驻廊坊，为廊坊的失地农民提供了较多的就业机会和非农收入机会，所以在调查中反映失地后生活水平下降的人数较少。而涿州市作为一个县级市，同廊坊相比，城市规模较小，城市又没有大型企业可以吸纳剩余劳动力，导致失地后生活水平下降农户较多。其中，廊坊反映生活水平上升的有 54 户，占调查样本的 36%；反映生活水平没有变化的有 48 户，占调查样本的 32%；反映生活水平下降的有 48 户，占调查样本的 32%。而涿州反映生活水平上升的有 18 户，占调查样本的 16%；反映生活水平持平的有 44 户，占调查样本的 40%；反映生活水平下降的有 48 户，占调查样本的 44%，显示非农就业岗位的不足是导致失地农民生活水平下降的一个重要原因。

再次，在整个土地征用程序中，土地补偿价格的形成完全是由政府、村干部和用地单位共同协商的结果，失地农民被排除在外。首先是既代表国家利益又代表地方利益的政府部门普遍把招商引资作为发展地方财政的主要手段。当用地单位尤其是大企业需要征用土地时，当地政府会把该项目作为一个政绩目标来完成，在国家政策允许的范围内提供一切方便，不惜压低土地征用价格甚至零价格征用土地以保证用地单位的利益。因此，如果代表国家利益的政府部门、用地企业和村委会在征地面前成为利益的共同体，被征用土地的农户利益受损也就不足为奇了；另外由于目前对土地征用款的使用没有严格的使用规范和监督机制，加之村民缺乏知情权，没有可以代言的组织机构，对政府和村集体的不合法的行为没有拒绝权，使失地农民利益受损。在调查问卷中，当问到“在土地征用前你是否知道”时，在260户失地农民中有137户即约有53%的农户选择“不知道”。很多人对土地的征用用途不清楚，更不清楚土地的出让价格，导致土地征用款成为村干部致富的源泉。有的村甚至流传着这样的话：“不征地民不苦，不卖地官不富。”在土地征用出让的过程中，如果出让金额为100%，60%—70%的出让金额为政府及各部门所得，25%—30%为村级集体所得，农民所得仅占其中的5%—10%。土地补偿金的层层截留，使本来已经蒙受损失的农民雪上加霜。

另外，目前以货币补偿为主的安置方式，并没有让失地农民分享城市化的收益，相反，却采用掠夺的手段把失地农民排斥在城市化之外，并用残酷的方式割断了农民与土地的关系。土地是农民唯一重要的财富，失去了土地的农民，就完全失去了发展的机会。

2. 非农收入能力低下导致失地农民生活水平下降

通过对征地后生活水平下降的失地农民的分析，发现非农收入渠道的单一是影响失地农民生活水平下降的重要原因。从调查数据看，其中有54户失地农民单纯依靠打工收入作为家庭收入的唯一来源，非农收入来源单一。当非农就业无法实现时，整个家庭生活来源中断，生活水平下降已成必然。另外，对以打工收入为主的101户失地农民的调查中，生活水平下降的有49户，生活水平持平的有40户，生活水平上升的有10户，不清楚的有2户。调查结果显示，单纯依靠打工收入，仅能解决失地农民的生活问题，不能解决失地农民的富裕和发展问题。

非农就业技能的低下，导致失地农民的就业能力和工资水平较低。通过对生活水平下降的农户的分析发现，就业率为69%，低于全体失地农民72%的就业率。

从工资水平来看，生活水平下降的失地农民的月平均工资标准为602元，比失地农民每月1007元的平均工资低405元。从数据分布来看，工资水平介于300—500元的有17人，占调查人数的18%；工资水平介于500—800元的有51人，占样本人数的54%；工资水平介于800—1000元有17人，占调查人数的18%；工资水平介于1000—1500元之间有6人，占调查人数的6%；工资水平在1500元以上的有3人，占总人数的4%。

职业型农户较易出现生活水平的下降。通过对职业型失地农民分析，征地后就业率为61%，远低于总体72%的就业率，显示非农就业技能的不足是限制失地农民就业的主要因素。另外，职业型农户平均受教育年限为4.18年，即不满小学毕业，如此低的受教育水平，很难胜任较好的就业岗位。同样，也揭示了非农就业技能不足对失地农民失地后生活水平上升的制约作用。

3. 社会保障体系的不健全使一部分失地农民处于贫困边缘

目前失地农民尚没有被纳入正轨的社会保险体系，基本处在社区保障的保护之下，但是目前的社区保障基本是一种社区福利，在全社区内部平均分配，其在实现社会公平、调节收入差距方面所起的作用十分有限。对特别贫困的家庭，单纯依靠社区保障是难以维持生活的，它还需要社会保障予以扶持。从调查情况来看，目前所调查的80个村庄中，只有廊坊市的楼庄村实施了最低生活保障制度，对特别贫困的家庭每年给予340元的最低生活保障金。虽然金额并不多，但是对缓解贫困家庭的生活困难具有一定的积极意义。建立健全农村的社会保障体系，将农民纳入社会保障体系，尤其将失地农民纳入正规的社会保障体系对缓解失地农民的生活困境具有重要意义。

由于征地补偿制度、区位因素和失地农民自身就业技能的差异使失地农民产生分异现象。其中良好的区位特点、开发型的安置方式以及非农就业技能的优势使一部分失地农民生活水平上升，成为发展型失地农民；兼业型农户的非农收入避免了失地农民生活水平的进一步下降，社会保险安置方式抵补了由于土地征用所导致的农业收入减少，使失地农民生活趋于稳定，成为稳定型失地农民；而征地补偿政策设计的不合理、非农就业技能的低下等因素使一部分失地农民出现生活水平的下降，成为贫困型农户。其中政策设计的不合理是导致失地农民生活水平下降的首要因素，政策设计不合理主要体现在以下几个方面：一是以粮食的产出来确定征地补偿价格，造成征地补偿不足，导致失地农民因补偿不足而生活水平下降；二是征地范围过宽，造成失地农民人数过多，超过了城市的承载能力，因无法充分就业而生活水平下降；三是征地程序设计不规范，失地农民缺乏知情权和对不合法征地的拒绝权，因监督失效而生活水平下降；四是没有就业安置等妥善安置政策，造成失地农民因缺乏发展机会而生活水平下降。所以，应针对制度设计的缺陷，进行相应的制度改进，是缓解或解决失地农民生活水平下降问题的必由之路。

三　土地失衡制造新的贫困人口

失去土地的农民，尤其是年龄较大者，既没有生产资料，又没有生活来源，必然成为城市化进程中最脆弱的社会群体，难免成为城镇新的贫困人口。据一些城市的调查资料，失地农民已超过城市“低保”人口的20%，个别地区甚至超过80%。大规模贫困人口的存在，必将影响和谐社会的构建以及我国全民富裕，和共同富裕的目标相悖。由于农民失地是农民被动选择的结果，这种以剥夺农民利益换取城市化进程的行为，有违社会的公平和公正，也跟我国城乡统筹发展的思路不符。政府应该也必须从完善土地征用制度、加快城乡二元制度改革、构建社会保障制度、创新安置方式等制度改进入手，对失地农民做出妥善的制度安排，避免失地农民因为土地征用而出现的边缘化和贫困现象的发生。

1. 失地农民问题的核心是存在边缘化倾向和贫困化现象

失地农民的边缘化特征主要体现在对自身身份的模糊认定和对自身身份的不认同等特征，居住在城市的完全失地型农户虽然户口农转非，但是因为没有享受到城里人普遍拥有的就业培训、社会保障和子女教育等权力而被排斥在市民之外，成为城里人眼中的农村人；居住在农村的失地农民由于土地的被征用而引起生活方式、就业方式、生活水平的变化，成为农村人眼中的城里人。而且由于失地农民是被动边缘化，表现为对就业市场准备不足，非农就业技能不足，对土地普遍存在依赖情结，更加重了这种边缘化倾向。当非农就业无法实现和安置政策失效时，部分失地农民尤其是职业型农户容易出现贫困化现象。

2. 失地农民问题产生是宏观和微观因素共同作用的结果

由于征地权的滥用，导致失地农民过度非农化，政府强制征地和低价征地导致失地农民被动非农化，而安置政策失效使失地农民无法顺利实现就业非农化，所以，征地补偿制度的实施导致失地农民出现土地使用方式非农化和就业方式无法同步非农化的困境；长期实行的城乡二元制度使失地农民无法顺利市民化；就业歧视的存在使失地农民非农就业收入无法实现，社会保障的不健全使失地农民心理安全感下降，户籍制度的缺陷使失地农民失去政治诉求的机会难以真正融入城市社会；另外，失地农民自身文化程度不高，非农就业技能较差，就业观念落后以及生活习惯的差异也是导致失地农民边缘化和贫困化的重要原因。

第三节 水资源贡献与使用制度“占补失衡”的影响

一 环京津区域的滦、潮河流域生态及水资源情况

滦河、潮河是海河流域的两条重要河流，流域生态条件在海河流域较好。滦河潘家口水库上游流域包括内蒙古自治区和河北省的6个市盟，17个县旗区，256个乡镇，共有人口288万，其中承德市人口260.3万，占流域总人口的90.4%；潮河流域密云水库上游涉及张家口、承德市、北京市12个县，总人口100.5万，其中承德市38万，占流域总人口的37.8%。承德市位于滦、潮河上游，是两河的发源地，占滦、潮河密云、潘家口和大黑汀水库以上流域面积的69.9%。密云水库上游潮白河流域面积15788km^2，涉及承德市4个县，面积6107km^2，占水库控制流域面积的38.7%；潘家口水库上游流域面积33700km^2，占85.6%；大黑汀水库上游35635km^2，两库区面积1935km^2，其中承德市兴隆县为965.85km^2，占49.9%。天津市于桥水库上游蓟运河流域面积2060km^2，兴隆县为965km^2，占46.8%。

承德市不仅在滦、潮河流域所占面积比例最大，而且由于森林植被率好，降水及汇流条件好，水源涵养能力强，滦、潮河水资源条件好于海河流域诸河。密云水库1960—2000年41年间共向北京市供水330亿m^3，平均每年8.05亿m^3，占北京市年社会用水总量40亿m^{3}的20.1%。其中承德市提供197.75亿m^3，平均每年承德市向密云水库提供水量4.75亿m^3，占密云水库多年平均入库水量12亿m^{3}的39.5%。天津市从1983年引滦入津通水后开始用滦河水，1980—2000年21年间，承德市汇入潘家口水库地表径流360.6亿m^3，平均每年17.17亿m^3，占潘家口水库多年

平均入库水量的 81.8%；汇入大黑汀水库 52.9 亿 m^3，平均每年 2.52 亿 m^3。兴隆县部分区域，多年平均汇入于桥水库 2.43 亿 m^3，占该库多年平均入库水量的 72.9%。累加起来，承德市 21 年共向潘家口、大黑汀、于桥等水库提供地表径流 464.52 亿 m^3，平均每年 22.12 亿 m^3。1983—2005 年，天津市引潘、大水库水量 123 亿 m^3，其中承德市提供的水量占 82%。甘甜的滦、潮河水不仅保障了京津饮水安全，在促进京津两市经济社会发展及生态恢复中发挥了重要作用。但由于 1999 年以来连续多年干旱枯水，1999—2003 年潘家口水库年平均入库径流量 5.61 亿 m^3，仅为多年平均入库水量的 32.5%。2000 年潮河（承德市部分）向密云水库汇水不足 0.5 亿 m^3，仅为多年平均的 1/10。从 2005 年起，滦、潮河径流状况有所好转。按自产水量计算，承德市目前人均水资源量为 969m^3（低于 1000m^3）；按实际开发利用水量计算，人均 115m^3（耗水量），承德市不仅是资源型缺水，更重要的是工程型缺水。

二　上游地区遭受的旱涝损失及巨大影响

过去，由于滦、潮河流域水资源较为丰沛，流域水资源能够满足上下游人口和经济发展需求，一直到 20 世纪 90 年代中期，在用水问题上两地相安无事。从 90 年代中后期开始，随着上游地区人口和经济的快速增长，社会用水总量随之增加，特别是 21 世纪初以来连续出现干旱枯水年，水资源总量锐减，上下游用水矛盾开始出现并愈演愈烈。按 1956—1988 年水文系列计算，全市水资源总量 37.6 亿 m^3；1956—2000 年水文系列，水资源总量减少到 37 亿 m^3，平均年递减 0.12%。如将水文系列延长到 2005 年，水资源总量减少到 35.7 亿 m^3，5 年平均年递减 0.8%。从社会用水总量来看，1993 年调查全市毛用水总量 9 亿 m^3，1998 年 10.5 亿 m^3，年用水量递增 2.6%。由于经济欠发达，承德市水利工程历史欠账较多，现有的水资源工程大多是六七十年代修建的，全市近 4 万 km^2 仅有 1 个大型水库、6 个中型水库，将所有的大中小型蓄水工程加起来，总库容只有 3.32 亿 m^3，有效库容 1.1 亿 m^3，占自产水资源量的 2.97%；北京市自产水资源总量 37.68 亿 m^3，现有 85 座水库，总库容 93.5 亿 m^3，占水资源总量的 248%；天津市自产水资源 13.9 亿 m^3，现有 3 座水库，总库容 22.4 亿 m^3，占水资源总量的 161%。承德市年耗水总量 4 亿 m^3，仅占水资源总量的 10.8%。全市水浇地控制面积仅占耕地总面积的 39%，实际保浇面积比例不足 30%，水利化程度较低。承德市水资源开发利用率与京津两市及国内一些发达地区比较相距甚远。

水资源的逐渐衰减不仅影响了京津地区用水，上游地区损失更大。20世纪90年代后期以来，大多数年份干旱少雨，特别是1999年以来出现了历史罕见的连续7年大旱，造成滦河干流断流长达133天，武烈河、老牛河、瀑河等上百条大小支流断流。1999—2005年的6年间，仅农业粮食及经济作物造成的损失高达30亿kg，直接经济损失达40亿元。由于水利基础设施差，不仅抗旱能力差，防洪减灾能力也十分薄弱。承德山区山高坡陡，洪水湍急，流域产生的突发性暴雨洪水每年造成很大损失。据统计，1949年以来历次较大洪水冲毁耕地累计10万亩次，造成人民生命财产损失40亿元。1994年7月13日不到20年一遇的洪水，造成全市直接经济损失20亿元；2005年8月12日，承德南部山区的兴隆县车河发生百年一遇的暴雨洪水，造成南部4县直接经济损失4亿元。

三 生态建设与水资源保护

20世纪90年代后期至今，作为流域上游的承德市树立了“保护京津就是保护自己”的理念，不断促进与京津地区“以水联谊”的友好关系，把滦、潮河流域的生态修复和水资源保护作为一项重要工作来抓，以国家生态建设投入为引导，积极组织发动群众投工投劳，广泛吸纳社会资金，平均每年以2亿多元的社会投入治理承德山川。市、县政府出台了《加强生态环境建设和保护若干规定》、《矿山管理条例》、《加快节水化进程的意见》等一系列推进生态建设的政策性文件，采取了强硬的禁牧措施。承德市羊存栏量最高峰时300万只，目前压缩到200万只，其中舍饲圈养100万只，散放的100万只主要在坝上及人口密度小、山场广阔的区域轮封轮放，根据调研情况来看，禁饲禁牧的规模在进一步下降。承德市建设“三位一体”沼气池20万个，结合文明生态村及社会主义新农村建设，有力地改善了上游广大农村卫生条件，促进了农村文明建设，有效地保护了山场植被。在点源治理方面，承德市日处理8万吨的集中污水处理厂已于2005年动工，利用世界银行贷款，总投资2.3亿元；兴隆、围场、平泉等县污水处理厂将相继动工。经过国家重点治理、社会投入治理与保护，滦、潮河流域坡面植被覆盖度提高到70%以上，森林覆盖率达到42.1%，退耕坡地100万亩。生态环境明显改善，水土流失及土地沙化强度明显减轻，春季风沙次数及南侵速度明显降低。使密云水库入库水体长期保持Ⅱ类水质，潘家口水库入库水质明显变好。这些成绩的取得，与位于上游地区的承德市多年坚持生态建设是分不开的。

四　滦、潮河流域生态与水环境问题

承德市位于京津的上风头、上水头，距京、津直线距离200余公里，属于同一个生态圈。原本天津市与承德不存在流域上的上下游关系，但是由于引滦济津，也将天津与承德挂上了水缘关系，划在了同一个水圈内。承德既是京津的天然生态屏障，也是其重要的水源地。尽管流域上游在生态建设和保护水资源，以及向下游输水等方面做了大量工作，付出了很大的代价，取得了明显的生态、经济和社会效益。但是，在流域上下游群众充分享受这些成果的同时，也必须充分看到这一生态圈的脆弱点，以及一系列的生态问题。对这些问题如果估计不足或不加快解决，未来人将会付出比现代人更大的代价来解决水源地的环境问题。

一是上游水土流域仍然是头号生态环境问题，遏制任务十分繁重。据1999年第二次全国水土流失遥感普查结果可知，全市滦河流域水土流失面积18000km^2，其中风蚀面积733km^2，多数都在中度以上。滦河上游及源头地区的丰宁、围场坝上及坝下地区风蚀沙化和潜在沙漠化面积已达2000余km^2。现有的水土流失面积主要分布在滦河中上游地区，围场满族蒙古族自治县县城已被沙区包围；潮河源头的丰宁县小坝子沙化南侵速度很快，距京冀界不足50km。水土流失导致水库大量淤积，潘家口水库淤积已达1.5亿m^3，造成水库轻度富营养化的主要污染物来自面源。如果滦、潮河上游面源污染继续加重，密云水库本体被污染后将难以复初。

二是流域用水矛盾日益突出，水资源不足问题日渐突出。由于连年干旱，加之上游地区人口增长和经济社会快速发展，滦、潮河水量明显减少。因此，如果不采取相应措施，流向下游的水量在一定条件下还将持续减少，上下游用水矛盾将越来越突出。从近年上游发展对水的依赖程度看，水已成为承德市经济社会发展的首要限制因素。经济社会发展对水需求的增长是不以人们的意志为转移的自然与经济规律，节水固然很重要，但只能在一定限度下发挥作用，特别是山区的潜水，覆盖层很浅，节水可以增加下游水量，但难以形成像平原地区地下水库的年际或多年调节效应。

三是经济社会发展对生态、环境的压力越来越大。密云水库和潘家口水库上游都是经济欠发达地区，在国家经济全面振兴的过程中，上游地区不仅要发展，而且要加快发展。承德市“十五”时期经济增长较快，连续几年经济增长率超过13%。在加快经济发展步伐的同时，政府虽然对环境问题也非常重视，但由于以资源型经济为主，在这一发展阶段还难以用较高成本去处理环境问题。世界银行2003年报告《变革世界中的可持续发展》指出：在资源有限的情况下，通常需要在有限目标之间作出取舍，在经济发展与环境保护之间的优先顺序上有两种选择。根据承德实际，应选择第二种，即把经济增长置于更为优先的地位，同时在短期内以相对较低的成本处理环境问题。因此，上游的发展对下游形成一定的环境压力在现阶段是难以避免的，处理环境问题也是低成本的。

根据《承德市水资源综合规划》显示，预测2020、2030年遇中等干旱年（75%），全市毛用水量分别为18.26亿、20.31亿m^3，分别缺水3.60亿、4.50亿m^3，承德市现最大供水能力仅为11.2亿m^3，供水保证率较低，其中以地下水为主要水源，以井为供水工程的开发潜力已经不大，今后的主要任务：一方面积极创造条件建设骨干控制性水资源工程，另一方面是动员全社会力量开展“小规模、大群体”的水资源工程建设。过去流域用水矛盾不突出，加之上游地区经济实力差，想建设水资源工程缺乏资金。现在，用水矛盾突出，特别是引滦入津问题上对上游水资源开发项目限制很严，在一定程度上影响了上游地区的生存和发展。因此，南水北调中线工程通水后，京津用水问题基本解决后，滦河水应该“回头”，主要为本流域服务，这样才能真正体现水资源配置的“公平、效率、优先”原则。

四是能源价格上涨和舍饲禁牧后后续产业跟不上给生态带来新的压力。近年植被得到有效恢复，除国家和群众投资治理外，很大程度来自经济的发展和人民生活的富裕，一些距城市、县城较近的农村先行走向富裕，随之也改变了传统的生活方式，从传统的烧柴改为烧煤或液化气，偏僻的农村也建起沼气池。估计这些替代的农村能源至少每年可节柴30%，全市每年可节柴21万吨，使2100km^2山场免遭过度樵采，从而间接地保护了山场。但是，由于近年煤、液化气价格猛涨，已有一些群众被迫重新烧柴。为了保护山场、恢复植被，近5年全市各县压减山羊，实行舍饲禁牧。但是从散放到舍饲的调整中，平均每压减一只山羊群众损失200元。由于舍饲成本高、品种改良难、饲草来源不足等问题未能得到有效解决，牧民又没有其他生存之道，长期禁牧已不现实，有些地方已经出现夜间放牧的现象，这将给生态恢复和建设带来新压力。

五　生态环境效益与建设保护成本共担的机制

经济外溢理论认为，无论是环境破坏所造成的危害还是环境治理所带来的效益都会外溢到周边地区。环京津贫困地区只有在发展经济的基础上，才能实现生态环境目标。要实现这两个目标的有机结合，加快环京津贫困带的经济发展和生态环境建设，关键是消除体制障碍，建立长期而稳定的生态补偿机制。这一补偿机制不应是简单的财政转移支付等“输血型”补偿，而应是“输血型”补偿与“造血型”扶持相结合的环京津贫困地区发展权补偿，使外部补偿转化为自我积累和自我发展的能力，使经济发展和生态环境保护实现共赢。

首先是制定有针对性的财政支持政策，所有大中型生态建设和水资源环境保护工程由中央和京津冀共同投资，适当提高对工程管护补偿标准的政策；加大国家和省级财政转移支付力度。其次是完善统一的生态补偿机制。一方面确定科学合理的生态补偿内容，包括水资源使用权损失补偿政策、限制传统工业发展权益损失补偿政策、生态工程管护费用补偿政策等特殊的资源环境保护损失补偿政策。另一方面制定多层次的生态环境补偿制度，包括完善相关法律法规，制定相关补偿的评价标准体系、具体操作程序以及协调和监督管理机制，形成完善的生态补偿体系，并且成为长效补偿机制。

通过建立对永定河、潮白河和滦河大型水库上下游区域性水资源与水环境的补偿机制，改善上游地区生态环境，保护京津冀区域地区用水安全，提高自我发展的能力，也是从根本上保证环首都贫困地区经济的跨越式发展，达到生态、经济发展双赢的目标。

水是以流域为单元形成的，流域上、下游既有用水的权利，又有共同保护水资源和水环境的责任和义务。滦、潮河生态建设和水资源保护的好坏直接关系到向京津唐地区供水的保证率和供水安全。一个山清水秀的滦、潮河，不仅是上游近300万群众生存发展的需要，也是下游京津唐地区群众饮水安全、经济社会可持续发展不可缺少的条件和保证。承德的生态建设搞好了，本地受益，下游也受益；承德的环境治不好，本地受害，下游地区也难以安好。长期以来，上游群众在水资源保护利用过程中凝聚了大量劳动，上游水资源已经具有相当的劳动价值，这符合马克思的价值论。作为经济欠发达地区的承德，靠自身力量难以长期承担滦、潮河水资源保护的重担，长期依靠国家投入也不现实。因此，建立一种长效投入机制，对于加快滦、潮河生态环境恢复和有效保护水资源、支撑全流域经济社会可持续发展具有十分重要的意义。

生态与水资源补偿是一个庞大而复杂的系统工程，涉及自然科学、社会科学诸多方面。西方一些发达国家在水权管理方面已有成功的经验和模式，目前我国水资源经济补偿体制还不完善，要想尽快解决滦、潮河水资源补偿机制问题也不会一蹴而就。近年来，水利部加快了水资源补偿机制的研究，国家有关部门及社会各界也都高度关注。在补偿的理论研究和计算方法上，很多专家立项专门研究，提出了很多方法。但是，流域上、下游各地各说各的理、各算各的账，有的地区既是补偿主体，又是补偿对象。在阮本清、魏传江著《首都圈水资源安全保障体系建设》一书中，对首都圈密云、怀柔水库的水资源补偿已经算得非常清楚。

无论是密云水库，还是潘家口、大黑汀水库，其上游提供的水量可分为两大部分：一部分是洪水。三大水库上游山区洪水是径流的主要来源，约占径流总量的50%。大量洪水由于上游没有大型骨干控制性工程拦蓄和调节，自然汇流到下游三大水库形成可用的水资源。第二部分是基流。基流占总径流量的50%。多年来，滦、潮河基流基本未断，除洪水转化补充原因外，上游开展农业和城市节水也起到了很大作用，主要还是农业节水。将农业用水节约下来转让给城市和工业，应视为一种水权转让。引滦入津工程就是靠牺牲滦河流域农业用水来保证天津的城市和工业用水，也就是将河北省滦河流域水资源使用权向天津市转让。因此，滦河水市场应由津、冀两地水行政主管部门组织协调。

第四节　环京津带生态友好型发展研究

环境友好型发展就是采取有利于环境保护的生产方式、生活方式，建立人与环境良性互动的关系。环京津环境友好型发展，是以环境承载力为基础，以遵循自然规律为准则，构建经济社会环境协调发展的友好体系。

20世纪90年代中期以来，我国对于环境与发展的关系的认识经历了三个阶段。一是把环境保护作为经济结构调整和扩大内需的重要内容，将环境保护与经济发展有机结合起来，强化环境保护对经济结构优化的促进作用。二是积极开展循环经济理论和实践探索，努力寻求环境与经济的内在统一。三是提出建设资源节约型和环境友好型社会，从更高层次上实现经济发展、社会进步与环境保护的相互协调，促进可持续发展。

生态友好型发展体现在理论和应用两个方面。理论方面，王如松（2003）认为中国环境污染与生态破坏问题的症结在于管理问题，其实质是资源代谢在时间、空间尺度上的滞留或耗竭，系统耦合在结构、功能关系上的破碎和板结，社会行为在经济和生态管理上的冲突和失调。为解决上述问题，从理论角度提出了区域资源—环境—经济相结合的复合生态系统管理。王金南（2006）概括性地对我国生态补偿机制中的几大关系进行了总结：政府与市场、中央与地方、综合平台与部门平台、生态付费与破坏补偿、生态补偿与扶贫、“造血”与“输血”、流域上游与下游责任、补偿标准与协议补偿、政府资金与社会资金之间的关系。

在生态安全的研究领域，王如松和欧阳志云（2007）从分析生态安全的系统框架、动力学机制和控制论方法入手，探讨区域、城乡和人口生态安全的战略管理和建设方法。认为生态安全的内涵不只是生存稳定性还有发展的支撑能力，不只是环境结构的安全还有生态关系的健全，生态安全不能只用自然生态风险和人类生态胁迫的负面威胁来测度，还要用自然生态服务的正面调节来测度。

一　环京津带二元结构突出的态势：相关变量

1. 因变量

环京津带包括北京、天津两个直辖市以及河北省的唐山、保定、廊坊、秦皇岛、沧州、张家口和承德 7 个地级市。该地区作为北京的周边地区和最直接腹地，也是和北京经济、社会、生态联系最为密切的地区。北京城市空间发展战略研究提出的区域协调发展战略以及市域空间发展战略的“两轴、两带、多中心”都涉及在区域空间尺度上协调的问题。

环京津带二元经济突出，核心城市与周边地区落差较大。在经济结构上，北京、天津、河北差异明显。北京基本处于向知识经济过渡阶段，天津属于工业经济后期，河北属于工业经济初期。京津与河北之间形成二元化的两种工业体系和两个市场，城乡经济发展差距较大。

环京津带尚处于由一极集中的单中心地区向多中心地区演进的发展阶段。区域经济整体水平不高，存在明显的二元经济现象。京津产业结构相似，京津与周边城市间产业梯度落差较大，尚未形成合理的分工，产业关联度和依存度不高。

2. 自变量

为改善该地区的贫困和生态环境状况，国家已在该地区实施了多项扶贫和重大生态建设工程。从1994年开始的国家“八七”扶贫攻坚计划，环京津24县有21个县区位列其中。国家、省和社会各界通过开发式扶贫、产业扶贫、加强贫困地区基础设施建设等多种有效形式，共向张承贫困地区投入扶贫资金25.5亿元，基本完成了“八七”扶贫攻坚任务。但由于当地自然条件恶劣、基础设施薄弱、农户缺乏必要的家庭积累，因灾、因病、因学返贫致贫人口不断增加。

为防治风沙危害、保护京津水源，国家先后在该地区实施了三北防护林建设、退耕还林还草、京津风沙源治理、北京21世纪水资源可持续利用等多项重大生态建设和环境治理工程，累计投资超过100亿元，但由于在安排生态工程建设上，重建设、轻管护，导致众多生态工程没能取得理想的效果。区域内水土流失日益严重，土地荒漠化面积不断扩大，沙尘暴频繁袭击京津；干枯河流不断增加和干枯河段不断向上游延伸，60年代海河干流断流、70年代海河一级支流（永定河）断流、80年代海河二级支流（桑干河）断流；密云水库、官厅水库、潘家口水库——京津三大水源的入库水量逐年减少，整体生态环境不断恶化的趋势未能得到根本扭转。

造成这种状况的根本原因在于，在条块分割的决策管理体制和陈旧僵化的协调机制下，扶贫与保护生态各自封闭管理和运行，扶贫开发与生态建设相互脱节，导致众多决策失误，诸多扶贫开发和生态建设的努力事倍功半，国家要生态、地方要财政、农民要致富的尖锐矛盾始终难以缓解；在割裂的中心城市与腹地区域发展关系构架下，中心城市与其腹地区域各自发展，区际发展关系受到人为阻隔，区际发展落差不断扩大，成为统筹扶贫与保护生态、协调城乡和区域发展的经济藩篱。

二 构建生态型经济和社会功能体系

从区域平衡发展的角度分析，环京津带采取既参与垂直分工，又参与水平分工的混合分工模式，各地区依据自身比较优势和资源禀赋特征，形成各自的产业特色，并在区域产业链中承担相应职能（图8-6）。推进环京津带发展，首先要调整区域内的分工体系。事实上，环京津带9个城市各有特色，具有地域分工的基础和可能。

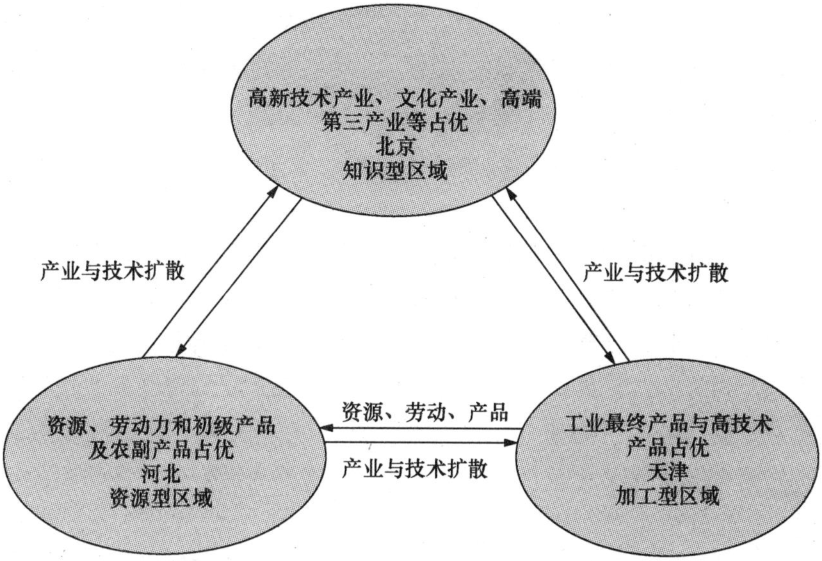

图 8－6　京津冀北区域产业协调发展框架

目前，环京津带形成了“一极集中”的区域空间结构。人口、经济活动和城市职能向核心城市的过度集中，使核心城市面临着日益加剧的资源与环境压力，形成明显的区域经济二元格局。将区域现有的多核松散的点轴型空间结构转变为多核紧密的网络型空间结构。具体思路为：强化京津两市功能联系，促进功能分工合理化，利用北京的首都优势、天津的临海和港口优势，促进周边地区协调发展，充分依托各城市的比较优势在整个区域内形成大中小城市各司其职、功能分工合理的城镇体系。

三　生态型产业发展对生态性发展的促进

第一产业：以建立不追求粮食自给的节水型绿色种植业为目标，调整改造落后的高耗低效种植业，提高水资源利用水平和效益，提高土壤的蓄水保水能力、雨水收集能力，发展节水高效型种植业；进一步推进退耕还林还草步伐，改良退化草场，建设人工草场，扩大草地面积。改变传统的畜牧业生产经营方式，实现生态保护区载畜量的平衡；以建设生态功能、生态林与经济林相结合的防护性林果业为主目标，结合三北防护林建设，调整林种结构，集中连片发展灌草结合型林业。全面加强生态林的建设和管理，把它作为一个独立的产业纳入国民经济生产管理体系。

第二产业：以建立资源高效利用和综合利用相结合型的清洁生产性加

工业为目标，调整和优化工业结构、控制结构性环境问题的发展。优化工业布局，控制布局性环境问题的发展，推动工业企业向水源保护区外的中心城市和县城集中，一、二级水源保护区内的县城以下原则上不再布局工业项目；普及推广清洁生产技术，积极推广符合清洁生产要求的先进技术、工艺和产品。

第三产业，以建立生态服务功能和生产生活服务功能并重的配套服务业，构建具有特别示范区特色的服务业产业体系为目标，加快发展包括城市园林绿化、防护林管理、森林防火防疫、林草苗种培育繁殖、生态工人培养等在内的生态工程管理服务业，力争把生态工程管理服务业发展建设成为一个独立的第三产业；依托资源优势，发展壮大生态和文化旅游产业；巩固和提高商贸流通业的支柱地位，发挥流通产业的先导作用，用流通的现代化促进生产的现代化。

四　人口控制和劳动力优化是生态性发展的重要措施

为从根本上扭转环京津带生态恶化的趋势，实现经济、社会、生态环境的协调发展，必须严格控制人口规模，努力提高人口素质和劳动力就业技能，促进特别示范区人口和劳动力向区外有序转移；改变分散的城乡人口配置模式，推动人口向重点城镇集中；按照生态敏感程度和功能分区，实行流域性人口控制。

按照“两增一减”、三级转移的模式配置城乡人口。即增加城镇人口、增加向区外转移的人口、减少农村人口，推动人口从深山区和生态极度脆弱区向坝下和山间盆地地区转移、从农村向城镇转移、从特别示范区向区外转移，减轻人口及其经济活动对自然生态的压力。

按照生态敏感程度和功能分区流域性人口控制。按照流域生态功能地位进行流域性人口控制的顺序是：潮白河流域、滦河流域、永定河流域、拒马河流域、内陆河流域。按流域生态经济功能进行人口控制的顺序是：自然保护区、风景旅游区、生态农业示范区、其他区域。通过分区分级分类进行人口控制，建立起与特别示范区生态功能相适应的人口分布结构。

建立农村劳动力四分开发就业结构（劳务输出、城镇二三产业、第一产业和生态服务业）。基本思路是：为缓解经济活动对生态与经济发展的压力，压缩农牧业劳动力规模和比重，推动农村劳动力向二三产业和城镇集中。扩大劳务输出。配合特别示范区生态林草的建设和保护，确保生态林草的可持续发展，根据本区生态林草发展规模，建立从事生态林草种植、养护和管理的生态林草管护队伍。

五　城镇发展对生态性的影响

建立经济中心城市和县城两头沉的城镇等级规模结构。按照生态化的要求，布局以上中心城市和县城为核心，推动人口向城镇集中，扩大中心城市和县城的规模，减小农村的生态压力。

建立经济功能分工合理的城镇职能结构。提高城市综合竞争力和区域经济发展的带动能力，巩固和提高张家口和承德历史文化名城的地位；突出特别示范区城镇的文化、旅游、物流、教育职能，分级、分批建立一批特色城镇，发展壮大生态和文化旅游城镇。有计划地加强特别示范区城镇产业发展的宏观管理，提高工业和技术经济开发区的建设起点。

建立点轴分布的城镇地域结构。重点发展高速公路等骨干交通沿线的城镇。建立文明高效的生态城镇。推进中心城市的和县城的生态化进程，高标准建设城市污水治理系统，使全部城镇污水都能高标准处理。按城市规划要求，高标准建设城市园林体系，保证建成区的绿地覆盖率达到30%。全部实现市区及以下河段还清。所有中心城市和组团城市之间高标准建设绿色廊道。提高城市清洁能源比重。

六　资源开发利用与环境保护

加速退耕还林还草，建立林牧为主、林草结合的用地结构。大力调整土地利用结构，适度降低种植业种植面积，积极发展生态草场和牧草种植，加速生态林和经济林建设。

实施限牧轮牧，有序推进舍饲禁牧，建立草畜平衡的生物资源利用结构。大力调整用水结构，提高水资源有效利用率。积极推广节水技术，发展节水农业，限制高耗水农业，稳步压缩农业用水；严格禁止高耗水和高污染建设项目，鼓励发展资源重复利用率高、污染少或无污染项目，稳定工业用水；在大力推广生活节水设施和节水生活方式的同时，适度提高生活用水总量；增加生态用水水量。

加强矿产资源合理开发与保护。提高矿产资源开发和加工的技术水平，实现资源的高效利用；加大对尾矿、伴生矿开发利用力度，提高资源综合利用水平；加强对矿产资源开发的管理，规范矿产资源开发企业，提高矿产资源开发企业经营管理水平，减轻矿产资源开发对环境的压力；对矿产周围环境和尚不具备开发利用条件的矿产资源进行有效保护，实现矿产资源和环境的可持续利用。

环京津贫困带作为具有典型的二元经济结构特征的区域，面临着消减二元经济结构和实现新兴工业化的历史任务。二元经济的理论研究工作仍有两个方面的不足：一是分散地处理二元经济问题的不同组成部分，而缺乏一个较为系统的理论框架来涵盖二元经济的产生、强化及其解除路径；二是此类研究中一些模型的前提假设与京津冀区域的经济现实尚有差距，从而就影响到理论对经济现实的解释力和指导力。

政 策 篇

第九章　贫困问题缓解的国际经验及其借鉴

第一节　发展经济学角度的国际贫困问题

一　国际上贫困形成理论与评价

国际上贫困原因极其复杂，既有经济方面的因素，还有其他社会、文化、政治等方面的因素，从发展经济学角度探讨国际上贫困问题的真正原因。但国际上贫困问题包括不同层次的贫困，既有国家贫困、地域贫困、阶层贫困，又有个体贫困，因此无法将这许多种因素纳入一个框架内进行全面的论述，本书主要选择国家贫困和个体贫困来研究。主要观点归纳如下：

第一，本书认为，贫困是一种状态，是由于缺乏获得基本生活资料的能力和机会。贫困既有绝对贫困（生存贫困）——发展中国家现今的贫困就属于这一类型，还有相对贫困——发达国家目前是属于这一类型。这种绝对贫困和相对贫困是经济意义上的概念，是指收入水平上的贫困概念。而且相对贫困与绝对贫困可以同时存在。绝对贫困消灭后，由于收入分配等原因，相对贫困仍然存在。相对贫困不仅是收入状况上的相对贫困，还存在诸如知识贫困、技术贫困、信息贫困等，这些贫困又使一个国家或个体产生经济意义上的贫困。这就导致现今世界体系中相对贫困会一直存在下去。贫困化是一个动态概念，是一种趋势，它有两层含义：一是在原有贫困基础上，贫困范围的扩大，贫困人口数量的增加；二是由全球经济体系一体化产生的不贫困向贫困过渡的趋势。

第二，从经济学家考察的情况看，自由派经济学家们的贫困理论是按照西方发达国家的工业化发展模式，集中探讨发展中国家资源的配置、结构的制度的变动以及生产力的运行；激进派经济学家们则对自由派理论进行了猛烈的抨击，他们从历史发展的角度，探讨了发展中国家贫困的根本原因，提出了“外围”依附“中心”的结构模式，分析了世界范围内价值转移的运行机制，揭露了帝国主义和殖民主义，乃至当今发达国家、国际垄断资本对发展中国家进行剥削和掠夺的实质。但是，从总体上来说，自由派理论未能从历史和生产关系的角度探讨国家贫困形成的原因及其特点，脱离了发展中国家的实际情况，而激进派理论却脱离了国家内部要素、结构和机制等问题的分析，导致他们的理论都有一定的片面性。这就注定了这些理论不可能为贫困国家和地区找到一条正确的、完善的反贫困战略。

第三，笔者综合分析认为，制约国家贫困特别是发展中国家贫困的主要内部因素有经济增长、教育水平、收入分配状况、人口增长速度、失业率及其他相关因素如社会稳定、突发事件、发展战略等。

教育水平、经济增长与贫困呈负相关，收入分配、人口增长速度及失业率与贫困呈正相关。此外，贫困与社会稳定与否、突发事件频率、发展战略选择有关。首先，贫困还与外部环境即外因相关，当今主要表现为经济全球化对发展中国家的冲击，这里主要包括数字鸿沟、国际贸易条件，直接投资、金融自由化等诸多因素，在这些因素中都包含旧的世界经济体系的不平等性。但这些因素并不是相互独立的，而是相互制约的，经济增长是制约其他几个因素的最基础因素。其次是教育水平。它对经济增长又有制约作用，直接或间接制约经济增长及人口增长速度，并对收入分配状况的变化有直接作用，在经济全球化的今天，教育水平又直接影响着科技发展及人口的技术能力。

传统理论认为，在经济发展的初期，公平的收入分配会影响经济增长。但实践证明，公平的收入分配不仅不会影响经济增长，还会促进经济增长（当然这是在有经济增长的前提下）。而收入分配状况又制约教育水平，尤其是最底层人口的教育状况。由于收入分配状况的恶化，生活在社会最底层的人口，并没有享受到经济增长带来的好处，收入水平没有提高或提高缓慢，无钱供养子女进入学校接受教育、导致他们受教育水平低，无法适应现今社会的变化，将使他们的收入水平进一步恶化，社会收入分配进一步恶化，形成了一个可怕的循环。

第四，在经济全球化的进程中，由于先进技术掌握在发达国家手中，它们利用对先进技术的垄断，使发展中国家与发达国家间的差距拉大。在发展中国家内部，一部分发展中国家由于教育水平和科技水平较高、初始条件（加入到经济全球化前的条件）较好，它们可以利用经济全球化这一历史机遇，经济社会得到快速的发展。但还有一部分发展中国家由于国际环境的影响加上国内经济发展落后，使其不仅与发达国家的差距扩大，而且与其他发展中国家的距离也扩大。此外，在发展中国家国内，由于发展的不平衡及掌握科技的能力差异，使两极分化严重。

二　世界贫困状况概述

根据世界银行的一份研究报告，在过去的数十年中，在国际范围内，有相当一部分贫困人口的贫困状况获得了非常大的改观，但有更多的人口其贫困状况依然十分窘迫，甚至有所恶化。据联合国统计，目前，全世界60亿人口中，有1/6的人食不果腹，温饱问题尚未解决；将近2亿五岁以下的儿童患极度营养不良症；10亿人口处于文盲状态；占世界人口25%的约100个国家和地区自80年代初以来由于各种原因国民经济的增长几乎等于零，这就造成了目前全世界每天收入不足1美元的人口接近13亿。由于贫困，世界上一些国家人口平均寿命只有40岁，新生儿死亡率高达10.8%。从地区分布上说，世界贫困人口的状况主要体现在三个方面（海南发展研究院，1998）：

（1）从20世纪70年代中期到90年代中期，东亚地区的贫困人口减少了一半，生活在贫困线（每天1美元）以下的人口比例由60%降到20%左右。撒哈拉以南非洲地区由于缺乏足够的资料而不能得出准确的数据及其变化状况，但这一时期该地区贫困人口的绝对数量和比例都可能增加了。根据最新的资料，在1987—1993年间，除了东亚地区之外，所有地区的贫困人口数量都在增长。

（2）1970年，婴儿死亡率在数值最高的三个地区，即中东和北非地区、南亚地区和撒哈拉以南非洲地区大致是相同的，都是140‰，到了1995年婴儿死亡率都下降了，但三个地区的比例却出现了很大的差别，分别为54‰、75‰、92‰。

（3）世界各地小学入学率和中学入学率都稳定地上升了，甚至在经济萧条和衰退的时期也能保持较高的入学率。但撒哈拉以南非洲地区是一个例外，该地区的小学总入学率实际上从1980年的80%下降到了1993年的72%。

除此之外，世界范围内贫困人口的总数，已由20世纪80年代末的12亿增加到1993年的13亿，到21世纪初由于战争频仍，大约已增加到14亿。如果这种趋势持续下去，在未来很短的时间内，低于收入贫困线的人口将超过15亿。国际社会所面临的贫困状况尽管在局部得到很大缓解，但从整体上来看，形势是十分严峻的。

三 中国贫困状况的国际比较

1993年美国四口之家按年收入14763美元的贫困线计，贫困人口达3930万人，占美国人口的15.1%。而此时按我们在上文中规定的贫困线进行测算，中国的贫困人口为11208万人，贫困发生率为9.5%。这种对比中存在许多不可比的因素。

在大致可比的范围内，我们曾经根据世界银行1990年以贫困为主题的专题报告中，按照统一的贫困线对世界许多国家贫困状况的估测，对中国与其他发展中国家的贫困情况进行了比较（陈宗胜，1993）。中国的贫困状况比国情类似的印度要好得多，比发展中国家的一般情况也好得多，但与东欧的平均情况相比，除了入学率外，却要差很多。见表9-1。

表9-1 中国贫困状况的国际比较（1985年）

国家或地区	贫困人口（百万）	贫困率（%）	赤贫人口（百万）	赤贫率（%）	5岁以下儿童死亡率（‰）	预期寿命（年）	净小学入学率（%）
中国	210	20	80	8	58	69	93
东欧	6	8	3	4	23	71	90
印度	420	55	250	33	199	57	81
所有发展中国家	1116	33	633	18	121	62	83

注：贫困线为370美元（按1985年购买力平价计算），赤贫线为275美元。

资料来源：陈宗胜（1993）。

世界银行1996年又对1987—1993年世界贫困的变动情况进行了测算。根据他们的测算，与1987年相比，1993年世界人口的贫困发生率稍有降低，由30.1%降为29.4%，降幅不足1个百分点；贫困人口的绝对数量却由122710万人增加到131390万，增幅达7.0%。中国贫困变动情况与发展中国家贫困变动情况的比较见表9－2，中国的情况不及欧洲和中亚、中东和北非，但与东亚和太平洋、拉美、南亚、中南非以及各发展中国家的平均情况相比还是要好得多。

表9－2 1987年和1993年部分国家和地区的贫困程度

	贫困人口数量（百万）		贫困发生率（%）		贫困缺口率（%）
年份	1987	1993	1987	1993	1993
东亚和太平洋地区	464.0	445.8	28.8	26.0	7.8
其中：中国	146.0	112.1	13.6	9.5	—
欧洲和中亚地区	2.2	14.5	0.6	3.5	1.1
拉丁美洲和加勒比地区	91.2	109.6	22.0	23.5	9.1
中东和北非地区	10.3	10.7	4.7	4.1	0.6
南亚地区	479.9	514.7	45.4	43.1	12.6
撒哈拉以南的非洲地区	179.6	218.6	38.5	39.1	15.3
总计	1227.1	1313.9	30.1	29.4	9.2

资料来源：中国的数据来自本章的测算，其他来自世界银行（1996）："Poverty reduction and the World Bank：Progress and Challenges in the 1990s"。

在过去20年里，世界经济不断发展，社会财富迅速增加，但贫困问题并没有因此而相对缓解，反而日趋恶化，贫困人口越来越多。世界上最不发达的贫困国家，已经从27个增加到48个。世界银行预测称，2015年全世界极端贫困人口为7.02亿人，占全球总人口的比例为9.6%。在发展中国家，现在还有近1/3的人处于赤贫之中，每年有1000万以上的人口死于饥饿或营养不良。与此相反，我国在改革开放以后，不仅保持了国民经济持续、快速、健康的增长，提高了综合国力，改善了人民生活，国民生产总值持续增长；同时大幅度、大面积地缓解了长期贫困的现象，减少了近3/4的贫困人口；中国贫困人口占世界贫困人口的比例，已经由70年代末的1/4减少到目前的1/20。世界银行等国际组织认为：中国政府为帮助最落后的农村地区摆脱贫困作了极大的努力，这种努力比其他许多发展中国家所作的努力要成功得多。中国扶贫开发取得了举世公认的巨大成就。

第二节　国外缓解贫困的实践

消除贫困是全人类的行动。发达国家由落后走向先进都曾采取过一些有效的政策和措施，而且在生态环境改善方面取得了一定的成效；中国也采取行动把摆脱贫困走向小康作为新世纪发展目标。回顾中国以及国外消除贫困、改善生态环境的发展道路，为制定环京津生态工程建设和消除贫困带的对策提供借鉴。

许多国家都针对贫困问题采取生态工程建设改变贫困面貌的措施。比如美国的“南部地区政府和国会实施扶贫计划”和“罗斯福工程”、法国的“山区建设计划”和“林业生态工程”、欧盟的“基金援助”、德国的“拨款和贷款政策”、印度的“看东北政策”和“社会林业计划”、日本的“发展农业基础建设”和“治山计划”、苏联的“斯大林改造大自然计划”、加拿大的“绿色计划”等都体现了这些国家采取积极的政策和实施有效的工程解决贫困问题。

一　美国的“南部地区政府和国会实施扶贫计划”

美国虽然是当今世界上最发达的国家，但其各地经济发展也不平衡，濒临大西洋和太平洋的东部和西部发展较快，远离出海口的中西部和南部因为比较偏僻，自然条件差，经济主要以农业、畜牧业和矿业为主，经济发展相对比较落后。

如何使贫困地区的经济得到迅速发展，美国历届政府出台了很多政策。1965 年美国政府提出了解决不发达地区的“伟大的社会”计划，国会根据这一计划通过了《阿巴拉契亚地区发展法》，并拨款 11 亿美元用于公路和医疗中心的建设及开发当地资源。1977 年，美国国会又通过了《社区再投资法》，鼓励银行和储蓄贷款机构向低收入者提供贷款，监督机构对相关金融机构的投资情况进行定期评估。克林顿政府期间，提出了“新市场倡议”，其主要内容是：为向社区开发银行、风险基金和其他开发机构的投资提供 25% 的减税，筹集 60 亿美元的股本；政府为私人投资提供贷款担保，以鼓励大中型企业迁移到落后地区；设立“新市场风险资本公司”支持中小企业的发展；等等。

另外，美国政府还采取了取消运输业管制、促进对外贸易的政策，以及在南部和中西部地区进行的经济多样化努力，极大地促进了落后地区经济的发展。为配合国家，地方政府采取了“亲企业”的政策。所谓“亲企业”政策，就是对其他地区低工资和低技术行业公司的分厂提供优惠政策，使它们涌入这一地区，进行积极的投资。再有，当地政府积极发展通信技术，为大公司投资提供条件，这样一来，大公司更愿意选择像南部地区这样资源丰富而劳动力成本较低的尚不发达的地区投资（2003）。

经过多年的努力，由于美国比较落后地区（包括南部地区）的经济发展较快，美国全国各地区的经济结构已变得越来越相近，贫富地区的差距正在逐渐缩小。

二　法国的“山区建设计划”

法国绝大多数人口集中在城市，法国山区通信相对比平原地区落后，为此，1958—1961 年和 20 世纪 70 年代政府先后制定了一系列措施发展山区交通和通信，并设立了农村改革基金；1976—1978 年期间专门制定了农村公路修筑计划，这样从根本上改变了山区基础设施条件。另外，法国政府还为加快山区农业现代化建设，于 1974 年 12 月制定推行农场现代化的开发计划，采取国家和农场主单独签订合同的方法加以实施。签订合同的农场可以优先享受国家提供的低息贷款，这些贷款只能用于与农业现代化有关的农机设备购置，新建和改建畜舍。这项计划对于稳定山区青年劳动力扎根山区促进山区农业现代化有很大帮助。为了缩小区域经济发展差异，法国还实施区域政策，1962 年在制定第四个国家发展计划时，把缩小地区经济差异首次列入其中，并成立专门机构——国土整治全国委员会，专门负责全国地区差异协调发展问题。1981 年社会党上台后国家下放权力，各地区成立地区计划委员会，负责本地区的发展计划，国家与地方签订合同。为了鼓励农村工业发展，设立了手工业装备基金，为发展旅游业而设立旅馆装备基金。1972 年设立农村开发与国土整治基金，基金通过国家和地区签署开发合同方式进行分配。无疑，这为山区发展提供了有利条件（2003）。

三　欧盟的“基金援助”

欧盟虽然由发达国家组成，但同样存在富裕下的贫困问题。人均国内生产总值最高的卢森堡比位居末席的希腊和葡萄牙高出 3 倍多，比西班牙和爱尔兰高出 2 倍多。最富的德国汉堡地区人均国内生产总值是最贫困的葡萄牙阿连特茹地区的 4 倍多。经济发展水平的落差严重制约了欧洲建设的进程。为了缩小差距，欧盟采取了不少行之有效的措施（2003）。

一是设立基金助脱贫。早在欧共体（欧盟前身，1994 年 1 月更名）时期，欧洲便出台了“新战略”扶贫政策，其中之一便是建立扶贫基金。有人说，这一政策是让“胖的减减肥、瘦的长长肉”。欧盟的扶贫基金名目繁多，有结构基金、协调基金、共同发展基金、社会福利基金、地区发展基金等大大小小十多种，操作程序大同小异。在这些基金中，最重要的当属结构基金。它以增强贫困国家和地区的自我发展能力为宗旨，资金列入欧盟共同预算。1988 年欧共体决定，在 1989 年 1 月 1 日正式启动结构基金，通过基金向成员国经济发展迟缓的地区“输血”，帮助它们调整、改造经济和社会结构，加强交通、能源、通信、供水、环保等基础设施建设，培训专业人才，发展科研，建立和完善销售网络，缩小与发达地区的经济和社会差距。据统计，结构基金建立后的 5 年间，对贫困地区的援助达 640 亿埃居（当时约合 832 亿美元）；从 1994 年到 1999 年，又向贫困地区提供了 1597 亿埃居（约合 2076 亿美元）的援助。

欧共体 1958 年成立之初，一直没有固定的收入来源，预算由各成员国按国民生产总值比例分摊，年收入不过区区几十亿美元。为保证机构正常运转，促进欧共体发展壮大，1970 年欧共体决定建立“自有财源”，其收入主要来自农产品差价税、工业进口税和商品零售增值税三大部分。共同农业政策实施后，欧共体的农产品价格明显高于国际市场价格，因此非欧共体国家向欧共体出口农产品时，要征收差价税，差价税 90% 列入欧共体共同预算，10% 作为各国征税的手续费；工业品进口税是指各成员国从非成员国进口工业产品时征收的关税，其中 90% 归共同预算，10% 为征税手续费；商品零售增值税由成员国征收，然后上缴一部分代替成员国过去按国民生产总值比例分摊的预算份额，但原则上不超过 1%。预算制度的改革使欧共体共同预算逐年增多，近年来已达 700 多亿欧元。这使欧盟就有可能建立各种扶贫基金，增加对落后地区的财政援助。目前，欧盟共同预算中用于“援助”的开支已占预算总额的 40% 左右，其中仅结构基金一项就约占欧盟预算的 29%。

二是制定基金受援标准。结构基金的援助对象包括：人均国内生产总值低于各成员国平均水平的 75% 以下的地区；受工业衰退影响严重的地区；低收入的乡村地区；人口密度低于每平方公里 8 人的人烟稀少地区。按此标准，希腊、爱尔兰、葡萄牙的几乎全部地区和西班牙的大部分地区则是主要受援对象，意大利、法国、英国、比利时等国的少数地区和德国统一后的东部地区也被列入贫困地区。结构基金用于援助项目时，当然要考虑风险。为此，欧盟规定，受援项目必须列入成员国的开发计划正式项目，受援国政府必须向欧盟委员会提出申请，并向项目按比例注入部分或大部分资金，以共同承担风险。

经过十几年的扶持，欧盟落后国家经济获得了较快的发展。1975 年申请加入欧共体时，葡萄牙的人均国内生产总值仅为当时各成员国平均水平的 33%，西班牙为 59%；到 1995 年时，葡萄牙升至 58.7%，而西班牙猛增至 77.5%。

四　德国的“拨款和贷款政策”

德国是欧洲经济实力强大的国家，但德国的经济发展也同样存在发展不平衡问题，主要是东西部地区的问题，西部较富，东部相对比较落后。为了刺激东部经济的发展，德国联邦政府采取了一系列政策（2003）。

首先对东部进行了大量的财政援助。在 1992 年联邦财政预算里，每 4 个马克中就有 1 个马克用于发展东部经济；1995 年，联邦政府开始实施为期 10 年的“团结计划”，政府每年向东部地区增加投资 568 亿马克。据统计，从 1990 年到 2000 年，西部对东部的资金援助高达 1.6 万亿马克，扣除回流到西部的 4000 亿马克税款，东部实际吸纳的援助资金为 1.2 万亿马克。

为促进东部地区的投资增长和企业的发展，德国联邦政府还采取了提供投资拨款、投资补贴等手段，如 1990—1991 年，联邦政府对企业初始投资提供 12% 的投资拨款，从 1992 年起改为 8% 的投资拨款，这种拨款是免税的。另外，企业扩大再生产、改进技术、改造产品等投资均可获得联邦政府的财政补贴。

此外，政府还向私人企业提供财政优惠贷款和银行贷款担保，其中有一种特别贷款，期限为 20 年，前 3 年无息，第 4 年年息为 2%，第 5 年和第 6 年分别为 3% 和 5%，头 10 年可以不偿还。为鼓励向东部地区的企业项目投资，联邦政府还直接向商业银行提供贷款担保，对中小企业、大型企业、重要投资项目提供的贷款担保分别为 100 万马克以内、100 万—200 万马克和 2000 万马克以上。与此同时，政府对东部企业实行税收优惠政策，1991 年以前建立的工业、贸易和私人企业，政府免征每年不超过 1 万马克的所得税和公司税，期限为两年；暂不在东部征收资本税和财产税，以减轻居民负担。

经过10年的经营，德国东部的经济有了发展，特别是交通、通信等基础设施得到了改善，工业体系也渐趋合理，初步形成了以汽车、化学和电子工业为核心的产业布局，东部经济与西部经济的差距在缩短。但德国经济界人士指出，政府大包大揽，以财政“输血”为主的东部开发政策确实使东部经济有所发展，但同时也极大地加重了联邦政府自身的财政负担，更为严重的是使东部养成了对联邦政府的财政依赖，东部经济自身缺少“造血功能”，从而一直无法脱离西部的援助。另外，政府的东部开发政策急于求成，东部的经济发展没有达到预期的目的。据报道，东部建筑业在税收优惠政策的刺激下，盲目投资，不切实际地建设，导致房地产收益下降，而税收优惠政策结束后，东部地区曾红火的建筑业又立即陷入了萧条。还有，东部地区近年来失业率居高不下，成为社会的一大难题。德国东部不仅没有成为新的经济增长点，反而对全国经济的增长造成了负面影响。

五　印度的“看东北政策”

由于种种的历史原因，加之地理条件比较复杂，印度经济呈现下面的状况：从西南到东北富裕和发达程度呈坡形递减，东北部的阿萨姆、曼尼普尔等7个邦，地处山区、没有港口，又偏处一隅，贫困落后问题尤为突出，长期以来，这一地区在印度贫困排行榜上一直名列前茅。尽管东北地区面积不大，只有印度陆地领土面积的8%，人口约3100万，但却严重影响和制约着印度经济的发展，同时也给印度造成了严重的社会问题。1996年10月，印度政府制定了发展东北边疆地区的一系列政策（2003）。

首先是加快基础设施建设。建设的重点是公路、铁路、机场、能源和电信设施等，其中有利于加强内部联系和经贸往来的跨邦通信和交通设施被列为重中之重。此外，印度政府还采取措施，加强这一地区与国内其他地区，特别是发达地区的联系。印度政府还积极与孟加拉国磋商，请求后者给予东北部各邦开展跨境铁路和公路运输的权利，从而消除了东北部各邦的“孤立感”。另外，印度政府还根据东北地区的实际情况和一些少数民族的特点，积极鼓励当地农业和园林业的发展，并出资兴办了一批水利灌溉设施及农业、园艺科技开发和培训项目，实行扶贫与开发相结合。在鼓励合理开发利用林业资源的同时，政府也注意采取措施保护那里的生态环境和生物多样性。

保证充足的资金是发展后进地区的重要基础，印度政府从1996年开始要求中央政府所有部委将年度预算资金的10%投向东北部地区。同时，政府专门成立了“中央节余资金管理委员会”，负责统一收集和使用各部委剩余的东北部开发资金。根据印度政府公布的统计数字，在1998—1999年财政年度中，上述管理委员会将2744万美元的剩余资金用于由该委员会研究制定的东北地区新开发项目上。据报道，在1999—2000年财政年度中，印度政府计划为东北边疆开发提供22.24亿美元的资金，而实际却投入了28.77亿美元。

除此之外，印度政府还引导和动员全社会的人力、财力、物力共同参与开发边疆落后地区。

六　日本的“发展农业基础建设”

日本的经验表明，帮助绝大多数穷人摆脱贫困的陷阱，需要一整代人的努力。日本农业增长与排灌设施、农业技术教育发展进程有着特殊的关系。

1. 投资于排灌设施

早在明治维新（1868年）之前的封建时代，日本就以分散化的方式完成了基本灌溉设施（排水设施不多）的投资。特别是德川时代，以领地的水稻生产来衡量一个封建氏族的势力，因而大大地激励各氏族通过扩大水稻种植面积和水稻的生产率，来提高各自领地的生产率。为了达到这一目的，许多氏族发展了各种技术，而且这些技术是不准传到本氏族之外的。20世纪20年代，国家开始通过补贴和引导以灌溉和排水工程为重点的投资项目，将公共资金分配给农业部门。农业部门在政府补贴总额中所占的份额，由1910年的不足5%，上升到1920年的21.2%，1930年的26.6%，1940年的52.1%。增加公共开支的成效，可从农业的边际资本产量比由1900—1920年的1.36上升到1920—1942年的5.00。

2. 农业技术教育

日本于1872年建立正规的教育体系，1886年开始实行4年制义务教育，1907年扩大为6年制，1947年又扩大为9年制。1873年入学率是28.1%，1890年上升到48.9%，1910年上升到98.1%。学生占人口的比例，可与1910年的英国、30年代的美国相比。起初女孩的上学率比男孩低，但到1920年时几乎相等。尽管日本的教育发展很快，但农业、工业和商业的技术教育在早期没有受到重视。随着人们对提高劳动力素质是实现国家现代化的基础的认识提高，1876 年设立了札幌农业学校（现在的北海道大学农学院）。1876 年仿照欧洲的模式设立了驹场农业学校（现在的东京大学农学院）。1893 年，《技术补充学校法》确立了小学后农业教育制度。6 年后，农业中学的基本体系也成型了。在府级设立 A 型学校，在县级设立 B 型学校。

1900 年后的 20 年内，出现了另一种更重要的学校——高等农业学校。到 1935 年，全日本有 5 所大学设有农学院，有 14 所高等农业学校，361 所农业中学，17300 所小学后农业学校。A 型学校设置的课程包括伦理、阅读、作文、数学、物理、化学、经济学和体育，地理、历史、外语、簿记和法律为选修课。实际操作训练包括土壤学、施肥、作物学、奶牛、养蚕、气候学、林业、兽医学和渔业。B 型学校不设置诸如物理学、经济学等比较复杂的科目。这对日本农民在生产率方面高度一致起了重要作用。

第三节　缓解贫困措施的借鉴与启示

对以上国外一些国家采取的扶贫措施进行归纳，有以下几点可作为我们制定对策的参考：

1. 发展规划全面

国家要遵循统筹兼顾、以富带贫的指导原则制定国家全盘的发展计划，特别是扶贫计划，达到共同富裕、共同发展的目标。

2. 国家从财力上扶持贫困地区

国家要加大扶贫的财政投入；国家要实施补贴、低息贷款等优惠政策支持和鼓励大企业投资贫困地区；国家要加大贫困地区农业等基础设施的投入和建设，解决当地的交通、通信等设施，创造贫困地区与外界联系的桥梁。

3. 地方政府的积极跟进

地方政府不仅自身要加大投入，也要积极创造条件，吸引外界投资者的进入。

4. 提高贫困地区的科技与教育水平

贫困地区人口的一个普遍特征是文化程度低、人口素质差，缺乏自我生存和发展能力。提高贫困地区人口的素质和科学技术文化水平，增加人力资本投资，提高他们的自我生存和发展能力，才有可能从根本上解决贫困问题。

5. 发展农村基础设施建设

一般来说，贫困地区的道路、水利等基础设施比较落后，阻碍了当地的生产和发展。因此，要注意在农村地区实施基础设施建设，帮助贫困地区修建道路、水利工程、人畜饮水工程和其他农业基础设施，改善当地生产生活环境，为经济发展创造条件。

第十章　首都经济圈生态区的政策思考

20世纪以来，在环京津区域发展进程中，“中心城市”的发展在整个区域城市体系运转中起一种动力作用，“外围中小城市”则起辅助作用，环京津区域经济体系的发展与变化过程，就是在“中心”的影响下，产生“外围”经济的发展与变化过程，也是最终形成“京、津双核”与“冀北外围中小城市”之间的不平等经济关系。这种不平等的经济关系主要表现在：水资源和生态付出上的不平等；技术进步成果分享上的不平等；产业分工上的不平等；收入水平的不平等。

从生态资源付出、利用技术进步极少和产业分工不合理中，“中心”地区不仅独占了自己的技术进步利益，而且还大量地吞噬着“外围”的收入，从而使“外围”处于贫困状态。笔者通过四年多的实地调查认为，环京津贫困带区域要想摆脱这种“有增长无发展”的泥潭，唯一办法是经济区与行政区“脱钩”，在京津冀地区争取建立“自主经济”。本书从自然资源生态、产业经济发展、政策和制度差异的历史发展过程中寻找贫困的原因，这对传统理论无疑是一个巨大的冲击。但是，如果过分强调环京津贫困的历史和外部因素，对其现实的自身因素较少论及，这是片面的，也是不恰当的。作者2008年9月至11月的调研中，环京津区域的新农村建设3年多来，农村整体存在“只见新房不见新村”的现象，令人深思。

从政策角度来看，生态失衡、观念落后、行政区经济的利益冲突、制度供给不足是制约环京津贫困带发展的主要因素。计划经济时期，政府包办了一切事务，由于惯性的影响，政府理所当然地认为应该管理所有的事务，而市场和社会层面对此也是极为认同。目前虽然市场的发育在一定程度上对这种局面有所缓解，但是民众仍然对政府有着深厚的依赖情结，无法摆脱计划经济时期政府包办的束缚，在这种情况下，环京津农村市场和社会的发育都受到了极大的影响。因此，对于破解环京津贫困问题，实施京津冀协同发展战略，必须从以下三个方面全力推进。

第一节　促进环京津生态工程建设与生态平衡

一　自然保护区生态工程

环京津带环绕河北省，是京津两市的重要水源地，也是形成京津沙尘暴天气的主要沙尘源地之一和通道。环京津带是京津两市的第一道生态屏障，其生态环境的好坏直接影响京津两市人民的生活质量和我国的国际形象。

为更好地建设和保护生态环境，环京津区域决定在重要的生态区域加大自然保护区建设力度，保护好现有森林及湿地生态系统，恢复已经遭受破坏但生态意义重要的生态系统，使全省自然保护区形成网络，环京津相互协调，信息共享。充分发挥自然保护区为京津阻沙源、保水源、维护生物多样性的功能。

1. 自然保护区建设现状

自然保护区建设起步较晚，直到 1983 年 11 月 29 日，环京津带政府批建了首批两个省级自然保护区——小五台山自然保护区、雾灵山自然保护区。到 1999 年底，环京津区域森林和野生动物类型自然保护区共有 5 处，总面积 4.9 万 hm^2。其中国家级自然保护区 1 处，省级自然保护区 2 处，市、县级自然保护区 2 处。近几年来，环京津区域的自然保护区建设步伐加快，到 2005 年 4 月，环京津带现有森林和野生动物类型、湿地和鸟类自然保护区 16 个（国家级 4 个，省级 10 个，市级 1 个，县级 1 个），辖区总面积 40.5 万 hm^2，占全省面积的 2.2%。其中森林和野生动物类型自然保护区 11 个，总面积 310468hm^2，占保护区总面积的 76.6%，主要保护辽河、滦河水源地森林生态系统以及褐马鸡、猕猴、金钱豹、天女木兰等野生动植物；草原及湿地类型自然保护区 5 个，总面积 94711hm^2，占保护区总面积的 23.4%，主要保护湿地生态系统及金雕、黑鹳、丹顶鹤、天鹅等迁徙鸟类。

目前环京津带自然保护区布局还不尽合理，在现有森林、湿地和陆生野生动物的 16 处自然保护区中，有 3 处分布在承德围场县，另外 3 处位于承德其他县区，张家口、保定、秦皇岛、石家庄各有 2 处自然保护区，沧州、衡水各有1处自然保护区，自然保护区数量较少，布局并不合理，尚未形成有效的自然保护区网络，不能发挥自然保护区的整体优势。自然保护区尚未进行统一管理，相互之间不能协调管护，也是全省自然保护区作用不能充分发挥的重要原因。

2. 自然保护区管理现状

随着自然保护事业的发展，野生动植物保护工作取得了一些成绩。在机构建设方面，2000年5月，环京津带林业局成立了野生动植物保护处，专门负责野生动植物保护及自然保护区建设和管理。在已建的自然保护区中，小五台山国家级自然保护区、河北雾灵山国家级自然保护区、衡水湖国家级自然保护区、木兰围场省级自然保护区已经建立了专门的自然保护区管理机构，开展了自然保护区的巡护、科研等工作。但大部分自然保护区如灵寿漫山省级自然保护区、围场御道口省级自然保护区、老岭自然保护区等还没有成立专门的机构。衡水湖国家级自然保护区完成了衡水湖湿地净化水污染资源现状的调查、衡水湖鱼类资源现状调查等。

总体来说，环京津带的自然保护区管理工作还比较落后，目前，仅雾灵山、小五台山等少数自然保护区进行了少量科研和宣教活动，大部分自然保护区机构尚未成立，即使成立了机构的自然保护区，也未能全面履行自然保护区的法定职责。近几年来，环京津区域加快了自然保护区建设步伐，保护区数量明显增加，但建设质量低，管理水平还比较落后。

3. 保护区结构分析

环京津带自然保护区类型比较齐全，野生动物类型、湿地类型、森林生态系统类型自然保护区都有。但级别组成上不够理想，在已有的16个自然保护区中，国家级自然保护区4个，省级自然保护区10个，市县级自然保护区2个，自然保护区的结构应该是金字塔形，环京津区域目前的自然保护区为正态分布，形成目前这种状况的原因有两点，一是由于环京津带以前建立的保护区较少，许多在全省甚至全国来说，具有重要保护价值的区域还未保护，因此，在保护这些具重要生态价值的区域时，需要建立高级别的保护区。二是由于建立市县级自然保护区没有资金投入，也不会解决人员编制，在自然条件较好的地区县政府财政比较困难，无力承担自然保护区的经费，因此地方缺乏建设自然保护区的积极性。

4. 保护区布局分析

目前环京津带森林及野生动物类型自然保护区仅16处，其中3处分布在承德围场县，另外3处位于承德其他县区，张家口、保定、秦皇岛、石家庄各有2处自然保护区，沧州、衡水各有1处自然保护区，在属于太行山南段的邢台市、邯郸市还没有建立自然保护区，在张家口坝上地区存在大量湿地，目前还没有建立自然保护区。坝上湿地不仅每年有大量迁徙鸟类在此停留，而且由于它处于北京的西北方向，海拔高出北京一千多米，对于为京津提供清洁用水、防止沙尘暴的发生具有重要意义。唐山市水资源丰富，除沿海的唐海县拟建立的湿地和鸟类自然保护区已经通过专家论证外，还没有其他自然保护区建立，该地区急需建立保护水资源、防止水土流失、淤塞水库的自然保护区。其他已建立自然保护区的市也存在保护区数量少，应该保护的具有重要生态价值的区域没有被保护的现象。由于自然保护区数量较少，布局并不合理，尚未形成有效的自然保护区网络，不能发挥自然保护区的整体优势。

5. 保护区体系的空缺性分析

环京津带目前自然保护区建设由于数量较少，还存在一定的空缺。在迁徙鸟类方面，沿海是迁徙鸟类的重要通道，目前已经在沧州建立了南大港湿地自然保护区和古贝壳堤自然保护区，在唐山沿海有雾灵山自然保护区和曹妃甸湿地自然保护区，沧州市仍有大面积湿地需要建立自然保护区。在我国特有雉类褐马鸡方面，环京津区域已经建立了小五台山国家级自然保护区和金华山—横岭子自然保护区，目前在涿鹿南山和蔚县空中草原也发现有褐马鸡，需要加以保护，这样就会使褐马鸡的分布范围扩大，并使各个区域相互连接，有利于褐马鸡的基因交流。在生态系统保护方面，张家口坝上湿地和邢台市、邯郸市太行山南端地区急需保护。

生态环境最直接的保护措施是自然生态系统的保护。为了自然与人的和谐，在保护的基础上，开发人文旅游资源，为生态公益区的人民创造舒适的生活的基础条件，形成城市与乡村优势的互补、城市休闲与乡村生态结合的人财物流动，达到城市和农村的均富。20世纪90年代开始启动自然保护区的建设工作，1994年通过的《中华人民共和国自然保护区条例》，1997年国家编制了《中国自然保护区发展规划纲要（1996—2010年）》。当前，自然保护区工程包括自然保护区、森林公园、地质公园和湿地等形式，有国家级、省级、县市级等等级，分属各级林业、国土等部门管理。据河北省环保局统计，到2003年底，河北省共有各种自然保护区24处。

然而，自然保护区的发展虽快，但“质量”提升却相当滞后，由于体制不顺、管理不力、经费不足等许多矛盾，部分自然保护区工作运转困难、自然保护与地方经济发展的矛盾突出、与社区经济发展的矛盾愈演愈烈。分析其主要原因是：相关的行政立法不完善、相关的行政管理体制不适应、业务管理体系尚处于初级阶段、投入严重不足及科研、宣教力量薄弱等。为了加强自然保护区的建设，需要完善有关的法律条文、建立纵向的分级管理体制、认真编制规划，分步实施、加大投入加强能力建设、制定优惠政策、发展社区经济。2004 年 11 月国家环保局发布了《关于加强自然保护区管理有关问题的通知》，需要继续按照环境保护的要求，加强自然保护区的建设和管理。

二　自然保护区建设

1. 森林与野生动物

到 2003 年底，河北省森林和野生动物类型自然保护区 14 处，其中，国家级自然保护区 4 处，省级自然保护区 8 处，市县级自然保护区 2 处。保护区面积 282260.53 公顷，占河北省国土面积的 1.57%。2004 年增加到 16 个（其中国家级自然保护区数量由 1 个增加到 4 个），面积由 5 万公顷增加到 40 万公顷，扩大了 8 倍，占到了全省国土总面积的 2.1%。这与全国 11.35% 的平均水平还有很大的差距（据 2002 年底统计，我国森林和野生动植物自然保护区达 1405 处；总面积达 16.35 亿亩，占国土陆地总面积的 11.35%）。这些自然保护区大多数分布在京津冀都市圈内。

全省森林景观资源 25.9 万公顷，占全省森林面积的 6.6%。森林区自然景观资源丰富，人文古迹众多，区位优势明显。各级林业部门解放思想，转变观念，把握森林旅游的发展机遇，把建设森林公园、发展森林旅游业作为调整林业产业结构，带动林业产业发展的重要环节来抓，实行统一规划、分类指导、分级管理、分步实施的管理模式，一批资源风景有特色的森林公园应运而生，开辟了生态建设和自然保护的新途径。涌现了塞罕坝、雾灵山、五岳寨、磬槌峰等一批知名度较高的森林公园。

2. 地质公园与湿地

地质地貌景观是自然生态系统的一部分，也是生物与水土环境的依附体，保护地质环境有重要意义。20 世纪 90 年代末，国家开始地质公园的建设工作。从 2000 开始，河北省开始组织国家地质公园的申报和建设工作。2001 年，河北的涞源白石山、秦皇岛柳江和阜平天生桥三处重要地质遗迹和地貌景观被批准为国家地质公园，正式启动了河北省级地质公园建设工作。

到现在河北省已经有国家和省级地质公园11个，其中国家级的5个。湿地环境保护也是自然保护区的重要方面。河北省历史上湿地众多，近年来萎缩很快，保护现有湿地已经成为生态保护刻不容缓的任务，现在重要湿地还有18处。

三　公益生态建设的机制与措施

到2003年，已经有滦河口、白洋淀、衡水湖、北戴河沿海等湿地列为省级自然保护区，湿地类型的自然保护区已达到5个。

为确保京津冀地区生态环境安全，应在较高层面按照“资源共享、利益兼顾、适当补偿”的原则，更新观念，建立生态整治机制。

1. 生态建设首先是更新政府和行为人的观念

牢固树立一体化的思想。要由政府协调，对京津冀都市圈的资源财富按照“资源共享、利益兼顾”的原则进行经济发展的合理规划，资源环境的统一调控。

尊重生态伦理，就是生态的地缘干涉与产业衍射效应。区域、行业之间要以生态道德作为互相支持和制约的行为准则。

明晰生态环境的价值。水、阳光、空气、土地、环境容量和生态承载力等，都是资源，都有价值。但是，其生态环境价值常常是潜在的、外部的，还难以靠完全的市场机制来调节。因保护生态环境而放弃了的发展经济机会也应该得到理解和适当的补偿。这就加重了政府的责任，要依靠政府建立适当补偿的机制。

2. 生态建设必须有切实可行的运行机制做保证

都市圈已经客观地形成了一体化的供电体系、供水体系、交通体系、流通体系、旅游体系、副食品生产供应体系和原材料生产供应体系。但是，还缺乏共享、共富的区域和行业间的联合与协作。完善区域合作制度的基础需要明确两个方面的问题，即管理区域合作，管理区域协同，也就是说，首先要建立区域合作体制，其次要明确管理内容。区域合作主要包括两个方面：第一，管理机构的设置；第二，区域范围的界定与“内部问题区域”的识别。

区域管理内容包括经济发展的水土资源分配协调机制，以及生态环境保护责任机制。只有通过区域化的生态环境整治规划的实施，才能在进一步缩小区域内落后地区与京津的发展差距、消除贫困的同时，强化山水林田生态功能。

3. 促进贫困地区的经济发展，是解决生态环境治理难的重要出路

贫困农民要致富是人权（生存权）的基本要求，贯彻以人为本的方针，就必须帮助农民脱贫致富。只有富裕了的农民才有保护和建设生态环境的能力和欲望。

一是大力发展绿色农业，发展城乡交换的商品经济。河北省是京津传统的干鲜果品、羊牛肉食品、错季蔬菜和天然土特食品的生产供应基地，在京津食物安全保障中占有重要地位。要结合生态工程建设，建设有一定规模的绿色食品和天然食品生产供应基地，满足城市市民对食品质量不断提高的要求，建立农民富裕的牢固基础。

二是大力发展旅游业，为城市提供精神、文化生活的空间。把旅游与生态环境建设结合起来，大力发展生态旅游、观光旅游、度假旅游，把河北省建设成京津城市居民的后花园，将生态的精神财富功能与农民脱贫致富结合起来。要建立土壤环境保护和无公害生产机制。

4. 构筑环京津城乡协调发展的生态格局

全面考虑太行山—燕山、环京津平原和渤海生态环境容量，合理布局城乡居民点和工业、农业生产。加快森林生态圈建设、水生态圈建设，构筑城乡协调发展的生产、生活、生态格局。

首先进行生态功能区的划分，因地制宜，分区治理，例如，京张、京承、京唐、京南；编制协调统一的生态工程规划。打破部门和行业的局限，实行措施与功能的统一规划。

为保证规划的实施，针对规划中的重大问题，提出相应的政策措施。

从当前沙源治理发展形势看，生态效益、社会效益日益显现出来，但由于后续产业不同步，发展相对滞后，经济效益不明显甚至出现新的生态化的贫困现象。在农业区，退耕还林还草的农户，由于退的耕地都是等外地和次等地，享有的粮食和资金补助。除部分农户外，多数比种地收入高，且旱涝保收，受益农民称之为“馅饼工程”，但是，当停止补粮、补钱之后怎么办？在牧区由于围封禁牧，牧民生产空间缩小，传统的放牧受到限制，后续产业跟不上，相当数量的牧户尤其是中小牧户，养畜数量减少，收入下降。

要完善多种所有制的投入机制，引进资金，扩大生态建设区的经济基

础。尤其是林业建设要通过明晰产权、分类经营等途径，发展多种所有制林业。更要通过人文机制—旅游休闲机制，扩大生态建设资金来源，实现多功能的结合，加强自然保护区的建设与维护。

第二节　提升区域经济一体化发展的效率

一　产业发展的体系

由于京津是两个行政级别相同的特大型城市，而河北环京津地区则是由广大农村包围的几个地级市，且经济实力相差悬殊，从其区域发展现状来看，其主要特点可以概括如下：

第一，从市场细分上说，既有结构趋同导致的不合理竞争，也有市场细分形成的错位竞争。京津冀经济圈内，特别是京津两地，产业主要门类表面上看似乎趋同，但具体考虑到企业主导产品的市场定位、品牌效应和经营理念等而言，就不能简单地断言京津冀经济圈是产业结构趋同和恶性竞争。以汽车工业为例，从表面上看，似乎京津冀经济圈内存在以汽车工业为代表的产业结构趋同和自相竞争。但仔细考查，以中高档轿车为主导产品的北京汽车业和以经济型轿车为先导产品、正在着力发展低端中高档轿车的天津汽车业，它们之间充其量只能说是产品市场定位和品牌影响力及国际化程度不同的错位竞争。

第二，从区域分工理论上说，环京津的区域产业分工是基本合理的；各个行政区的优势支柱产业从总体看是互为补充的。例如，既有支撑北京经济增长半边天下的高新技术产业和现代制造业等，又有作为天津和河北经济发展的支柱或骨干产业的化工业、冶金业、木材加工及家具制造业、建材业与能源业等，使得整个经济圈的产业门类总体上讲较为丰富且完善。

第三，从产业配置的驱动力来说，环京津区域已有的产业区域合作主要靠市场力来推动，是市场机制调节下的企业行为。即使是上述汽车工业的结构趋同，目前也不应靠行政手段去干预，而是在国家产业政策指导下，通过一段时间的市场竞争和选择来实现生产要素的合理流动和资源的优化配置，借助购并等方式实现合作，通过竞争促进企业利益的最大化和区域整体竞争力的提升。

第四，地方政府那只有形的手的作用还是不容忽视的。一方面，京津冀各地目前的产业结构是近几年来各地政府大力调整、优化的结果；另一方面，在产业梯度转移上，地方政府对一些从技术进步和企业发展的角度需要进行梯度转移的国有企业仍存在一定程度的干预。有些干预从推进区域协调发展的角度看并不一定合适。从另一个角度来说，一些国有企业在选择向哪里梯度转移时之所以还得听从地方政府的指挥，恰恰是因为部分国有企业转制不到位，政企还未彻底分开。

第五，环京津区域在基础设施、交通、水资源、能源、旅游、生态及环境保护、社会发展等方面开展实质性区域合作的紧迫性显得更强一些。应该说，目前这些方面的区域合作明显多于工业等产业。分析其原因，首先是因为其中许多属于各地方政府应当关注和干预的代表公共利益的公共事物、公共物品或公共领域；如基础设施、水资源和生态及环境保护。其次，各行政区在这些方面的确有合作需求和意愿，例如京津在水资源与生态及环境保护方面有求于河北，必须和河北在这些方面搞好合作。

环京津区域的竞争主要表现为产业竞争、港口的竞争和吸引投资的竞争。产业竞争使得该地区的产业同构化趋势非常明显，各地都形成了“大而全”、“小而全”的产业体系，产业分工不合理，难以发挥产业梯度效应。而港口之间的竞争最突出的表现是，北京原本可以利用天津港这个北方最大的港口，可由于种种原因却选择了距离北京更远的唐山的京唐港。此外，区域内的秦皇岛港、京唐港、黄骅港、天津港以及正在建设的曹妃甸港几大港口缺乏合理的分工与协作，也没有确立供给关系，这样既不利于整个区域港口群整体实力的提高，也不利于各港口的壮大。在吸引投资上，争夺更为激烈，尤其是沿京津塘高速公路的高科技产业园区对资金的争夺大战。京津冀都建立了高科技产业园区，竞相出台了各种优惠政策，而这些产业园区并没有明确的分工体系。这种竞争的结果只能是促使产业结构的进一步同构化，不利于区域经济的协调发展。

综上所述，由于受到历史的、行政的和地方经济利益等因素的深刻影响，京津冀区域协调发展还处于市场与地方政府的正向推动乏力的阶段。要打破这种动力不足，三方政府对于这种发展趋势的认同，以及给予市场机制更大的作用空间上，都还要做出艰苦的努力。

二 产业发展的合作

当前区域经济合作的发展趋势是：大都市圈成为区域经济发展的主导

力量，企业跨地区发展和市场一体化要求成为区域经济合作的内在推动力，产业跨地区转移将加速进行，由此将形成新型的地区产业分工，区域经济合作内涵将向纵深发展，由基础设施建设、生态环境维护等领域进入到体制、机制、法律、政策等领域的规范化和一体化的进程①。这也表明，基础设施网络整合和跨区域治理是一个相互关联的整体，同时又是一个嵌入过程。基础设施建设是区域合作的基础和前提，加强区域基础设施体系建设，形成网络式的区域基础设施网络体系，对于促进京津冀地区的融合具有重要的意义。基础设施是区域经济发展的重要支撑，从京津冀区域的经济合作来看，区域合作功能的发挥必须建立在区域内与区域外便捷的空间联系和优势互补的基础上。另一方面，区域治理机制的创建需要一个突破口，基础设施体系是最容易取得共识、形成合作的领域，因此以基础设施建设为突破口，推动各种形式的合作机制的创新，从而促进区域治理机制的整合。

1. 交通体系

环京津区域基础设施建设网络应该以交通体系和港口整合为起点。京津冀交通一体化建设的迅速推进，不但拉近了京津冀各地之间的距离，而且促进了资源在城市之间更合理的配置。北京拥有了更为便捷的出海口，而天津可以利用北京的交通枢纽地位，进一步打通与中西部腹地的通道。借助于沿海高速公路、天津滨海机场和天津港的建设，将天津滨海新区建设为京津冀城市群内新的交通枢纽。加快构建京津唐、京津保和京津石的交通网络体系，建设区域内城际轨道和高速公路网络，形成跨区域、立体式、综合性的交通运输网络体系。

2. 港口群

通过行政协调、产权纽带、联合经营等多种渠道，调整优化港口结构、拓展港口功能，明确港口定位，充分发挥天津港的带动作用，加强与曹妃甸港、秦皇岛港、黄骅港港口的战略合作，形成合理分工、优势互补的港群体系。其中，天津港应具有强大的远洋集装箱和大宗散货中转及现代物流功能和贸易服务功能，发挥核心作用。黄骅港主要以发展煤炭等能源运输为主，曹妃甸港以发挥矿石、原油等大宗散货为主。各港口之间通

① 西宝、Martinde Jong：《基础设施网络整合与跨区域治理——“哈大齐”工业走廊与松花江水污染案例分析》，《公共管理学报》2007 年第 4 期。

过资产重组、联合经营，实现生产要素的合理配置，避免无序竞争，实现共同发展。

3. 信息共享平台

除了交通网络和港口群的建设之外，环京津区域还应加速区域信息网络的建设。信息网络是当今最为活跃的工具和联系纽带，它对政府管理、区域治理等方面都带来了深刻的变革。信息是交流的基础，充分的交流是合作的前提。因此，信息网络建设不仅对于区域经济社会发展有促进作用，对于区域治理也有巨大的推动作用。对于京津冀而言，信息化的挑战不是基础设施落后，而是怎样应用的问题。首先，京津冀一体化需要"透明"的政府管理，全面开展网上交互式办公，要打破信息封锁，强调信息公开、透明，建立信息资源互通共享机制。其次，开展网络与信息安全深层次的合作。抓好网络信任体系建设，共同建设区域性的信息安全保障体系，拟定规则和标准，推行电子认证和数字签名，实现 CA 交叉认证；加强信息安全、个人数据保护和消费者信任，确保在线交易法律的实施，为区域信息化一体化的发展创造良好条件。再次，推动信息服务中介组织的协作。各省市信息服务中介组织要加强联系和沟通，共同推动和完善配套的服务体系，加强信息化政策法制建设的交流与联动，构建区域内良好的市场环境。最后，建立长效的信息沟通机制。共建"京津冀地区信息产业及信息化交流网"。交流网的主要内容包括工作交流和情况通报、政策和规划发布、成果展示、区域内招商引资和合作项目资源库、信息化和信息产业合作论坛等。以交流网为基础，建立长效的信息交流机制。

第三节 调整区域协调发展政策与决策体制

现行的行政区划体制、财税体制和政绩考核制度等不合理，致使北京和天津两大都市的政府缺乏实现区域经济一体化的内在激励，只是在口头上或抽象地推崇区域协调发展，而缺少实质性的动作。从优化经济结构来看，北京应该有大量和城市功能定位相矛盾的产业向河北省扩散。但事实上并没有发生，原因是什么？财政的"分灶吃饭"体制，使北京不愿意放弃原本属于自己的产业。

加之，京津冀经济圈内主要依靠市场配置的民营经济发展不足，主要听从政府行政干预的改制不充分的国有经济所占比重大，市场的作用不能充分发挥；给区域经济一体化的活跃度造成负面影响；区域经济发展环境不够宽松；等等。

京津与河北之间存在的制度安排上的梯度差异，也在一定程度上影响京津的产业向河北转移或来自其他地方的资金投向河北。例如，现行按行政区划分别制定的高考招生标准使得北京的录取分数线大大低于河北，以致在必须迁移户口的前提下，北京的企业职工不愿企业迁往河北；其他地方的投资者愿意将资金投向北京而不愿投向地价便宜得多的河北。

对于投资商而言，开发区和产业园区的政策优惠程度差异影响着招商引资的能力和成果。京津两市由于享受开发城市、沿海城市、开放区和开发区等优惠政策，在吸引资金和扩大出口等方面远远强于河北。

一方面，京津的辐射、带动作用有待进一步提升；另一方面，河北的经济发展水平与京津差距过大，不能实现有效对接。

京津冀区域经济的一体化，势必要尽可能地从“经济”的视角来看待问题。总结目前已经比较成熟的“珠三角”、“长三角”经济圈的形成原因，其中一条很重要的“法宝”就是市场的作用。当然，它们有其客观因素，主要是外来投资多，外来资金的投向必然要按照市场经济的规律行事，在哪里投资取得最大的效益就在哪里投资，较少有来自行政因素的干涉。北京市的外来投资相对少些，但是即便是政府作为投资的主体，也一样要遵循市场规律，进行效益评估，还要进行成本核算。在这方面，政府没有必要管得太多、太细、太全，更重要的是做好城市的职能定位，提供一个良好的市场环境，让市场行为回归市场，按照经济规律自然发展。

京津冀缺乏能够有效推进区域经济一体化的完善、健全的市场经济制度和相应的市场规则。“长三角”、“珠三角”发展都是市场主导型的模式，先是由企业参与、市场主导；最后才到政府间的协商和政府间的制度安排，而京津冀经济圈有着特殊的政治背景，其融合完全靠市场的力量是难以推动的，所以要进行政府高层间的制度性安排，通过上一级政府的有力推动，京津冀的融合步伐将加快。

与“长三角”和“珠三角”的融合过程不同，京津冀地区的一个显著特征是：地方政府处于较为明显的“强势状态”：在市场经济发育过程中与市场力量相比处于强势；在资源配置中，与市场手段相比处于强势；

在项目选择、资源整合中，与企业相比处于强势；在产业链形成过程中，与生产的“自然”要求相比处于强势；在区域性合作中，与企业行为、民间资本力量相比处于强势。“大市场”、“小政府”的目标，与这一地区相距较远。那么，京津冀上层推动融合的同时，打破地域和行政壁垒，限制政府权力，建设有限政府、服务型政府，让资本主导流向，打破封锁必然是题中之义。

长期以来，由于没有从区域经济一体化的角度进行综合规划，城市的放射和扩散效应没有很好地发挥出来，从而影响到京津冀城市化速度的提高。这一点与珠江三角洲是有着显著的差别的，其原因主要在于受行政区划的限制。而不同于长江三角洲三省市的原因，在于城镇体系与区域社会经济结合类型上的不同，长三角地区城市功能具有较鲜明的分工特点，而且上海作为区域经济中心的优势地位对于强化这一区域的凝聚力也有着十分重要的作用。因此可以说，区域经济发展协调度低是制约京津冀区域形成以京津为中心的大城市圈和促进区域城市化进程的主要因素。

在产业化过程中，京津二市一直在推进产业链建设，但这种产业链在很大程度上是基于行政壁垒性质的，主要考虑了本市的资源（尤其是濒临破产的企业的利益），没有考虑河北省临近区域的优势资源。主观原因是这一地区的“强势政府”自觉不自觉地都在搞“大而全”，都在想自成体系；客观因素主要为表现京津二市各种产业发展快、产业定位高，但传导力不强，周边地区跟不上，产业的传递梯度落差大，甚至形成了产业“悬崖”。因此，这一带很难形成平稳衔接的产业链，这些，均应该从政策层面解决。

总之，行政区经济的影响有积极和消极两个方面，在行政区经济运行的初期和中期，正是地方政府发展经济利益的动机，激活了区域内政治、经济、文化资源，提高了区域资源配置和生产要素流动的效率，大大推动了地方经济的快速发展①，这是其积极的作用。但是，随着我国市场经济体制改革的不断完善，行政区经济的弊端也逐渐凸显出来，在京津冀区域内主要表现在以下几个方面：

市场分割，阻碍要素自由流动。在行政区经济的作用下，地方政府决策的出发点是本行政区的利益最大化，现阶段各地政府的主体功能是发展

① 刘君德：《中国转型期凸现的“行政区经济”现象分析》，《理论前沿》2004 年第 10 期。

经济，地区经济的发展速度是衡量各级地方政府政绩的主要标准。因而，为了维护和追求本地区利益的最大化，往往以行政区为依托，构筑贸易壁垒、实行市场封锁、阻碍要素的自由流通。如天津与北京在汽车行业的分割，河北农产品进入北京的质检障碍等。此外，三地之间在资金、人才和劳动力市场上运用行政手段干预，相互封锁，区域统一的市场体系难以建成，对自下而上的以市场为主体的区域治理合作机制的发育造成了极大的影响。

重复建设，造成产业趋同与恶性竞争。在行政区经济运行时期，各地政府都争相建设小而全、大而全的经济体系。三地之间缺乏合理的分工与合作，在产业结构上严重趋同，造成了资源的极大浪费，产业体系难以形成。在基础设施领域，三地也缺乏合理的沟通与协调，区域内的交通网络体系发育缓慢，港口之间的恶性竞争难以协调，机场竞争也越演越烈。

行政分割，引发资源争夺。京津两市的经济发展速度，远远超过了当地资源的供给，"僧多粥少"的状况和行政上条块分割的地方保护主义导致资源大战。三地之间的招商引资大战，形成了密集的开发区，产生了沿京津塘的高新技术产业带。但是，各开发区和工业园区在政策上相互竞争，三地缺乏协调，使得该产业带没有形成合理的产业分工与产业布局。另外，由于条块分割和管理体制不完善等方面的原因，区域内水体污染日益严重，海河流域的污染一直难以解决，仍有加剧的趋势。

在行政区经济的作用下，地方政府行为日益经济化，都从本行政辖区出发考虑和制度决策。由于利益冲突而导致相互之间的无序竞争，使得区域治理的推进更加困难。

一　实施生态补偿机制

1. 补偿的依据

环京津贫困带与国内其他需要进行水资源环境补偿的区域，关于水资源补偿方式，理论上可分为损失补偿法、财政补贴法、水价补偿法、水权交易法等方法。从现实出发，解决滦、潮河水资源补偿问题，在国家政策、法律保障体制正式出台之前，要靠京冀和津冀两地政府协商。目前，涉及的主要问题：一是管理补偿费用的计算问题要达成共识。对水量的计算要充分考虑初始水权的分配，特别是潮河流域。对滦河流域的唐山市用水也应考虑此因素，与天津市不存在初始水权问题。在水权转让方面，由于过去是计划经济体制，加之上下游用水矛盾不突出，不应再纠缠老账。水价也不应定得过高，洪水的自然汇流仅涉及水资源费问题，不涉及工程供水成本。在《河北省水资源配置及水利规划研究》中，将水价定为1.50—2.50 元/t，其中水资源费 1.0 元/t，农业节水水权转让补偿费1.50—2.30 元/t，笔者认为近期过高，操作起来有一定难度。2008 年国家发改委《京津冀都市区域规划（建议稿）》明确提出，要在京津冀都市圈范围内建立包括水资源配置资金补偿和发展性补偿在内的利益补偿机制，探索建立以“流域水质水量协议”为基础的流域生态补偿机制。具体提出“稻改旱”的种植结构调整措施，把上游节余水量有偿转让给北京市，实行“稻改旱”后给农民带来的损失由北京市补偿。粗略计算，“稻改旱”后每亩节水 600m^3，农民每亩损失 900 元，潮河流域经常性种植稻田 10 万亩，这样北京市每年要拿出近亿元资金补偿承德市。滦河现有 40 万亩稻田，也是滦河流域影响潘、大水库入库径流的主要原因，节水潜力也在于调整种植结构。

天津市也应效仿北京市“稻改旱”的节水措施，津冀两地政府应开展这方面的研究与磋商。这是第一步，办法简单易行；第二步应研究以省际监测断面实际监测的水量计算，把洪水和基流加起来算账；第三步应以省际监测断面水量、水质综合计量，按质按量计算补偿费。京津两市政府可直接对上游市、县政府，如果补偿费确实到位，不让上游群众受损失，上游地区的节水、治污、调整种植结构等工作由当地市、县政府负责。河北省及上游市、县政府还可以采取其他应急供水措施，以解北京市的用水之急。滦河下游的唐山市随着首钢、曹妃甸工程等大量使用滦河水的项目投产见效，也应在补偿上有所体现。

关于水权的定义，有人认为包括水资源所有权，有人认为是所有权之外的用益物权，但尚无定论。我国《宪法》和《水法》中明确规定，水资源的所有权属于国家，国务院代表国家行使水资源所有权。但并未对水资源的使用权做出具体的规定，因此在使用权归属、权利范围等方面尚缺乏可操作性的法律条文。

发生在浙江东阳和义乌两市的被称为“我国首例水权交易”的案例，就曾引起广泛争论。“滨岸原则”就是指临近某条河流的土地所有者拥有该河流一定数量和质量的天然径流量的权利。据此，滦河流域的分水成员应该包括河北、内蒙古和辽宁。水资源使用权损失补偿：根据国家《水法》规定和国家《宪法》的精神，明确地界定了流域内每个公民应享受的水资源使用的权力，如果国家出于某种需要，加强水资源的区域性宏观调控，剥夺或限制了这部分地区居民的水资源使用权，应该以适当的方式，对这部分居民予以经济补偿。

水环境容量使用权损失补偿：按照国家《环境保护法》和《水法》的规定，公正、平等的原则，在一个流域内企业和单位应平等享有使用水环境容量的权利。但是，由于某个企业和居民所在地区的经济社会功能不同，水环境敏感程度不同，必然形成水环境容量使用权利分配上的差异。流域性的污染治理，既要坚持“谁污染、谁治理”的治理方针，也要坚持“谁提高标准、谁给予补偿”的治理原则，公平分摊因提高治理标准所产生的治理费用。

水资源环境约束经济损失补偿：任何一个地区的城乡居民都有自主选择发展某种产业、开发某种产品的权利以及通过开发产品、发展产业来增加积累、提高生活水平的权利。这作为宪法赋予自然人的基本权利，是受到法律保护的，任何人无权剥夺。否则应对受限制区域进行相应补偿。

土地使用权损失补偿：国家有关土地、耕地、牧地的法律，给予了农牧民自由选择土地开发方式、利用方式、经营方式和处理方式的权利，但由于国家和地方政府为加强生态建设和环境保护而做出的一系列决定，又剥夺了处于地表水源保护区和生态脆弱区农牧民的部分权利，这也就在客观上把这部分农牧民放在了权利不平等的地位，形成了国家要生态和农民要致富的矛盾。水库上游地区的生态建设和环境保护，有特定的受益者，应该按照“谁受益、谁补偿”的原则，由下游受益区给予上游损失方一定比例的经济补偿。

2. 补偿的方式

理顺地方经济发展与水资源环境利用保护的关系成为目前和今后一个时期解决区域性贫困的首要问题，如果不全方位加大对这一地区的扶贫开发力度，消除区域经济发展的限制性因素，必然导致本区域贫困性生态问题的发展，形成更大的生态安全隐患。

关于补偿方式，应以现金补偿方式为基础，辅以项目等方面的补偿和支持。现金补偿，是最直接的补偿方式。按照两地政府协商的补偿费计算方法，京津两地政府从使用的密云、潘家口、大黑汀水库的水资源和水费收入中列出一部分资金建立滦、潮河水资源保护专项基金，根据滦、潮河的不同情况分类进行补偿。

总之，建立滦、潮河生态与水资源补偿机制，要在国家推进水权制度改革的前提下，加强京、津、冀三地政府的协商与对话，首先三方要达成共识，建立一种机制，然后再逐渐完善，最终形成具有政策和法律保障的长效补偿机制。

二　区域治理的协调机制

为解决环京津贫困带的贫困和生态问题，各级政府做出了艰苦的努力。“八七”扶贫攻坚计划期间，各级政府和社会各界向张家口、承德贫困地区投入数十亿扶贫资金，上述24县农民人均纯收入平均从808.5元提高到1504.25元。为了改变该地区的生态环境，中央和河北省政府先后在该地区实施了京津风沙源治理工程、21世纪首都水资源可持续利用工程、退耕还林还草工程、三北防护林工程等一系生态建设和环境保护工程，初步建成了环京津生态屏障。

但是，由于没有从体制和机制上采取消除贫困和保护生态双赢的措施，环京津区域贫困和生态恶化趋势仍未得到根本遏制。当地自然条件依然恶劣、基础设施薄弱、农户缺乏必要的家庭积累。近年区内因灾、因病、因学返贫致贫的现象十分普遍。特别是由于区内灾害频繁，抵御自然灾害能力弱，基本上形成了“大灾大返贫，小灾小返贫”的规律，改善生态环境和脱贫的任务依然十分艰巨。

自成体系的扶贫开发和生态建设、环境保护管理方式，导致众多的扶贫开发工程和生态建设工程达不到应有效果。经济落后和生态恶化是环京津贫困带的两个突出问题，而且两者互为因果。多年来，区域的扶贫开发工作由各级扶贫办负责，区域生态环境建设或者由各级政府所属的项目办负责，或者由各级农业、林业、水利、环保等部门负责。这种封闭的部门分割的管理体制，使得区域的扶贫开发工作和生态建设工作不能统筹考虑，一些扶贫开发措施客观上对生态环境造成了负面影响，而一些生态工程建设项目又在一定程度上抑制了地区的经济发展，众多政策措施作用互相抵消，不能达到预期的效果，形成了国家要生态、地方要财政、农民要致富的尖锐矛盾。如近年来实施的京津风沙源治理工程，要求区域内大范围地封山育林，客观上造成了区域畜牧业生产成本的提高，影响了农民发展畜牧业的积极性，使得当地农民原来赖以增收的畜牧业严重滑坡。

层次众多的分散管理方式，难以满足流域性生态环境建设和整治的需要。从生态学的角度来讲，一个流域的生态环境建设和整治是相互关联、密不可分的，应该统筹考虑。但是由于目前环京津贫困带隶属于河北省两个地级行政区（承德市、张家口市）和24个县（区）级行政区，众多的生态环境建设工程从省级、市级到县级分散管理，再加上区域与京津密切的资源环境关系，中央和京津两市也在区域内实施多项生态环境建设工程。如此层次众多的生态环境建设方式，却对整个流域的生态建设不能做到统筹考虑；生态工程的安排、建设和维护关系难以协调，不能满足流域性整体生态环境建设和整治的需要。

行政调控的资源分配和生态环境保护方式，不利于统筹协调解决区域贫困和生态恶化的问题。作为京津的水源地，为了给京津提供充足和清洁的水资源，环京津贫困带大规模压缩工农业用水，不断提高企业排污标准，关停众多效益可观但耗水严重和排污标准低的企业。

作为京津的风沙源治理区，为了保护京津的大气环境而实施的封山育林和退耕还林还草工程，使得环京津贫困带的农业和畜牧业蒙受了巨大的损失。而目前处理京津与环京津贫困带资源环境关系的办法，仍是计划经济色彩浓厚的行政调控和行政命令。资源是无偿提供的，而为保护资源环境做出的贡献和蒙受的损失基本上得不到补偿。少有的一些补偿多属临时性的动议，补偿标准没有按照市场化的运作方式进行科学计算，也没有形成制度固定下来，而且根本不能弥补地方所蒙受的损失。这种行政调控式的资源分配和生态环境保护措施，不仅使得贫困带的贫困问题长期得不到有效解决，也根本无法调动起区域生态建设的积极性，使区域贫困和生态恶化的趋势无法得到根本缓解。

区域观念的缺乏，行政区的观念深入人心，行政区经济的影响作用强大。京津冀三地的发展都是以本地区为主，这种本位主义导致了区域难以整合。迄今为止，京津冀地区仍然没有形成一个可以执行的总体区域规划。中心城市考虑较多的是如何增强经济集聚功能，对如何发挥经济辐射功能，带动周边地区的经济发展关注不够，有关政府部门在考虑发展规划、产业调整、企业搬迁、基础设施建设和生态环境治理时，仍局限在各自行政区划内，着眼区域发展全局来审视各自发展规划的意识明显滞后。京津冀地区有两大直辖市和河北省，区域内部协调难度大。只有国家加强统筹协调，才能对不同行政区域主体利益具有约束力，突破行政区划的障碍、克服无序竞争和重复建设。

同时，地方本位主义思想泛滥，各地都从本地利益出发，考虑是否合作与合作的态度。如果一方利益小于合作前收益，那么它对合作将采取抵制态度。“争夺地方经济利益”是影响京津冀区域治理的基本矛盾和核心问题。近年来京津冀三方的合作基本停留在县区、企业、民间合作为主的水平上，跨省、市的区域合作项目很少，三方政府间共同关心、利益一致的大的合作没有启动，有关大项目尚待进一步磋商。以行政区域的地方利益主体所做的绝大部分工作是为各自区域的利益，京津冀依然是三方独立的行政区的现实，决定了三方政府在制定政策时，只是把其他利益主体和整体区域的利益作为影响自己利益实现的原因来考虑，而不会把其他主体的利益和区域利益作为行动目标来考虑，区域经济目标的实现仍然要受到行政区目标的制约。

从京津冀层面来看，近年来三方互访、多方协商不断增加，但是一直没有建立起一套正式的高层领导磋商机制。未能就区域内的产业结构调整、基础设施建设及生态环境治理等战略性合作问题进行深入磋商并达成共识，未能在寻求有关各方利益结合点及合作切入点上取得重大突破。《环渤海区域合作框架协议》虽然建立起一套机制，一定程度上缓解了这一问题，但是实际运行中，仍有许多需要完善的地方。如环渤海区域经济合作联席会议闭会期间，只有一个联络机构运转，没有一个常设的工作机构。同时，三方在许多领域存在分歧，难以形成合力。在行政区经济运行的惯性作用下，三地之间虽有合作的愿望，但是一方面缺乏一种合作的机制，另一方面，河北始终处于弱势地位，北京的经济极化和制度极化仍然在不断增强，天津与北京之间在产业、金融等领域的纷争持续不断。各地都站在各自辖区的范围思考发展，缺乏区域整体意识，很难形成一个行之有效的协调机制。

自主性的协调机制难以建立，而在中央政府层面也没有一个协调组织。多年来，京津冀三地的竞争始终大于合作，造成了严重的内耗。解决普遍存在的地方保护主义和地方政府间恶性竞争的制度安排非常脆弱，成为影响区域整体发展的根源，制度供给的缺失已经成为制约京津冀区域发展的主要因素。因此，京津冀的区域发展迫切需要解决的问题是三地新的合作机制的创建。

新型政府间网络关系最重要的是交流和互动（见图 10－1）。首先，京津冀两市一省要建立高层政府之间的制度化互访与沟通机制，这为全方位开展区域内部各级政府的互动提供支持，有利于增强区域凝聚力和整体意识；其次，除了省级高层的互动外，地级市政府、县级市政府也应加强交流与沟通，互通有无，协商解决区域公共事务，主动参与到区域的发展建设之中；再次，上述两方面是“块”上的政府之间的互动和职能部门之间进行业务交流和合作，为区域公共事务的解决提供必要的支持。

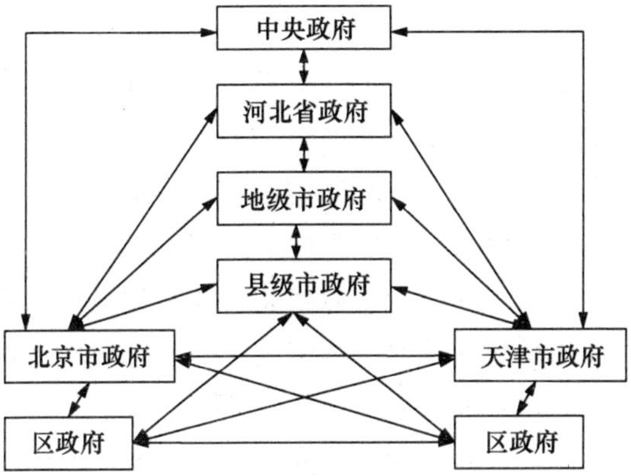

图 10－1　京津冀政府间网络互动

生态环境改善对城乡人民生活质量提高及工农业生产有积极意义，但是生态环境维护需要支付较高的劳动和资金成本，恢复已经破坏的生态、赔偿和治理环境污染都需要费用。生态体系的经济弱质性与广大农民脱贫追求实际利益的矛盾会随着经济发展和生活水平的变化而发生冲突，而且随着政策效应递减、制度优势惯性减弱，冲突更加尖锐。要在资源—环境经济新理论、新方法的指导下，重新评价和测算环京津地区的生态价值和生态利润，为建立生态补偿机制提供科学的依据。

因此，要通过税收、转移支付等手段，建立生态补偿机制，对沙源地区的农牧民退耕还林（草）、圈养禁牧、产业转移，以及生态移民进行物质或者资金上的补偿。在有条件的情况下建立统一的生态环境保护基金，保证生态环境研究、规划和建设的稳定资金来源。同时，各级政府不能推卸责任，要加强生态建设执法力度。

由于在行政经济的负面效应作用下，各行政区的经济利益冲突难以调和，没有形成有效的生态治理机制。这种制度供给的缺乏导致生态保护在开展合作时无从入手，所成立的机制和签署的协议停留在共识、意向层面，无法具体实施和操作。这一生态经济特殊示范区的基本框架设计主要有以下几方面：

经济社会发展结构和布局的改造和重构。对传统的产业结构和布局、劳动力就业结构和布局、城镇结构和布局、生态环境治理保护结构和布局、区域功能结构和布局等进行改造和重构，建立生态型的产业体系、就业体系、城镇体系、资源开发利用体系、生态环境保护体系和区域经济社会功能体系，把生态经济特殊示范区发展引入良性循环轨道。

发展支持政策的协调整合。制定并组织实施区域特殊的财政、投资、技术、经济、教育、就业、资源和环境政策，制定并组织实施旨在使经济发展与生态保护互动双赢的特殊发展政策和支持政策，实现地方政策和法规高度整合和协调统一。环京津区域生态环境建设应该立足于本地区人多地少水缺，自然资源短缺的现状，制定统一的生态环境保护规划，以水资源、水环境的保护和风沙治理为突破口，采用“圈层式”的模式，在各城市周围由外向内、从农村到城市形成诸多大小不一的生态环境圈，形成以河北作为生态环境保护带，包围京津两大城市的圈层结构，同时联合内蒙古、山西等地，形成更大的圈层结构。当前急需建立和完善生态补偿机制，对为生态环境保护做出牺牲的河北的张家口和承德等地区进行补偿。

为了统筹解决环京津贫困带的发展与生态问题，建议在环京津地区建立一个跨区域的，旨在实现经济、社会、生态协调发展的生态经济特殊示范区。遵循生态经济和区域经济发展规律，综合运用市场、法律和行政手段，通过体制与机制创新、产业升级、城镇改造、人口分布调整和人力资源优势再造、资源开发利用方式转变，建立生态型的经济和社会功能体系，形成区域一体化的资源共享、合理开发、高效利用与保护机制，实现京津冀区域协调发展。

组织领导机构的建立和协调。要保证特殊示范区建设顺利进行和有序发展，还必须建立相应的决策管理、区域管理和部门管理体制和运行机制，为特殊示范区建设提供组织保障。改变块状分割的发展方式，实现区域经济和社会协调发展。

京津冀贫困问题应该在地方政府主导下，整合治理网络和生态环境保护、基础设施网络建设、经济发展等方面的区域事务。借鉴欧洲都市区治理的模式，短期内采用派出机构模式，由中央政府建立京津冀区域发展领导小组，制定区域环境、区域空间和经济发展总体纲要的具体设想与前景规划，制定推进都市圈区域协调发展的政策措施，协调京津冀产业发展、生态补偿、财税体制以及社会管理中的矛盾和问题、推进区域社会经济发展和生态建设；中期采用核心功能组织模式，负责区域规划的制定和决策，对涉及区域发展的重大问题进行协商、谈判。在京津冀协同发展战略条件下、以 2020 年为阶段目标，运用科学有效程序对环京津地区贫困问题实施精确识别、精准帮扶、精确管理的治贫方式，着力处理贫困带问题。

建设篇

第十一章　首都经济圈建设目标

——世界级大城市群

第一节　经济全球化新动势

经济全球化是通过越来越多的社会财富进入全球生产链中，成为流动着的资金流、物流、信息流和人流，寻找效率最高的集聚场所这样一种过程来完成的。“世界工厂”① 的变迁就是这种过程的表现。不同行业、不同素质人群在不同城市或地区的集聚也是这种过程的表现。

20 世纪 70 年代起一直到目前，各国经济学家和企业家正在注视着世界制造业的生产基地以令人瞩目的速度和规模向中国及其他发展中国家转移，而敏感的媒体则把中国称为新世纪的“世界工厂”。

“世界工厂” 在世界范围的空间转移，是发达国家产业结构大变动过程中的一个方面。在制造业向发展中国家搬迁的同时，发达国家的第三产业得到了快速的发展，突显出一系列重要特征。

一　知识、技术型服务业的新动向

1. 服务业的知识和技术含量迅速增长

在全球激烈竞争中，服务业的知识和技术含量迅速增长。其中生产性服务业依托现代信息与网络技术，从服务内容到服务的深度与广度都实现着前所未有的跨越式的突进。以信息革命为主导的技术革命引起的生产力变革，在第三产业服务的内容和方式上首先得到实现。知识密集型、高技术含量、高附加值的服务部门如雨后春笋般地生长出来，并且以强有力的增长率成为服务业中的主导力量。

---

① 周牧之：《鼎——托起中国的大城市群》，世界知识出版社 2004 年版，第 14—17 页。

2. 现代服务业的网络化辐射

现代服务业是建立在当代信息技术与网络技术之上的一种新型服务业。正是依靠当代的新技术革命，新型服务业才迅速崛起。依托新技术的新型服务业不仅技术密集和智力密集，同时其辐射能量与服务范围通过网络化也在迅速扩展。

3. 服务贸易权重加大

在“世界工厂”大转移的同时，全球范围内的服务贸易增长显著加快。1980—2005 年，世界服务贸易出口额从 3650 亿美元扩大到 24147 亿美元，25 年间增长了 5.7 倍，占世界贸易出口的比重从 1/7 增长至近 1/5①。速度之快令人瞩目。原因是多方面的，制造业需要服务贸易的配套支撑是重要原因之一；另外，以信息技术为代表的新科技革命的蓬勃发展增强了服务活动及其过程的可贸易性，显然大大促进了新兴服务业进出口贸易；还有一个最值得注意的动向是全球经济竞争的重点正在从货物贸易转向服务贸易。在以上因素的作用下，预计随着世界新一轮产业结构调整和贸易自由化进程的推进，服务业在各国经济中的地位还将不断上升；世界服务贸易仍将趋于活跃。

我国明确提出大力发展服务贸易，是提高我国参与国际分工和竞争能力的重要举措。有识之士已经看到了这一点。美国著名管理学家彼德·德鲁克就曾预言：“在中国，最大的商机不是在制造业，而是在服务业。”②

在全球服务贸易总量快速增长的同时，服务贸易的结构也发生了很大变化，新兴服务贸易比重加大，运输、旅游部门保持稳定增长。

4. 发达国家服务业的转移是近年出现的一个重要趋势

近年来，美国出现了继制造业外迁以来服务业大举外迁的又一新的浪潮，不仅引起了广泛的关注，更引来了各界围绕是否应当通过保护措施加以限制的激烈争辩。美国 20 世纪 70 年代前后的冶炼、造船行业的外迁以及 20 世纪末制造业的外迁都没有引起美国朝野这么大的震动。正是由于服务业关系到高新技术，所以 21 世纪的这场外迁产生的舆论压力才这么大。实际上，服务业的外迁和其他产业的外迁一样，都是全球化进程中的

---

① 胡景岩：《世界服务贸易呈现六大趋势》，《经济日报》2006 年 8 月 1 日。

② 周振华：《现代服务业发展研究》，上海社会科学院出版社 2005 年版，前言第 3 页。

一种必然现象。虽然，研究表明，目前美国外迁的高新技术领域的服务工作，都是较低水平的、重复性的工作，核心科研一类的重要工作仍没有迁移到其他国家而是在美国本土进行，但是，跨国界的通信革命是这次服务业外迁潮的内在原因，无论从技术革命的本质和市场力量的角度来看，这一趋势都是不可阻挡的，这新一轮迁移热潮必然会引起广泛关注。

国外服务业的迁移，为我国大力发展服务业这一现代化战略举措提供了机遇，但是，与“世界工厂”的路径不同，大力促进中国特色的服务业的发展，特别是具有东方传统的文化创意产业的发展更为重要。

二　“创意产业”发展战略地位的提升

1. 发达国家的战略转型

20世纪80—90年代，发达国家在发展战略上将重心从“硬实力”转向“软实力”有着深刻的含义，英国的“不列颠品牌重塑”就是在这一前提下提出的。

英国政府成立了文化媒体体育部，1997年文化媒体体育部组成了创意产业特别小组，1998年11月该小组提出《英国创意产业路径文件》，这是创意产业（Creative Industries）的正式命名。从“软实力”的思索到“创意产业”的提出，其政治色彩有所淡化，而经济结构的战略大转型更加突出。

英国选定了十三项产业作为创意产业的范畴，主要包括：广告、建筑、艺术及古董市场、工艺、设计、流行设计与时尚、电影与录像带、休闲软件游戏、音乐、表演艺术、出版、软件与计算机服务、电视与广播。由于这些产业都属于文化范畴，所以也称其为文化创意产业。

在以后各国兴起的文化创意产业，虽然在重点以及其与商业行为的融合等方面均各有特色，但是从理论范畴上说，均没有大的突破。

2. 全球产业结构进一步调整的风向标

（1）“创意产业”的突起，从国际政治风云的变化上说，是第二次世界大战之后出现较长期和平阶段的一种理性的发展战略。二战过后，紧接着冷战结束，大国在第二次世界大战中和东西方在冷战对抗中的“硬实力”（即军事机器、核威慑力等），也随着美俄两个超级大国在全球军事对抗的结束而淡化。实力的界定不再限定为军事力量和征服，更重要的是一个国家或民族的精神、文化与创造力。这种力量伴随着技术与教育作用的提升，在国际关系中的作用越来越受到重视。

（2）以信息技术为主导的新产业革命，催化了知识经济的问世。作为一种新的经济形态，其定义还在从不同的角度进行完善。1996 年由 24 个全球发达国家组成的经济合作和发展组织在《以知识为基础的经济》报告中对知识经济进行了如下定义：这是一种“建立在知识和信息的生产、分配和使用之上的经济”。美国前任总统克林顿则称其为“以创意为基础的经济”，也有人称其为“新经济”、“软经济”、“非物质经济”。

（3）在新的政治和技术革命形势下，世界经济正在进行比以往更加深刻的产业结构的大调整，体现“硬实力”的传统产业的作用力在下降，而以创新为核心的“软实力”的作用力在提升。在这场新的结构大调整中，发达国家要以“创意产业”的发展发挥其“软实力”的优势，稳固其领导地位；而新兴国家则要以“创意产业”的突飞猛进，抓住向发达国家追赶的机遇。

三 产业集群与区域经济发展的新趋势

经济全球化引发了全球经济、政治各领域的复杂变化。比如，加入 WTO 的各国都必须按照 WTO 的章程、制度，即按照全球经济“游戏规则”行事。在各国按照这个“游戏规则”制定或修正本国的规章制度时，实际上已经削弱了各国政府对本国经济的控制力①。随着中央政府对经济活动控制力的弱化，由产业带聚集而成的区域经济引起广泛关注，企业不得不以产业链的集成直接面对越来越激烈的国际竞争。

在全球化的背景下，产业集群发展，继而形成产业带，其战略作用已经远远超出了它所表现出的现实意义。行业化在空间上的集聚，不仅要打破原来意义上的行业分割，区域分割，甚至正在打破国界。产业带形成了区域经济的核心竞争力，在区域经济大发展中，形成了区域经济竞争的新格局。

所谓产业集群，绝不是一种简单的企业集中，而是一种以生态链形式组成的产业空间的集聚，即产业的上下游之间，整体与零部件之间，制造业与生产性服务业之间的相互依存、衔接与空间上的合理组合，进而共享知识、顾客和专业技术人才②，形成低成本、高效率、紧密型的产业带。也可以说，产业集群实际上是把产业发展与区域经济，通过分工专业化与

---

① 周振华：《现代服务业发展研究》，上海社会科学院出版社 2005 年版，前言第 3 页。

② 萧琛主译：《美国总统经济报告 · 2001 年》，中国财政经济出版社 2003 年版。

交易的便利性，有效地结合起来，从而形成一种高效的生产组织方式。在这样的产业带中，主导产业的选择，以及与其带动的相关产业的合理结构与布局，将直接构造该区域的核心竞争力。

人们通常比较注意制造业的产业链集聚，而对于服务业的集聚比较忽略。在知识和技术创新越来越重要的情况下，以研发为主的自主创新知识产业的集聚更值得密切关注。

新型服务业以多种经济活动契合的群组高度集聚在中心城市或中心区域。目前在大都市的中央商务区（CBD）出现了各种不同的服务业集群，比如有以金融、商务服务为主导的集群；以旅游服务为主导的集群；以会展、出版、文化艺术或教育为主导的服务业集群等等。

在服务业的集聚中近年来出现了一个重要趋势，这就是以研发为主的知识型生产性服务业与现代制造业的融合，形成以创新性服务业为中心、融合制造业产业链的新型产业集聚。可以说，这是新型工业化的一个重要特征。以研发为主的知识型生产性服务业在产业链中的作用，在产业集聚中的不可低估的凝聚力，在我国新一轮产业结构调整中的作用特别值得关注。

四　以产业集聚为依托的世界城市群

产业集聚使得世界城市的重要性显著地强化了。经济控制力的下移，区域经济在竞争中崛起，城市作为参与国际竞争的个体单元，以其独特的优势在区域经济中成为龙头。世界城市的重要性显著强化，各城市间的竞争也由此加剧。各城市政府推出各种战略和策略来增强城市的吸引力，争取成为全球市场网络或区域网络上的重要节点。

同时世界城市群正在成为区域经济的骨干。综上所述，可以看出城市的功能与建设活动的内涵正在发生着重要的变化。但是，城市一旦成为全球经济网络的节点，它也必是区域经济的骨干。没有区域经济的网络，也就不可能出现网络节点。同时，应当清楚：这种骨干地位，是与一组高增长的产业群所带动的产业带紧密联系在一起的。实际上，城市的竞争力就是产业的竞争力。这里，之所以提出产业带，是因为产业集聚形成的产业带，可以大幅度地提高产业的竞争力。可以看出，中央政府对经济活动控制力的弱化，国际竞争已经通过各个城市节点，直接转向产业活动。之所以要通过城市节点，那是因为城市是产业集聚的空间结合部。

从世界近年来发展的趋势看，新的产业集聚驱动世界城市群的形成。但是，在区域经济发展的不同阶段，城市与城市群的发展也有不同的表现。按照区域经济理论和空间一体化理论分析，区域经济发展分为四个阶段：即前工业化阶段、工业化初期阶段、工业化成熟阶段、后工业化阶段。在每一个发展阶段上，具有不同的阶段性特征：前工业化阶段，资源要素较少流动，存在若干不同等级的中心，但彼此间缺乏联系；工业化初期阶段，外围资源要素大量流入中心区，中心区进入极化过程，少数主导地带迅速膨胀；工业化成熟阶段，中心区要素高度集中，开始回流到外围区，中心区开始对外扩散，外围区出现较小中心；空间经济一体化阶段，资源要素在整个区域内全方位流动，多核心区形成。在区域经济发展的不同阶段，其空间格局不同，城市的发展也有不同的表现，即：城市独立发展、单中心城市群、多中心城市群、成熟的世界城市群四个阶段。在第三阶段开始出现城市群。

世界城市群可以定义为：由产业集聚形成的产业带把多个城市圈聚合而成的一个高密度的关联紧密的城市空间。目前世界已经形成了五个世界城市群，从世界经济发展的趋势看，世界城市群不仅是各自国家的政治和经济中心，也是全球经济、金融、商贸中心和跨国公司的控制中心，成为主导国家和世界经济的发展引擎。

五　产业融合与大服务

新型服务业正在对生产方式产生根本性的影响。新型服务业的服务活动在不同产业间相互渗透，相互交叉，逐步形成新产业的动态发展过程。现代产品不仅仅是制造业产品，农业产品也需要科学与技术服务。

产业融合发展意味着部门间业务的交叉、市场交叉，不仅打破了原来的分工界限，相互介入，形成你中有我，我中有你，还将新技术广泛应用于生产上，创造了更有效的作用方式和路径。这种影响之深体现在以下三个方面：①公司之间不再讲求垂直整合，而注意不同公司之间的水平整合。②企业之间有竞争，也有协同。新的竞争协同关系更有利于企业的发展。③加快了各类产业的自动化和智能化，出现了产业的“柔性化”趋势。

产业融合正在加速生产方式的变革，而在这一变革中，新型服务业在信息技术飞速发展和经济全球化的背景下，正逐渐成为主导和支配经济增长的力量。如果以前说“科学技术是第一生产力”还往往找不到其实现的具体途径的话，以生产性服务业为主导的产业融合，其蓬勃发展的实践，正在详细地诠释这一论断的实现路径。

六　“世界工厂”全球迁移与控制力集中

当工厂从发达国家向发展中国家大迁移时，全球经济活动的最高层管理与控制部门却正在向某些世界城市集聚。这些区位条件好、基础设施齐全、便利，环境安全，文化氛围浓厚的世界城市将成为首选，并成为主宰着全球或地区经济命脉的世界级城市。经济学家弗里德曼（Friedman）根据城市在全球经济和空间体系中的作用，把世界城市分为“全球金融节点”城市、“跨国节点”城市、“重要的国内节点”城市和“地区节点”城市，这些城市作为全球经济网络的节点起着重要作用。

然而，一个城市是否能够成为世界经济网络中的重要节点，不仅仅取决于该城市本身的硬件条件和经济发展水平，还要看其所在国家与联结、辐射地区的发达水平，以及所在“生态城市群”的禀赋。现代城市这种网络化的特点，是和全球化中城市的功能一致的。网络节点意味着其既是资源要素的空间集聚地，同时也是资源要素的集中配置地。资金流、人才流、技术流、信息流都将通过这一节点进行流动并得到有效配置。这种功能决定了这种网络节点必须具有高效的现代服务业，因为现代服务业是有效地组织资源要素流动、承担大规模经济流量的产业基础。

第二节　我国应对挑战的战略调整

一　我国经济结构的重大战略转型

在新世纪经济、科技全球化的新形势下，技术创新已经取代对自然资源的拥有，成为决定国家竞争力的决定性因素。我国提出：在未来的15年中，我国必须在自主创新中促进经济结构进行新一轮的调整，从资源依赖型转向创新驱动型，实现从对国外技术的依赖型向自主创新型的转变。这是我国21世纪发展的重大的战略性转变。

在这一重大战略性转变过程中，自主创新实力的增强是转变的主轴。在产业链中，以研发为主的知识型生产性服务将越来越占据要位，并以拥有自主创新的核心技术占领产业前沿，提高我国的核心竞争力。这是我国从一个“制造业大国”走向制造业强国的必由之路。

以研发为主的知识型生产性服务的大发展不仅仅必然地促进第三产业全面提升，同时，由于知识在一、二产业生产要素中比重的扩大，也将大大提高我国的现代化水平。

二 大力发展服务业是我国21世纪的重要举措

服务业发展水平是一个国家现代化程度的重要标志。改革开放以来，我国服务业规模迅速扩大，结构不断优化，在增加就业、满足广大人民群众生产、生活需求上，发挥了重要作用。据不完全统计，改革开放以来，服务业年均增加值增长率达到了10%，在三次产业中，占GDP的比重从1978年的23.7%，提高到了2004年的41%，略低于制造业的46%，大大超过了第一产业。加入WTO以后，我国按照承诺，积极促进服务领域的开放，仅2003和2004年两年内。我国服务贸易领域就新引进了外商投资企业1.7万家，占同期新设立外商投资企业的20.1%。特别值得注意的是，银行业的开放也在有序进行。2005年12月6日起外资金融机构经营人民币业务扩大到汕头、宁波，并提前开放哈尔滨、长春、兰州、银川、南宁5个城市。

但是，我国一些重要的服务业长期处于垄断经营状态，缺少竞争，成本高，效率低，对服务业的开放比制造业要晚一些，开放程度也较低。在整体经济和居民收入水平大幅提高的情况下，服务业已经滞后，如果不能在发展中迅速提高服务业的水平，将不利于我国现代化的进程。无论是传统服务业，还是新兴服务业，都将在信息化的催化下，迈上一个新的阶梯。

三 以文化创意产业促软实力的复兴

改革开放30多年来，我国经济的快速发展，已经引起世界的瞩目，谓之“中国的崛起”。但是，如果理性地分析的话，应该看到，这种发展是单方面的。经济的一枝独秀，还没有综合带动全方位的复兴。新加坡《联合早报》2006年7月11日发表郑永年文章《中国人应理性看待中国的崛起》，指出：在数千年的历史中，中国有过数次真正的崛起，包括秦汉时代、隋唐时代、明清时代，在那几次崛起期间，不仅是经济上的崛起，更是文化和政治上的崛起。中国的政治和文化对外影响力，在今天的亚洲国家仍处处可见，人们所说的儒家文化圈，就是中国历史上全方位崛起的见证。而今天的经济崛起并没有带来文化的复兴，更没有造就一种新的文化。相反，传统文化正在加速消失，被商业文化、快餐文化所取代。郑永年甚至指出：在一定程度上说，中国已经变成了一个没有文化传统的文明了。这些话虽然有些绝对，但是如果将其作为一种警示，值得深思。

中国经济的高速发展，让世界重新看待中国，不仅要评价经济，也在全面地传播和审视中国文化。这种现象给予我们启示：国家的崛起不能是单方面的。全面的复兴，首先是文化的复兴已经十分紧迫地提上了日程。如果不从战略上重视这一问题，即使经济再发展，国家在文化上的边缘化，进一步被同质化，软实力丧失，最后在全球化中，我国只不过成了一个给世界制造产品，把污染留给自己的"制造车间"。

应该说，没有文化传统的文明是不存在的。文化的复兴时不我待。关键是能不能"青出于蓝而胜于蓝"，从历史传统文化中找到可以和当代多元文化相融合的文化价值观，启动当代中华文化的复兴？大力发展文化创意产业，意味着其所承担的正是这样一项重要的战略任务。

第三节　世界城市功能结构的演变

20 世纪 30 年代，国外学者就开始了对城市功能结构问题的研究，但深入的理论和应用研究在 20 世纪 70 年代才有较大发展。概括起来讲，国外关于城市功能结构的研究是从以下两个侧面展开的。

一是以生态学、环境学、地理学等学者为代表的自然科学家，从自然景观、生态环境演化入手展开的研究。1936 年，德国地理学家赫伯特·路易斯（Hbarerto Louis）从城市生态学的角度研究了柏林的城市地域结构，并首次提出了城市边缘带的概念。之后，一些学者基于对资源的保护或生态环境的恢复，对城市功能结构的形成、演化机制、边缘效应及人类调控进行了广泛的研究（Patenter，1935；Wiens，1985；Neleourt，1987；Holland，1991；Hnasen，1992；F. Dieastr，1992）。

二是以城市经济学、农业经济学、城市地理学等学者为代表的经济学家、社会学家，从城市和乡村发展以及人口、产业和各项设施布局日益在城乡交错区聚集而出现的各种问题出发，展开的城市功能结构研究（Wehrwein，1942；Golredge，1960；Eonzen，1960；Anjanadesal and Smitasea Cupta，1987；Pacione，1990）。

近年来，国内学者对世界城市功能结构的研究热点转向了土地管理和可持续利用问题。代表性的研究有：张新长等（2002）利用灰色预测模型和基于时间序列的最小二乘法预测模型对广州市城市功能结构的土地利用变化状况进行了预测研究，认为今后城市发展将更注重于功能和内部结构的合理配置；彭补拙等（2001）将经济、环境的预警方法引入耕地预警研究中，运用统计法和模型法对城市功能、结构、耕地数量变化的预警问题进行了探讨，从控制人口数量、开源与节流并重、调整农业结构、对农地实行使用管制、完善农地使用制度等方面探讨了城市功能结构的可持续利用问题。

此外，其他学者（陈浮，2001；赵军，2000；韦素琼，2000；周省路，1999）也从不同角度对世界城市功能结构的土地利用问题进行了有益的探索。在世界城市功能结构土地利用研究中，遥感技术和 GIS 技术得到了广泛的应用（范泽孟，2002；陈浮，2001；巴雅尔，2000；王浒，2000；章文波等，1999）。

陆大道院士于 1997 年指出：空间结构是社会经济客体在空间中的相互作用与相互关系，以及反映这种关系的客体和现象的空间集聚规模和集聚形态；以农业区位论、工业区位论、中心地理论以及市场区与市场网络理论为代表的经典区位论为空间结构研究的理论基础。他同时提出空间结构的研究主要包括：（1）以城镇居民点为中心的土地利用空间结构研究，主要基于阿隆索的城市经济土地竞租模型和级差地租理论；（2）分析企业、居民点、城市中心等布局的空间特征及等级体系，应用“门槛”理论，将克里斯塔勒中心地理论用于区域实证研究；（3）通过社会经济发展各阶段的空间结构特点及其演变，揭示空间结构变化的动力、趋势、类型；（4）对经济客体集中程度进行评价，在实践中表现为对过于集中或分散局面进行解释并提出相应对策；（5）社会经济客体空间相互作用探讨，包括地区间的货物流、人流、资金流、信息流等方面的互动，归纳空间结构的重要特征。

北京作为我国世界城市成长模式的现实个案，其成长历程、成长动力、空间成长、建设发展、产业发展、管理变革等都与中国城市成长的基本轨迹相符，其成长的轨迹特征在当今中国城市化进程中极具代表性。

从区位来看，大首都圈的建立与发展成为北京突破中心城市发展约束的契机，具有向首都经济圈辐射的趋势；从功能来看，北京借助内部独特的、具有相当集聚规模的经济活动吸引大量劳动力就业，从而带动相关产业的发展。

一　城市功能结构形成演变的基础理论

对世界城市功能结构形成演变的机制的研究离不开理论指导。纵观国内外文献，从城市功能结构理论研究的历史脉络看，虽然真正的理论研究是从20世纪70年代才开始的，但早期的萌芽理论可追溯到杜能的“孤立国”区位论、伯吉斯的同心圆学说、克里斯泰勒的中心地学说，而现代基本理论主要有城市空间扩散—集聚理论、核心—边缘发展理论和城乡关系理论。

1. 早期的萌芽理论

德国经济学家杜能于1826年出版的《孤立国同农业和国民经济的关系》一书中，提出了著名的农业区位理论。杜能主张孤立国全境的生产布局以城市为中心，对城市外缘土地的开发利用，根据其距离城市的远近分成6个由内向外的圈层。关于工业布局，杜能把最有利于国计民生作为最高原则，他认为不要把所有的工厂都安排在城市中心，大部分应设在原料价格最低的地方。

美国的城市规划专家伯吉斯（E. W. Bugres）等人于1929年在研究芝加哥城市内部结构时提出了同心圆学说（Concentric Zone Theory）。在该模型中，核心地带是中心商业区，向外依次是过渡地带、独立的工人居住区、中等住宅区、高收入阶层居住区和最外层的通勤地带。他认为最外层的通勤地带是城市和乡村相互渗透的地域，是城市发展的前沿阵地，也是中心商业区的一个郊外居住区，其大多数居民到中心商业区从事各种经济活动。

1933年，德国地理经济学家克里斯泰勒出版了《德国南部的中心地》一书，提出了“中心地学说”。该学说认为，城市和城市以及和周围地区是相互服务、相互依存的紧密关系，而且有着客观规律性。一定量的生产地必将产生一个适当的城镇，它是周围农村地区的中心地。中心地提供的物质和服务有高级和低级之分，因此形成中心地的规模等级，这表现为每个高级中心地都有几个中级中心地和更多的低级中心地。

2. 现代基本理论

20世纪50年代，瑞典学者哈哥斯特朗从空间角度对创新的扩散进行了开创性研究，奠定了现代空间扩散理论的基础。扩散理论认为，扩散之所以发生，是因为一项创新能够产生出更高的价值、效率和功能，从而在创新者与周围的地理空间中产生“位势差”，形成一种促使创新活动向外传播和扩散的平衡力量。城市因经济、人口、文化、技术、资金的集聚成为创新源地，并以其城市职能与周围乡村之间形成“城乡位势差”，使城市职能向周围乡村地区产生扩散的趋势。

正如里查德·莫利尔所说的，“扩散是缩小地区间差异并促使进一步扩散现象存在的‘均衡力’。它可以使区际差异持续缩小，直到保持差异的力与消除差异的力相等”。城市因经济、人口、文化、技术、资金的集聚成为创新源地，并以其城市职能与周围乡村之间形成“城乡位势差”，使城市职能向周围乡村地区产生扩散的趋势。

近年来，国内许多学者开始从系统科学和经济效益的角度阐述城市空间集聚扩散理论（胡序威、周一星、顾朝林，2000；朱喜钢，2002）。他们认为：城市是一个复杂的适应性系统，与外部环境以及系统内各组成要素间存在着特定的相互关系。一般地，适应性系统内的相互联系都是通过流态的集聚与扩散形式联结起来的。城市经济活动客观存在着独立性和依赖性两重特点。即城市一方面表现为一个具有自身性质规定的社会经济系统，具有独立性；另一方面，它作为整个国民经济和区域经济中的一个组成部分，是在与其他地区和部门的相互联系和交往中形成和发展的，具有相互依赖性。因此，城市的社会经济活动总是处于集聚力和扩散力两种力量的作用之中。

集聚力来源于集聚经济效益。集聚经济效益指区域经济因素向某一特定地域集中而产生的效益。或者说，是在社会经济因素作用下，特定地域内所积累的生产力诸要素，直接影响区域经济因素在该地的集聚，以及由此而产生的效益。然而，并不是任意地、无限地集聚都会产生集聚效益的，过分的城市集聚往往也会导致集聚不经济。利用区域供给资源、能源、水源、公交、邮电和其他社会服务设施条件，在一定的地域范围内实施适当的空间扩散，可以收到降低投资、缩短流通距离、缩小地域间收入差距、改善生态环境等扩散效益。扩散力也就源于这种扩散效益。

1986 年，美国著名的城市与区域规划学家约翰·弗里德曼提出了核心—边缘发展理论。他认为，任何一个国家都由核心区域和城市功能结构域组成。核心区域是一个城市或城市集群及其周围地区所组成。边缘的界限由核心与外围的关系来确定。城市功能结构是那些相对于核心区来说，是经济较为落后的区域，又可分为过渡区域和资源前沿区域。核心—边缘发展理论表明：在区域经济增长过程中，核心与边缘之间存在着不平等的发展关系。总体上，核心区居于统治地位，边缘在发展上依赖于核心。由于核心与边缘之间的贸易不平等，经济权力因素集中在核心区，技术进步、高效的生产活动以及生产的创新等也都集中在核心区。核心区依赖这些优势从城市功能结构获取剩余价值，使城市功能结构的资金、人口和劳动力向核心区流动的趋势得以强化，构成核心与城市功能结构的不平等发展格局。核心区发展与创新有密切关系。核心区存在着对创新的潜在需求，创新增强了核心区的发展能量和活力，在向城市功能结构扩散中进一步加强了核心区的统治地位。

20 世纪 30 年代以来，发达国家生产力发展和技术进步打破了传统城乡二元结构的格局，原来的“城市—工业”和“乡村—农业”产业区位模式被新的多种多样的新的区位模式所替代。发达国家的郊区化带来了人口和非农产业的扩散，使得紧邻城市的外围地区出现了城市和乡村要素的混杂现象，造成城市和乡村间区别的模糊性。

纵观我国聚落形态演变历程，城乡关系大致经历了三阶段的演进过程：城乡低水平统一、共融发展——城乡隔离、两极化发展——城乡一体化、协调发展。新中国建立以来，我国城乡关系的发展又可分为两个阶段：一是新中国成立到改革开放期间，因历史继承性和一系列政策失误，城乡关系除 20 世纪 50 年代中前期较正常外，其他时期进一步强化了城乡二元结构；二是改革开放以来，随着乡村城市化进程的加快，农村商品经济和乡镇企业迅速发展，乡村地域城镇职能加强，小城镇工业推动城镇基础设施、生产生活服务业发展，乡土观念被打破，居民行为价值取向趋同于城市，出现了城乡一体化趋势。

二　世界城市功能结构形成演变机制研究

深入系统地剖析世界城市功能结构的形成演变机制，准确把握城市功能结构发展的影响因素及其作用关系，能够为寻求世界城市功能结构有序协调发展的途径和策略提供理论支撑。因此，形成演变机制一直是国内外学者关于世界城市功能结构研究的重点问题之一。

20 世纪 60 年代，英国地理学家科曾（R. G. Cnoezn，1960）从城市开发的复杂性和有序性角度出发，提出了周期性因素对城市功能结构空间结构变化的重大影响，同时也注意到了城市功能结构内部地域结构的差异。20 世纪 70 年代，卡特（H. Carter，1972）首次将城市功能结构的传统形态学研究与城市建设周期、地租理论及社会变革相联系，探讨城市功能结构的空间结构及其演变机制。戴维·克拉克（Dvai Clakr，1979）在研究了城市功能结构的社区结构形成机制后认为，区位并不是主要的因子，职业、社会阶层和种族，才是决定城市功能结构居住区位和社会作用形态的重要因素。20 世纪 80 年代卡特和威特利（H. Carter & Wheatlye）认为，不能把城市功能结构仅仅理解为城市地域内一种独特的景观类型，应从多方面研究城市功能结构的演变，尤其是要注重城市功能结构内人口、社会特征的城乡过渡性。纳尔森（Nelsno）和派尔（L. A. Pyle）等把城市功能结构土地利用变化与土地交易相结合，分析了土地市场对用地分配的作用机制。

20 世纪 90 年代初期，随着对城市功能结构概念、特征等基本问题认识的深入，国内学者结合中外城市功能结构发展的实际状况，开始了对城市功能结构形成机制的研究。较早开展这一研究的是国内著名的城市规划专家崔功豪、学者武进和马清亮等（1990），他们以南京、无锡、常州等为例，分析了我国城市功能结构的发展过程和社会经济特征，揭示了影响城市功能结构空间结构演变的社会、经济和文化因素以及内在机制，指出：我国城市功能结构的形成是由城乡经济发展水平、城市发展对土地日益增长的需求、交通运输条件的变化、土地市场、政策与行政管理体制、社会文化心理等因素导致的（崔功豪、武进，1990），经济、自然、技术、区位、土地市场、规划与政治力量、城乡关系、文化心理与行为模式等是重要的影响因素（武进、马清亮，1990）。这表明，我国城市功能结构的形成不同于国外的“居住导向型”的城市功能结构，而主要是“工业导向型”（孙撤社，1995）。

20 世纪 90 年代中后期以来，国内许多学者从不同角度展开了对世界城市功能结构形成机制的研究，得出了许多重要的观点，一些学者（李秀霞、刘金国，1998）认为：①城市功能结构的演化是一个动态过程，其动力机制是城市内部增长压力作用于郊区所产生的被动性城市化力和郊区自发的城市化力共同作用的结果；②城市经济活动是城市功能结构发展空间演化的决定性因素，而郊区在不同的时间和空间能提供的土地，是城市功能结构发展空间演化的基础和前提：③经济活动对城市功能结构发展的决定性作用机制是，城市化导致世界城市功能结构各组成部分功能的变化（新功能的出现和原有功能的衰退），经济的波动又增强了城市功能结构变化的幅度。

杨山（1998）认为，城市规划、城乡经济差异、行政区划和社会文化心理是影响城市功能结构空间结构演变的主要因素。一个城市的发展受到离心力和向心力的推动（Hall，1984），国内一些学者（胡序威、周一星、顾朝林，2000；朱喜钢，2002）认为，世界城市的经济活动总是处于集聚与扩散两种力量的影响之中，这两种力量的共同作用导致了城市空间结构的演变，人口迁移、房地产开发政策、住房制度改革、土地有偿使用制度、城市用地功能置换、交通条件改善等是激发城乡要素集聚与扩散的主要因素。蒋达强（2002）通过对上海市的实证研究发现，随着人口的大量郊区化，大量的住房建设正沿着核心区—城市功能结构—近郊区向外拓展，人口郊区化与商品住宅空间分异是世界城市功能结构—空间结构演变的主要特征，人口郊区化的根源在于社会经济的发展所导致的区域收入差距以及对高品质生活的向往和追求。冯健（2002）通过对杭州城市郊区化发展机制的实证研究，认为郊区化推动着城市功能结构的空间结构和功能演变，而旧城改造与新区建设、交通设施的建设与完善、城市规划与城市政策、地价和房价的分布等均是影响杭州城市郊区化发展的至关重要的因素。

国内较早用定性方法对世界城市功能结构划分问题进行研究的学者主要是顾朝林、丁金宏、陈田和郑兴年等。他们在对广州市调查研究的基础上，进一步提出了城市功能结构由内缘区和外缘区两部分组成，并借鉴城市核心区划分的节点地域和均质地域理论与方法，以及城市影响区划分的“五流分析（人流、物流、技术协作、信息流和财流）”理论与方法，对广州城市内缘区和外缘区进行了划分（顾朝林等，1995）。并指出：所谓内缘区，是指这一地区的土地利用已处于农村转变为城市的高级阶段，土地有许多已具有城市指向功能，土地利用正向城市利用作最终转变；所谓外缘区，是以农业土地利用为主要景观，但城市指向性因素渗透明显，紧靠内缘区且与城市影响区相接的地域。

20 世纪 90 年代中期以来，国内学者开始了对世界城市功能结构定量划分方法的研究。代表性的应用型研究有：顾朝林等学者于 1995 年利用“人口密度梯度率”分析方法，对上海城市功能结构范围进行了界定；陈佑启博士于1999年根据“断裂点”分析法，对北京市城市功能结构范围进行了划分（陈佑启，1996）；程连生等学者于1995年应用遥感技术与信息熵原理，探讨了北京城市功能结构的界限与范围（程连生、赵红英，1995）；章文波等学者于1999年从TM影像中提取城市用地信息，应用“突变检测方法”对北京市城市功能结构进行了划分。

第四节　城市化过程与地域空间特征

一　北京城市功能结构研究

国内许多学者（周一星，1992；胡兆量，1994；周一星，1998；周一星、王德，1998；孟延春，2000）的研究表明：在城市土地使用制度改革、城市道路大量修建、住房制度改革和城区危旧房改造等力量的作用下，北京城区人口大量外迁，在1982—1990年期间已经进入了郊区化过程，是我国较早进入郊区化过程的世界城市之一。伴随着郊区化进程的加快，国内学者从多方面展开了对北京城市功能结构的研究，研究领域涉及人口（胡兆量、福琴，1994；陈兴鹏、宋迎昌，1995；李程伟，2001；刘长歧，2003；冯健，周一星，2003）、土地利用（郑兴年，1995；陈佑启，1998、2000；顾朝林，1999；陈晓军，2003；刘平辉，2003）、空间结构（方修琦、章文波等，2002；陆军，2002）、产业结构（宋金平、李丽平，2000）、范围界定（孙胤社，1992；程连生、赵红英，1995；陈佑启，1996；章文波等，1999）、景观评价（谢花林等，2003）、社会环境（张强，2002）等。纵观国内学者关于北京城市功能结构的研究文献，概括出如下有代表性的研究和观点：

冯健、周一星（2003）和刘长琦、甘国辉、李晓江（2003）运用第四次和第五次人口普查数据，通过与20世纪80年代情况的对比，剖析了20世纪90年代以来北京市总人口、常住户籍人口和外来人口在不同地域层次上的分布及最新变化趋势，研究结果表明：20世纪90年代以来，北京城市中心区人口减少的幅度增大，近郊人口的增长幅度猛增，而远郊人口增幅略有下降；近郊对外来人口有极大的吸引力，但外来人口有向若干条件较好的远郊区县发展的趋势；北京市的人口郊区化与居住用地的空间扩散过程是一种互动的关系。

陈晓军等（2003）采用“渐变尺度空间结构度量方法”对北京市房山区平原地区的用地结构进行了研究。结果表明：在北京城市功能结构方面，大量农村居民点、独立工矿用地斑块在空间上弥散分布，现阶段北京城市功能结构景观格局优化的基本思路主要是：在城市近郊地区，坚持“分散集团式布局”，调整产业布局和企业布局，扩大绿化用地面积；而远郊区县则应充分利用放射交通干线所形成的“城市人工廊道效应”。

方修琦等（2002）以 TM 影像和历史地形图为基础，分析了 1913 年以来北京城市空间扩展规律及其城乡过渡带的演变过程。研究表明：近百年来北京的城市扩展可分为 3 个阶段，20 世纪上半叶，城市扩张十分缓慢，过渡带范围相对狭小；20 世纪 50 年代到 80 年代初，城市扩张明显加快，过渡带扩展速度明显快于核心区；20 世纪 80 年代中期以后，城市扩展最为快速，过渡带发展成为城市地域中一个不可或缺的宽广实体。

城市规划专家吴良镛院士（2002）从世界城市、可持续发展和人居环境的战略高度，借鉴国际经验和教训，以提高城市品质与综合竞争力为起点，提出了“大北京地区（由北京、天津、唐山、保定、廊坊等城市所统辖的京津唐和京津保两个三角形地区）”的概念，主张通过“建设世界城市，带动整个大北京地区的繁荣和健康发展”。

宋金平、李丽平（2000）在分析北京城市功能结构及产业结构现状的基础上，探讨了其产业结构演化过程和社会经济特征，揭示出了影响城市功能结构发展变化的社会、经济、文化因素以及内在因素。研究结果表明：北京城市功能结构产业结构的演化趋势是，第一产业逐渐下降，第二产业稳步增长（其中轻工业发展最快），第三产业快速增长（其中商业饮食服务业和信息、咨询、房地产等行业为主导）；北京城市功能结构、产业结构的演化中，工业具有独特的作用，工业用地的扩展成为城市功能结构推进的先导因素。

谢花林（2003）等从城市功能结构乡村景观的特征出发，根据城市功能结构乡村景观所具有的 3 个层次功能（提供农产品、维持生态平衡、提供旅游资源），构建了包括社会效应、生态质心和美感效果三个方面 32 项指标在内的评价指标体系和综合评价模型。根据对北京市海淀区 5 个乡镇的评价结果，提出了大力开展环境、生态和美学等方面的规划与设计，进行污染防治和环境保护，以建立具有时代感、体现乡土风情的城市功能结构景观整体。

张强（2002）认为，郊区城市化，是实现生活方式从乡村型向城市型转变，逐步缩小城郊之间生产和生活条件差别的过程，实际上也是实现城乡一体化的过程。据此，他提出了北京郊区城市化过程中应解决好的四个问题：努力缩小乃至消除城乡生活条件差距，解决好农民问题，搞好城市功能向郊区延伸与扩散，强化制度创新（如农业社会保障制度、农民教育制度、农业专业合作制度、乡村建设制度等）。张强虽然没有提及城市功能结构，但他所提出的加快郊区城市化进程的措施对促进北京城市功能结构的有序协调发展具有一定的指导意义。

近年来，国内学者对城市功能结构的研究热点转向了土地管理和可持续利用问题。代表性的研究有：张新长等（2002）利用灰色预测模型和基于时间序列的最小二乘法预测模型对广州市城市功能结构的土地利用变化状况进行了预测研究，认为今后城市发展将更注重于功能和内部结构的合理配置；彭补拙等（2001）将经济、环境的预警方法引入耕地预警研究中，运用统计法和模型法对城市功能结构耕地数量变化的预警问题进行了探讨，从控制人口数量、开源与节流并重、调整农业结构、对农地实行使用管制、完善农地使用制度等方面探讨了城市功能结构土地的可持续利用问题。

此外，其他学者（陈浮，2001；赵军，2000；韦素琼，2000；周省路，1999）也从不同角度对城市功能结构的土地利用问题进行了有益的探索。在世界城市功能结构土地利用研究中，遥感技术和 GIS 技术得到了广泛的应用（范泽孟，2002；陈浮，2001；巴雅尔，2000；王浒，2000；章文波等，1999）。

二　中国城市化基本进程

近几年来，越来越多的数据、理论与实践经验表明：中国正迅速融入当今世界的城市化进程，城市化进程不断提速，世界城市发展势头尤为强劲。如此大规模人口在中国地理空间的迁移与变动，其对中国社会的重要影响自不待言。诺贝尔经济学奖得主斯蒂格利茨认为，中国的城市化将是21 世纪人类最重大事件之一。

一般来说，经济发展水平与城市化水平是相匹配的，美国经济学家钱纳里（Chenery，1955）曾分析 1950—1970 年 101 个国家和地区的经济发展水平数据与城市化水平数据，证明在一定的人均国民生产总值水平上，有一定的生产结构、劳动力配置结构和城市化水平相对应。城市化水平不可能脱离经济发展水平而畸高或畸低。当前发展水平不同的国家的城市化水平与人均国民生产总值也可对此作出说明。各国城市化水平和国民经济发展水平之间有很强的一致性：城市化水平高的国家，经济发展水平也较高；经济发展水平低的国家，城市化水平也较低。

从长期趋势看，中国的确遵循了这样的一般规律：在改革开放以前人均收入提高较慢，城市化水平提高也较慢；改革开放以后两者速度都加快了。但从国际比较来看，中国工业增加值占 GDP 比重在全球最高，而城市化水平并没有快速跟进，具有突出的非对称性特征，迄今为止中国城市化的进程仍然滞后于经济发展水平。如周一星对 1997 年世界 157 个国家和地区的资料进行统计分析后得出，城市化指数与经济发展指数符合对数相关关系。

城市化的本质，是资源（生产要素）在地理空间的集聚。一个基本的经济规律是：城市化是工业化的必然结果，工业化是城市化的必要条件。由于工业化的最大特点是生产专业化，从而要求生产要素的集中，反过来生产要素的集中就是最初的工业化，由此可见工业化和城市化是经济要素集中这一本质事物的两种形式。在经济结构非农化过程中，第二产业与第三产业对城市化的影响也是不同的。从各国城市化走过的历程来看，城市化与第二产业的相关系数低于与第三产业的相关系数。对美国 1870—1970 年城市化率的变化同第二产业、第三产业发展水平的变化之间求相关系数，前者为 0. 6055，后者为 0. 9770；1921—1979 年日本该相关系数分别为 0. 5622 和 0. 9257。

美国城市地理学家诺瑟姆（R. M. Northam）于 1979 年发现，各国城市化进程可概括为一条稍被拉平的 S 形曲线。一般认为城市化水平在 30% 以下为初期阶段、30%—70% 为中期阶段、70% 以上为后期阶段。初期阶段，城市发展速度很慢，经历时间长，城市人口占区域总人口的比重较低，相应的区域处于传统农业社会状态；中期阶段，又称加速阶段，农业劳动生产率大为提高，释放出大量的农村剩余劳动力。与此同时，国民经济和社会资本的增长使工业规模扩大，农村人口大量涌入城市，城市人口快速增加，城市数量增多、规模增大，区域的工业化在经济发展中占主导地位，城市在经济和社会发展各方面都发挥着重要作用；后期阶段，城市化速度开始放慢，原因是可转移的农村剩余劳动力已基本被城市吸收，城市的发展主要靠其自身的增长，区域中大多数人口都集中在城市，城市在区域经济和社会生活中起主导作用，区域的发展表现出很强的城市特征。由此可知，城市化进程会经历发生、发展、成熟三阶段，其规律性的变化是发生（初期）阶段速度缓慢，发展（中期）阶段速度加快，成熟（后期）阶段速度又趋缓慢。

2008年中国城市化水平为45%，预计到2030年达到65%，而中共十六大制定了到2020年中国城市人口达到55%的目标。21世纪前50年，将是中国城市化高速成长的阶段。中国的城市化浪潮和世界上的其他国家一样，是经济发展内在规律作用的结果，它不可抗拒，也不能阻止，只能利用科学的管理方法进行引导调控。快速城市化是中国现在和未来几十年，在社会经济领域内面临的主要挑战之一。

必须正视的是，在中国城市化迅速推进过程中，部分城市的快速发展驶离了理性增长的轨道。两院院士周干峙在“2005·中国规划年会”上就曾指出：当前城市化发展中存在的主要问题是“四个透支”，即土地资源透支、环境资源透支、能源资源透支、水资源透支；“三个失衡”，即城市内贫富差距扩大、城乡经济差距扩大、沿海和内地差距扩大。与此同时，建设部副部长仇保兴也撰文指出，在中国城市化高速发展时期，中国将面临以下挑战：片面的城市化率决定论导致过度城市化；世界城市“摊大饼”式发展孕育严重的城市病；城市间的恶性竞争愈演愈烈；各类园区与世界城市空间有序扩展脱节；城市防灾功能衰退，人居环境恶化；交通拥堵，市民出行日益困难；投资渠道分散，小城镇增长乏力；中小城市缺乏核心竞争力，城市功能不健全；城市风貌千城一面，特色丧失，建筑风格单一；城市居民收入差距日益扩大，就业率低，犯罪率上升；必要的基础设施严重短缺和形象工程过多同时存在；违法建筑屡禁不止，城乡接合部混乱不堪等。

三 城市蔓延与扩散思想

现代城市的发展存在着两种主要的趋势，即集聚发展和扩散发展。城市集聚发展理论的基础在于经济活动的聚集，聚集效应的推动使人口不断向城市集中，使城市的中心优势进一步体现。法国勒·柯布西耶（Le Corbusier）在20世纪20—30年代提出的“明天城市”规划思想：城市必须是集中的，只有集中的城市才有生命力，由于拥挤带来的城市问题是完全可以通过技术手段进行改造而得到解决的，这种技术手段就是采用大量的高层建筑来提高密度和建立一个高效率的城市交通系统。柯布西耶的理论为现代城市的初步发展提供了重要的思想指导，但是他的构想毕竟只是一个300万人口城市的规划。对于现代社会上千万人口的大型城市，如果继续采取单中心集聚式的布局形态，不断向上“增高度”、向外“摊大饼”，势必要出现人口过密、交通拥挤、环境恶化等一系列当前世界上许多世界城市所共有的严重弊病。因此，要改善城市的布局和空间结构，必须选择理性扩张之路，由单一中心城市转变为多中心的城市组团、卫星城、新城发展模式。

城市蔓延的概念是和城市郊区化进程中的许多负面因素联系在一起的，或者说是城市过度郊区化的代名词。在西方，城市蔓延主要是指城市空间低密度扩张，在此过程中涉及农业用地、开敞空间向建设用地的转化问题，并伴生一系列经济的、社会的和环境的问题。现在，城市蔓延主要指在发展中国家，由于城市化水平还没有达到饱和状态，农村人口大量进入城市并远远超过城市核心区人口的合理容量，城市向郊区大量开辟住宅用地。这种城市的低密度开发和土地利用的单一功能倾向，尤其表现在郊区单纯建设生活居住区。结合中国转型时期整个历史过程来看，城市蔓延是城市空间“摊大饼”式快速扩散发展，在此过程中城市化用地迅速扩张，并伴生交通拥堵、绿带被侵蚀、基本农田被侵占等城市问题（李强、杨开忠，2007）。

中国城市化发展模式的选择是多样性的，随着20世纪90年代可持续发展战略逐渐成为全球的重要发展战略，《中国21世纪议程》提出：“适当控制大城市人口增长过快的势头，发展大城市的卫星城，大力发展小城镇；并同时进行完善城市基础设施和组织城乡综合开发与建设。”这可以说是中国城市发展的新方针，也将成为指导中国未来城市化道路的基本准则。综上所述，中国城市化协调发展的关键是：①要再造小城镇发展的动力系统；②要培育中等城市的核心竞争力；③实现世界城市空间结构的转型。要从过去的“摊大饼”式发展转向组团式发展。城市空间结构转型的实质，就是要使城市在高速城市化进程中实现空间的有机疏散以避免严重城市病的产生，必须要有许多新城的超前发展，产生反磁力，吸引世界城市人口向新城转移，从而实现城市空间结构转型（仇保兴，2003）。

伴随着城市发展，城市建成区不断扩张，传统城市蔓延方式存在诸多弊端，城区面临着拥挤和环境恶化等城市问题。城市扩散发展理论更得到现代城市发展理论研究的重视。城市的扩散发展理论建立在分散城市作用的基础之上，其中主要的理论包括田园城市、卫星城和新城等相关思想。

四 我国新城发展的基本特征

卫星城是在城市外缘区为疏散主城的人口和工业而新建或扩建的具有相对独立性的城镇。一般认为，卫星城规模较小、功能单一，在主要的城市服务功能上依赖主城。卫星城是过渡性新城，不具有独立性。“二战”以后，卫星城经历了四个发展阶段：依附阶段、半依附阶段、半独立阶段、独立阶段，当卫星城走向独立发展的道路，其身份就从卫星城转变为具有相对独立性和新职能的新城，因此新城又被称为“第三代卫星城”或“独立的卫星城”。英国《大不列颠百科全书》将新城定义为：在城市以外规划用于重新安置人口，设置住宅、产业、公共服务中心的空间单元，是一相对独立的城市社区。新城是城市发展扩张的一种形式，区别于主城区边缘蔓延的扩张方式，新城须具备一定的规模和密度，具有相对完善的城市功能和相对明确的城市中心。

新城建设已经是我国许多大城市重要的空间发展战略。20 世纪 90 年代以后，中国城市化进入加速发展期，为获得新的城市发展空间，规划部门、专家学者纷纷提出新城建设的主张。1991 年南京城市总体规划确立了建设仙西新城的战略规划，并将其作为南京未来高档居住与休闲基地。在 2000 年南京市城市总体规划调整方案中，仙西又作为一个全新的城市区进行定位。同样在 1991 年，上海浦东新区建设全面拉开，经过 10 多年努力建成为全国最大的 CBD，成为世界瞩目的经济中心，这一新城发展结果堪称世界性的奇迹。2000 年，吴良镛在分析大北京地区城市形势时认为：大北京地区需要考虑集中与分散相结合的空间发展战略，这包括了建立大北京城市地区和发展“新城”的相关思想。2001 年，中国城市规划设计研究院提出在大广州南部建立“第二浦东”。段汉民和张刚提出西安应发展一核三副，着力发展咸阳、长安、临潼三个新城。胡勤勇和钟天雷分析了兰州市自然环境特征后认为兰州应在主城外围建立组团式新城。此后，杭州、漳州、苏州、常州、厦门、天津、成都纷纷采取另建新城来推进城市空间进一步扩展。2004 年，北京最新一轮城市总体规划中提出建设 11 座新城的宏伟构想，具有很强的示范效应，有力推动了全国新城建设的步伐。

相较国外以疏导主城区的拥挤为主要目标的新城建设，我国新城发展具有更加复杂的背景。第一，是在主城区拥挤越发严重、城市问题日益突出的同时，城市郊区也处在快速城市化阶段，且往往是新增城市人口和产业的主要集聚区，妥善规划的新城可能借此趋势而成为重要的区域增长极。第二，是在全球化、信息化不断深入，产业加快转型升级的新形势下，主城固有的功能和空间结构越发难以支撑新经济发展且主城转型存在明显难度时，郊区可能成为新功能的重要载体。第三，是主城内部功能置换给郊区带来显著变化，如主城区产业升级或土地有偿使用改革带来的工业外迁，这不同于单纯的郊区化，主城在功能置换后可能获得更大发展，而承接主城迁移功能的郊区则获得迅速发展的机遇。这些力量综合体现在城市郊区的新城建设中。在疏导主城区的拥挤、郊区城市化、新城市功能空间和城市功能置换等重要的区域发展趋势下，新城建设意义更加重大且面临更多的复杂性。

第十二章　首都经济圈生态区的经济发展

第一节　首都经济圈的产业发展

一　在经济全球化中区域经济突起

经济全球化引发了全球经济、政治各领域的复杂变化。催化这种变化的关键是：加入 WTO 的各国都必须按照 WTO 的章程、制度，即按照全球经济“游戏规则”行事。在各国按照这个“游戏规则”制定或修正本国的规章制度时，实际上各国政府已经削弱了对本国经济的控制力①。中央政府对经济活动控制力的弱化，首先推出的是由产业带聚集而成的区域经济。企业不得不以产业链的集成直接面对越来越激烈的国际竞争。

总之，经济全球化的大趋势，将使区域经济在激烈的国际竞争中突起。

二　产业群②与产业集群战略

在区域经济走上国际竞争前沿的形势下，产业集群，继而形成产业带，其战略作用已经远远超出了它所表现出的现实意义。产业集群并不是现在出现的新的经济现象，但是近年来却越来越引起人们的特别关注。随着经济全球化过程中的竞争加剧，产业集群也增加了新的内涵。

各国大规模的产业集群都与工业化过程紧密相关。英国是出现工业化过程最早的国家，也是出现大规模产业集群最早的国家。而后在欧洲大陆的德国，后在美国，产业集群如雨后春笋纷纷涌现。2001 年第一届“地

---

①　张庭伟：《城市化作为生产手段及引起规划功能转变》，《海外快递》2002 年第 26 卷第 4 期。

②　产业群（Industrial cluster）的概念，最早是由美国哈佛大学教授波特在其 1990 年版的《国家竞争优势》中提出。

方产业集群国际会议”的出席代表就有1200位，来自世界上45个国家与地区。不少国家和地区都从不同的层面制定了发展产业集群的战略与规划。从国家层面关注的就有加拿大、新西兰、印度、马来西亚、埃及等29个国家；从地区层面关注的有美国的麻州、加拿大的魁北克、西班牙的加泰罗尼亚等14个省、州、地区；都会城市层面的有包括硅谷在内的11个城市圈或城市群[①]。为了在工业化过程中促进区域创新系统的形成，加速中小企业的发展，提高本地的竞争优势，催化产业集群已经成为一种经济发展的战略进入发展决策。

实际上，工业化是第二产业迅速成长为主导产业的过程。而产业集群则是工业化过程中出现的一种产业发展趋势。这是因为第二产业中的制造业的产业链比较长，随着专业化与分工的进行，空间上的集聚，即采用集群方式，在降低成本，提升制成品的竞争优势上效果日益显著。在这样一种背景下，工业化过程的逐步提升必然形成产业的空间集群，而区域性的产业集群则又大幅度地推动了工业化进程。

特别值得注意的是，近年来产业集聚有了新的内涵：产业之间的上下游的联系已经突破了集聚地域的限制，全球供应链是新的产业集聚的主要支撑。

产业革命带来的是工业生产力向特定国家和特定地区的集中。这一时期形成的产业集聚，主要是多种产业在空间上的集聚，工业生产的所有环节都可以在这一空间的产业链中顺利完成。

在全球一体化的新形势下，企业在空间上的集聚所追求的是全球的最优采购和最优效率。全球供应链是这种集聚的最重要支撑。这种变化将影响到产业集聚的整体态势。对于在这种新的集聚力推动下，产业布局将如何变动不能不给予高度的关注。

在全球化过程加速、世界范围内竞争加剧的情况下，伴随着发达国家制造业的梯度转移，发展中国家有意识地引入关键性企业，通过该企业在本地区的植根与发展，逐步衍生出或吸引越来越多的相关产业链的企业聚集到本区域，形成产业集群效应，极大地提高了该地区的核心竞争力，以非常快的速度推进了工业化进程。这种不争的事实，正在成为目前全球化产业格局变化中的一种不容忽视的变动因素。某些制造业中心由于产业梯

① 朱华晨：《浙江产业群》，浙江大学出版社2003年版，第2页。

度转移而消失；新的中心将由于产业链在某个区域的集聚而突起。但是，这已经不是原来意义上的产业中心了。在世界经济一体化的新形势下，激烈竞争催化的新的世界性产业布局，将大大加速一些地区或国家的工业化或现代化进程。这就是诸多国家或地区重视产业集聚战略的根本原因。

三 以区域产业集聚为依托的世界城市群

首先值得注意的是，世界城市的重要性显著地强化了。

在经济控制力下移、区域经济在竞争中崛起的情况下，城市作为参与国际竞争的个体单元，以其独特的优势在区域经济中成为龙头。世界各世界城市的重要性显著增强。各城市间的竞争也由此加剧。各城市政府推出各种战略和策略来增强城市的吸引力，争取成为全球市场网络或区域网络上的重要节点。

再次是世界城市群正在成为区域经济的骨干。

综上所述，可以看出，城市的功能与建设活动的内涵正在发生着重要的变化。但是，城市一旦成为全球经济网络的节点，它也必是区域经济的骨干。没有区域经济的网络，就不可能出现网络节点。同时应当清楚：这种骨干地位，是与一组高增长的产业群所带动的产业带紧密联系在一起的。实际上，城市的竞争力就是产业的竞争力。这里，之所以提出产业带，是因为产业集聚形成的产业带，可以大幅度地提高产业的竞争力。可以看出，中央政府对经济活动控制力的弱化，国际竞争已经通过各个城市节点，直接转向产业活动。所以要通过城市节点，则是因为城市是产业集聚的空间结合部。

从近年来世界发展的趋势看，正是新的产业集聚驱动着世界城市群的形成。

全球供应链是运行于快速和高效的平台之上的。全球供应链的主体是跨国公司。跨国公司在全球快速和高效的平台之上进行的资源配置运作，要求有现代化的基础设施，高效率的、全方位的配套服务业和一个具有成长潜力的消费市场。

近年来，特别是20世纪90年代以后，我国进行了空前规模的基础设施建设。其规模之大、速度之快是世界现代史上所罕见的。应该说，这得益于我国的土地公有制度①。同时，随着人民生活水平的提高，我国已经成为世界上最富有活力、最具有成长潜力的巨大消费市场。

服务业是城市经济的主干，只有世界城市群才能为新型的产业集聚提供专业化的、分工细致、门类齐全、功能明确、配套合理的服务产业。

工业化先发国，特别是欧洲，诸如法国、德国、奥地利、瑞士等，是以中小城市的发展支持其工业化进程的。而且劳动力的转移经历了由农业到纺织业，而后是机械制造业，20 世纪后半期才逐步转向信息业，这是一个长达数百年的历史过程。日本工业化的开始要晚两个世纪。为了赶超先发国，日本走的是世界城市发展模式。一开始就明确了“帝都建设”的重要性，引导人口和资源要素向世界城市集中，从而高效地促进了工业化和城市化的进程。

实际上，近年来以世界城市为核心的世界城市群正在成为主导世界经济的引擎。世界城市群可以定义为：由产业集聚形成的产业带把多个世界城市圈聚合而成的一个高密度的关联紧密的城市空间。世界目前已经形成了五大世界城市群：美国东北部大西洋沿岸城市群；北美五大湖城市群；日本太平洋沿岸城市群；英国以伦敦为核心的城市群；欧洲西北部超级城市带。这五大世界城市群已经成为世界上最具竞争力的五大增长极。可以预言：有能力进入 21 世纪国际竞争舞台的真正参与者，是由有竞争力的产业集聚支撑的世界城市群。②

从我国的情况看，要在很短的时期内完成工业化先发国几百年走过的路，更要讲求效率。从我国目前的步伐看，农村劳动力直接涌向世界城市的倾向是十分明显的，市场造就了这种趋势，而且城市化所释放出来的劳动力正在直接进入各类现代细化的产业部门。我国的工业化是跳跃式的，因为从工业化先发国引进了各种先进的生产设备，目前劳动力的如此转移也是跳跃性的。应该看到，在产业集聚效应催化下，世界城市群的形成也将是跳跃式的。这种过程同时也是全球竞争的必然。因为全球产业链的竞争性配置，要求具备与世界进行分工、交流与合作的世界城市群参与；也只有世界城市群，才具备完善的基础设施和高效、配套的服务业以及巨大的成长性市场，才有足够的产业集聚和经济规模，才有能力进入世界竞

① 周牧之：《鼎——托起中国的大城市群》，世界知识出版社 2004 年版，第 30 页。
② 周牧之：《经济发展呼唤大城市群》，《经济日报》2003 年 9 月 24 日。

争。可以说，世界城市群是21世纪全球经济一体化中竞争的主角。

因此，从一个城市的发展来说，不能立足于一个城市在国际竞争环境中的单打独斗；而应该把自己的城市圈放在由产业集聚经济带支撑的区域经济发展的基础之上，或者说要依托于区域性世界城市群的发展战略。这是一个区域竞争力的整合过程，既包括产业结构的空间调整，也包括社会经济运行机制的调整。

第二节 首都经济圈经济协调发展

一 首都经济圈功能定位

京津冀地区和长三角、珠三角地区相比，经济实力最弱，经济联系与协作程度最低。区域行政壁垒、分工协作的体制障碍较严重，区域经济一体化仍然停留在理论层面，尚未进入实际操作阶段。各个城市经济发展模式仍是内闭式自我循环，发展极不均衡。以京津为双核，带动两翼的局面远未形成。区域经济整体呈现为北京一枝独秀向京津双头并进转变的格局。

事实上，京津冀地区经济一体化发展，整体经济水平的提高，已经具备了良好的条件。作为区域核心城市，北京的经济实力雄厚，排在全国前列。产业结构经过多年调整不断优化，电子、电气、生物医药等高新技术产业以及现代服务业在产业内的位置得到提升，并逐渐形成主导产业群。丰富的智力资源和独特的政治资源也为经济发展提供了保证。天津作为另一核心，本来就具有良好的经济基础，人才、科技竞争力也较强。近年的后发优势更加明显，从2001年开始天津经济增长加速，远快于北京。河北省的秦皇岛拥有港口和旅游优势、廊坊的地价便宜且与北京只有不到1个小时的车程，唐山又有雄厚的重工业基础，同时，河北省在土地、劳动力、能源和生态资源及农业、重化工等方面有比较优势。这就为京津冀三地在空间要素、产业和功能上提供了在互补中加强合作的条件。如果京津冀三地能增强分工协作意识，从区域整体的角度制定经济发展战略，区域一体化发展的局面是能够实现的。

具体来说，京津冀地区的发展趋势主要可以归纳为以下两点。

首先，京津冀地区将成为我国重要的科技创新中心，高新技术产业比较发达。

北京是我国科技实力最雄厚、智力资源最丰富的地区，天津的科技实力也较强。只要有有效的科技创新机制，这一地区特别是北京将会成为我国重要的科技创新中心，成为推动区域乃至全国科技进步的重要源泉。相应的，在北京这一强大的研发中心的推动下，京津冀地区产业的技术水平会有较大提升，高新技术产业会得到长足发展。随着区域合作意识的日益增强，天津市、河北省的企业会更加充分地利用北京的研发资源，或在北京设立研发中心，或联合进行技术创新，从而使北京的研发优势得到更加充分的发挥。同时，有天津等工业基础相对完备的城市作依托，会方便北京科技成果的转化，增强整个区域高新技术产业的竞争力。

其次，京津冀地区将成为我国北方重要的现代制造业基地。

北京重点发展电子信息产业、光机电一体化产业、生物工程与新医药产业。天津作为我国传统的工业城市，现代制造业也初具规模。河北的唐山等城市，不但具有一定的制造业基础，更拥有低成本的土地、劳动力等生产要素以及丰富的资源，使其有潜力承载北京等发展水平较高地区的产业转移。因此，在市场与政府的双重作用下，京津冀地区会成为我国北方重要的现代制造业基地。北京将成为这一基地的研发、营销、总部管理职能的中心和金融、咨询等现代服务业发展中心。天津则主要发展现代制造业的组装等高级环节，培育一定的品牌，并成为区域的物流中心，拥有相对发达的金融市场。河北省则主要发挥其“制造中心、科技呼吸场、物资集散中心以及绿色食品供应基地”的功能，发展成为京津产业梯度的承载者、资源的提供者和产品的制造者。从更长远来看，京津唐地区将与环渤海的东北、山东等地形成有效联动，共同打造在我国具有较强竞争力的现代制造业基地。

二　关于首都经济圈产业链与产业带发展

首都经济圈区域合作的基础是三省市之间在技术、产业上存在的梯度性、生产要素禀赋的互补性，以及生态环境方面的依存关系。

从京津冀产业结构变化的整体趋势来看，改革开放以来，三省市的第一产业在GDP中的比重呈逐渐缩小趋势，京津第二产业比重也渐趋收缩，河北省第二产业比重变化不太明显，三省市第三产业比重均呈稳步提高趋势。2000年，北京呈第三产业比重最大、第二产业比重次之、第三产业比重最小的“三二一”型结构，天津与河北则仍属于第二产业占主要比重、第三产业次之、第一产业最小的“二三一”型结构。

总的来看，京津在第一产业方面处于劣势，第二产业对于北京的支撑作用正在相对弱化，天津第二产业也是逐步下降的趋势，而京津第三产业比重及对 GDP 的贡献度却稳步上升，这与配第—克拉克定理及库兹涅茨的研究结论基本一致，与其城市经济的地位也相符合。而河北在第一产业方面具有明显的优势，第二产业对于河北 GDP 增长起着关键作用并将在长期内继续发挥重要作用，第三产业发展方兴未艾，但无论是第二产业还是第三产业在产业技术层次上都与京津存在明显差距。因此京津冀之间在产业结构上不但存在梯度差距，也存在梯度转移的可能。

从京津冀的经济和技术发展程度来看，京津冀三省市在技术上存在梯度差距，并进而形成了产业的梯度差距，京津技术水平、产业结构水平都高于河北，并且都正面临着产业结构的进一步升级，都需要向外转移一些不再具有比较优势的产业，由于京津冀在产业上的梯度差，北京、天津与河北在产业结构上具备了梯度转移的条件。

具体来说，京津由于其在经济、技术上的领先地位，在产业转移中相对属于转移方，北京“退二进三”战略的实施和产业向第三产业、高新技术产业集中就是其产业梯度转移的具体表现；河北则相对处于接收方的地位，河北应充分利用京津进行新一轮产业结构调整和向外转移部分产业的机会，主动参与京津的产业梯度转移，积极吸收本省具有一定比较优势并有利于本省长远经济发展的产业，抓住机会发展高新技术产业、改造传统产业，提高产业素质和产业层次。

由于受到历史的、行政的和地方经济利益等因素的深刻影响，首都经济圈发展还处于自然发育阶段。虽然三方政府名义上都在积极推进区域合作进程，但实质上的区域合作主要还是市场机制下的企业行为。之所以首都经济圈区域协调发展的水平落后于“长三角”和“珠三角”，主要还是促进区域协调发展的市场机制不够健全，相关的制度安排有缺陷，而不是地方政府推进区域协调发展的态度不够积极。因此，如果不下大力气完善市场机制和提高市场化程度，不去努力克服和解决制约首都经济圈区域发展的制度障碍和深层次矛盾，那么，这一地区将无力也无法应对全球经济一体化，特别是世界区域集团的竞争。直至“十五”期末，首都经济圈区域合作的程度仍很低，没有实现较为理想的协调发展。特别是在产业方面具有实质性的联系很少，没有形成区域整体的竞争优势。在整个经济圈中，对周边地区来讲，北京表现出极强的集聚效应，天津次之；作为区域经济中心城市，京、津对于周边的带动（辐射）作用不强，河北承接辐射的能力和内在条件也有待进一步提升，等等。

首都经济圈各行政区之间在市场基础上的整合还存在许多深层次的制度障碍，特别是财政税收制度。另外，在对外开放不断深入的情况下，各地都是从本地封闭环境来发展经济，没有从区域分工协作关系上考虑如何有机耦合成一个整体与国际经济接轨，参与国际经济大循环，且缺乏相应的区域协调机制。相对于“长三角”和“珠三角”，首都经济圈的发展显得缓慢。

总的来看，在京津冀经济区的发展中，京津对河北这一经济腹地的扩散效应尚未完全发挥出来。这是因为：在市场经济条件下，资金、技术以至劳动力等要素总是由价格较低的地区向较高的地区流动，目前还在不断向京津集中，而河北从京津吸引资金、技术和人才则难度很大。然而，极化效应也会带来交通拥挤、环境污染、用水用地紧张等负面后果，京津的生产要素集中在超出合理规模后，也会出现所谓规模不经济，之后扩散效应的出现是必然的。在厘清首都经济圈区域产业主导群的发展现状以及影响因素的基础上，深入研究区域经济一体化形成发展的规律和机理，正确选择适合首都经济圈区域产业发展的目标模式，找准区域经济合作的突破口。

第三节　首都经济圈就业变动趋势

一　首都经济圈产业发展与劳动就业变动趋势

1. 区域经济一体化中的产业结构有序递升与城市化跟进

在工业化过程中，产业结构调整是一个有序的演变过程①：首先是随着经济总量的增长，第二产业产值和就业比重逐渐上升；第一产业的产值和就业比重逐渐降低；在第二产业达到一定水平后，第三产业开始逐渐提升。从三次产业的结构变化上说，大致是从一、二、三次产业的排序，发

① 李铁立、李诚固：《区域产业结构演变的城市化响应及反馈机制》，《城市问题》2003年第5期。

展到二、三、一次产业排序，再到三、二、一次排序。

从工业内部结构的变化来说，逐渐从以轻工业为主导向以重化工业为主导转变。重化工业的发展则从以原材料、初级产品为主转向以加工组装的低端制造业为主，而后再向高新技术为依托的现代制造业演变。

从第三产业来看，将从劳动密集型为主转向资金密集型为主，然后再向技术密集型为主导演变。

2. 城市化的响应和支撑

城市化是乡村变为城市的一种过程。但是，这种过程不是孤立发生的，而是与经济增长、产业结构演变共生的产物。或者说，经济增长和产业结构的调整与优化离不开城市化的响应和支撑。两者的演变呈交互状态，相互作用、相互影响。

从北京近20年的发展来看，工业化与城市化的共生关系十分明显。一方面，北京产业结构的演变以及与之相伴随的产业空间布局调整，给城市化赋予了强大的驱动力量，极大地推进了城市化的进程。另一方面，城市化的发展对于区域资源要素供给与需求的配置和重组，也对产业结构调整产生着重要影响。

如果从更宏观的角度看这两种过程的话，实际上，产业结构的调整就是在经济增长中资源要素在产业部门间的转移。资源要素在不同产业部门间的集聚，不断形成新的主导产业群，引领经济向更高层次发展。而城市化则是在产业调整过程中资源要素的空间转移，以及新的产业区位的形成、聚集与扩散所带动的城市的发展和演变。

北京正处在这样一个大变动的时期，与之相应京津冀的整体发展也会受到北京的影响。因此，目前遇到的所有问题，都不能离开这一大背景。

3. 城市化过程中人口流动对产业结构调整的响应

人口流动，实际上是最重要的资源要素——人力资本的产业转移。首先是农业剩余劳动力从农村迁移到城市；在城市中还有一个部门间转移的问题。

在要素的转移中，资金要素是先导。资金与劳动力的可替代性，使得在不同的发展阶段，劳动力与资金的配置出现不同的走向。

当第一产业占较大比重时，城市第二产业主要为劳动密集型产业，如纺织、服装、食品等。但这一时期，由于农业和工业劳动生产率都较低，农业释放剩余劳动力和工业可容纳的劳动力都有限，所以城市化速度较慢。

随着经济的发展和技术的进步，工业经济居主导地位。这时，农业劳动生产率的大幅度提高使农业剩余劳动力大量出现；经过一定时期的资本积累，城市劳动密集型产业部门扩大再生产能力增强，生产规模普遍扩大。其强有力的劳动力吸纳能力，导致了大量农村人口向城市转移，致使城市化进程加快。

与此同时，资金充足使产业结构向资金密集型产业方向发展，重化工业逐渐成为主导部门。资金密集型产业内部存在资金排斥劳动力的倾向，但是在这些产业部门的规模形成期，由于追求规模效益和集聚效益，因此仍表现出较强的吸纳农业剩余劳动力的能力。这是城市化继续较快发展的时期。

随着区域产业结构向更高层次转化，资金、劳动力发生向第三产业的转移。同时，第二产业内部的资金转移也在加快，并且表现出从化学、机械、消费性电子向高新技术产业以及倚重高新技术的现代制造业（如计算机、航空器、生产性电子、通信设备、制药产业等）转移的规律。

这一时期资金、劳动力等生产要素对城市化的推进作用有所减弱。但技术要素对劳动力的排斥作用明显，技术密集型产业所需劳动力大多为技术人员，质量提高，但数量明显减少。城市化发展速度减缓。

二　首都经济圈将进入产业结构有序递升的新时期

北京、天津两大直辖市与河北省处在三次产业结构变动的不同变化期，城市化也分别属于不同的阶段，形成了明显的梯度。这种梯度差有利于区域经济的融合。

首先，从产业结构分析，京津冀三省市在技术上存在梯度差距，进而形成了产业的梯度差距，京津尤其是北京，技术水平和产业结构都优于河北，并且都面临着城市功能转换和产业结构进一步升级，需要向外转移一些不再具有比较优势的产业。由于京津与冀北地区在产业上的梯度差，京津冀在产业结构上具备了梯度转移的“天时”条件。

其次，京津冀地域相连，三地间的交易成本和生产要素结合成本低廉，可以大大提高生产要素的利用效率，降低产业结构的转移和调整成本，这就使京津冀具备了产业转移的“地利”条件。

再次，京津冀之间的经济联系密切，“大北京”规划把京津冀北地区都包括在内，京津对加强与河北经济合作有着内在需求，河北也早就提出了充分利用环渤海、环京津优势的“两环开放带动战略”，使京津冀具备了相互合作的“人和”条件。因此，实现“大北京”经济圈产业的合理、顺利转移，不但是优化“大北京”经济圈城市空间布局、实现生产要素在区域大系统内配置的需要，更是促进“大北京”经济圈产业转移和产业结构优化的需要。

需要指出的是，河北省在“大北京”产业转移中的地位并不单纯是消极、被动地“接收”性转移，而应是积极、主动的转移，是吸收和转移并重，即“双向转移”。因为从京津冀产业结构对比中可以看出，京津尤其是北京，在高新技术产业上居于高梯度，但河北省在农业、劳动密集型以及部分资金密集型产业上居于高梯度。京津可以向河北省转移不再具有比较优势的传统产业，甚至包括部分高技术产业，河北省则可以通过商品和劳务输出等形式向京津转移绿色农业、劳动密集型产业、服务业等。因此河北省应充分发挥自身的比较优势，积极参与“大北京”的产业双向转移，利用产业双向转移实现河北省产业结构优化。①

第四节　首都经济圈 2020 年的就业、人口规模与空间布局

一　京津冀地区的人口流动与聚集

在北京产业结构调整的同时，产业空间结构与空间布局也进行了相应的大调整。第二产业空间布局的郊区化，不仅推动了郊区的城市化进程，从另一个角度分析，应该说郊区的城市化响应也是十分迅速而有效的。

由于北京的区县统计不健全，直到 2001 年才比较规范地对各区县的产业结构进行了统计，所以只能用这一年的统计数据来说明问题。请见表 12－1。

可以看出：

中心四城区的第三产业在 GDP 值中的比重，已经占到 81.44%，其服

① 戴宏伟：《产业“双向”转移是河北融入“大北京”的重点》，《河北日报》2004 年 4 月 22 日。

务功能显著强化。特别值得注意的是，城中心区的金融保险业已经成了所占比重最大的行业。其不仅在第三产业中比重位居第一，单个行业的比重也已经超过了第二产业，所以，可以说，金融保险业已经成长为中心四城区的龙头产业。

表 12－1　　　2001 年北京城市空间功能的状况　　　单位:%

	一产	二产	三产	三产中主要产业在 GDP 中的比重			
				运输邮电	批零餐饮	金融保险	房地产
中心四城区		18.56	81.44	10.74	15.25	19.02	3.016
近郊四城区	0.33	31.50	68.17	4.30	6.46	9.15	2.77
远郊十区县	13.26	46.88	39.86	6.19	7.92	4.32	5.18
全市	3.62	35.41	60.98	6.36	8.99	10.34	3.44

近郊四城区虽然有的城区仍然以第二产业为主，比如石景山区，二产所占比重为 73.16%，但是整体近郊四区的第二产业比重仅为 31.5%，而第三产业的比重已经达到 68.17%，发展很快，大大超过了第二产业。这些数字可以充分说明，城区和近郊区服务功能已经是主导性功能。

随着第二产业的郊区化，也有一部分第三产业随之转移。也就是说，在城市郊区，特别到远郊区生根的第二产业，也随之带走了一部分第三产业，特别是那些为生产服务的第三产业。同时，随着人们生活水平的提高，居住理念的变化，郊区的房地产业发展速度很快。从表 12－1 可以看出，在城中心区、近郊和远郊区中，房地产业在近郊区的比重最大。显然随着居民的入住，相应配套的第三产业也同时跟进。从表 12－1 看，远郊区县的第二产业突飞猛进，第三产业的发展也基本同步。

值得注意的是，在产业结构调整过程中，伴随着的产业布局的郊区化趋势，从空间布局上说，环状摊大饼的态势仍然是主导趋势。预计：随着城市化进程与小城镇交通以及城际高速交通的启动，辐射状布局将逐渐浮出，一个符合北京功能定位、适应首都经济特点的产业发展新格局将进一步形成。

实际上，北京产业结构转型中，传统产业的梯度转移，并不是仅限于北京郊区，已经沿京津交通线向河北转移，虽然转移项目比较单薄，而且速度缓慢，但是随着北京城市职能分异现象的逐渐强化与成长，发展轴将日益清晰，倾向性也将越来越明朗。

从全国第五次人口普查资料的比较可以发现，京津冀地区人口流动率远远低于长三角和珠三角地区，京津冀的流动率为4.58%，与长三角和珠三角相比，分别低2.33个百分点和13.1个百分点。人口流动率低的情况既是城市化进程慢的原因，也是产业结构和就业结构转变慢的原因，还反映出全国资源要素分配的偏南格局（见表12－2）。

表12－2　　人口流动率比较

	总人口（人）	户籍不在现住地的外省人口（人）	迁移率（%）
全国	1242612226	42418562	3.41
京津冀合计	90102344	4128705	4.58
北京市	13569194	2463217	18.15
天津市	9848731	735033	7.46
河北省	66684419	930455	1.40
长三角合计	135381962	9360662	6.91
上海市	16407734	3134922	19.11
江苏省	73043577	2536889	3.47
浙江省	45930651	3688851	8.03
珠三角（广东省）	85225007	15064838	17.68

在北京产业结构与空间布局进行由内向外分散化大调整的同时，京津冀地区的人口流仍向京津两世界城市聚集。

应该说，这是一个由人口流动所表现出来的经济的集聚过程。实际上，京津冀三地已经形成了一个阶梯形的差异度。对于这一差异度的理解，还要从多个方面进行分析和解读。

二　2020年首都经济圈就业供给与需求基本平衡的人口规模

1. 从人口角度对未来就业供给与人口规模的预测

通常，可以根据某一时点的人口年龄构成资料，在对生育水平作出合理假设的情况下，对未来若干年的人口状况（包括劳动年龄人口数量）进行预测。为保持京津冀人口发展战略论文数据的一致性，并反映对外来人口和劳动力的需求能力，采用“京津冀地区人口现状与发展态势研究”论文组按封闭条件下预测的未来人口发展状况（中方案），并整理成表12－3。

表 12-3　　从人口自然增长预测的京津冀未来人口变化趋势

年份	总人口（万人）	0—14岁（万人）	15—64岁（万人）	65岁及以上（万人）	总抚养比	少儿抚养比	老年抚养比	少儿系数	老年系数	劳动年龄人口比重（%）
2001	9164	1857	6609	698	0.39	0.28	0.11	0.20	0.08	72.12
2002	9212	1761	6729	722	0.37	0.26	0.11	0.19	0.08	73.05
2003	9258	1677	6837	744	0.35	0.25	0.11	0.18	0.08	73.85
2004	9305	1607	6938	759	0.34	0.23	0.11	0.17	0.08	74.57
2005	9351	1552	7022	777	0.33	0.22	0.11	0.17	0.08	75.10
2006	9399	1532	7075	792	0.33	0.22	0.11	0.16	0.08	75.27
2007	9449	1530	7111	808	0.33	0.22	0.11	0.16	0.09	75.25
2008	9501	1537	7143	821	0.33	0.22	0.11	0.16	0.09	75.18
2009	9555	1551	7167	837	0.33	0.22	0.12	0.16	0.09	75.00
2010	9612	1579	7168	866	0.34	0.22	0.12	0.16	0.09	74.57
2011	9671	1610	7163	898	0.35	0.22	0.13	0.17	0.09	74.07
2012	9731	1644	7155	931	0.36	0.23	0.13	0.17	0.10	73.53
2013	9788	1679	7144	965	0.37	0.24	0.14	0.17	0.10	72.98
2014	9842	1708	7122	1011	0.38	0.24	0.14	0.17	0.10	72.37
2015	9889	1722	7105	1061	0.39	0.24	0.15	0.17	0.11	71.85
2016	9930	1738	7078	1115	0.40	0.25	0.16	0.17	0.11	71.27
2017	9966	1750	7038	1178	0.42	0.25	0.17	0.18	0.12	70.62
2018	9995	1759	6997	1239	0.43	0.25	0.18	0.18	0.12	70.01
2019	10018	1762	6946	1310	0.44	0.25	0.19	0.18	0.13	69.34
2020	10034	1758	6896	1379	0.45	0.25	0.20	0.18	0.14	68.73
2021	10042	1746	6853	1443	0.47	0.25	0.21	0.17	0.14	68.24
2022	10043	1727	6808	1509	0.48	0.25	0.22	0.17	0.15	67.78
2023	10039	1700	6776	1562	0.48	0.25	0.23	0.17	0.16	67.50
2024	10029	1667	6766	1596	0.48	0.25	0.24	0.17	0.16	67.46
2025	10015	1628	6756	1631	0.48	0.24	0.24	0.16	0.16	67.46
2030	9895	1403	6582	1910	0.50	0.21	0.29	0.14	0.19	66.52
2035	9739	1284	6337	2118	0.54	0.20	0.33	0.13	0.22	65.07
2040	9564	1306	6122	2137	0.56	0.21	0.35	0.14	0.22	64.00
2045	9339	1357	5902	2081	0.58	0.23	0.35	0.15	0.22	63.19
2050	9040	1334	5517	2189	0.64	0.24	0.40	0.15	0.24	61.03

表 12－3 显示出以下值得注意的趋势：

第一，从整体上看，劳动力总抚养比呈先降后升趋势，2005—2009 年降至最低点，而后持续上升。2020 年升至 0.45，比 2001 年上升 15.38%；2050 年升至 0.64，比 2001 年上升 64.10%。

第二，老年抚养比上升是总抚养比上扬的主导因素。到 2020 年老年人口数将为劳动年龄人口数的 1/5，即每 5 个劳动年龄人口将承担 1 位老人的抚养负担；而到了 2050 年每 2.52 个劳动年龄人口将承担 1 位老人的抚养负担。这说明，在 21 世纪的前 20—50 年中，首都经济圈将迅速从成年型社会过渡到老龄化社会。

第三，少儿抚养比有升有降，总的趋势是下降的，但变动幅度不大，说明我国的计划生育政策已经取得显著成效。

第四，未来劳动适龄人口数量变化的拐点在 2010 年。也就是说，2010 年之前劳动适龄人口数量持续增长，在 2010 年达到最大值后开始减少。劳动适龄人口数量的变化情况为：2010 年比 2001 年增加 8.46%，2020 年比 2001 年增加 4.34%，2030 年前后开始少于 2001 年，2050 年比 2001 年减少 16.52%。

以上预测是基于人口自然增长作出的。事实上，京津冀不可能是一个封闭的区域，必然存在大量人口迁移和流动，尤其在市场经济条件下更是如此。这样做的目的就是为了与上面从就业需求角度对未来劳动力需求量的预测做一个比较，以确定对区域外劳动力的需求量。

从京津冀整个区域 2020 年以前人口自然增长情况看，劳动年龄人口数量是不断增长的，2020 年比 2001 年增加 4.34%，达到 6896 万人，比按经济发展预测的就业需求量（5500 万人）还多 25.38%，不会出现劳动力短缺问题。不考虑人口迁移因素对未来人口变化影响的做法，对河北省这样一个迁移率很低的省区来说可能影响不太大，但由于北京和天津每年人口净迁移率都较高，而且人口自然增长率根本不可能满足社会经济发展对劳动力的需求，必然接受大量迁移人口（主要是劳动力人口）。为了与从就业需求角度对人口规模的预测做一个比较，以确定对外来劳动力的需求量，下面将北京未来人口自然变动情况的预测整理成表12－4。

北京市 2001 年就业人口总量为 696.9 万人，而劳动年龄人口数量 1066 万人，就业率 65.38%。按照这个就业率推算，2010 年需要 795.7 万就业劳动力的情况下，劳动年龄人口应当为 1217.04 万人，而依靠自然增

表 12－4　　从人口自然增长预测的北京市未来人口变化趋势

年份	总人口（万人）	0—14 岁（万人）	15—64 岁（万人）	65 岁及以上	总抚养比	少儿抚养比	老年抚养比	少儿系数	老年系数	劳动年龄人口比重（%）
2001	1372	181	1066	125	0.29	0.17	0.12	0.13	0.09	77.71
2002	1376	169	1073	134	0.28	0.16	0.12	0.12	0.10	78.02
2003	1379	158	1079	142	0.28	0.15	0.13	0.11	0.10	78.25
2004	1383	149	1085	149	0.27	0.14	0.14	0.11	0.11	78.45
2005	1387	142	1088	157	0.27	0.13	0.14	0.10	0.11	78.47
2006	1391	139	1089	163	0.28	0.13	0.15	0.10	0.12	78.30
2007	1396	138	1089	169	0.28	0.13	0.16	0.10	0.12	78.01
2008	1400	137	1089	174	0.29	0.13	0.16	0.10	0.12	77.73
2009	1405	137	1088	180	0.29	0.13	0.17	0.10	0.13	77.41
2010	1410	139	1085	186	0.30	0.13	0.17	0.10	0.13	76.96
2011	1415	140	1082	193	0.31	0.13	0.18	0.10	0.14	76.43
2012	1420	142	1078	200	0.32	0.13	0.19	0.10	0.14	75.89
2013	1424	145	1072	207	0.33	0.14	0.19	0.10	0.15	75.31
2014	1428	147	1066	215	0.34	0.14	0.20	0.10	0.15	74.66
2015	1431	148	1059	224	0.35	0.14	0.21	0.10	0.16	74.02
2016	1433	151	1048	234	0.37	0.14	0.22	0.11	0.16	73.12
2017	1435	154	1035	246	0.39	0.15	0.24	0.11	0.17	72.11
2018	1435	156	1021	259	0.41	0.15	0.25	0.11	0.18	71.11
2019	1435	157	1005	273	0.43	0.16	0.27	0.11	0.19	70.01
2020	1433	157	989	288	0.45	0.16	0.29	0.11	0.20	68.99
2025	1414	143	918	353	0.54	0.16	0.38	0.10	0.25	64.91
2030	1379	118	845	416	0.63	0.14	0.49	0.09	0.30	61.31
2035	1339	100	792	448	0.69	0.13	0.56	0.07	0.33	59.15
2040	1294	96	742	457	0.74	0.13	0.62	0.07	0.35	57.32
2045	1233	99	687	446	0.79	0.14	0.65	0.08	0.36	55.74
2050	1154	99	621	434	0.86	0.16	0.70	0.09	0.38	53.82

长仅有 1085 万人，缺口为 132.04 万人；2020 年需要 808.3 万就业劳动力，劳动年龄人口应当为 1236.31 万人，而依靠自然增长将减至 989 万

人，缺口为247.31万人。这两组数据说明，要维持北京市社会经济发展，2010年前需要迁入132.04万人口；2020年前需要迁入247.31万人口。

以上分析表明，在未来发展中北京必须从外部注入人口，以满足社会经济发展对劳动力的需求，同时也是对自然增长率持续下降导致人口和劳动力减少的弥补。

2. 从就业需求与供给基本平衡的角度预测人口规模

如果京津冀作为一个劳动力资源可以完全自由流动的开放系统的话，也可以通过市场对劳动力资源的需求，预测这一区域的劳动力供给和人口数量。见表12-5：

表12-5　　与就业需求基本平衡的就业供给与合理人口规模

年份	区域总就业（万人）	参与就业人口（万人）	劳动年龄人口比重（%）	合理参与率（%）	劳动力资源数一（万人）	劳动力资源数二（万人）	区域人口数一（万人）	区域人口数二（万人）
2004	4790.14	5029.64	74.19	0.7	7185.20	6985.61	9684.87	9415.84
2005	4836.22	5078.03	74.76	0.696875	7286.87	7052.83	9747.01	9433.96
2006	4970.59	5219.12	74.96	0.69375	7523.06	7248.78	10036.10	9670.20
2007	5012.17	5262.78	74.96	0.690625	7620.32	7309.42	10165.85	9751.10
2008	5061.21	5314.27	74.9	0.6875	7729.85	7380.93	10320.22	9854.38
2009	5100.61	5355.64	74.73	0.684375	7825.59	7438.39	10471.82	9953.69
2010	5139.62	5396.61	74.29	0.68125	7921.62	7495.28	10663.11	10089.22
2011	5130.60	5387.13	73.79	0.678125	7944.15	7482.12	10765.89	10139.75
2012	5159.83	5417.82	73.26	0.675	8026.40	7524.75	10956.05	10271.30
2013	5176.09	5434.89	72.71	0.671875	8089.15	7548.46	11125.22	10381.60
2014	5210.22	5470.73	72.1	0.66875	8180.53	7598.23	11346.08	10538.46
2015	5248.13	5510.54	71.58	0.665625	8278.74	7653.53	11565.72	10692.27
2016	5284.47	5548.70	71.01	0.6625	8375.39	7706.52	11794.67	10852.73
2017	5331.11	5597.66	70.36	0.659375	8489.35	7774.53	12065.59	11049.65
2018	5369.65	5638.13	69.76	0.65625	8591.44	7830.74	12315.71	11225.26
2019	5457.96	5730.86	69.11	0.653125	8774.53	7959.53	12696.46	11517.19
2020	5500.40	5775.42	68.52	0.65	8885.26	8021.41	12967.39	11706.67

在全国城市化加速的情况下，首都经济圈作为我国三大经济快速发展区域之一，是吸引农业剩余劳动力的主要经济区。上述预测说明：经济发

展到一定阶段的就业需求，具有刚性，如果流入人口超过 3000 万，必将扩大失业人群，提高失业率；或者一部分失业者从求业人口中退出，进入无意愿就业人群，降低就业参与率。在以上两种情况下，都将提高劳动就业者的抚养负担，降低总人口的劳动参与率。

可以看出，以上用两种思路进行的预测，可以互补和相互验证。

以下是对计算过程和参数设置的几点解释：

从理论上说，适度人口规模是由经济发展水平所决定的就业需求量来支撑的。从这一角度计算该经济系统的人口规模，可用以下公式推出：

适度人口规模 = 劳动力需求/[(1 - 适度失业率)
× 合理参与率 × 劳动适龄人口比重]　　(6 - 1)

注：劳动力需求 = 劳动力供给 × (1 - 适度失业率)

劳动力供给 = 劳动年龄人口 × 合理参与率　　(6 - 2)

经济适度人口规模 = 劳动年龄人口/劳动适龄人口比重

可以看出，在使用这一方法进行人口预测时，适度失业率和合理参与率是两个关键性指标。由于缺少这两个指标，表 12 - 5 中适度失业率使用了公认的经验数，即 5%。实际上首都经济圈有劳动能力、但未找到合适工作的劳动适龄人口比例绝不是用这一比例能够涵盖的。但是，在寻求一个理想的适度人口规模的情况下，适度失业率设置在理想的水平也是合理的。合理参与率同样是一个理想的经验数。为了提供可选择方案，设置了两种经验参数：一是令劳动参与率始终保持在 75% 的水平上；二是考虑到随着社会、经济的发展，劳动年龄人口中受教育的比例不断扩大，终身学习的理念将促使人们参加各种培训，同时从事家务劳动的家庭妇女将逐渐增多，由此形成在劳动年龄人口中暂无就业意愿的比例将出现增大趋势。在预测年限中，以合理参与率逐步减少趋势描述了这一过程。

这种描述是否合理，可以讨论。但是，以这种方法预测一个开放系统的未来人口变化，尽管实际中市场的变化会带来诸多的不确定性，参数的弹性也给理性预期留下了很大的空间。

3. 关于适度人口规模有关指标的界定与注释

以上预测是根据历史过程留下的实际的时间序列进行的。历史数据是在每一年的特定的离散的时间点记录下来的统计数据的集合。这些数据反映了实际情况，但是其中所蕴含的规律还需要把一些偶然因素的作用剔除之后，加以分析和总结。而预测则是对这些规律性趋势的理性预期。这其中既有对未来趋势性规律走势的理论分析，也有人们在认识这些规律中对未来的一些主观设想。

为了进行科学的人口预测，必须对一些规律性的量化指标进行理论界定，特别是几个关键性的参数。

(1) 适度人口规模

适度人口规模，即指“某一国家或地区在一定时期内经济活动所能吸纳的就业人口和其供养的最优人口数量”。这里，特别强调了经济活动的基础作用。

经济活动是人的活动，没有人也就没有经济活动。进行物质生产和精神生产，满足人们物质生活和精神生活的需求，是人们从事经济活动最根本的目的。一个地区或城市在一定的生产力水平条件下，生产出来的物质和精神财富总量，都是由一定量的劳动力来完成的。劳动者通过劳动获得相应的收入，除了养活自己，还要抚养没有劳动能力的孩子和老人。应该说劳动人口与其抚养的孩子和老人构成了该地区或城市人口的主要部分。

随着劳动生产率的提高，生产单位财富所需要的劳动力会相应减少，这是人类社会发展的必然规律。但该地区或城市的劳动力需求和人口规模却不一定下降。因为还必须考虑两个因素对劳动力需求和总人口规模的作用：一是生产规模的扩大，以及相应生产总量的提高；二是随着劳动生产率的提高，人均收入的提高，抚养能力的提升。当然，随着人均收入的提高，人们理想的生活方式也在变化，所以人均收入的提高并不一定和抚养系数的提高呈线性关系。

总之，适度人口规模是在考虑以上多种定性因素基础上的一个量化结果。

(2) 就业需求

就业需求是经济中的一个重要指标。从理论上说，它与经济活动的方方面面都有着十分密切的关系。所以，可以从不同的侧面对其进行测算，每一种方法都有一定的道理。

就业需求是在对一个地区的经济总量进行预测，并对反映产业结构调整和劳动生产率提高的单位增加值就业比预测基础上得出的。这种方法的综合性比较强，比较有说服力。在进行北京人口总规模的预测中，这是一个核心指标。

（3）劳动适龄人口比重

劳动适龄人口比重反映的是总人口中劳动力年龄人口所占的比例，同时提示了劳动年龄人口的平均抚养负担。对该指标的预测是基于表 12 -5 中的预测值进行的。这组数据十分鲜明地提示了京津冀未来 20 年劳动年龄人口数量和结构的重要变化。

（4）合理参与率

合理参与率是劳动年龄人口中参与和愿意参与经济活动人口所占的比重。如果不以劳动年龄人口为分母，而以总人口为分母的话，这一比例既涵盖了无劳动能力、需要抚养的人口，也包括了有劳动能力，但无就业意愿的人口，比较全面地提示出某一地区或城市就业人口所需负担的抚养量。

随着科学技术的进步，必然出现就业弹性系数或单位产值就业比下降的趋势。由此引起的劳动参与率下降也是不可避免的。这显然给各国政府扩大就业、保持适度失业率增加了难度。但是，在某一地区或城市的特定发展阶段，合理参与率有稳定趋势。据有关资料分析，香港 1990—1993 年总人口参与率大体稳定在 50% 的水平①。

（5）适度失业率

“失业率”是指全体劳动年龄人口中，有劳动能力和就业意愿，且尚未找到合适工作的人口所占的比例。从经济学的角度说，在经济活动中保持适度的失业率，能够激励在职者的劳动积极性，有利于提高劳动生产率和活跃经济。事实上，由于企业和个人的各种原因，失业率不可能下降为零。按照国内外发展经验来看，失业率控制在 5%—6% 以内较为合适。

三　城镇化与农业剩余劳动力转移动态趋势

1. 对全国城市化进程的预期

全国城市化过程的加速是影响未来首都经济圈发展的一个重要因素。如何估计这一大潮的来势，怎样预测其影响，对于前瞻京津冀的发展走势都是非常重要的。

预计在今后的 20—30 年内，大部分生活在农村的居民将会转移到城

① 吴瑞君等：《开放型区域经济适度人口的研究方法及其应用》，《人口研究》2003 年第 5 期。

镇。这将是一个史无前例的人口大迁移，其规模是世界史上经历过这一过程的所有国家都无法比拟的。有的学者预测，到2030年，长江三角洲和珠江三角洲地区都将形成一个人口总数为3亿的高密度空间①。预计华北世界城市群的人口规模也不会少于这个数字。

发达国家的人口迁移不仅没有如此规模，在时间跨度上也较长。我国是工业化后发国家，赶超型工业化进程不可能给很多的时间去从容地应对这种前所未有的人口大迁移。不仅要在很短的时间内走完工业化先发国几百年走过的路程，还要应对劳动力从农业几乎同时向所有现代产业进行转移的问题。有关部门测算，随着农业和农村经济结构调整、工业化加速推进和城镇化提速，目前已经有三分之一以上的农村劳动力转移到非农产业，仅仅跨地区流动的农民工就约有1亿人。其中在第二产业就业的农业户口劳动力已占57.6%。有些行业农民工的比例已经相当高。比如批发零售业和餐饮业中已占到52.6%；加工制造业中占到68.2%；建筑业中占到79.8%。由此看来，世界城市必须具有相应的城市功能和产业集聚的支撑，才能承载大规模转移的人口。农村人口对现代生活模式的渴望，将和城市人口对更高收入水平的追求汇成一股巨大的能量流，形成现有城市群和新城市群发展无法抗拒的力量。

总之，我国由于城市化加速形成的人口流向城市的大潮，将成为未来几十年城市群快速成长不可忽视的重要内在推动力。

2. 首都经济圈城市化进程预期

自1978年以来，首都经济圈的城镇化进程呈逐渐加快趋势。1978—1994年，城镇化率以每年0.39%的速度递增，而1995年以后，则呈加速趋势，每年增加1.15个百分点。特别是2003年，一年就增加了4.13个百分点，显示出了很强的增长势头。运用历史数据，按照城镇化发展规律，对2004—2020年的城镇人口进行了测算，如表12－6所示：

2004—2020年首都经济圈城镇化率每年增长1.9个百分点，到2020年，城镇人口为6967万—8844万人，比2003年增加了3508万—5385万人。2003年首都经济圈城镇人口比1978年增加了2069万人，增长1.5倍；而2020年则比2003年增长1—1.6倍。也就是说，有3508万—5385万农村人口，从农村居民变为城镇居民。

① 周牧之：《经济发展呼唤大城市群》，《经济日报》2003年9月24日。

表 12－6　　2004—2020 年京津冀城镇化率和城镇人口预测

年份	京津冀城镇化率（%）	京津冀城镇人口（1）（万人）	京津冀城镇人口（2）（万人）	京津冀城镇人口（3）（万人）
2004	37.78	3415.6547	3658.9427	3557.3054
2005	39.21	3575.1398	3821.8032	3699.0543
2006	40.68	3741.4407	4082.6835	3933.8356
2007	42.21	3916.7349	4291.0044	4115.9374
2008	43.8	4102.1110	4520.2577	4316.2183
2009	45.44	4293.2140	4758.3959	4522.9545
2010	47.15	4495.0545	5027.6550	4757.0694
2011	48.92	4706.6333	5266.6729	4960.3647
2012	50.76	4928.2700	5561.2926	5213.7118
2013	52.67	51586.6956	5859.6519	5467.9911
2014	54.65	5396.7137	6200.6344	5759.2698
2015	56.71	5642.8583	6558.9213	6063.5861
2016	58.84	5893.6553	6939.9814	6385.7468
2017	61.05	6151.6389	7366.0408	6745.8100
2018	63.35	6417.2189	7802.0036	7111.2012
2019	65.73	6688.9218	8345.3846	7570.2491
2020	68.2	6966.6395	8843.7599	7983.9499

第十三章　首都经济圈生态区的功能布局

第一节　生产力发展对城市群的带动

近年来，城市的发展令人惊叹的不仅是速度，更重要的是其正在经历的大转折。在全球经济一体化的驱动下，世界范围的竞争呼唤城市功能国际化。在北京向国际化大都市前进的步伐中，紧张应对着一系列历史性的重大变迁。理性地思考这些变化，解析这一转折，前瞻变化趋势的走向，一种新的发展观已经在实践中逐步浮出。本书对这一发展观作了以下三点诠释：

第一，经济、社会的发展要以人的全面发展为基础。这就要求全面提升人的自然素质、社会素质和心理素质，努力促进人的全面发展。

第二，正确处理人的自由权和自然的关系，促进“天人合一”，形成经济、社会与自然环境的和谐、持续发展。

第三，经济发展、人文精神的发扬与制度建设要互促并进，形成物质文明、精神文明与政治文明的统一。

这一理念在战略思想以及战略实施的政策设计上起了决定性的作用。特别是在思考北京与周边地区的城市化和人口的迁移、人地关系以及人与自然生态的关系问题上，以上思想都起了一种具有清醒哲学思维的骨架支撑作用。

以人为本的新的发展观，既要立足我国当代国情，又要适应世界发展潮流，在实践中也是一个不断发展和完善的思想体系。

经济发展是城市发展的根本动力，不同经济发展阶段城市发展规律不同，从城市发展规律及北京经济发展现实要求出发，预测未来 20 年北京经济规模、结构和布局以及不同经济发展阶段的城市人口和城市建设用地的发展变化，是本书的主题。

从经济学的角度研究城市发展问题，主要包括以下几个方面：一是通过对本地区经济发展的分析，来预测城市人口规模与城市的土地外延与增长；二是分析城市可能取得的资源与居民的消费需求之间的关系，以求城市的平衡与可持续发展；三是分析规划中应注意的一些具体城市问题，提出运用经济手段进行调控的对策与建议，比如城市交通拥堵问题，城市环境保护的经济手段等等；四是用投资估算技术，评价规划方案，支持政府和投资者的决策。本书所涉及的，主要是前三个方面。虽说从经济学角度看，好像城市规划的主要作用是纠正市场失效，但是，如果经济学的分析真能找到北京城市发展中的市场失效方位，并提出城市规划的正确切入点，确实是一件很有价值的事。实际上，从以下的分析可以看到，城市规划也是可以从多方面运用经济手段的，就像经济调控手段一样。

一　21 世纪初北京市经济发展的主要特点

1. 经济高速增长，进入经济加速期

近十年来，北京经济保持稳定、快速的增长，国内生产总值从 1993 年的 863.53 亿元增至 2002 年的 3212.71 亿元，按可比价计算，年平均增长率 10.95%。人均国内生产总值从 1993 年的 8239 元增长到 2002 年的 28449 元，按美元对人民币 1∶8.27 汇率折算，即从 1993 年的人均 996 美元增长到了 2002 年的人均 3440 美元，在 2001 年超过了人均 3000 美元。

根据钱纳里的经济发展阶段理论以及北京的产业结构特征判断，北京目前处于工业化后期的加速阶段。

2. 发展动力：居民需求结构的调整

经济发展的最终目标是提高广大人民群众的生活水平。下表描述的是近十年间北京城镇和城郊农民收入增长的概况。

表 13-1　　1993—2002 年北京居民收入增长情况

项目 / 年份	城镇居民人均可支配收入		城郊农民人均纯收入	
	绝对值（元）	指数	绝对值（元）	指数
1993 年	3296.0	100	1854.8	100
2002 年	12463.9	203.4	5880.1	191.2

十年间按可比价格计算，城市居民的人均可支配收入增长了两倍多，年均增长率为9.24%；城郊农民人均纯收入增长了近两倍，年均增长率为7.25%。在居民收入迅速大幅度提高的前提下，居民的消费结构在从老三件转到新三件后，进入21世纪，开始了另一个更大的转型期。统计数据显示，城镇居民消费结构的这种转换要大大快于全国。特别是城镇高、中收入居民，他们的消费重点已经快步转向住房和汽车。同时旅游、文化、教育、医疗保健等服务消费的比重也提高很快。城镇居民的购房、购车消费水平要远远高于全国的平均水平。2000年，北京地区的汽车保有量位居全国第三，但是人均拥有汽车的比例却居全国第一，为75.3辆/千人，是全国平均水平的6倍。2003年8月4日北京市交通管理局宣布，北京市的机动车保有量突破200万辆，其中私人机动车达128万辆，占总数的64%。北京市平均每百户家庭拥有私人机动车30.5辆，私人小轿车19辆，平均每四人中就有一名机动车驾驶员。这意味着北京已经步入汽车化社会。

在北京2003年1—9月的居民消费支出中，交通通信、居住、文化、教育、医疗保健，以及服务性消费，占到了消费支出的80.93%；其中交通通信和居住所占比重为22.3%。

居民消费结构的转型所驱动的最终消费需求，成为这一阶段经济发展的重要驱动力量。

居民消费需求对投资的基础作用十分重要。在北京的统计数据中可以看到，居民的住房消费对于投资的带动是显而易见的：近十年来北京市固定资产投资以年均30%的速度增长，投资力度较大的是房地产业，1990年，北京市房地产开发投资22.5亿元，占全社会固定资产投资的14.2%。2003年1—9月，房地产投资占全市固定资产投资的60.2%，占全社会固定资产投资的55.1%，对全市投资增长的贡献率为50.2%。由于住宅建设是由居民的住房消费支撑的，利润丰厚，所以在这部分投资中非国有投资已经占绝大多数。

以居民的最终消费拉动投资，形成投资、消费的双驱动，从经济增长的动力结构上说，已经向市场经济的良性循环迈入一大步，对于形成经济稳健、高速增长的内在机制是十分关键的。

可以说，住房与汽车消费，已经成了北京经济增长的两个轮子①。值得提出的是，作为这一轮经济增长“龙头”的住宅、汽车等产业，具有相当长的较快增长周期。根据已经完成工业化的大国经验，当汽车产业进入大众消费阶段后，将保持长达20—30年的较快增长。由于住宅、汽车属于10万元级的产品，其价值量远超过其他消费品，它们较快增长的长周期特性，将为今后相当长一个时期国民经济的较快增长奠定最基本的基础。

3. 产业结构大规模转型，首都功能得到有力支撑

自20世纪80年代中期开始，北京在产业结构的调整上就进行着不懈的努力，调整效果也比较明显，1990年，北京一、二、三次产业增加值占国内生产总值的比重分别为8%、53%、39%，第二产业在经济增长中占主导地位。1990年，冶金、化工、机械等重化工业占工业增加值的80%以上，但是，到了21世纪初，情况已经有了根本性的变化，

表13－2是用最新的投入产出2000年延长表做的主导产业群的识别，其中几个标准的权重的设置是：经济带动度和经济感应度各为0.3；就业系数和水资源消耗系数各为0.2，排前十位的行业如表13－2所示②。

4. 原主导产业进行了有序的梯度转移

原重要性居前列的金属冶炼业已经从综合重要程度的前十位中退出；石油加工及炼焦业也退居第三位。机电工业和高新技术产业位居一、二位，已经成为北京目前主导产业群的龙头产业。

这里需要指出的是，原来重要的产业不是就此消失了，而是进行了有序的梯度转移。

工业化国家的发展步伐显示出如下的历史经验：一般来说，经济发展到一定阶段，会出现一个加速期。加速的主要动力来自于经济结构全面、迅速的转换。北京近年来经济的快速增长，应当说，就是以快速、高效的结构性大调整为背景的。

① 北京蓝皮书《2001年中国首都发展报告》，社会科学文献出版社2001年版，景体华主编，第7—8页；北京蓝皮书《2003年中国首都发展报告》第4页。

② 北京蓝皮书《2001年中国首都发展报告》，社会科学文献出版社2001年版，景体华主编，第10页。

表 13－2　　北京主导产业群的排序

行业	带动度	感应度	就业系数	水资源消耗系数	综合重要程度	序号
机电工业	2	2	19	22	100	1
高新技术产业	1	1	27	23	97	2
石油加工及炼焦业	3	5	25	13	85	3
纺织业	11	9	3	5	82	4
旅客运输业	5	23	6	19	82	5
化学工业（传统部分）	6	4	26	11	81	6
货物运输及仓储	4	5	17	16	81	7
科学研究	13	13	23	31	80	8
社会服务业	20	8	16	24	78	9
商业	35	3	10	32	77	10

5. 城市建设正在培育新的产业链，形成具有带动力的产业群

近年来一个值得注意的现象，是城市建设活动的生产性日益突出①。城市建设中的基础设施建设、环境优化越来越具有生产性，不仅可以吸引多方投资，还集聚了自己的产业链，形成了极具优势的产业群。

出现这种趋势的原因是：

（1）经济全球化引发了全球经济、政治各领域的复杂变化。

催化这种变化的关键是：加入 WTO 的各国都必须按照 WTO 的章程、制度，即按照全球经济"游戏规则"行事。在各国按照这个"游戏规则"制定或修正本国的规章制度时，实际上各国政府已经削弱了对本国经济的控制力②。中央政府对经济活动控制力的弱化，把各级城市政府推上了经济竞争的前沿，它们不得不更多地直接面对国际竞争，以城市作为参与国际竞争的个体单元。城市日益成为全球经济网络的节点③。

---

① 张庭伟：《城市化作为生产手段及引起城市规划功能转变》，《海外快递》2002 年第 26 卷第 4 期。

② 同上。

③ 周牧之：《经济发展呼唤大城市群》，《经济日报》2003 年 9 月 24 日。

经济控制力的下移，使世界各世界城市的重要性显著强化。各城市间的竞争也由此加剧。各城市政府推出各种战略和策略来增强城市的吸引力，争取成为全球市场网络或区域网络上的重要节点①。

（2）主导全球竞争规则的是跨国公司。

跨国公司是公认的产业结构调整的主力和经济全球化的载体。在信息革命的推动下，其数量、规模、经济实力和科技开发能力都得到空前发展，成为世界经济发展的支柱力量。一个以跨国公司为核心的“国际生产体系”正在形成。由于每一家跨国公司都有数十亿乃至上百亿、上千亿美元的资产，其规模比世界上许多国家的国家预算还要大，所以预言未来这些巨型企业将成为世界性的权力中心，也并非危言耸听。目前跨国公司正以其活动重塑商品、服务及生产要素跨国流动的全球性规则，主导着全球化的进程。

在这样的形势下，除了城市的大小、基础设施和城市空间的质量诸多“硬件”，还有财务税收、地价、环保、用地、用水、耗能等规范标准，以及文化氛围等“软环境”，都成为是否吸引投资者，特别是大跨国集团的重要条件，受到城市决策者的重视。原来作为“消费活动”的城市建设，已经越来越作为软硬环境的先期投入，嵌入到生产活动中，成为一种不可或缺的条件因素。城市建设的两个目标——吸引外资，拉动内需越来越清晰。城市基础设施的全面更新与扩延；土地活化与城市内部空间的重新组合、环境净化与美化、城市定位与城市形象都成为在与城市经济、社会发展互动中才能完成的事情。

这里特别要提出的一点是：城市的基础建设必须“适度超前”。所谓“适度”是要以不拉断与居民最终消费的联系为基准。这一点是很难掌握的。

（3）技术要素的贡献率在递增。

随着产业结构的调整，高新技术产业发展迅速，2000 年高新技术产业实现增加值 213.5 亿元，占全市工业增加值的比重由 1995 年的 15.7% 增加到 28.9%，占全市国内生产总值的比重从 1995 年的 5.7% 增加到 8.6%，高新技术产业对工业经济增长的贡献率达到 60% 以上。

在人类社会发展的不同阶段，经济增长的主导因素在进化中不断地演

① 周牧之：《经济发展呼唤大城市群》，《经济日报》2003 年 9 月 24 日。

变：从自然资源、劳动，到资本，而在近半个世纪的工业化进程中，则逐渐转向科学技术。特别是20世纪70年代以来，高新技术在世界各国取得重大进展，以信息技术、生物技术、航天技术、新材料、新能源技术为代表的高新技术，引发了工业发达国家产业结构的深刻变化，技术进步的主导作用在明显提高，并以强劲的态势推动着经济的增长。随着资本、劳动与技术进步在经济增长中角色的转换，经济增长方式的集约化也将向更高层次演进。

虽然科学技术对北京经济增长的推动作用仅仅是初露端倪，但是，这一点对北京的经济转型是十分重要的。

（4）出现了明显的产业服务业化趋势。

第三产业的四个行业排到了前十位。产业服务业化是令人瞩目的。下表进一步明确了产业服务业化的大趋势：

表13-3　北京产业服务化的大趋势

项目 / 年份	GDP值（亿元）	第一产业		第二产业		第三产业	
		绝对值（亿元）	比重（%）	绝对值（亿元）	比重（%）	绝对值（亿元）	比重（%）
1978	108.84	5.63	5.17	77.43	71.14	25.78	23.69
1990	500.82	43.88	8.76	262.39	52.39	194.55	38.85
2000	2478.76	89.97	3.63	943.51	38.06	1445.28	58.30
2002	3130	95.47	3.05	1114.28	35.6	1918.69	61.30

产业服务业化是国际世界城市发展的明显趋势。无论是发达国家还是发展中国家，进入20世纪90年代以来，国际经济中心城市的第三产业在城市国民生产中的比重，或就业人口中的比重，都在六七成以上。北京的这一趋势不仅大大超前于全国一般城市，也快于上海、广州和天津。

（5）进入逆工业化过程。

20世纪80年代以来，发达国家的一些传统制造业中心逐步衰退，部分制造业城市向服务业转型困难，出现萧条。但是，也有的制造业中心由于总部集中，对生产性服务和消费性服务都有充分的需求，所以产业的服务业化转型顺利，城市经济在转型中避免了大起大落，呈现出持续的繁荣。对于这一现象，美国研究者提出了逆工业化（Deindustrialization）的概念。80 年代中期，诺叶里和斯坦贝克把这一过程也称为逆城市化，认为这种现象的出现是由于生产自动化、劳动力结构变化、国外竞争、老旧工厂关闭、企业再组织等因素造成的。在这一过程中，传统工业城市发展的关键是总部化，发展第三产业。J. O. 威勒分析了美国 20 座世界城市的资料，发现有 60% 的城市在制造业工人减少时，由于总部化和服务业化，城市转型顺利，保持了持续繁荣的局面①。

北京在我国的各世界城市中，已经率先进入了这一过程。不仅第三产业已达 GDP 值的 70% 以上，总部化现象也呈现出一定的规模。我国一些发展较快的地区正在成为国际制造业梯度转移的目的地。北京显然不是这类地区。

北京依靠在科学技术、教育上的先发优势，新兴高新技术产业已露先行之势，所以通信、信息产业等新兴产业的各跨国公司地区总部，开始聚集京城。到 2003 年底，由商务部认定的在京设立地区总部的跨国公司总部已达 24 家（仅次于上海）。

可以说，北京从一个重化工业基地向以第三产业为主导的国际化大都市转型，抓住了历史性机遇，没有经历显著的衰退与萧条。

二　空间布局的调整与结构郊区化

与以上结构调整相并行的是空间布局的调整。由于北京的区县统计不健全，直到 2001 年才比较规范地对各区县的产业结构进行了统计，所以只能用这一年的统计数据来说明问题。请见表 13－4：

表 13－4　　2001 年十八个区县三次产业结构空间布局　　单位：%

区县	GDP 值	一产	二产	其中：工业	三产	运输邮电	批零餐饮	金融保险	房地产	其他
东城区	6.53		2.74	2.55	9.12	20.34	12.64	1.86	0.84	12.36
西城区	10.66		4.37	3.45	14.95	13.76	14.25	34.05	8.99	13.3
崇文区	2.11		1.57	1.26	2.54	2.04	4.67	3.01	4.81	2.23
宣武区	5.22		4.17	4.28	6.14	5.28	10.05	6.19	6.84	6.93

① 胡兆量主编：《中国区域发展导论》，北京大学出版社 2000 年版，第 209—210 页。

续表

区县	GDP值	一产	二产	其中：工业	三产	运输邮电	批零餐饮	金融保险	房地产	其他
中心城区	24.52		12.85	11.54	32.75	41.42	41.61	45.11	21.48	34.82
朝阳区	17.29	2.79	17.69	16.58	17.91	15.22	15.18	19.02	25.49	1.83
丰台区	5.98	1.69	5.75	4.85	6.37	8.04	5.02	7.89	2.03	0.02
石景山区	3.92	0.18	8.1	9.49	1.72	1.67	1.61	1.17	0.78	0.04
海淀区	22.87	2.11	21.96	24.15	24.63	8.89	14.18	16.2	12.01	47.1
近郊合计	50.06	6.77	53.5	55.07	50.63	33.82	35.99	44.28	40.31	48.99
门头沟区	1.27	0.55	1.72	1.87	1.05	0.92	1.76	0.23	1.04	0.12
房山区	4.91	10.67	7.97	7.18	2.8	6.5	5.12	1.36	3.27	2.46
通州区	2.93	12.15	3.46	3.31	2.07	2.76	2.6	2.1	5.23	1.92
顺义区	4.44	20.44	6.02	6.56	2.57	3.71	2.97	1.57	7.66	2.7
昌平区	3.27	5.39	4.24	4.49	2.57	4.58	3.29	1.18	5.64	2.82
大兴县	2.72	13.81	2.8	2.75	2.02	2.06	1.9	1.64	7.7	2.1
平谷县	1.42	8.96	1.55	1.49	0.89	0.54	0.85	0.79	2.39	1.15
怀柔县	1.71	4.44	2.64	2.67	1.01	1.74	1.36	0.81	0.3	1.22
密云县	1.7	8.26	2.27	2.4	0.98	1.05	1.6	0.51	2.82	1
延庆县	1.06	8.54	0.97	0.68	0.66	0.88	0.94	0.43	2.15	0.7
远郊合计	25.43	93.21	33.64	33.4	16.62	24.74	22.39	10.62	38.2	16.19

表13－4数字显示了一种值得注意的动势：

第一，从全市三次产业在各城区和郊区县的分布可以看出，第二产业已经从城市中心城区向近、远郊区转移。近年来第二产业虽然是以近郊四区为主，但是，远郊的房山、通州、顺义、昌平和大兴，也在这种战略转移中突起。应该说，这种战略转移既有利于经济的发展；也是改善城市环境、保持城市的可持续发展所必需的。同时应该看到，这种布局调整也大大加快了郊区城市化的进程。

第二，城市功能发生了显著变化。表13－5是通过中心区、近郊区、远郊区三次产业的构成展示的从内向外三层城市空间功能的情况。

表 13－5　　2001 年北京市城市空间功能的状况　　单位:%

城市空间	一产	二产	三产	运输邮电	批零餐饮	金融保险	房地产
中心四城区	—	18.56	81.44	10.74	15.25	19.02	3.016
近郊四城区	0.33	31.50	68.17	4.30	6.46	9.15	2.77
远郊十区县	13.26	46.88	39.86	6.19	7.92	4.32	5.18
全市	3.62	35.41	60.98	6.36	8.99	10.34	3.44

可以看出：

第一，中心四城区的第三产业在 GDP 值中的比重，已经占到 81.44%，其服务功能显著强化。特别值得注意的是，城中心区的金融保险业已经成了所占比重最大的行业。其不仅在第三产业中比重序位居第一，单个行业的比重也已经超过了第二产业，所以，可以说，金融保险业已经成长为中心四城区的龙头产业。

第二，近郊四城区虽然有的城区仍然以第二产业为主，比如石景山区，二产所占比重为 73.16%，但是整体近郊四区的第二产业比重仅为 31.5%，而第三产业的比重已经达到 68.17%，发展很快，大大超过了第二产业。这些数字可以充分说明，城区和近郊区服务功能已经是主导性功能。

第三，随着第二产业的郊区化，也有一部分第三产业随之转移。也就是说，在城市郊区，特别是上远郊区生根的第二产业，也随之带走了一部分第三产业，特别是那些为生产服务的第三产业。同时，随着人们生活水平的提高，居住理念的变化，郊区的房地产业成了一个发展速度很快的产业。从上表可以看出，在城中心区、近郊区和远郊区中，房地产业在远郊区的比重最大。显然随着居民的入住，相应配套的第三产业也要纷至沓来。从上表看，虽然远郊区县的第二产业突飞猛进，第三产业的发展也基本同步。

第四，值得注意的是：在产业结构调整过程中，伴随着的产业布局的郊区化趋势，从空间布局上说，环状摊大饼的态势仍然是主导趋势。随着城市化进程与小城镇交通以及城际高速交通的启动，辐射状布局将逐渐浮出，一个符合北京功能定位、适应首都经济特点的产业发展新格局将进一步形成。一个现代化国际大都市的雏形正在形成。

第五，实际上，北京产业结构转型中，传统产业的梯度转移，并不是仅限于北京郊区。这一点必须明确。

三 北京经济增长中存在的主要问题与制约因素

1. 经济布局存在严重的城乡二元结构

由于历史原因，北京的基本经济格局具有严重的城乡二元结构特征，即市区和远郊地区经济发展水平和经济结构存在较大差异。近十年来，北京市区 GDP 占全市 GDP 总量的75%左右。

市区在经济发展水平和经济结构方面都呈现出工业化后期的特征，高新技术产业和现代服务业所占份额逐步提高并占据一定比重。而广大的远郊地区仍有着比重较高的第一产业。2002 年，全市 165.6 万农村劳动力中，直接从事农业生产的劳动力仍有 64.1 万人，占全市从业人员的 9.4%。二产仍以传统工业为主，三产中大部分也为传统的商业服务业，经济发展仍然处于工业化中期阶段。

城乡二元结构给城市建设带来了两个方面的问题：一方面在市区有限的空间中，政治文化中心功能与产业功能高度叠加，矛盾重重，人居环境不断恶化；另一方面远郊地区的投资力度不足，经济发展集约化程度低，工业化进程滞后，资源浪费严重。

2. 经济结构不能很好地体现首都资源优势

长期以来，北京经济发展不能很好地体现自身的资源优势。改革开放以来，第三产业发展很快，尤其进入 20 世纪 90 年代以后，北京高新技术、金融、通信、旅游和房地产业发展很快，但这些优势产业在全市 GDP 总额中所占的比例仍然不高，还没有成为能够带动北京经济发展的支柱产业。例如 2001 年，北京高新技术产业占 GDP 比重在 10%左右，远远落后于深圳 36%的水平；金融、房地产业等新兴行业的发展虽然速度很快，但由于在创新、投资环境等方面的落后，与上海的差距越来越明显，大大影响北京的城市竞争力。

北京在科技、人才、信息、市场、服务等方面具有明显的优势。北京的城市功能和优势要求北京必须成为具有独特功能的经济中心城市，要求具有发达的金融、商业、通信等第三产业、高新技术产业和先进的制造业。然而在北京现状经济结构中，传统产业仍然占有较大份额，特别是冶金、化工等占地大、资源消耗大、污染严重、附加值低的行业仍然存在，第三产业中传统第三产业仍占有较大的份额。因此，北京经济结构还需进一步调整。

3. 主要制约因素

城市的发展和经济的发展一样，并非没有极限。能源以及其他自然资源是有限的。如果把资源用尽了，地球破坏了，人类自己也就走到了尽头。经济学家尼古拉斯·乔治库·罗根（1906—1994）在20世纪70年代初以十分明确的方式指出了经济发展的自然界限。近30年来，经济学界对经济的可持续发展问题给予了比较多的重视。经济的自然界限，也是城市发展的自然界限。将把这一约束条件作为经济分析的重要框架，纳入首都圈问题进行讨论。就是说，首都圈必须考虑如何应对这个问题，即城市的可持续发展问题。

如何认识北京水资源的制约力?

城市水资源与水环境是城市生存和发展的基础条件，直接关系并影响着城市可持续发展的进程。这一点是人所共知的。但是仅仅这样认识水资源的制约力已经不够了。

北京位于干旱缺水的华北地区。目前水资源的人均占有量不足300立方米，仅相当于全国人均占有量的1/8；世界人均水资源的1/32。瑞典学者针对水资源短缺问题提出了“水紧张指数概念”，即每人年供再生水量低于1700立方米的国家或地区可能周期性地遭受水紧张问题；低于1000立方米的国家或地区将常年受到水紧张的困惑；低于500立方米的国家或地区将要承受绝对缺水问题。北京就是最后一类地区。

多个地区的世界性的水荒已经引起注意。联合国环境规划署的专家预言：淡水不是取之不尽的，它将成为21世纪人类面临的最严峻的自然资源问题，甚至会像20世纪70年代的石油一样。随之，国际上就出现了这样流行的说法：“21世纪国际投资和经济发展，一看人，二看水。”

在这样的背景下，北京水资源形势的严重性，已经不容置疑。必须充分认识北京水资源的紧缺已经严重到影响城市生存与发展的地步，把水资源的制约纳入首都发展的框架之中，通过发展全面合理配置首都的水资源，改变水环境的恶化状况。

在1999年至今连续干旱的情况下，水资源的承载力受到严重挑战。目前北京社会经济和城市发展之所以还能高速发展，就供水而言，是以城市用水挤占农业用水、居民生活用水挤占工业用水，甚至还要挤占生态用水，以致形成以水环境恶化为代价来维系的。所以这样说，理由是：生态保护的一个重要标志是地下水位是否下降。水位下降意味着供水超出了水资源的承载能力，生态受到破坏。而北京的地下水位一直在下降。这种状态不能再持续下去了。

在南水北调已实施的情况下，仍然要把“节水优先”放在第一位。原因一是节水与调水的投资效益为5∶1，即5元钱就可以节约1立方水；而调水的中、东线投入10元钱才能调到1立方水，西线则需15元才能调到1立方水。从经济的观点看，要把节水作为第一策略。原因之二是调水量有一定限度，南水北调是一个水资源配置工程，不能以北京需要多少就调多少。对北京的供水是12亿立方米，但是根据《21世纪初期首都水资源可持续利用规划》测算：2005年枯水年份全市缺水16.50亿立方米；到2010年平水年份全市缺水11.85亿立方米至19.99亿立方米。从北京近十年的人口膨胀趋势来看，即使南水北调12亿立方水，北京的人均水资源也难以达到世界均值。

在所有制约首都发展的因素中，水资源的紧缺，是最迫切的。首都圈的发展战略，这一制约因素是必须予以充分考虑的。

4. 预见性管理决策

长期以来，经济学者们擅长的是短期预测，这类预测可以做得相当精确，但是预测的有效期有的只有几个星期或几个月。如果要预测几年以后的经济量的话，难度非常大。

在知识和技术作为一种比资本和劳动力更重要的内生因素，纳入经济新增长理论之后，趋势性预测似乎弥补了短期经济预测的不足。因为经济增长从长远来看是一条向上的趋势线，商业周期则像微小的波纹一样围绕着趋势线起伏波动。十几年后，经济增长将达到多高，主要还是由经济增长趋势线的斜率决定的。

但是，要进行长期预测，就要把握趋势性因素，特别是影响技术进步的趋势性因素。预见性的管理决策在这一背景下逐渐浮出。

5. 经济全球化为城市经济参与全球竞争提供了机遇

（1）在经济全球化中区域经济突起

中央政府对经济活动控制力的弱化，首先推出的是由产业带聚集而成的区域经济。企业不得不以产业链的集成直接面对越来越激烈的国际竞争。

总之，经济全球化的大趋势，将使区域经济在激烈的国际竞争中突起。

（2）在区域经济中世界城市的作用

首先值得注意的是，世界城市的重要性显著地强化了。

经济控制力的下移，区域经济在竞争中崛起，城市作为参与国际竞争的个体单元，以其独特的优势在区域经济中成为龙头。世界城市的重要性显著强化，各城市间的竞争也由此加剧。各城市政府推出各种战略和策略来增强城市的吸引力，争取成为全球市场网络或区域网络上的重要节点。

再次，是世界城市群正在成为区域经济的骨干。

综上所述，可以看出，城市的功能与建设活动的内涵正在发生着重要的变化。但是，城市一旦成为全球经济网络的节点，它也必是区域经济的骨干。没有区域经济的网络，也就不可能出现网络节点。同时，应当清楚：这种骨干地位，是与一组高增长的产业群所带动的产业带紧密联系在一起的。实际上，城市的竞争力就是产业的竞争力。这里，之所以提出产业带，是因为产业集聚形成的产业带，可以大幅度地提高产业的竞争力。可以看出，中央政府对经济活动控制力的弱化，国际竞争已经通过各个城市节点，直接转向产业活动。之所以要通过城市节点，那是因为城市是产业集聚的空间接合部。

从世界近年来发展的趋势看，由于产业集聚，在空间上形成了以世界城市为核心的世界城市群。世界城市群可以定义为：由产业集聚形成的产业带把多个世界城市圈聚合而成的一个高密度的关联紧密的城市空间。世界目前已经形成了五大世界城市群：美国东北部大西洋沿岸城市群；北美五大湖城市群；日本太平洋沿岸城市群；英国以伦敦为核心的城市群；欧洲西北部超级城市群。这五大世界城市群已经成为最具世界竞争力的五大增长极。可以预言：有能力进入21世纪国际竞争舞台的真正参与者，是由有竞争力的产业集聚支撑的世界城市群。[①]

因此，从一个城市的发展来说，就不能立足于一个城市在国际竞争环境中的单打独斗；而应该把自己的城市圈放在由产业集聚经济带支撑的区域经济发展的基础之上，或者说要依托于区域性世界城市群的发展战略。这是一个区域竞争力的整合，既包括产业结构的空间调整，也绝不可忽视空间的社会经济机制的调整。

---

① 周牧之：《经济发展呼唤大城市群》，《经济日报》2003年9月24日。

我国城市圈和城市群的发展滞后，将成为经济发展的重要障碍。对于这一点必须有清醒的认识。

6. 工业化过程中的产业集群

（1）区域产业集群是区域经济的核心竞争力

所谓产业集群，绝不是一种简单的企业集中，而是一种以生态链形式组成的产业空间的集聚，即产业的上、下游之间，整体与零部件之间，制造业与生产性服务业之间的相互依存、衔接与空间上的合理组合，形成低成本、高效率、紧密型的产业带。也可以说，产业集群实际上是把产业发展与区域经济，通过分工专业化与交易的便利性，有效地结合起来，从而形成一种高效的生产组织方式。在这样的产业带中，主导产业的选择，以及与其带动的相关产业的合理结构与布局，将直接构造该区域的核心竞争力。

目前区域经济发展的强劲势头，以及它所展示的生命力，主要得力于这种以有效的生产组织方式形成的产业带。打破国家和行政区划的限制所形成的这种产业带，是经济全球化所必须经历的一种过程。而驱动这种进程的，是世界范围的激烈竞争。

（2）产业集群与产业集群战略

产业集群并不是现在刚刚出现的新的经济现象，但是近年来却越来越引起人们的特别注意。随着经济全球化过程中竞争的加剧，产业集群也增加了新的内涵。

各国大规模的产业集群都与工业化过程紧密相关。英国是出现工业化过程最早的国家，也是出现大规模产业集群最早的国家。而后在欧洲大陆的德国，后在美国，产业集群如雨后春笋纷纷涌现。当今，产业集群的热潮已经主要涌动在发展中国家。2001 年第一届“地方产业集群国际会议”的出席代表就有 1200 位，来自世界上 45 个国家与地区。不少国家和地区都从不同的层面制定了发展产业集群的战略与规划。从国家层面关注的就有加拿大、新西兰、印度、马来西亚、埃及等 29 个国家；从地区层面关注的有美国的马萨诸塞州、加拿大的魁北克、西班牙的加泰罗尼亚等 14 个省、州、地区；从都会城市层面关注的有包括硅谷在内的 11 个城市圈或城市群①。为了在工业化过程中促进区域创新系统的形成，加速中小企

① 周牧之：《经济发展呼唤大城市群》，《经济日报》2003 年 9 月 24 日。

业的发展，提高本地的竞争优势，催化产业集群已经成为一种发展经济的战略方式进入发展决策。

实际上，工业化是第二产业迅速成长为主导产业的过程。而产业集群则是工业化过程中出现的一种产业发展趋势。这是因为第二产业中的制造业的产业链比较长，随着专业化与分工的进行，空间上的集聚，即采用集群方式，在降低成本、提升制成品的竞争优势方面越发显著。在这样一种背景下，工业化过程的逐步提升必然形成产业的空间集群，而区域性的产业集群则又大幅度地推动了工业化进程。

在全球化过程加速、世界范围内的竞争加剧的情况下，伴随着发达国家制造业的梯度转移，发展中国家有意识地引入关键性企业，通过该企业在本地区的植根与发展，逐步衍生出或吸引越来越多的相关产业链的企业聚集到本区域，形成产业集群效应，极大地提高了该地区的核心竞争力。这种不争的事实，正在成为目前全球化产业格局形成中的一种不容忽视的变动因素。某些制造业中心由于产业梯度转移而消失；新的中心将由于产业链在某个区域的集聚而突起。但是，这已经不是原来意义上的产业中心了。在世界经济一体化的新形势下，激烈竞争催化的新的世界性的产业布局，将大大加速一些地区或国家的工业化或现代化的进程。这就是诸多国家或地区重视产业集聚战略的根本原因。

7. 我国城市化过程步伐加快

我国城市化过程的加速将是影响未来北京城市发展的一个重要因素。如何估计这一大潮的来势，怎样预测其影响，对于前瞻北京发展走势都是非常重要的。

预计在今后的二三十年内，大部分生活在农村的农民将会转移到城镇。这是一个史无前例的人口大迁移，其规模是世界史上经历过这一过程的所有国家都望尘莫及的。有的学者预测，到 2030 年，长江三角洲和珠江三角洲地区都将形成一个人口总数为 3 亿的高密度空间①。预计华北世界城市群的人口规模也不会少于这个数字。

发达国家的人口迁移不仅没有如此规模，在时间跨度上也较长。我国是工业化的后发国家，赶超型工业化的进程不可能给那么多的时间去从容地应对这种前所未有的人口大迁移。不仅要在很短的时间内走过工业化先

① 周牧之：《经济发展呼唤大城市群》，《经济日报》2003 年 9 月 24 日。

发国几百年走过的道路，还要应对劳动力从农业几乎同时向所有现代产业进行转移。有关部门测算，随着农业和农村经济结构的调整、工业化的推进和城镇化的提速，目前已经有1/3以上的农村劳动力转移到非农产业。仅仅跨地区流动的农民工就约有1亿人。其中在第二产业就业的农业户口劳动力已占57.6%。有些行业农民工的比例已经相当高。比如批发零售业和餐饮业中已占到52.6%，加工制造业中占到68.2%，建筑业中占到79.8%。[①] 由此看来，世界城市必须具有相应的城市功能和产业集聚的支撑，才能承载大规模转移的人口。农村人口对现代生活模式和水平的渴望，将和城市人口对更高收入水平的追求汇成一股巨大的能量流，形成现有城市群和新城市群发展的无法抗拒的力量。

总之，我国由于城市化加速形成的人口流向城市的大潮，将成为未来几十年城市群快速成长的不可忽视的重要内在推动力。

四 前瞻北京经济与城市建设的政策性取向

1. 全面建设小康并率先实现现代化

《北京市国民经济和社会发展第十个五年计划纲要》明确阐述了北京未来五十年新三步走的战略部署，即“根据党的十五大确定的‘新三步走’战略部署，未来五十年首都现代化建设的战略步骤是：第一个十年打好基础，到2010年，率先在全国基本实现社会主义现代化，构建起现代化国际大都市的基本框架；第二个十年巩固提高，到2020年，基本建成现代化国际大都市，使北京的现代化程度大大提高；再用三十年时间，即到21世纪中叶建国100周年时，使北京成为当代世界一流水平的现代化国际大都市。”

首都“新三步走”的战略部署，将成为北京经济和城市建设的主旋律。

据计算和预测：2008年在承办奥运因素的催化下，2008年北京基本实现现代化，人均GDP达到6000美元，第三产业增加值在GDP中占到65%，非农化水平达到92%。到2020年，北京将实现现代化，人均GDP将达到18000美元，第三产业增加值在GDP中将占到75%，非农化水平将达到95%。[②] 这些预测在下面的研究中可以参照。

① 《产业工人结构发生历史性变化》，《经济日报》2004年1月20日。

② 陈剑、夏沁芳：《北京离现代化有多远》，北京出版社2003年版，第298—300页。

2. 培育支撑北京经济增长的高增长行业群

一般来说，不同时期，经济增长速度总是与一组高增长行业的带动作用有关。而这组领航的高增长行业，又是由居民的最终需求决定的。北京绝大多数居民已经基本解决了吃、穿、用的问题，正在向提高住、行、通信以及多方面生活质量的更高层次过渡。虽然北京居民人均可支配收入仅列全国大中城市的第五位，但居民的消费观念却代表了全国消费结构调整的趋势。与这种消费结构升级转换相对应，住宅、汽车、电子通信、交通、机电、基础设施建设，以及为生产、生活提供支持的服务业，成为经济加速期的高增长行业。因此，北京可以依靠本地居民消费的前导性，发展一组对全国消费起重要引导作用的高增长行业。

高新技术产业近年来已经成长为北京的一个具有活力的支柱行业。

预计在新世纪的头二十年里，北京产业结构将围绕两大成长趋势展开：一是领航的高增长行业群逐渐形成；二是第三产业完成新兴三产占主导的三产内部结构调整。这一轮新的结构调整，将使北京建立起全国重要的科技创新平台，并拥有与之相配套的现代知识型服务业。

3. 与这两大趋势并行的是主导行业的区域集聚

预计北京将以高新技术产业和新兴服务业引领京津冀或环黄渤海的现代制造业。北京和天津制造业的链接，将形成我国现代制造业中的一个现代化程度较高的团队。

根据对经济规模结构的预测和经济结构的现状特点，提出北京未来重点发展的产业和行业。

（1）优先发展高新技术产业和新兴第三产业

高新技术产业和新兴第三产业是今后10—20年带动北京经济发展的重要产业组，目前具有一定的基础和优势，也符合北京的城市功能要求。尤其应加大对金融保险业、文化教育产业和高新技术产业发展的支持力度。

（2）发展高端现代制造业

北京正从一个重化工业基地向以第三产业为主导的国际化大都市转型。它所跨越的资本品为主导的工业化第三阶段，正是目前我国大多数地区和城市正在进入的阶段。北京还将发展现代制造业，但是，它不可能再重回已经走过的重工业为主导的阶段。目前，北京经济中已经显露出两大优势：一是有强大的科技创新平台；二是有现代知识型服务业相配套，这对于21世纪的现代制造业的发展来说是极为重要的。从长远发展来看，这两大支柱一旦成为经济发展的主要骨骼，北京的现代制造业将呈现出与我国其他现代制造业基地截然不同的优势。

这里特别要提到的是：20世纪70年代以来，高新技术在世界各国取得重大进展，技术进步的主导作用在明显提高，并以强劲的态势推动着经济的增长。随着资本、劳动与技术进步在经济增长中角色的转换，经济增长方式的集约化也将向更高层次演进。在现代制造业中，这种趋势也在引导着制造业的演进。

科学技术向人类生产活动渗透的过程中，除了生产工艺的提升，很多链接的活动，比如设计、品牌策划；质量控制；设备租赁；后勤供应；保存和维修服务；会计、人事管理、电信、法律、保险、金融、安全服务；广告；运输、销售、售后服务等等，一个个专业性很强的服务部门逐步从生产各阶段自然分离出来，形成新的服务行业。可以看出，这其中已经包括了众多的生产性服务。新兴服务业的崛起是科技革命促进社会分工逐步细化的结果，也是现代制造业成熟的重要标志。

预计北京将以高新技术产业和新兴服务业引领现代制造业，使现代制造业向技术含量更高的层次递升。在区域经济的发展中，北京和天津制造业的链接，将形成我国现代制造业中的一个现代化程度较高的团队。

（3）发展都市型劳动密集型产业

从北京的基础和优势出发，有选择地发展都市型产业和劳动密集型产业，如食品制造、服装加工、印刷出版、传统手工业以及零售餐饮、居民服务业等。

第二节　轴带拓展与城市结构的趋势

加快城市化的进程是一项重要任务，城市化关系着北京经济、城市、社会全面发展的诸多方面。在一个多世纪以前，城市化现象就已经为学者注意。城市化过程反映的是在一定历史时期人口迁移的规律，即乡村人口迁入城镇，劳动力和生产资料在地域间进行重新组合。

由于农村劳动生产力大大低于城市的劳动生产率，而且劳动力的这种转移都是首先迁往经济发达的高速增长地区，所以劳动力与生产资料的结合方式将因为人与地域的重新组合而完成一次多阶的提升。在生产方式的大幅度提高中，人们的生活水平和生活方式也将发生重大的变化。由此可见，城市化是一种社会经济发展所必经的复杂的自然历史过程，既表现为人口向城镇集中，人们离开农业经济向非农业活动转移，同时也包括已有城镇向外围扩展和新城镇的形成、在空间数量上的增多，城镇发达的生产力和先进的生产方式，以及居民生活方式、价值理念和人类社会文明向农村的广泛渗透。正因为如此，城市化过程的社会影响是广泛而深刻的。

一 人口职业空间布局与区县功能分析

一个地区的城镇化水平，除了城镇人口在总量上的表现外，区县功能上的变化也是一个衡量城市化水平和质量的重要因素。

以人口及就业构成量化各区县的功能，是一个重要的角度。其中最简便的方法是看这个地区的人口分布，即人口密度和经济活动人口的就业构成情况。

1. 城市与郊区功能的区分

如果某地区人口密集，人口就业构成以从事第二、第三产业为主，意味该地的人口主要从事工商等非农产业活动，则该地就符合城市特征。反之，如果人口密度低，人口就业构成主要从事第一产业，则可以认为符合乡村特征，比如北京的郊区。下面，根据第五次人口普查资料，来观察一下北京各区域人口密度和人口就业构成情况，见表13-6。

表13-6 北京各区县人口密度及从事第一产业人口比例（2000年）

地区		人口密度（人/平方公里）	从事农业比例（%）
中心城区	东城区	21683	0.09
	西城区	23556	0.20
	崇文区	21774	0.07
	宣武区	31887	0.14
近郊区	朝阳区	4864	2.52
	丰台区	4502	3.67
	石景山区	5983	1.24
	海淀区	5259	2.15

续表

地区		人口密度（人/平方公里）	从事农业比例（%）
远郊区	门头沟区	200	8.09
	房山区	436	27.62
	通州区	775	31.12
	顺义区	649	19.58
	昌平区	430	13.05
	大兴区	663	43.51
远郊区（县）	平谷区	369	40.59
	怀柔区	116	30.63
	密云县	180	38.72
	延庆县	139	60.35

从表 13－6 的数据看，北京的人口分布层次分明，非常规则。中心城区→朝海丰石四区→门头沟等六区→远郊四区（县）的人口密度从高到低呈渐次分布，而从事第一产业活动的人口比例则由低到高呈渐强分布。北京中心城区的人口密度是 24278 人/平方公里、朝海丰石四区为 4980 人/平方公里、门头沟区等六区为 491 人/平方公里，远郊四区（县）为 175 人/平方公里；而从事第一产业活动的人口比例，中心城区占 0.14%、朝海丰石四区占 2.54%、门头沟区等六区占 26.17%，远郊四区（县）占 41.90%。

北京的中心城区和朝海丰石四区人口密度较高，97%以上的居民从事着非农经济活动，应该说，这八个区就属城市地区无疑；远郊的门头沟区居民虽也基本从事非农活动，但人口密度相当之低，因而不能认为是城市地区，事实上门头沟区 90% 为空旷山地、居民的经济活动以采掘业为主，所以只能算作矿区，而不能算城市。远郊的居民从事非农活动的比例虽也超过 2/3，但人口密度较低，说明大量土地是作为农业用地使用；远郊区（县）虽然从事非农活动的人口已经具有一定数量，并且出现了“城市地区”的特征，但是，人口密度低，从事农业活动人口比例较高，所以这些区（县）仍然是北京的远郊区，但是已经存在着城乡接合部的特点。

综上所述，可以说，朝海丰三区不能再冠以北京近郊的名称，它们已经成了北京城市的重要组成部分。而门头沟区、房山区、通州区、顺义区、昌平区和大兴六区则是近郊区。原来的四个远郊区县，即平谷区、怀柔区、密云县和延庆县则是名副其实的远郊区县。

所以在这里首先进行这种区分和定位，是因为在下面的功能认定上，以上层次依然十分明确；而且从发展的趋势上预测，这种功能定位不仅将会强化，还会有进一步的发展。

2. 人口就业的二、三产业配置和区县功能

产业配置，是从产业出发，研究产业在地域上的分布；而地域功能，则是从地域出发，讨论该地域具有哪些产业、各产业在该地域国民经济中的位置、与其他地域相比较有什么特色?

通常的地域功能，是根据工作地各产业从业人口，分别算出城市各地域、各产业就业人口的构成，再将各产业构成及全城相应的产业构成相比，得到该地域某种产业的“区位商”，用公式来表示：设 i 为地域；j 产业的构成为 Q_{ij}，全地域 j 产业的构成为 QT_j，则 i 地域 j 产业的区位商为：

$$LQ = Q_{ij}/QT_j \qquad (13-1)$$

如果区位商 $LQ>1$，则可以认为 j 产业在 i 地域上有特色，为 i 地域的优势产业，并认为它是该地域的主要功能。

从就业构成来看，北京城的主要产业是第三产业，即服务业。从事服务业的人口占就业总人口的69.54%。在“功能区”，第二产业的区位商等于0.66，说明北京城工业、建筑业不是功能区的优势产业，而服务业的区位商为1.15，说明“功能区”的主要功能是服务业。在服务业中“为公共服务的部门”的区位商最大，显示公共服务业是功能区中最具优势的产业。在功能区的各区中，东城区最具优势的产业是“公共服务业”和“流通业”；西城区是“公共服务业”和“生产和生活服务业”；宣武区从总体上说，占优势的是第二产业，服务业并不占优势，但其“公共服务业”却有着明显的特色。

关于就业人口的三次产业分布密度，见表13－7：

表13－8是由表13－7的数据计算得到的区县功能状态。

可以看出：

表 13－7　　北京就业人口的工作地分布密度　　单位：人/平方公里

地区	二、三产业						
	总计	第二产业	第三产业				
			总计	流通	生产生活服务	提高素质服务	公共服务
全市	437	167	270	84	47	123	16
东城区	22620	2954	19667	8197	1997	7774	1699
西城区	21951	4199	17753	5385	3929	7445	994
崇文区	11472	3287	8184	3634	859	3291	400
宣武区	17651	6281	11370	3718	1507	5224	921
朝阳区	3013	1132	1882	644	284	891	63
海淀区	3122	759	2363	531	606	1167	58
丰台区	2583	1094	1489	428	237	778	46
石景山区	2637	1388	1249	400	217	560	72
门头沟区	77	44	33	13	3	13	4
房山区	126	74	52	18	7	20	7
通州区	364	252	112	39	17	40	16
顺义区	237	160	76	20	11	33	12
昌平区	175	98	77	20	15	33	8
大兴区	269	164	105	32	14	47	12
平谷区	134	79	55	14	6	28	7
怀柔区	55	28	27	10	3	10	2
密云县	63	37	26	8	4	11	3
延庆县	34	14	20	6	2	8	4

资料来源：1997 年第二次全国基本单位普查资料。

表 13－8　　北京各区县的区位商　　单位：%

项目/区县	第二产业	第三产业	其中			
			流通	生产生活服务	提高素质服务	公共服务
东城区	0.34	1.41	1.89	0.82	1.22	2.05
西城区	0.50	1.31	1.28	1.66	1.20	1.24
崇文区	0.75	1.15	1.65	0.70	1.02	0.95
宣武区	0.93	1.04	1.10	0.79	1.05	1.43

续表

区县＼项目	第二产业	第三产业	其中			
			流通	生产生活服务	提高素质服务	公共服务
朝阳区	0.98	1.01	1.11	0.88	1.05	0.57
海淀区	0.64	1.23	0.88	1.80	1.33	0.51
丰台区	1.11	0.93	0.86	0.85	1.07	0.49
石景山区	1.38	0.77	0.79	0.77	0.75	0.75
门头沟区	1.50	0.69	0.88	0.36	0.60	1.42
房山区	1.54	0.67	0.74	0.52	0.56	1.52
通州区	1.81	0.50	0.56	0.43	0.39	1.20
顺义区	1.77	0.52	0.44	0.43	0.49	1.38
昌平区	1.47	0.71	0.59	0.80	0.67	1.25
大兴区	1.60	0.63	0.62	0.48	0.62	1.22
平谷区	1.54	0.66	0.54	0.42	0.74	1.43
怀柔区	1.33	0.79	0.95	0.51	0.65	0.99
密云县	1.54	0.67	0.66	0.59	0.62	1.30
延庆县	1.08	0.95	0.92	0.55	0.84	3.21

第一，第二产业已经从东城、西城、朝阳、海淀四区全面退出，而成为其他 12 个区县的主导产业。其中通州、顺义、大兴已经突显出第二产业功能的较强优势。

第二，第三产业是东城、西城、崇文、宣武、朝阳、海淀六区的主导产业，而且提高素质的服务业是这几个区的具有优势的行业，形成了其特殊的功能。

第三，第三产业虽然不是门头沟等区县的主要功能，但是公共服务业已经成了这些郊区县的具有优势的行业，成了与第二产业几乎并行的功能。

第四，无论是第二产业，还是第三产业，其功能区的变化均以两个中心城区——东城、西城为轴，呈环状分布。第三产业是越靠中心的区域功能越强；而第二产业的主要功能区除了丰台和石景山区外，已经扩展到其他十个郊区和远郊区县。

第五，这种功能分布是 20 世纪 80 年代以来，北京强化首都功能，瞄准现代化、国际化大都市，大力度地进行产业结构调整的结果。在这样大的转型过程中，没有导致经济的大起大落，成效是显著的。但是，从区域经济发展考虑，这种环状分布是计划体制下在北京行政区划内的一种调整，已经不能适应产业大幅度的梯度转移及以高度的产业集聚形成区域经济的核心竞争力的要求。当今的国际竞争形势呼唤改变这种布局。

二 人口昼夜流动的评价

1. 卧区的出现

随着城镇化和城市郊区化现象的出现，在北京的城郊各区县，不同程度地建起了一批卧区。这是北京城市化和城市郊区化共同作用的一个重要伴生现象。分析这一现象的利与弊，对于政策导向是十分必要的。

什么是卧区？在世界城市工作的人们，随着生活水平的提高和交通工具的便捷，越来越倾向于居住在人口密度较低的城郊，在工作之余享受乡村清新的空气和优美的环境。于是世界城市的郊区便出现了在城市工作人们的居住区，俗称卧区或卧城。

2. 新现象——就业人口的“钟摆式移动”

城市本来是城市居民赖以生活、学习和工作的活动空间和场所。但是，随着城市郊区卧区的出现，人们居住与工作的场所分开了，而且越来越显现出截然不同的特点。早上，城市的人们从居住地——通常是城市的郊区、边缘地区向工作地——城市的中心区集中；傍晚，人们又回到他们的居住地，从城市的中心区向边缘地区或郊区扩散。城市人口这种“居住地”和“工作地”的分离，产生了一些世界城市所特有的现象，其最突出的特点就是所谓城市的“钟摆式移动”，钟摆的摆幅随城市的扩大而加大。

3. 北京人口分布的另一个侧面——昼夜人口比

对于城市就业者来说，工作地和居住地可以是同一地域，即白天是工作地，到晚上则是居住地；也可以工作地和居住地为两个分开的区县。为了对这一现象进行量化，将城市不同地区“工作地”的就业人口与“居住地”的就业人口作一比较，其比值称为“昼夜就业人口比”，简称“昼夜人口比”。

从统计意义上说，“居住地”和“工作地”人口统计的口径是不一致的。人口普查登记时规定，以人的居住所在地为空间范围，所以资料给出的是“居住地”的人口现象；基本单位普查是关于“法人”的调查，一般可以认为，“法人”的所在地，就是人们的工作所在地，基本单位普查资料可以得到“工作地”的就业人口情况。把人口普查资料和基本单位普查资料相结合，就能全面了解城市的一天，即24小时人口活动和分布情况。这是北京人口分布的另一个侧面，对于城市基础设施，特别是交通线的布局，有着十分重要的意义。下面，看一下北京人口（主要是就业人口）居住地和工作地的分布情况。

由于第一产业不是城市的功能，所以计算时要将从事第一产业的人口剔除。这样，一个地区的昼夜人口比可以用下式表示：

昼夜人口比＝工作地从事第二、三产业人口/居住地从事第二、三产业人口。

“工作地”的就业人口可以从基本单位普查的资料获得，“居住地”的就业人口可以直接使用人口普查的有关资料。一般地，一个地区的昼夜人口之比大于1，则可以认为该地的土地主要是作为“工作地”来使用的，这个地区就可称之为“功能区”；昼夜人口比值最大的地方，就可以认为是城市的“中心地”；一个地区的昼夜人口比小于1，则可以认为该地的土地主要是作为“居住地”来使用的，这个地区就可称之为“居住区”；昼夜人口比等于1，则可认为该地是“混合区”。

4. 区县功能的又一视角

根据计算，北京中心城区的昼夜人口比为1.40。所以，城区可认为是北京城的“功能区”，城区中“东城区”的昼夜人口比值最大，达2.17，可认为它是目前北京城的“中心地”。朝海丰石四区的昼夜人口比为0.99，接近于1，可认为是“混合区”，但其中的“石景山区”的昼夜人口比是0.78，可认为是“居住区”。而门头沟等六郊区的昼夜人口比小于1，是北京城的城乡接合部，可认为是北京的“居住区”。从位置上看，中心城区的4个区是城市的“内核”，朝海丰石四区为城市“内核”的“外周”。从对“昼夜人口比”的功能判断看，东城、西城、宣武三个区为“功能区”，崇文、朝阳等区为“混合区”。石景山区为“居住区”。在门头沟等六郊区中，房山、昌平、大兴和顺义是变化最大的几个郊区县，观察表13－9可以看出，其房地产业的发展恰恰是与这种居住地的定位相一致的。通州近年来的房地产业发展也很快，但其角色的转换比上述几区县还稍逊一筹。

表 13－9　　北京各区县昼夜人口比

地区		昼夜人口比
中心城区	东城区	2.17
	西城区	1.88
朝海丰石四区	朝阳区	1.05
	海淀区	0.99
	丰台区	0.98
	石景山区	0.78
六郊区	通州区	0.92
	门头沟区	0.75
	房山区	0.61
	昌平区	0.51
	大兴区	0.51
	顺义区	0.47
远郊四区县	密云县	0.91
	延庆县	0.87
	怀柔区	0.86
	平谷区	0.85

资料来源：第五次人口普查及第二次全国基本单位普查资料。

5. 几点思索

这种世界城市周边地区发展为卧城的格局，从目前世界大都市的发展情况来看，既是现代化大都市发展的一种趋势，反映了人们对低密度居住区的青睐，对回归大自然的向往。但是，如果过度发展的话，也将带来城市资源的浪费，特别是基础设施和交通资源的不经济。

人们工作在城市中心区，居住在郊区，在居住地与工作地分离的问题上，什么是适度，如何掌握，是一个需要研究的问题。这里仅提出几点思索：

第一，世界城市的经济发展到一定阶段，出现居民居住地与工作地分离，郊区出现卧城，是一种必然现象。从 20 世纪 90 年代起，这种现象悄然而急速地出现，是北京城市发展的多种因素作用的结果。概括其原因：一是居民消费结构大转型，住房与汽车成为新消费热点，使得福利住房改革乘势加快了速度；二是产业结构空间布局的调整；三是在 2008 年奥运会的催化下，城市基础设施建设速度空前加快。可以说，上述驱动力量，都是北京经济、社会、城市发展中的必然，在这三大背景的相互促进下，居民从人口密度很高的中心城区搬出来，在人口密度较低的其他区县选择住宅，只不过是北京大发展中的一种伴生现象，是无法回避的。

第二，借助市场的力量，迅速提高人均居住面积，向居者有其屋的小康迈进，这是计划经济下福利分房想做而没能完成的事情。这不仅是提高居民生活水平所必需的，也有利于中心城区高密度人口地区的环境优化。

第三，我国是一个人口大国，从土地资源的支撑力度上说，在世界城市中实现中密度和低密度居住区是有限的。究竟首都的居住区的密度应该取一个什么值作为优化的参照系，是一个亟待研究的问题。此决策既涉及人口规模，也要考虑用地规模，是首都今后发展城市经济、人口和空间发展的一个总定位。

第四，这种世界城市人流依赖交通工具钟摆式地昼夜移动，会给城市交通增加相当大的压力。北京交通的拥堵，给城市经济和社会活动造成了很大的不便，各界人士都在分析发生这种问题的原因。但是，到目前为止，还没有看到对这种由于出现城郊卧区，上下班人流钟摆式地昼夜移动所作的定量分析。由于缺少可用的基础数据，只能运用以上所用的 2000 年第五次人口普查和 1998 年国家统计局所作的全国基本单位普查资料进行测算。2000 年和 1998 年已经有了时间差，基础数据的这种不确切性，使下面的测算肯定不确切。但是在没有其他数据可用的情况下，下面的测算和分析作为一种趋势观察还是可以说明问题的。

对昼夜人口比大于 1 的五个区，即工作在东城、西城、崇文、宣武和朝阳区，但家住其他区县或郊区，需要乘用交通工具的上班族进行了测算，大约有 183 万 5 千多人，来回上下班，这就起码每个工作日增加了 367 万人次的交通量。

从趋势来看，2000 年以后，这种人流昼夜钟摆式地正常移动，规模在不断扩大。由于没有可用数据，我不能跟踪其动态。但是，可以预期，随着居民住房与汽车消费逐步进入中等、中下收入家庭，如果对于工作地与居住地的分离，城郊建设成为卧城的模式不加以规划控制的话，将使中心城区的众多写字楼区夜色降临便寂静人稀，而上下班的道路拥堵更是难以解决。中心城区的空心化，还将造成城市资源的大规模浪费。

以上测算并不精确，但是却可以揭示这种规律性的趋势，并提示这种现象的必然性和进一步发展下去的弊病，为控制其规模提供依据。

第五，发达国家出现城市“空心化”现象，趋利避害的思路和讨论形成了新的城市建设理念，这就是新都市主义。新都市主义倡导居住地与工作地的统一。在世界城市人们规避喧嚣与污染，回归自然与宁静的浪潮中，主张小城镇的建设要和工作地相一致，避免上下班形成昼夜钟摆式流动，减少交通资源和时间上的浪费。在北京卧城现象的形成期，提出这种理念，是值得借鉴和思考的。

三 影响城镇化水平的主要因素

1. 城镇化过程的一般规律

虽然世界各国的城镇化过程存在较大的差异，但仍有一般规律可循。研究表明，城镇人口占总人口比重的变化过程可以概括为一条稍被拉平的S形曲线，并可分为三个阶段。

初期阶段：城市人口比重低于30%；第一产业比重约占50%。这一阶段城镇化水平较低、城市化进程发展缓慢。

中级阶段：这是人口向城镇迅速集聚的加速阶段。城市人口比重在30%—70%之间。城镇化过程的第二阶段的产业结构特征是第一产业比重稳步下降；第二产业比重先上升，达到高峰后又趋于下降；第三产业的比重稳步上升。城市化过程明显加速。

高级阶段：城市人口比重在70%以上；第三产业已经超过了50%，第二产业稳定在30%上下。进入高度城镇化以后，城镇人口比重的增长趋缓，城市化速度回落，进入平稳甚至停滞状态。

需要说明的是，上述规律主要是针对国家来说的。我国目前城镇人口比重为39.1%；一、二、三次产业的结构为15.4∶51.1∶33.5，处于城市化中级阶段初期。这一阶段是城镇化的加速期，有关学者预期，从21世纪初到2030年左右，我国的9亿农民中将大部分转移到城镇。在发达国家经历了百年历史过程将30—50年内在我国完成。这一涌动的大潮将对我国产生巨大的影响。

2. 全国城镇化对北京的影响

虽然全国处于城市化中级阶段初期，但是，北京、上海这样的大都市，却已经超过了这一水平。经济发展的领先地位，加速了人口向城镇的集聚。2002年北京和上海的城镇人口比重分别为71%、76%，第三产业的比重分别为62%和51%，已经基本达到了发达国家的城市化水平（市区城镇化水平基本达到了第三阶段，而远郊地区的城镇化水平刚刚迈入城镇化加速阶段）。如下表所示：

表 13－10　　北京与发达国家城市化有关指标比较

项目	人均 GDP（美元）	非农产业		城市化率（%）
		GDP 比重%	劳动力比重%	
发达国家（1997 年）	7500（GNP）	87.3	84.1	65.8
北京（2002 年）	3437	97.0	90.0	71.0

从北京的情况说，已经进入城镇化的第三阶段，即进入高度城镇化时期，城镇人口比重应当表现出增长趋缓，城市化速度回落，进入平稳甚至停滞状态。但是在全国城镇化速度加快的影响下，北京出现以下两点与进入城镇化第三阶段不符合的特点：

第一，人口聚集速度并未趋缓，反而加速。

第二，北京较高的人口城市化率，却与明显的城乡二元结构并存。就是说，北京的城市和郊区在经济与社会、收入与分配以及城市空间布局等方面还存在明显差距，内部发展表现出显著的不平衡。2002 年，北京市 165.6 万农村劳动力中，直接从事农业生产的劳动力仍有 64.1 万人，占全市从业人员的 9.4%；用国际通用的衡量一个国家或地区二元经济程度的指标“比较劳动生产率”和“二元对比系数”看，1998—2002 年，北京农业比较劳动生产率从 0.68 下降到 0.3 左右，而非农业比较劳动生产率则比较稳定，年均 1.09，二元对比系数为 28% 左右，不仅与发达国家（52%—86%）存在很大差距，甚至还低于发展中国家的下限（31%—45%）。所以，北京较高的人口城市化率并不表示较高的城市化水平和城市化质量。对北京而言，调整城乡二元结构，提高城市化水平和质量，推进城乡一体化应当是当前一项重要而艰巨的任务。

3. 城镇化与经济发展的关系

影响一个地区城镇化的因素很多，而城镇化与经济发展水平的关系最为密切，二者相互促进、互为因果。有关研究表明，城镇化水平（城镇人口/总人口）与经济发展水平（人均 GDP）呈对数曲线关系，这种对数关系表明城镇化水平的增长和经济水平的增长在不同阶段有不同的数量关系。在工业化发展前期，人均 GDP 增加一定数量，需要相应提高城镇人口的比重较大；随着经济的发展，人均 GDP 增加一定数量，相应需要提高的城镇人口比重趋于减少；直至后期阶段，经济发展的同时，城镇化水平提高很慢但趋于稳定。

四　影响城市化进程的主要因素

1. 城乡发展不平衡

（1）城区人口聚集度过高，城乡人口密度差距过大

北京市建成区面积 1.68 万平方公里，人口密度为平均 805 人/平方公里，远低于上海（2104 人/平方公里，2002 年）、新加坡（3890 人/平方公里，1999 年）、中国香港（6840 人/平方公里，1999 年）等大都市的水平。但由于人口分布过于集中在城区，使得城乡人口密度差距很大。第五次人口普查数据显示，2000 年，在八个城近郊区 1370 平方公里土地上居住了 850.3 万人，即全市 62.7% 的常住人口聚集在 8% 的土地面积内，人口密度达到 6207 人/平方公里，其中四个城区更是以 0.5% 的土地面积容纳了 15.6% 的人口，人口密度高达 2.4 万人/平方公里；而十个远郊区县拥有全市 92% 的土地面积，却只居住了 38.3% 的人口，人口密度仅为 328 人/平方公里。城区的人口密度是远郊区县的 74 倍。人口在城市中心区的过于集中，使城区居住压力一直无法得到根本缓解，导致城区的房地产价格居高不下，加大了北京的商务成本，影响北京城市竞争力的提升。此外，城区人口过密还导致交通拥堵、空气污染等问题，使城市运行效率及生活水平下降。而郊区由于人口密度低，难以形成产业的聚集，使基础设施、生活服务设施建设成本加大。

城乡发展差异的悬殊，既不利于农业人口向世界城市的转移，中小城镇又不足以形成产业集聚的磁力极，这种状况显然不利于城市化的进程。

（2）农业劳动生产率偏低

农业和非农产业劳动生产率的过大差距是造成城乡二元结构的经济基础。偏低的农业劳动生产率使农民在收入分配中处于劣势地位，导致城乡经济社会发展的分割，也使农业人口向城市人口转化速度减缓。20 世纪 90 年代以来，北京市农业和非农产业劳动生产率的差距呈现逐渐拉大的趋势。以平均每一从业人员创造的增加值来衡量，1990—1995 年，北京市非农产业劳动生产率与农业劳动生产率之比一直保持在 2 以内，单从数据来看，这一比例接近发达国家平均水平，可以说处于合理范围之内。但实际上，当时农业、非农产业发展的相对协调是建立在大量国有企业冗员

严重、生产率低下的基础上的，这是一种低水平的协调发展。90 年代中期以来，随着国企改革力度的加大以及工业化进程的加速，非农产业的劳动生产率大为提高，而农业劳动生产率的提高相对缓慢，比较劳动生产率出现下降趋势，导致两者差距拉大。2002 年，北京农业劳动生产率为 14501 元/人，非农产业劳动生产率为 50928 元/人，两者的差距为 1∶3.5。这一差距虽然在国内处于较低水平，低于全国（1∶5.5）和上海（1∶7.7）；但与日本（1∶3.2）、美国（1∶1.6）、加拿大（1∶1.4）等发达国家和中国香港（1∶2.9）、新加坡（1∶1.6）等新兴工业化国家（地区）相比仍然偏大。这无疑抑制了农村富余劳动力的转移速度。

农业劳动生产率偏低，是农业和非农产业发展不协调的表现，直接影响了农业劳动力的渗出和向非农产业的转移。这对城市化进程显然是一个不利因素。

2. 区域发展不平衡

（1）城近郊区和远郊区县经济资源分配差距过大

北京市十个远郊区县拥有全市 92% 的土地资源，实现的增加值却只占全市的 24.6%，而八个城近郊区以全市 8% 的土地资源实现了全市 75.4% 的增加值。从地均产出的角度看，两者差距悬殊。究其原因，主要是城近郊区和远郊区县对经济资源的分配存在严重的不均衡。2002 年，八个城近郊区的固定资产投资额占到全市的 70%，实际利用外资占到全市的 80%；2001 年北京市基本单位普查资料显示，全市 24.7 万个法人单位中，68.5% 集中在城近郊区；1.68 万亿元的企业法人实收资本金中，91.6% 集中在城近郊区。在资源总量有限的前提下，握有绝大部分经济资源的城近郊区在经济发展中自然占有绝对优势，其工业化、现代化进程远远快于远郊区县。2002 年，八个城近郊区人均 GDP 达到 28133 元，人均实现财政收入 2192 元，比十个远郊区县（分别为 15104 元和 1170 元）多出近一倍。

（2）城近郊区和远郊区县这种资源分配的不均衡还表现在社会领域

在医疗方面，区域间在医疗资源的获得上存在较大差异，2001 年，平均每千人拥有医院床位城近郊区为 6.6 张，远郊区县为 5.1 张；平均每千人拥有医生城近郊区为 5.3 人，远郊区县为 3.1 人；平均每千人拥有护士城近郊区为 4.6 人，远郊区县为 2.1 人；人均拥有公共卫生支出城近郊区为 148 元，远郊区县为 112 元。在卫生方面，现在城市的新居一般都有一到两个卫生间，而农村还有30%的农户未使用上卫生厕所。在文化设施方面，八个城近郊区平均每万人拥有公共图书馆阅览座席11.5个，藏书1.9万册；而十个远郊区县平均每万人只有6.5个公共图书馆阅览座席，0.3万册藏书，差距也很明显。

这种资源分配的倾斜，不利于远郊形成产业集聚，不利于中小城镇成为城市化的反磁中心。

3. 农村和农业劳动力转移滞后于产业结构调整

农业劳动力的转移是提高郊区城市化水平、消除城乡二元结构的关键。农业劳动力的转移包括两个方面：一是由农村向城市转移；二是在农村内部转移即农业劳动力向农村第二、三产业转移以及农业内部由种植业向养殖业转移。在目前我国城市就业压力日益增大，农村剩余劳动力数量大、素质低的情况下，实现农村剩余劳动力在农村、农业内部转移应该说是农业劳动力转移的一种有效途径，也是加速城市化的催化剂。

从北京的情况看，农村、农业内部劳动力转移速度相对缓慢。2002年，在北京市郊区经济中，第一产业增加值占郊区生产总值的比重为13.6%，而在郊区165.6万从业人员中，有40.8%从事第一产业，第一产业的就业比重比产出比重高出27.2个百分点，反映出农村劳动力的转移滞后于产业结构的调整。在农业内部，随着产业结构调整力度的加大，传统种植业在农业总产值中的比重由1990年的56.8%降为2002年的44.7%，养殖业发展较快，占农业总产值的比重2002年达到55.3%，比1990年提高12.1个百分点；而从就业结构看，农业劳动力中从事种植业的人员高达83.8%，比产出比重高出39.1个百分点，农业内部劳动力的转移同样滞后于产业结构的调整。农村、农业内部劳动力转移的滞后直接导致农业尤其是种植业劳动生产率低下，进而影响到农业劳动力从农村向城镇的转移。

4. 单中心的城市结构限制了中心区的扩散和辐射能力

一般来说，城市中心区在工业、商业、政府、医疗、教育、文化等方面具有很强的综合功能优势，随着城市中心区综合功能的经济与社会成本不断增加，在经济杠杆作用下，客观上存在着向城市边缘地带扩散的趋势。当城市边缘地区接受城市辐射功能集聚到一定程度，也就出现城市边缘区城市化现象。因此，城市中心区功能的顺利扩散与辐射是提高城市边缘区城市化水平的基本前提。

从北京目前的情况看，城市中心区功能的扩散却受到通勤方式、基础设施、生活设施（医疗、商业、教育、娱乐等配套设施）、工作场所等因素的限制。由于北京属于单中心城市结构，政府、金融、教育、医疗、商业等服务部门基本都集中在城区，随之聚集到城区的大量人流、物流、车流大大超出了基础设施的承载能力，由此造成严重的交通拥堵现象。据交通局统计，现在北京城区有 400 多个主干道路口，严重拥堵的有 99 个。由于道路拥堵，行驶在三环路的 300 路公共汽车，正常行驶一圈应是 110—120 分钟，而现在经常要花 160 分钟。城市中心区高峰期平均车速仅为 11.9 公里/小时，大体与年轻人骑自行车的速度相当。交通堵塞的直接后果，不仅增加了人们的通勤时间，而且增加了物流的经济成本，使得企业和居民在选择生产地和居住地时为提高办事效率和减少通勤时间而不得不考虑离市中心相对近一些的地区。一些家庭即使在郊区购置了“Townhouse”，但由于教育、医疗、经济管理、商业交往等城市的主要资源和功能仍在市区内，为了减轻工作和学习的路程负担，仍会在城区内租住小一些的住房，重复性的消费，不仅给家庭造成沉重的经济负担，也给城市带来沉重的土地资源负担。住宅郊区化不能从根本上缓解城市压力。可见，单中心加大了城区交通压力，而交通拥堵又大大削弱了城市中心区的扩散和辐射功能，使城区压力加大，由此形成恶性循环。

5. 郊区转移不够理想，卫星城镇反磁力不强

20 世纪 90 年代初，为了保证北京中心城区的政治文化中心功能，北京市总体规划就提出了“两个战略转移”的方针，将人口、产业从中心城区向远郊区县转移。在这一思想的指导下，一是远郊区的建设提上了日程；二是开始了在远郊建设反磁中心——卫星城。

1990—2000 年，全市新增建设用地 226 平方公里之中，远郊区县占到 148 平方公里，是市区新增用地的 2 倍，其中工业占地 48 平方公里。自 1992 年以来，远郊区县规划建设了 20 多个县级以上开发区，规划用地高达 100 平方公里。这些小规模分布在各远郊区县的工业开发区，尽管在具体的开发项目上有所不同，但几乎属于同类型产业，本质上与低水平的重复建设没有多少差别，不仅造成资源的低质低效利用和沉重的环境负荷，而且所有这些工业园区都面临土地资源、水资源短缺的制约。此外，空间上的分散布局也不利于产业链网的形成，使得这些开发区不能很好地发挥产业聚集功能。1992 年市区与十个远郊区县 GDP 比值为 82% 比

18%，2002 年为 75.4% 比 24.6%，由此可看出，总体规划要求的产业向远郊区县转移的设想并没有很好地实现。由于远郊区县工业增长乏力，无法提供足够的就业机会，自然无法形成相应的人口聚集。第五次人口普查资料显示，2000 年，十个远郊区县人口共有 506.6 万人，占总人口的 37.3%，与 1990 年第四次人口普查相比，人口增加了 57.2 万人，但占总人口的比例却下降了 4.2 个百分点。

1993 年《北京城市总体规划（1991—2010）》中明确提出建设 14 个卫星城，即通州、亦庄、黄村、良乡、房山、长辛店、门城、沙河、昌平（含南口、捻头）、延庆、怀柔（含桥梓、庙城）、密云、平谷和顺义（含牛栏山、马坡）。虽然这些卫星城逐渐形成规模，特别是通州、昌平、亦庄、黄村、良乡和顺义 6 个重点开发建设的卫星城发展较快，但是其吸引的居民主要来自卫星城所在区县和外省市，这一比例高达 90%，而来自本市其他区县的人口则在 10% 左右甚至更低，其中：来自市区（包括城近郊区）的居民在 10% 以下。反磁力偏弱，没能充分发挥出预期的作用。

五　推进城市多中心的发展格局

1. 调整空间布局，疏解中心功能，增强郊区发展动力，优化城区发展环境

回顾北京的城市化进程，分析北京城乡发展不协调、区域发展不平衡等问题的成因，关键是没有解决好北京城市功能的空间布局，或者说，没有根据社会经济发展的实际有步骤地分化城市功能，转移城市职能，在更为广阔的地域范围均衡城市化的分布，导致郊区的城市化缺乏基础和动力，卫星城和小城镇发展缓慢。在部分远郊区县，生产规模较小、生产组织比较分散的农村工业和农业生产体系还占据着重要地位，经济和社会发展基础较为薄弱，与城近郊区的差距有扩大的趋势。

在加入 WTO 和全面建设小康社会的新形势下，北京面临着深层次的制度改革和社会经济结构大调整的艰巨任务，其中城乡功能布局调整最为重要，不调整和解决这一根本矛盾，其他结构调整都会缺乏基础。因此，要把功能布局调整作为促进城乡协调发展的强大动力，作为解决城乡二元结构矛盾的根本举措。

结合北京的实际情况，功能布局调整的基本原则是：以区域整体利益和长远发展目标为出发点，加强城乡发展空间的统一规划，优化城乡之间的空间关系与产业联系，强化城区的政治、文化和国际交往中心功能，弱

化其居住生活和工业生产功能，推动城市功能向郊区的分化和转移，以卫星城为依托构筑多中心城市，大力促进城乡协作和经济交融，实现以城市化为内涵的城乡一体化和区域协调发展。

2. 关于中心城区

20 世纪 90 年代初，北京就提出城市发展要实现两个战略转移，一是城市建设重点从市区转移到远郊区，二是市区建设重点从外沿拓展转移到调整改造。但十多年来，这个转变并没有真正落实。从总体上看，发展的重心还在城区，发展的模式依然是“单中心”、“摊大饼”的放射型模式。目前，以旧城为核心的建成区已经扩大到四环，这是古都风貌最为集中的地区，同时又是中央国家机关、大型公共设施集中的地区，还是中关村园区、商务中心区以及居住、商业、文化设施所在地。可以说，控制城区的发展规模，疏解中心功能已成为首都建设的当务之急。

从北京的发展实际看，目前宜于在中心城区发展的功能主要是政治中心、文化中心、国际交往中心等核心功能，其他如科技、教育、卫生、物流集散等功能均应延伸或转移到近郊甚至远郊区进行发展。否则就无法解决旧城保护和城市发展的矛盾，也无法使城乡一体化进程取得突破。

这里要特别提一下 20 世纪 90 年代以来在城区重点建设的三个功能区——CBD、中关村和奥运村。从空间布局上看，三个重点功能区基本上都集中在中心城区边缘，这种布局不仅没有利用郊区在环境、空间和资源上的比较优势；而且使郊区发展失去了一个良好的机遇，客观上强化了中心城区的集聚作用，助长了建成区“摊大饼”式的扩张，不利于城乡协调发展。所以，下一阶段，在考虑次级功能（如市级行政功能）的疏散地时，应吸取 CBD 等的教训，选择一个离中心城区相对较远的区域。

北京已进入新的历史时期，面临建设国际大都市的重要机遇，要切实抓住这些机遇，下决心控制中心城区的发展规模，从疏解功能入手，有序引导人口和产业向外围转移和发展，降低城区人口密度，促进城市平衡发展，形成现代化与历史文化名城风貌有机结合的国际大都市中心城区的新格局，建设功能布局合理、经济结构优化、服务体系完善、生态环境良好、科教事业发达的“安居乐业”新型城区。

3. 关于卫星城

早在 20 世纪 80 年代初期，北京就开始在市区外围建设卫星城，计划以卫星城与市区形成子母城形式，带动郊区城市化。但是经过近二十年的发展，卫星城的建设并不理想。据第五次全国人口普查统计，2000 年 14 个卫星城总人口 168.2 万人，占全市人口的 12.4%。其中，超过 10 万人的有 6 座，超过 20 万人的只有 2 座（昌平 23.9 万人，黄村 21.6 万人）。这些卫星城总的来看产业基础不稳固，功能不完善，特别是文化、教育、卫生等社会服务体系的建设还比较落后。尚未成为吸纳中心城区人口的“反磁中心”，也没有充分发挥其对郊区城市化的带动作用。

从国外的发展情况看，卫星城的发展已进入第三代甚至第四代。新一代卫星城具备了较为完善的独立的城镇功能，完全可以依靠自身的力量发展，不再更多地依赖母城解决基本生活和工作问题，与母城之间的通勤压力大大减少，与母城的关系主要体现在一般的产品和服务的相互交换上。与传统卫星城相比，新一代卫星城功能更趋完善，能够为居住其间的居民提供更加全面和完善的城市服务，对母城的人口和产业吸引力进一步增强。

目前，国内一些地区如上海、广州等已经注意并借鉴了新一代卫星城的发展模式。建议北京也应认真总结卫星城的经验和教训，以新的理念规划和发展卫星城，重新调整核心区、卫星城和一般小城镇之间的产业关系。充分发挥卫星城在促进城乡一体化方面的重要作用。

今后一个时期，应把处在重要交通节点上的卫星城作为建设重点，使其承担起第二产业基地特别是现代制造业基地的职能，不仅要接纳城区工业的分流，而且要截流新的大型工业进入城区。要积极向卫星城转移资金、技术、管理经验，带动生产力水平的全面提高。要大力发展城市快速道路系统，把城市中心与卫星城连接为一个有机的整体。要加大投入力度，进一步完善卫星城基础设施和生活服务设施。

4. 关于小城镇

在城市化的道路上，历来有集中和分散两种类型。这些年来，北京郊区的城市化走的主要是一条分散型发展的道路，即充分依靠地方政府和民间的力量，大力发展小城镇。小城镇建设的最大优点是能广泛调动各方面的积极性，吸纳农村剩余劳动力。但小城镇建设的内在问题和缺陷也很突出，最主要的就是造成非农产业分散化和资源配置效率低下。据世界银行专家分析，小城镇只有达到 15 万人口的规模时，聚集效应才能发挥出来。但目前北京没有一个建制镇人口超过 5 万，作为国家和市级小城镇试点的

33个中心镇，也主要是利用政策对外卖了一部分户口（投资购房迁入人口占新增人口七成以上），实际上并没有成为大量吸纳本地农业人口的“载体”。以小城镇为主的分散型城市化道路已经对北京的城市化进程构成制约。

因此，从现在起，北京应当走适度集中的城市化道路，重视和强调各类生产要素的集聚，使城乡建设由分散布局、就地扩张转向重点布局和集中建设。一是以发展现代制造业为契机，加强工业区发展与重点城镇建设的结合，引导工业项目向重点园区集中，实施郊区的产业集聚。二要促进合村、撤乡、并镇、建城活动，加快小城镇分化重组，扩大小城镇规模，提高建设质量，形成规模效益和集聚效益。三要通过功能分工、产业布局、基础设施共享和交通网络建设，建成布局合理、功能协调、组团式发展的都市城镇体系。

5. 加强首都经济圈合作，构建大都市经济圈，推进城乡一体化

在世界城市化进程中，都市经济圈的形成和壮大是一个重要趋势。都市经济圈的发展，使世界城市改变了过去孤立演化的状态，城市化从原来界线清楚的单一“点”发展，向各城市相互联系，地域相互蔓延，进而向多个世界城市地区连片发展转变，形成以城市群为龙头的区域经济发展新格局。

区域经济带的发展模式，为加快郊区城市化、推进城乡一体化提供了新的思路。在传统的城市管理体制和行政区划格局中，各个城市的郊区，不论其自然条件和要素禀赋如何，都只能作为城市发展的边缘和外围，难以成为城市发展的重心。但是，在以大城市群为龙头的区域经济带形成的新格局中，郊区的区位形势就会发生新的变化，特别是核心城市的卫星城将成为联结周边其他城市的重要枢纽，成为产业发展和区域合作的强势经济带的重要网络节点。

在历史、行政和地方经济利益等多种因素的影响下，京津冀之间的区域合作一直处在自发的、缓慢的状态，与“珠三角”、“长三角”相比，这一地区产业结构重叠、资源配置低效问题比较突出，没有形成协调互补、良性互动的发展格局，区域发展不平衡、城乡发展不协调矛盾比较尖锐。在这种发展格局中，北京的郊区更像是中心城区与天津、河北的隔离带。

进入新世纪后，以世界城市群为龙头的经济发展区域化模式，正成为

中国市场经济发展的新趋势，因此从长远发展考虑，京津冀地区的政府和企业应通力合作，把建设首都经济圈作为共同目标，协调彼此的功能定位和发展战略，充分发挥市场在资源配置中的基础性作用，使各种要素和产业超越行政区划进行整合和分工，这样才能从根本上缩小彼此的发展差距，增强这一地区世界城市的中心作用，并通过中心城市传递经济吸引力和辐射力，带动整个区域的发展。

在这个过程中，北京应着重利用郊区回旋空间大的优势，使技术和劳动力等生产要素与郊区土地资源相结合，构筑新型制造业体系，进一步增强经济增长基础；要通过郊区制造业的蓬勃发展，带动综合服务体系的形成，使郊区成为连接中心城区和天津、冀北城市的桥头堡，成为国际资本输入、产业转移和人口导入的新区；要保护和利用郊区的自然资源，建设可持续发展的人与自然和谐共存的生态环境。

第二节　城市圈层重构与城市发展的转型

一　城市建设用地的变化特点

1. 建设规模

1990年以来城市建设用地增长迅速，1990—2000年，全市共新增城市建设用地226平方公里，占1949—2000年城市建设用地总和的27%。2000年全市城市建设用地已达930平方公里，超过了城市总体规划2000年全市城镇建设用地增至750平方公里左右，2010年达到900平方公里左右的预期。

表13-11　　**1990—2000年新增城市建设用地**　　单位：平方公里

年份	全市	市区	远郊地区
1989年达到	608	422	186
1990—1996	194	66	128
1997—2000	32	12	20
2000—2005	834	500	334

其间，受政府土地宏观调控政策的影响，城市建设用地的发展变化大

致可以划分为两个阶段：

第一阶段（1990—1996 年），城市建设用地增长较快，共新增城市建设用地 194 平方公里，占十年增长总量的 85%，年均新增城市建设用地 27 平方公里。其中 1993 年和 1994 年，因“房地产热”和“开发区热”，远郊地区纷纷建设工业区和别墅区，是城镇建设用地增量最大的时期。

第二阶段（1997—2000 年），新增城市建设用地规模得到有效控制。1997 年国务院发布 13 号文件，要求各地政府加强对土地的管理，坚持节约用地，保护耕地的方针，新增建设用地明显减少。1997—2000 年四年共新增城市建设用地 32.35 平方公里。

2. 用地构成

在 1990—2000 年全市新增建设用地中，住宅约占每年用地量的 30% 以上，其次是基础设施和工业用地。市区和远郊地区新增用地结构有所不同，市区以综合开发住宅建设为主，而远郊地区则是工业开发区占地比重大。市区新增用地中，住宅建设用地为 17.7 平方公里，占市区新增用地的 22.7%。远郊地区新增工业用地 47.5 平方公里，占远郊同期新占地的 32%。

3. 利用情况

全市新增建设用地增长较快，但土地利用状况并不理想，征而未用土地较多。以远郊地区开发区建设和别墅区建设为例，据市经委对 12 个市级以上开发区（不含亦庄）统计，总规划用地面积 68 平方公里，大部分完成了征占地手序，其中已开发面积仅 34 平方公里。

二　城市建设用地规模与人口规模的适度

1. 现状建设用地规模与人口密度

2001 年，北京近郊地区城市建设用地 401 平方公里，农村建设用地 78.8 平方公里，合计 480 平方公里；远郊地区卫星城建设用地 262 平方公里，农村建设用地 621 平方公里，合计 883 平方公里。

据《2002 年北京统计年鉴》，2001 年全市总人口 1366.6 万人，其中非农人口 780.1 万人，农业人口 342.2 万人，暂住人口 244.3 万人；近郊区总人口 589.6 万人，其中非农人口 392.6 万人，农业人口 46.6 万人，暂住人口 150.4 万人；远郊区县总人口 497.7 万人，其中非农人口 148.1 万人，农业人口 295.6 万人，暂住人口 54 万人。

假设城市建设用地对应非农人口和暂住人口，农村建设用地对应农业人口，则现状人均建设用地的情况是：近郊区城市人均建设用地 73.8 平方米，合每平方公里 13550 人，农村人均建设用地 169 平方米，合每平方公里 5917 人；远郊区县城市人均建设用地 129.6 平方米，合每平方公里 7716 人；农村人均建设用地 210 平方米，合每平方公里 4762 人。

据统计部门资料，四中心城区人口密度每平方公里 2.4 万人。

从上述数字可以看到，城区人口密度过高，影响居住环境质量。近郊区城市建设用地内人口密度较合适。远郊地区城市建设规模与市区相比很小，土地使用集约化程度不高。

2. 2010 年规划建设用地规模及人口密度

据有关部门汇总资料，全市 2010 年规划城市（含建制镇）建设用地总计 1603.7 平方公里。其中市区 705.15 平方公里，远郊区 898.54 平方公里。

2010 年全市规划总人口 1668 万人，其中：市区 920 万人，远郊 748 万人。规划市区人口密度每平方公里约 13000 人，远郊人口密度每平方公里约 8300 人。

在市区的中心地区，2010 年规划 578 万人，建设用地 324 平方公里，人口密度每平方公里 18000 人；10 个边缘集团，规划人口 340 万人，建设用地 381 平方公里，人口密度每平方公里 9000 人。

远郊卫星城，规划人口 351 万人，建设用地 423 平方公里，人口密度每平方公里 8300 人。

三　未来城市建设用地规模的理性预期

以往经常是用历史时间序列的趋势来预测未来。应该说，未来的走势虽然要受到过去规律性趋势的影响，但是绝不会重复过去。近年来，在预测中考虑了人们对未来的分析，这其中既有对历史走势的实证，也有从发展角度对人的行为的批判，特别要指出的是，还有加进预见之后对未来的展望。由这种种因素构成的预期已经带上了人的主观能动性的色彩。实际上，人是未来发展的主体。人的理性预期，特别是为决策层接受的理性预期，将通过政策对未来发展产生重要影响。在北京未来用地规模上下面的理性预期是值得认真注意的。

1. 城市空间增长规律

城市空间增长规律，是城市建设中的一个重要问题。不少地理学者和规划学者对城市外部空间、形态以及内部空间演变动力、特征和过程进行了一系列的探讨，提出了城市空间增长的周期性、轴向发展和功能结构互动的三大规律。

城市空间形态的演变是城市化推进过程的具体表现，是城市核心区接受城市化活动后所必然突显出的扩散反应。从一些世界城市的发展来看，城市空间扩展遵循着环状—星状—环状的类似年轮形的增长方式，在扩展程度上表现出周期性规律，在扩展方向上表现出轴向规律。这种演变，与城市交通紧密相关，表现出如下规律：

(1) 在城市的形态演变与道路交通网络的互动中，城市发展表现出以下的形态变化：点状形成、轴向伸展、伸展轴稳定、内向填充、再次轴向伸展。在这种变化过程中，城市空间形态呈周期性变化，而且形态的稳定和快速扩展交替进行：

稳定期：当城市形态呈同心环状后，将进入一个相对稳定的发展阶段。这时，城市各方向上接受中心区辐射的距离大致相同，且不规则程度大致不变。

快速扩展期：随着交通技术的创新与发展，新型交通线的轴状延伸，引起城市地域沿交通线逐渐向外扩展，牵引人口、工业、商业向远离中心的方向发展，随着发展轴的集中及其不均匀分布，原有的环状格局被打破，代之以星形或扇形模式。这是城市形态变动较大的阶段。

相对稳定期：随着城市边缘区道路网的不断完善、扩展，主要放射线间可达性较差的区域不断得到填充，城市空间沿交通线蔓延的不规则程度逐渐下降，城市内部各区域的均质性再次形成，重新出现同心环状的空间形态。表现在城市空间的形态上，星形结构消失，同心环状结构又得以重建。

(2) 在上述规律性的变化过程中，交通的作用是十分重要的。城市社会经济的发展和土地利用结构，决定着城市交通需求量和城市交通的结构，并对城市交通设施的建设水平和服务水平提出了相应的要求；反过来，城市交通系统实际的供给能力和实际的服务水平，又影响和制约着城市社会、经济的发展和土地利用结构。随着交通技术和设施的不断发展、完善，空间可达性得到很大提高，大大削弱了城市化空间扩散过程中由距离导致的摩擦力，从而推动城市化区域在空间层面上的迅速蔓延，都市巨型化、连绵化现象随之出现。在汽车进入家庭时代，小汽车的大量使用和郊区快速公共交通的发展，将使城市空间迅速蔓延，轴线迅速拉长。

(3) 在这种变化过程中，城市用地是城市空间形态变化的基础。而交通对城市用地则有着重要的指向作用。交通指向概念最早出现在地理学者关于“区位”理论的研究中，学者指出：区域发展和城市建设中，发展用地的区位选择受到交通的指向作用。当某一方向配置的主要交通工具速度较快，所需的通达时间较少的时候，受交通指向性作用，就容易在此方向形成用地伸展轴，推动城市用地向这一方向的轴向扩展。一般来说，城市用地轮廓的大小不超过主要交通方式 45 分钟的通行距离。城市形态的变化正是在这种力的作用下进行的。

(4) 轨道交通（地铁和轻轨）作为一种大运量、迅速、舒适、现代化的交通方式，大大提高了可达性，改变了吸引范围和区位条件。轨道交通的建设，加快了城市发展轴的成型，强化了城市中心区功能，也加快了旧城更新和土地置换的步伐。对于轨道交通的发展对城市空间形态的影响，值得注意。

北京目前正在从环状稳定期进入快速发展期。新型轨道交通线的轴状延伸，将打破原有的环状格局，出现星形或扇形模式。在这一城市形态变动较大的阶段，在进行城市规划时，需要遵循交通发展的空间扩散规律，预见城市化主轴线的作用力方向，从而建立比较合理的城市发展地域结构和空间格局。由于大的动态的变数很多，无疑，加大了规划的难度。

2. *龙头城市带动区域经济对用地模式的影响*

在北京城市未来的大的空间演变中，环黄渤海或京津冀经济带的产业集聚所带来的影响，是不能不予以充分考虑的。

环黄渤海或京津冀经济带的产业集聚，将沿着城际交通网络蔓延。在区域经济迅速发展的背景下，城际交通网络对于城市用地也一样具有指向作用。

目前，环黄渤海或京津冀经济带的产业集聚尚处于酝酿、形成期，各世界城市都忙于自己的建设，除了京、津，还没有对城际间的高速交通提出更为迫切需求。但是从环黄渤海或京津冀经济带的未来发展，以及北京湾的自然、地理条件看，北京城市空间在这一轮突破环状结构的变动中，将沿两个方向进行轴状延伸：

(1) 北京作为区域经济的龙头，将和天津以京津高速轨道交通联成真正意义上的“双核”，从京津城际交通线为主轴向外扩延，北京东南的交通网络将逐步完善。沿这一方向将形成北京空间演变的一大扩展轴。这一扩展轴将成为京津唐世界城市群的主轴。

（2）第二节论证了北京的经济结构以及所处的阶段。世界制造业在进行梯度转移，我国正在成为世界制造业的中心，虽然北京的产业结构不可能再度重型化，但是环黄渤海或京津冀经济带以现代制造业为核心的重型化，成为“中国制造”的又一增长极是毫无疑问的。至于环黄渤海或京津冀经济带与“长三角”、“珠三角”的分工预期是：北京将以高新技术产业和新兴服务业引领现代制造业。北京和天津制造业的链接，将形成我国现代制造业中的一个现代化程度较高的团队。

环黄渤海或京津冀经济带要以世界竞争的步伐快速形成区域竞争力和规模效应，首先要做的，是“环黄渤海或京津冀制造”的结构升级。在这一过程中，需要大型成套设备，数控机床和工业区基础原材料。虽然这可以从国际市场购买，但也可以在我国的第一大重化工基地——“东北重化工基地”得到。从长远考虑，环黄渤海或京津冀经济带与“东北重化工基地”的区域链接势属必然。

应该看到，在国际制造向中国转移的同时，国际资本也瞄准了东北重工业的巨额资产和潜能。国际的通用电气、巴斯夫、西门子、三菱重工等一大批跨国制造业巨头，已经“定居”东三省运筹帷幄。在“中国制造”的催化下，东北的深层调整和改革，必将重塑东北重型制造业的竞争力。考虑环黄渤海或京津冀经济带与“东北重化工”的区域链接，是一种战略性的预期。

所以，除了北京东南方向的主轴延伸带，与“东北重化工”的区域链接也将出现一个东北副轴延长带。

从经济角度对北京城市空间演变的考虑还要受多种因素的影响，不是单一因素所能决定的。但是经济发展的因素可以说是占主导地位的因素。

3. 一小时交通圈与城郊卧区对城市用地的影响

在第四节中，描述了北京出现的“郊区化”现象，以及由于出现城郊卧区，形成人们早晚钟摆式的流动。虽然分析了这种现象的不经济，以及对城市交通的不利影响，但是，预期在以下因素的作用下，这种现象还会进一步持续和发展。

（1）2000年的人口普查数字表明：北京城市中心四区的平均人口密度为每平方公里23208人；朝海丰石四区的平均人口密度为每平方公里5083人；远郊十区县的平均人口密度为每平方公里387人。就是说：中心城区人口密度过密；市区与近郊、远郊人口密度差过大。

（2）北京城市居民的消费结构从吃、穿、用，转向住与行。居民改善居住条件与汽车进入家庭并行，将加速居民从人口密度高的城区转入人口密度低、房价较为便宜的郊区的步伐。

（3）北京轨道交通的建设进入快速建设期。在轨道交通逐渐成为北京交通的主干的情况下，城市轴线虽然拉长了，但是快捷、准时的一小时交通圈，可以满足从城郊到城内上班的需要。

在这三个最基本因素的作用下，城市中心区人口向郊区迁移，在疏散过密的人口上有合理性。但是，城中心区人口的疏散需要有科学的导向。建议考虑以下四个原则：

第一，沿轨道交通形成卧区。所以轨道交通的配置要与经济发展的空间配置相协调。

第二，卧区形成的上班族昼夜的钟摆式流动，要和交通系统实际的供给能力和实际的服务水平，以及空间配置相协调。

第三，卧区的规模和容纳的人口要合理。其合理性要考虑人口密度的优化及城区原有基础设施资源的合理利用。应当避免中心城区的“空心化”。

第四，在东南主轴和东北副轴，建议以居住地与工作地的统一为主要工作导向，即小城镇的建设要和由于产业集聚形成的工作地相一致，避免上下班形成昼夜钟摆式流动，减少交通资源和时间上的浪费。目前是区域经济的发展期和北京卧城现象的形成期，以这种理念来指导东南主扩展轴的城镇建设。

第三节　首都经济圈世界级大城市群的顶层设计

一　首都经济圈与京津冀大城市群的形成机制

1. 京津冀大城市群是世界级城市群

1957 年，法国学者戈特曼提出了“大都市带”的概念和形成的基本条件。

他认为：一是区域内有比较密集的城市；二是区域内有相当多的大城

市形成了自己的都市区，而且核心城市与都市区外围地区有密切的社会联系；三是有便利的交通走廊把核心城市连接起来，各城市间没有间隔，联系紧密；四是必须有相当大的总规模，人口在2500万人以上；五是属于国家的核心区域，具有国际交往枢纽的作用。

如果按照这一标准衡量的话，我国目前只有京津唐、长三角和珠三角地区具备形成这种大都市群的初步条件。

实际上，大都市群的形成有着漫长的历史过程。我国古代的人口和经济文化中心在黄河流域。晋、宋、唐时期出现多次人口、经济和文化的南移高潮。虽然京津唐、长三角和珠三角地区的城市群是在近现代才形成的，但是，形成这样一种格局的深厚的历史积淀是无法改变的，也是历史赋予我们的一笔财富。在全球经济一体化的形势下，从国际竞争的角度看，一个国家真正能够参与到国际竞争中的实际上是大城市、大城市圈、大城市群。就是说，21世纪国际竞争的真正主体应该是大城市圈、大城市群。机遇在呼唤，我们不能再等待。

首都经济圈也应该在京津唐大城市群的这样一种迎接全球竞争挑战的理念下去考虑。

迎接全球竞争的挑战是三大城市群发展的一个重要的外在驱动因素。在强调其重要性的同时，还必须看到我国发展中内在的驱动因素。

第一，区域发展板块和城市群形成的大背景，是我国的工业化进入了一个新的发展阶段。

最终消费的升级与结构调整，使工业化的驱动力大大加速，这是形成新阶段的一个主要内因。改革开放以后经济的快速发展，老百姓的生活得到大幅提升。在收入差距逐步拉大的情况下，收入较高的地区和群体已经从万元级消费开始进入以住房和汽车为代表的十几万、几十万的大额消费阶段。汽车和住房都是以重工业为支撑的耐用消费品，在强有力的最终消费支持下，我国的工业化进入了钱纳里模型概括的工业化的第三阶段，即以资本品工业为主导的发展阶段。从发达国家的发展进程来看，一旦工业化进入重工业大发展的第三阶段，工业化和经济发展的速度将会出现一个相对较长的快速发展时期。

近些年来，我国在基础设施建设上投入了很大的力量，建成了一大批交通、能源、通信、水利等基础设施。这些建设一方面对重工业提出了巨大需求，另一方面在重工业对基础设施依赖性较大的情况下，也为重工业的进一步发展打下了坚实的基础。同时，我国也在以网络化和信息化为标志的新技术革命中，下力气抓机遇，为现代制造业在我国的兴起，起到了有力的支撑作用。

应该说，我国在进入工业化新阶段的过程中，比较稳步地增强了我国的工业竞争力，同时，制造业的定位，已经站到了全球化这个平台上，瞄准的是世界制造业中心。这种战略定位是迎接挑战、抓住国际产业向我国转移的历史性机遇的结果。

世界制造业中心要求有一批世界性的行业顶级企业，它们必须具有可以在世界竞争中立足的核心竞争力。而产业的区域集聚则是现代制造业形成这种顶级企业和核心竞争力的主要途径。

第二，我国城市群形成的另一大背景是我国城市化过程的加速。

1978 年以来我国的城市化速度明显出现逐步加快的趋势，特别是 20 世纪末和 21 世纪初，更是以前所未有的速度和规模大步进行。预计在今后的 20—30 年内，大部分生活在农村的农民将会转移到城镇。这是一个史无前例的人口大迁移，其规模是世界史上经历过这一过程的所有国家都望尘莫及的。有的学者预测，到 2030 年，长江三角洲和珠江三角洲地区都将形成一个人口总数为 3 亿的高密度空间。预计华北与环黄渤海大城市群的人口规模也不会少于这个数字。

农村人口对现代生活模式和水平的渴望，将和城市人口对更高收入水平的追求汇成一股巨大的能量流，形成现有城市群和新城市群发展的无法抗拒的力量。总之，我国的城市化加速形成的激流和巨流，将成为未来几十年城市群快速成长的重要内在推动力。

2. 京津冀大城市群与首都经济圈的发展要素

京津冀大城市群主要指的是以京津唐为骨干的城市群或城市圈。应该说，这一大城市群目前已经具有北京大城市圈、天津大城市圈和唐山城市圈。但是，大城市圈之间的紧密关系并没有建立起来。最主要的原因是：

（1）北京虽然已经形成了第三产业为主导的格局，但是第三产业内部的结构调整尚未完成，新兴第三产业的主导地位还未完全确立，其与第一、二产业的高效链接与融合还有待进一步培育。所以首都经济与京津冀其他城市的差异性尚未展开，其独特的辐射力还没能充分发挥作用。

（2）除北京外，其他各地产业结构雷同，形不成具有层次结构的产业集聚。

(3) 计划经济下的行政区划意识还比较强，跨行政区进行产业结构大调整的机制目前尚没有形成。

(4) 京津冀大城市群中，国有经济比重比较大，私营和民营经济的成长较长三角、珠三角弱得多。目前国有经济改革还处于攻坚阶段，最活跃的私营和民营经济还没有足够的力量由下向上打破行政区划的空间限制，进行跨行政区域的行业集聚和整合。

在以上多种因素的作用下，目前的情况仍然是各城市单打独斗，形不成互联互动的城市群。2003 年 9 月 17 日的《经济日报》刊登了《“饿着肚子”忙扩建》，说的是在环黄渤海 640 公里长的海岸线上，从南到北密集的四大港口（天津港、秦皇岛港、京唐港和黄骅港）的扩建问题。这四大港口目前都吃不饱，但仍在进行“大跃进”式的扩资和重复建设。这不仅造成了吞吐能力的闲置和浪费，还必将形成区域内的恶性竞争。

为了适应加入 WTO 以后的竞争格局，不少地区的高层决策者已经意识到，以行政区划为界的国内竞争过时了，以产业集聚为支撑的区域联动和大城市群正在成为世界竞争舞台的主体。长三角和珠三角中的各大城市都在找准各自模式的基础上努力寻找区域合作的路径和空间，用合作博弈替代恶性竞争，加速区域经济的优化和提升，正在成为一种识时务的战略。京津冀的区域整合战略也应当抓住机遇，尽快出台。

二　促进首都圈与京津冀大城市群加速形成的顶层设计

1. 北京、天津等大都市圈的规划与建设，都应当放在京津冀大城市群的基点上予以考虑。这是一种在全球经济一体化，竞争加剧形势下审时度势，在发展理念的重要变化

如果把北京放在这一角度来看的话，应该说首都圈要因“势”而动，而这一“势”就是：

(1) 首都的可持续发展正在形成强大的聚集、辐射功能；

(2) 首都的可持续发展需要产业的梯度转移；

(3) 首都的可持续发展需要产业集聚；

(4) 首都的可持续发展需要区域联动；

(5) 首都的可持续发展需要人口密度和人口规模的优化。

首都圈的规划与建设要全面考虑以京津冀大城市群为龙头的产业集聚和产业带核心竞争力的形成。这不仅有利于北京城市的可持续发展，避免大都市发展中出现的城市病，更重要的是还将奠定北京在经济全球化中的

竞争地位。

2. 京津冀大城市群的功能定位调整

从我国目前正在崛起的三大产业带的情况看，长三角和珠三角正在以蓬勃之势打造“中国制造”的东南板块，华东南四省一市（江苏、浙江、福建、广东和上海市）制造业的产值2002年已经占到全国制造业产值的49.4%，拿下了“中国制造”的半壁江山。

在世界经济的大调整中，抓住制造业正在由发达国家向发展中国家进行梯度转移的机遇，发展现代制造业，构造世界性的制造业中心，是一个重要的发展战略。首都大城市圈和京津冀大城市群如何抓住这个机遇期，构造区域经济的制高点，在未来的世界竞争中占有一席之地，已经迫在眉睫。

在与世界经济大调整的互动中，我国经济结构与空间布局也在进行调整。在这种迅速发展的动态中，三大经济带都有一个功能性战略定位问题。但是，我们认为，首都大城市圈和京津冀大城市群的发展有着与长三角和珠三角非常不同的特点；区域性合作和协同发展，从观念到实际操作，都比长三角和珠三角要慢一些，也和对这种特点的认识有关。下面的思索虽然还是理论层面的问题，但是基本问题不说清楚，是难以形成战略性政策的支撑体系的。

（1）北京作为首都，从20世纪80年代以来的产业结构大调整，已经从一个典型的重化工业城市，变为全国唯一一个第三产业增加值比重在2002年超过60%的城市。在全国领先步入工业发展的第三阶段，即重化工业为主导的新阶段之时，北京不可能再重走以重化工业为主的回头路，那么战略性步伐该如何迈出，又如何在首都大城市圈和京津冀大城市群中发挥龙头作用呢？

首先需要明确的一点是：北京为了支撑首都的功能，已经有了比较发达的第三产业，开始显露出某些后工业化时期的特征。但是，即使如此，它也是先头兵，不可能完全脱离进入重工业化过程的主力部队。它的第三产业将以为后续大部队服务的新型第三产业为主导。

（2）如何审视新兴第三产业在未来经济中的作用？

一是科技革命推动生产力进步的一个重要着力点是促进社会分工的扩大和深化。随着分工的细化，各经济部门间的相互联系和依赖性的强度也加大了。体现各部门内部相互联系的一个个专业性很强的服务部门逐步从生产各阶段自然分离出来，形成新的服务行业。生产的全过程都有这种专门服务的分离。比如生产的“上游”阶段，分离出来的专业化服务有：投资和新产品生产的可行性研究；风险资本；产品概念、品牌设计；市场接受程度与容量的研究、咨询服务等等。在生产的“中游”阶段，与生产本身结合在一起的有质量控制；设备租赁；后勤供应；保存和维修服务等等。与生产并行的有会计、人事管理、电信、法律、保险、金融、安全服务等等。在生产的“下游”阶段，有广告、运输、销售、售后服务等等。可以看出，这其中已经包括了众多的生产性服务。与生产现代化并行而兴起的这些服务业称为新兴服务业，以与仅为居民生活服务的传统服务业相区别。总之，新兴第三产业的崛起是科技革命促进社会分工逐步细化的结果，是社会进步的表现。在以现代制造业为主的工业化第三阶段，这种分工细化过程也是十分重要的。它不仅体现了一个国家经济发达的程度，同时也是一个国家科技现代化的标志。

二是如果仅仅看到诸多生产性服务从生产性企业分离出来，融入了第三产业，还是不够的。从近年来的趋势看，第三产业所覆盖的领域，有物流、资金流、信息流、知识流、技术流、人力资本流等等，这些社会资源在新兴第三产业的运作中已经逐步流动化，这些活化的资源在新机制驱动下的聚集和流动，不仅囊括了生产领域各部门内在联系的方方面面，而且通过高效的资源配置，有力地促进了经济的发展。第三产业在资源配置上的主导作用，已经彻底改变了第三产业在三次产业中的地位。区域经济的迅速突起，也将得益于资源的活化和配置上的高效。

三是“知识经济”或称为以信息技术革命为主的“新经济”的兴起，对第三产业的作用更要拭目以待。

在人类社会发展的不同阶段，经济增长的主导要素在进化中不断地演变：从自然资源、劳动，到资本，而在近半个世纪的工业化进程中，则逐渐转向科学技术。特别是 20 世纪 70 年代以来，高新技术在世界各国取得重大进展，引发了工业发达国家产业结构的深刻变化，技术进步的主导作用在明显提高，并以强劲的态势推动着经济的增长。随着资本、劳动与技术进步在经济增长中角色的转换，经济增长方式的集约化也将向更高层次演进。在这一过程中，知识密集型服务日益起着把技术进步转化为生产能力，强化国际竞争力的作用。这些顶尖服务的人才的流动和聚集则直接关系着高科技中的核心技术掌握在哪些国家的手里，哪些国家可以控制国际竞争的制高点。

四是新兴第三产业中的一些行业，特别是信息和金融，涉及国家的主权、机密和安全。所以越来越多的国家把新兴第三产业的发展提到重要的战略高度。

总之，第三产业已经不再是仅为居民生活服务的一些传统行业，其中新兴服务业，不仅包括居民由于生活提高而新产生的一些消费的服务需求，还包括生产性服务，而且其已经逐步上升为第三产业的主体。同时第三产业还在活化资源配置，提高生产效率和国际竞争力上起着独特的作用。

现代制造业需要新型第三产业服务相匹配。预计 21 世纪的头二十年里，北京第三产业将完成内部结构调整。新兴第三产业的布局也将快速适应现代制造业的布局。

（3）随着传统产业的世界性梯度转移，发达国家将在新兴的高科技产业展开新一轮的竞争和市场争夺。权威人士预计：以 IT 为主导的信息产业将从技术创新转向技术扩散；而下一轮技术革新的制高点将在生物技术产业。到 2002 年底，全世界生物企业主要分布于美国、加拿大、德国、英国、法国、澳大利亚、瑞典和瑞士八个发达国家，发展中国家只有印度进入竞争行列。在这一领先行列中，仅美国的生物企业就拿走了全球收益的 3/4。

预计北京将以其深厚的研究力量和高科技产业的实力，在新一轮高科技产业的全球竞争中找准目标，奋起直追。

（4）在京津冀大城市群中，北京与其他城市将显示出较强的差异性。在区域经济的发展中，北京将以第三产业的辐射力见长。新兴第三产业对跨入工业化新阶段的区域经济协作，特别是现代制造业的集聚的领航以及保驾护航作用，将使首都经济圈和京津冀大城市群以崭新的面貌和实力，步入世界区域竞争的行列。

3. 战略：整合“双子星座”，形成京津冀地区区域龙头

从目前大城市群或区域产业布局的发展规律来看，以一个大城市为核心，若干个具有专业化产业分工的中小城市或镇形成外围状的辐射区域，从空间上看，宛如一种鸟巢状的分层结构。区域资源按照产业链合理配置。

但是，京津唐地区却有两个直辖市，人们称之为“双子星座”，吴良

镛教授称之为“双核”。权威人士认为，大城市群的活跃与世界级竞争力的形成，关键在于是否有世界级的超级城市作为龙头或内核。

北京以第三产业为主导，天津以第二产业为主导，应该强化这种差异，并在这种不同构的情况下形成优势互补。

应该看到，我国北方大城市群发展的滞后已经影响到整个经济的竞争力。需要在历史已经奠定的基础上，整合我们可能具有国际竞争力的空间，形成有利于大城市群形成的社会协调机制。

4. 强化城际间的交通网络

在整合“双子星座”，形成京津唐、环渤海地区区域龙头的大战略已定的情况下，首要的任务是强化京津唐城市之间的交通网络，迅速完善大城市群之间的交通功能。同时，推动要素资源沿这些交通网络便利而有效地流动起来，形成“点线布局”大中小城镇相结合的经济带。

有一点必须引起注意：从世界大都市群的发展来看，以汽车为主的交通骨骼已经不可能支撑起高密度城市群的经济和社会生活。应该尽快形成以通勤铁路和高速铁路以及地铁为主的高速轨道交通体系。目前北京与天津之间的火车一天只有十几个班次，与东京至大阪的新干线高峰期几分钟对开一班不能相比。

北京市的城市交通也要从北京经济圈的角度进行重新思索。城市群是以区域内各主要城市的城市圈的扩大，经济的辐射力加强为基础的。近年来北京的交通网络及其功能有了迅速的发展，但是，如果以目前城铁速度为准的话，一小时的通勤圈仅为32.8公里，不仅低于高速交通网的50—70公里/每小时，更低于目前世界级大城市群的100公里通勤圈。

根据中央财经领导小组《京津冀协同发展规划纲要》和《京津冀协同发展交通一体化规划》，加强京津合作，改善两市之间的交通，已成为两市领导人的共识。两市已在酝酿策划京津唐城际铁路专线，增建2条京津高速公路，接通京津塘轻轨交通等建设方案。

城际间的交通网络是形成大都市圈的基本条件，京津唐城际间的交通网络的完善与强化，将成为京津唐经济迅速整合的加速点。

5. 弱化行政区划，强化市场功能，培育新的经济区划的合作机制

在阻碍大城市群形成的因素中，行政区划已经成了各界具有广泛共识的最重要因素。原因在于：

①我国各级行政区划划分严格，行政管理以行政区划为限，已经成了

一种定式。

②政府对区划内的经济活动干预过多、过大。即使在经济改革已经深入的今天，由于京津唐地区国有经济份额较多，国有经济改革难度较大，从而使得行政对经济的干预程度难以降低。

③改革开放以来，我国实行了“分灶吃饭”的财税体制，从利益机制上刺激了地方对经济的控制管理。从地方的经济利益考虑，以财权为中心的各自为政自有道理。

在这样的体制下，我国的地区经济具有十分强烈的地域属性也就不奇怪了。大城市群要求各大城市圈的功能有科学的分工，在分工基础上形成紧密协作。这些分工与协作并不以地域属性为界。这就要求打破这种长期形成的以行政区划为资源配置界限的体制，在大城市群的建设中引入、培育区域合作机制。应该说，这种新的合作机制是我们所不熟悉的，必须进行大胆探索。既要考虑市场运作机制，也要考虑非市场运作机制，因为市场也有失效的领域，不是万能的。可以预料，这对我国的行政体制将是一次巨大的撞击，同时也是对市场功能的强化。我国的三大城市群都将接受这一洗礼，能够顺势而动者，将在改革中成为世界级的竞争参与者。

6. 促进产业集聚

产业集聚与产业带的形成是大城市群核心竞争力的基础。目前京津唐地区并没有形成能够凝聚本地区大中小各类城市的这种具有竞争力的产业带。

形成产业带的基础是专业化分工。目前这个地区形不成专业化分工的原因主要有两点：

一是群龙无首。虽然北京和天津都想成为龙头，但是都不具有龙头式的企业或行业，经济辐射力不强。两个“双核”又存在着强烈的竞争动机，互补合作的动力不足。这种状况如不彻底改变，就会形不成核心城市，带不动这一地区的城市群。

二是在核心城市缺失的情况下，虽然环渤海地区围绕京津唐的诸多城市都处于城市开发的热潮中，但是都还没有从区域经济，从大城市群的角度去审视和规划，仍盲目地以能源和重化工为主，结构雷同，相互之间进行低水平的恶性竞争。这种内耗式的开发，造成了资源的极大浪费。

这两大问题是京津冀城市群成长不起来的关键。而解决这两大问题的牛鼻子，是京津打破行政区划的界限，变内耗式的竞争为合作式的竞争，把单打独斗变为京津唐城市群的真正的“双核”。

长三角和珠三角已经以积极的姿态，冲破行政区划，打造跨区域经济带，撑起“中国制造”的半壁江山，京津冀也没有时间再等待了。

7. 产业整合与集聚，要同时促进经济、社会与自然的生态产业链的形成

华北地区是水资源的匮乏区。水资源是制约该地区经济、社会发展“短板”的约束条件。这一点是毫无疑问的。建议：

①产业集聚的战略要以生态产业链为基本条件。这不仅要求主导产业的上下游之间、整体与零部件、制造业与生产性服务之间相互依存、合理衔接，还要求其以本区域的可持续发展为目标，建立符合生态平衡的产业链。

②在水资源严重短缺的情况下，产业的集聚要考虑相关带动的人口集聚。首先要对可持续发展的经济性给予充分的计算和考虑，正确处理人地关系和人与生态的关系。

③在充分认识水资源短缺的制约性的同时，要看到华北地区水务市场的重要性。大城市群的建设，可以首先协同培育水务市场。这一领域与区域高速交通网络的形成同等重要，而且商业前景要比前者更为看好。

④以人为本，通过经济、社会、自然生态环境的和谐来促进区域经济的发展。这种发展观要作为一种根本的理念深入区域经济发展的每一个环节。应该说，这也是一种核心竞争力。

8. 以信息化促进区域规划和决策的科学化

在城市化激流澎湃的形势下，以信息化促进区域的战略规划和区域决策实现科学化、使资源配置合理化，是当务之急。

参考文献

[1] Boeke, J. H., *Economies and Economic Policy of DualSocieties, as Exemplified by Indonesia.* New York: Interna – tional Secretariat of the Institute of Pacific Relations, 1953.

[2] Kuznets, S., Economic Growth and Income Inequality. *American Economic Review*, 1955, 45 (1): 1 – 28.

[3] Lewis, W. A., Economic Development with Unlimited Supplies of Labor. *Manchester School of Economic and Social Studies*, 1954, 22 (2): 139 – 191.

[4] Todaro, Michael P., A Model for Labor Migration and Urban Unemployment in Less Developed Countries. *American Economic Review*, 1969, 59 (1): 138 – 148.

[5] Gupta, M., Migration, Welfare, Inequality and Shadow Wage. *Oxford Economic Papers*, 1988, 40 (3): 477 – 486.

[6] Fields, Gary S., Wage Floors and Unemployment: A Two – Sector Analysis. *Labour Economics*, 1997, 4 (1): 85 – 92.

[7] Temple, Jonathan, Growth and Wage Inequality in a Dual Economy. *Bulletin of Economic Research*, 2005, 57 (2): 145 – 169.

[8] Fields, Gary S., A Welfare Economic Analysis of Labor Market Policies in the Harris – Todaro Model. *Journal of Development Economics*, 2005, 76 (1): 127 – 146.

[9] Chandra V., khan, M. A., Foreign Investment in the Presence of an Informal Sector. *Economica*, 1993, 60: 237.

[10] Davis, J. C., and J. V. Henderson. Evidence on the Polit – ical Economy of the Urbanization Process. *Journal of Urban Economics*, 2003, 53: 98 – 125.

[11] Helsley, R. W. and Strange, W. C. , Matching and Agglomeration Economies in a System of Cities. *Regional Science and Urban Economics*, 1990, 20 (2): 189 -212.

[12] Todaro, M. P. , A Model of Labor Migration and Urban Unemployment in Less Developed Countries. *The American Economic Review*, 1969, Vol. 59 (1) .

[13] Fujita, M. , & Ogawa, H. , Multiple Equilibria and Structural Transition of Non - Monocentric Urban Configurations. *Regional Science and Urban Economics*, 1982, 12 (2): 161 -196.

[14] Hendersonv, Urbanization in developing countries. *The World Bank Research Observer*, 2002, (17): 89 -112.

[15] Henderson, V. , The urbanization process and economic growth: the so - what question. *Journal of Economic Growth*, 2003, 8: 47 -71.

[16] Kurgman, P, Increasing Returns and Economic Geography. *Journal of political Economy*, 1991, 9 (3): 483 -499.

[17] Ades, A. E. Glaeser, Trade and circuses: Explaining urban giants. *Quarterly Journal of Economic*, 1995, 110: 195 -227.

[18] Zheng, X. P. , Determinants of Agglomeration Economies and Diseconomies: Empirical Evidence From Tokyo. *Socio - economic Planning Sciences*, 2001, 35: 131 -144.

[19] Dixit, A. K. , and J. E. , Stiglitz. Monopolistic Competition and Optimum Product Diversity. *American Economic Review*, 1977, 67: 297 -308.

[20] Takayoshi Kusago, Rethinking of Economic Growth and life satisfaction in post - wwii in Japan a fresh approach. *Social indicators Research*, 2007, 81: 79 -102.

[21] Fujita M. , *Urban Economic Theory: Land Use and City Size.* New York: Cambridge University Press, 1989: 169.

[22] Abdel - Rahman, H. , and Fujita, M. Product Varieties, Marshallian Externalities and City Size. *Journal of Regional Science*, 1990, 2: 165 -183.

[23] Amartya Sen, *Development as Freedom*, New York: Oxford University Press, 1999.

[24] Balisacan, Agricultural Growth, Landlessness, Off = Farm Employ-

ment, and Rural Poverty in the Philippines, *Economic Development and Cultural Change*, 1993, 60 (6).

[25] Bigsten, Rates of Return on Physical and Human Capital in Africa's Manufacturing Sector, *Development and Cultural Change*, 1985, 14 (9).

[26] Barkley, the Determinants of the Migration of Labor out of Agriculture in the United States, *American Economic Review*, 40, No. 3 (1978).

[27] Chinn, Rural Poverty and the Structure of Farm Household Income in Developing Countries: Evidence from Taiwan, *Economic Development and Cultural Change*, 67, No. 4 (February 1979).

[28] Feng Wang and Xuejin Zuo, Inside China's Cities: Institutional Barriers and Opportunities for Urban Migrants, *AEA Papers and Proceedings*, Vol. 89, No. 2. (1978).

[29] Hathaway, Facilitating Movements of Labor out of Agriculture, *American Economic Review* 30, No. 6 (1966).

[30] Koppel and Hawkins, Rural Transformation and the Future of Work in Rural Asia, *Economic Development and Cultural Change*, 42, No. 4 (February 1991).

[31] Kuznets, Modern Economic Growth (Yale Univ. Press, 1966) Isaksson "Human Capital Investment and Relative Earnings Mobility", *Economic Development and Cultural Change*, 12 No. B (August 1985).

[32] Lewis, Economic Development,London: Oxford University, 1954.

[33] Maddox, Private and Social Costs of The Movement of People out of Agriculture, *American Economic Review*, Vol. 3, (1956).

[34] Richard Black, Migration, Return, and Agricultural Development in the Serra do Alvao, Northern Portugal, *Economic Development and Cultural Change*, No. 4 (March 1993).

[35] Reeitsu Kojima, Breakdown of China's Policy of Restricting Population Movement, *The Developing Economies*, XXXIV – 4 (December 1996).

[36] Shujie Yao, *Agriculture Reforms and Grain Production in China*, London: Macmillan, 1994.

[37] Stark, Lucas, Migration, Remittances, and the Family, *Economic Development and Cultural Change*, No. 10 (October 1988), 164-181.

[38] Zhiqiang Liu, Earnings, Education, and Economic Reforms in Urban China, *Economic Development and Cultural Change*, 12, No. S (May 1998).

[39] Avinash Dixit, Models of Economics Growth, Proceedings of Conference Hold by the International. Economics Associationat Jenrsalem*Models of Dual Economics*, 1973.

[40] Helene Poirson, Reallocation and Grow thin Developing Countries*IMF mimeo*, 2000.

[41] Murata, Rural Urban Interdependence and Industrialization *Development Economics*, 2002.

[42] Cole, Sanders, Internal Migration and Urban Employment in the Third World *American Economic Review*, 1986.

[43] Jonathan Temple, Income Distribution in the Harris Todaro Modal *Hartford College mimeo*, 1999.

[44] Krugman, Increasing Returns and Economic Geography *Political Economy*, 1991.

[45] Schwartz, Aba, "Interpreting the Effect of Distance on Migration", *Journal of Political Economy*, 81 (Sep. Oct.), 1973.

[46] Wu, H. X., and Zhou, L.: RURAL to Urban Migration China, *Asian - Pacific Economic Literature*, 10 (11), 1996.

[47] Mincer J. (1988), Job Training, Wage Growth, and Labor Turnover, *NBER Working Paper*, No. 2680.

[48] Lansing, J. B. and J. N. Morgan, The Effects of Geographical mobility on Incom, *Journal of Human Resources*, Fall 1967, 2 (4).

[49] Todaro, M. J., A Model of Labour Migration and Urban Unemployment in Less Developed Countries, *American Economic Review*, March 1969, 59 (1).

[50] Hrris and Todaro, Migration, Unemployment and Development: A Two - Sector Analysis, *American Economic Review*, Vol. 60, March 1970.

[51] Becker, G. S., *Human Capital*, New York: NBER; Distributed by

Columbia University Press, 1964.

[52] Gisser, M., Schooling and the Farm Problem, *Econometrica*, 33, 1965.

[53] Nelson, P., Migration, Real Incom and Information, *Joural of Regional Science*, Spring 1959, 1 (2).

[54] Greenwood, M. J., Lagged Response in the Decision to Migrate, *Journal of Regional Science*, Dec. 1970, 10 (3).

[55] Yang, Tao, Towards A Model of the Chinese Agricultural Household, The *University of Chicago Mimeo*, 1990.

[56] Cao Yang & Clem Tisdell, China's Surplus Agriculture labour force: Its Size, Transfer, Prospects for Absorption and Effects of the double - Track Economic System, *Asian Economic Journal*, 1992, Vol. VI, No. 2

[57] Donald Larson, Yair Mundlak. On the Intersectional Migration of Agricurltural Labor. *Economic Development and Cultural Change*, Vol. 45 No. 2, 1997

[58] Xiushi Yng, A sensitivity Analysis of Repeat Migration Attrition in the Study of Migrant Adjustment: the Case of Bangkak. *Demography*, Vol. 31 No. 2, 1994.

[59] John R. logan, Richard D. Alba, Tom Mcnulty, and Brian Fisher. *Making a Place in the Metropolis: Locational Attainment in Cities and Suburbs*, Vol. 33 No. 4, 1996.

[60] Barney Cohen, William J. House. Labour Market Choices, and Informal Networks in Khartoum, Sudan. *Economic Development and Cultural*, Vol. 44 No. 3, 1996.

[61] Bartsch, C., Collaton, E. & Goode, A. E., *Smart Growth* Washington DC: Northeast - Midwest Institute, 1999: 115 - 128.

[62] Begg, L., High technology location and the urban areas of Great Britain: developments in the 1980s *Urban Studies*, 1991, 28 (6): 346 - 349.

[63] Biles, R, New towns for the Great Society: a case study in politics and planning *Planning Perspectives*, 1998, 13 (2): 114 - 117.

[64] Billingham, J. K., International urban growth policies: new town con-

tributions Urban Studies, 1980, 17 (1): 37 -40.

[65] Bolwell, L., Clarke, B. & Stoppard, D., Social class in a new town: a comment *Urban Studies*, 1969, 6 (1): 7 -10.

[66] Borja, J. & Castells, M., *Local and Global* London: Earthscan Publication Ltd., 1997: 50 -56.

[67] Brandenburger, A. M. & Nalebu, B. J., Coopetition: a revolutionary mindset that combines competition and co - operation: the game theory strategy that's changing the game of business Doubleday Publication Pre, 1996: 118 -150.

[68] Brunn, S. D., *Cities of the World*: *World Regional Urban Development* [M]. Happer & Row, Publishers, New York, 1983: 21 -32.

[69] Calthorpe, P., *The Next American Metropolis - Ecology*, *Community*, *and the American dream* Princeton Architecture Press, 1995: 49 -76.

[70] Campbell, S., *Reading in Planning Theory* New York: Blackwell, 1996: 145 -149.

[71] Clinton, B. & Diane, B. Edge Paris: Urban Grange*Urban Design International*, 1997, 2 (4): 208 -213.

[72] Digan, M. & Kasarda, J. D., *A World of Giant Cities* Sage Publications, Inc., Newbury Park, 1988: 90 -122.

[73] Eldridge, H. T., The Process of Urbanization, in I. J. Spengler and O. D. Duncan (eds.), Demographic Analysis, Glencoe Free Press, 1956: 134 -165.

[74] European News Towns Platform: European news towns platform newsletter No. 4, 2002: 6.

[75] Flanagan, *W. Cz Urban sociology*: *images and Structure* Allen&Bacon, Boston, 1999: 142 -163.

[76] Andrew R. B., Elements in the Urban Fringe Pattern. *Journal of Land and Public Utilities Economics*. 1942, 18 (2): 69 -83..

[77] Anjana Desai, Smita Sen Gupta. Problem of Changing Land Use Pattern in the Urban - rural Fringe. Perspectives in Urban Geography, 1987, 9, 1 -5.

[78] Archer R. W., Land Speculation and Scattered Development: Failures in

the Urban Fringe Land Market. *Urban Studies*, 1973, 10 (3): 367 –72.

[79] Azar C. Helmberg J. and Lindgren K. , Socio – ecological Indicators for Sustainbility. *Ecological Economics*, 1996, 18 (2): 89 – 112.

[80] Brown H. J. and Roberts N. A. , *Land into Cities: The Land Market on the Urban Fringe*, *Dept. of City and Regional Planning*, Harvard University Cambridge 1978.

[81] Brown H. J. Philips R. S. and Roberts N. A. , Land Markets at the Urban Fringe. *Journal of the American Planning Association*, 1981, 4 (1): 153 – 178.

[82] Bryant C. R. and Russswurm L. H. , The Impact of Nonagricultural Development on Agriculture: A Synthesis. *Plan Canada* 1979, 19 (2): 122 – 139.

[83] Bryant C. R. et al. , The City' s Countryside: Land and Its Management in the Rural – urban Fringe. *Ontario Geography* 1976, 10 (1): 64 –78.

[84] Bryant C. R. , Agriculture in an Urbanizing Environment: A Case Study from the Paris Region 1968 – 1976. *The Canadian Geographer* 1981, 21 (1): 27 –45.

[85] Bryant C. R. , *Some New Perspective on Agricultural Land Use in the Rural – urban Fringe*. Landon: Longman, 1982, 53 – 59.

[86] Charles H. B. and Walter R. B. , landwoner Characteristics: Abasis For Locational decision in the Urban Fringe. *American Journal of Agricultural Economics*, 1989, 71 (3): 679 –684.

[87] Chicoine D. L. , Farmland Values at the Urban Fringe: an Analysis of Sale Prices. *Land Economics*, 1981, 57 (3): 353 – 362.

[88] Clawson M. C. , Urban Sprawl and Speculation in Suburban Land. *Land Economics*. 1972, 38 (1): 99 – 111.

[89] Clonts H. A. , Influence of Urbanization on Land Values at the Urban Periphery. *Land Economics*, 1970, 46 (4): 489 –497.

[90] Dixon D. (ed) . Rural – Urban Interaction in the Third World, Developing Area Research Group, Institute of British Geographers London, 1987.

[91] Erickson A. R. , The Evolution of the Suburban Space Economy. *Urban Geography*. 1983, 4 (2): 95 – 121.

[92] George S. Wehrwein. , The Rural – Urban Fringe. *Economic Geography* 1942, 18, 217 – 228.

[93] Golledg R. G. , Sydney's Metropolitan Fringes: A Study in Urban – rural Relations Australian Geography, 1960, (7): 243 – 255.

[94] H. . Mayer. A Survey of Urban Geography in P. M. Hauser and L. . F. Schnose. *The Study of Urbanization*, New York, 1967.

[95] Hughes D. W. and Holland D. W. , Core – periphery Economic Linkage. *Land Economics*, 1994, 70 (3): 364 – 377.

[96] Hugo. G. J. , Smailes, P. J. , Urban – rural Migration in Australia: A Process View of the Turnaround, *Journal of Rural Studies*, 1985, (1): 11 – 30.

[97] Brunckhorst, D. , *Bioregional Planning: Resource Management Beyond the New Millennium.* Harwood Academic Publishers, 2000: Sydney, Australia.

[98] Wiken E. B. , Gauthier D. , Marshall I B, et al. , A perspective on Canada's ecosystems: An overview of the terrestrial and marine ecozones. Canadian Council on Ecological Areas Occasional Paper no. 14. Ottawa: CCEA, 1996.

[99] 张培刚:《新发展经济学》,河南人民出版社 1998 年版。

[100] 汪小勤、田振刚:《论我国城乡人口迁移中的不确定性及其影响》,《中国农村经济》2001 年第 7 期。

[101] 汪小勤、汪红梅:《"人口红利"效应与中国经济增长》,《经济学家》2007 年第 1 期。

[102] 蔡昉、王德文:《经济增长成分变化与农民收入源泉》,《管理世界》2005 年第 5 期。

[103] 蔡昉:《中国农村改革三十年——制度经济学的分析》,《中国社会科学》2008 年第 6 期。

[104] 蔡昉:《城乡收入差距与制度变革的临界点》,《中国社会科学》2003 年第 5 期。

[105] 范红忠、汪小勤:《市场失灵、倾斜性政策与生产和人口在大城市的过度集中》,《学习与实践》2008 年第 3 期。

[106] 汪小勤:《二元经济结构理论发展述评》,《经济学动态》1998 年

第 1 期。
[107] 姚遂、汪小勤：《农业产业化：一个制度经济学的考察》，《华中理工大学学报（社科版）》2001 年第 2 期。
[108] “外来农民工”课题组：《珠江三角洲外来农民工状况》，《中国社会科学》1995 年第 4 期。
[109] 蔡昉、都阳：《中国地区经济增长的趋同与差异——对西部开发战略的启示》，《经济研究》2000 年第 10 期。
[110] 蔡昉、王德文、都阳：《劳动力市场扭曲对区域差距的影响》，《中国社会科学》2001 年第 2 期。
[111] 曹建海、李海舰：《论新型工业化的道路》，《中国工业经济》2003 年第 1 期。
[112] 曹阳：《中国农村进城非农产业人口群体社会保障若干理论问题探索》，《经济评论》2004 年第 4 期。
[113] 陈佳贵、黄群慧：《论新型工业化战略下的工业现代化》，《当代财经》2003 年第 9 期。
[114] 陈锡文：《资源配置与中国农村发展》，《中国农村经济》2004 年第 1 期。
[115] 陈先勇：《中国二元经济结构影响因素解析及对策》，《湖北社会科学》2005 年第 10 期。
[116] 陈贻萍：《工业化：解决“三农”问题的根本出路》，《发展研究》2003 年第 6 期。
[117] 陈永春、陈钦庄：《原工业化理论及西方学者的研究成果》，《安徽史学》2003 年第 4 期。
[118] 戴荣珍：《论城市化进程中的农民工再社会化》，《福建论坛（经济社会版）》2003 年第 8 期。
[119] 董云鹏、石云平：《经济全球化条件下我国产业结构的优化》，《经济论坛》2003 年第 19 期。
[120] 方轮：《广东省进城工培训问题研究》，《人才开发》2005 年第 6 期。
[121] 高乔明：《关于打工经济的几点理性思考》，《咨询与决策》2002 年第 5 期。
[122] 葛金田、王昊：《创新——中国新型工业化的出路》，《科学与管

理》2003 年第 6 期。
[123] 龚红娥：《基尼系数以及实际应用》，《市场与人口分析》2002 年第 6 期。
[124] 顾朝林：《中国大中城市流动人口迁移规律研究》，《地理学报》1999 年第 5 期。
[125] 关锐捷、张晓辉、郭建军：《“九五”期间中国农民收入状况实证分析》，《农业经济问题》2001 年第 7 期。
[126] 郭熙保：《从发展经济学观点看待库兹涅茨假说——兼论中国收入不平等扩大的原因》，《管理世界》2002 年第 3 期。
[127] 韩绍凤、向国成：《论交易效率改进、自由选择与二元经济转型》，《当代财经》2006 年第 8 期。
[128] 侯风云：《农村外出劳动力收益与人力资本状况相关性研究》，《财经研究》2004 年第 4 期。
[129] 候亚非、王金营：《人力资本与经济增长方式转变》，《人口研究》2001 年第 3 期。
[130] 黄爱军：《一个无需回避的话题——两极分化》，《经济体制改革》1999 年第 4 期。
[131] 贾大明：《中国农业如何面对入世的冲击与挑战》，《科技导报》2002 年第 10 期。
[132] 江立华：《城市性与农民工的城市适应》，《社会科学研究》2003 年第 5 期。
[133] 金国峰：《城市农民工权益保护探析》，《湖北社会科学》2003 年第 9 期。
[134] 金林素、舒建军：《工业化进程中技术学习的动力》，《国际社会科学杂志（中文版）》2002 年第 2 期。
[135] 金玉国：《宏观制度变迁对转型时期中国经济增长的贡献》，《财经科学》2001 年第 2 期。
[136] 赖平耀：《中国的对外贸易：绩效、问题及未来的政策选择》，《国际经济评论》2005 年第 3 期。
[137] 雷保中：《提高企业竞争力要面向新型工业化》，《环渤海经济瞭望》2003 年第 9 期。
[138] 黎元生：《改善就业状态：实现农民稳定增收的关键》，《福建师范

大学学报（哲学社会科学版）》2007 年第 1 期。
[139] 李俊：《西方地区经济增长模型评述》，《经济学动态》1988 年第 4 期。
[140] 李成贵：《中国的二元结构与“三农”困境》，《古今农业》2003 年第 4 期。
[141] 李广舜：《国内外城乡经济协调发展研究成果综述》，《地方财政研究》2006 年第 2 期。
[142] 李良进：《试论城市农民工的社会支持系统》，《内蒙古工业大学学报》2003 年第 1 期。
[143] 李明欢：《20 世纪西方国际移民理论》，《厦门大学学报（社会科学版）》2000 年第 4 期。
[144] 李培林：《流动民工的社会网络与社会地位》，《社会学研究》1996 年第 4 期。
[145] 李强：《打工难缩城乡收入差距》，《中国国情国力》2002 年第 3 期。
[146] 李强：《关于城市农民工情绪倾向及社会冲突问题》，《社会学研究》1995 年第 4 期。
[147] 李强：《影响中国城乡流动人口的推力与拉力因素分析》，《中国社会科学》2003 年第 1 期。
[148] 李强：《中国城市中的二元劳动力市场与底层精英问题》，《清华社会学评论》2000 年第 1 期。
[149] 李强：《中国大陆城市农民工的职业流动》，《社会学研究》1999 年第 3 期。
[150] 李强、唐壮：《城市农民工与城市中的非正规就业》，《社会学研究》2002 年第 6 期。
[151] 李泉：《中外城乡关系问题研究综述》，《甘肃社会科学》2005 年第 4 期。
[152] 李实、魏众、丁赛：《中国居民财产分布不均等及其原因的经验分析》，《经济研究》2005 年第 6 期。
[153] 李实、岳希明：《中国城乡收入差距调查》，《乡镇论坛》2004 年第 8 期。
[154] 李晓春、马轶群：《我国户籍制度下的劳动力转移》，《管理世界》

2004 年第 11 期。
[155] 李永波:《互动视野中的青年农民工城市化进程》,《青年研究》1998 年第 7 期。
[156] 李兆菊:《实现新型工业化方式的探讨》,《经济研究参考》2003 年第 89 期。
[157] 李子奈:《如何转移农村剩余劳动力》,《经济学家》2000 年第 4 期。
[158] 廖少廉、杨靳:《人口迁移与农村贫困》,《市场与人口分析》2002 年第 6 期。
[159] 林斐:《安徽百名“打工”农民回乡办企业的问卷调查与分析》,《中国农村经济》2002 年第 3 期。
[160] 林木西、王慧:《工业化的“二元结构”与农村工业化的发展》,《当代经济研究》2003 年第 7 期。
[161] 林毅夫、蔡昉、李周:《中国经济转型时期的地区差距分析》,《经济研究》1998 年第 7 期。
[162] 刘芳、蒋鸿飞:《二元经济下人力资本流动问题研究》,《财经界(中旬刊)》2008 年第 2 期。
[163] 刘汉成、梅福林:《湖北省农村剩余劳动力转移的现状、成因及对策》,《农业现代化研究》2002 年第 1 期。
[164] 刘黎民:《转移支付对人口迁移的影响》,《北京工业大学学报》2002 年第 2 期。
[165] 刘立勇:《谷城县发展“打工经济”的调查与研究》,《农村改革与发展》2002 年第 3 期。
[166] 刘社建、徐艳:《城乡居民收入分配差距形成原因及对策研究》,《财经研究》2004 年第 5 期。
[167] 刘伟、李绍荣《产业结构与经济增长》,《中国工业经济》2002 年第 5 期。
[168] 刘艳:《缩小二元经济结构对我国东西部区域差距影响的经济学分析》,《重庆邮电学院学报(社会科学版)》2006 年第 2 期。
[169] 卢荻:《关于后进工业化的技术、增长和体制理论》,《经济学家》2002 年第 1 期。
[170] 陆益龙:《正义:社会学视野中的中国户籍制度》,《湖南社会科

学》2004 年第 1 期。
[171] 栾敬东:《流动人口的社会特征及其收入影响因素分析》,《中国人口科学》2003 年第 2 期。
[172] 马广海:《二元劳动力市场与对农民工的制度性歧视》,《山东省农业管理干部学院学报》2003 年第 5 期。
[173] 马九杰、孟凡友:《城市农民工第二市场——关于深圳市的个案剖析》,《开放时代》2003 年第 4 期。
[174] 农村劳动力跨地区流动课题组:《关于农村劳动力流动的研究》,《管理世界》1993 年第 2 期。
[175] 沈红芳:《东盟三国的工业化发展进程与政策比较》,《南洋问题研究》2002 年第 3 期。
[176] 盛来运、唐平、阎芳:《粮食主产区农民增收问题的调查分析》,《中国农村经济》2003 年第 5 期。
[177] 石忆邵、张翔:《城市郊区化研究述要》,《城市规划汇刊》1997 年第 3 期。
[178] 宋冬林:《论社会主义市场经济条件下的收入分配》,《当代经济研究》1995 年第 5 期。
[179] 唐平、来维宁:《乡镇企业发展对农村居民收入增长的影响》,《统计研究》2001 年第 6 期。
[180] 唐平:《我国农村居民收入水平及差异研析》,《管理世界》1995 年第 2 期。
[181] 唐永进:《必须建立农民工社会保险制度》,《探索与争鸣》2003 年第 2 期。
[182] 唐之彦:《工业化、城市化与“三农”问题》,《计划与市场探索》2003 年第 11 期。
[183] 藤田和子、乔云:《东南亚的工业化与跨国企业》,《南洋资料译丛》2003 年第 1 期。
[184] 田凯:《关于农民工的城市适应性的调查分析与思考》,《社会科学研究》1995 年第 5 期。
[185] 万广华:《中国农村区域间居民收入差异及其变化的实证分析》,《经济研究》1998 年第 5 期。
[186] 王春光:《新生代农村流动人口的社会认同与城乡融合的关系》,

《社会科学》2005 年第 3 期。
[187] 王丹:《人力资本城乡结构差异与中国二元经济结构转化》,《社会科学论坛(学术研究卷)》2007 年第 7 期。
[188] 王东和、秦伟:《农民工代际差异研究——成都市在城农民工分层比较》,《人口研究》2002 年第 5 期。
[189] 王检贵:《倒 U 现象是不是一条经济法则?——对罗宾逊经典结论的质疑》,《经济研究》2000 年第 7 期。
[190] 王金营:《人口城镇化对人力资本和物质资本效用发挥影响的分析》,《人口学刊》2005 年第 6 期。
[191] 王美艳:《城市劳动力市场上的就业机会与工资差异——外来劳动力就业与报酬研究》,《中国社会科学》2005 年第 5 期。
[192] 王韧:《全球化条件下居民收入分配的动态迁移——对 Stolper - Samuelson 定理的质疑》,《上海经济研究》2003 年第 10 期。
[193] 王淑丽:《英国工业化的启动与人口迁移》,《烟台师范学院学报(哲学社会科学版)》2001 年第 1 期。
[194] 贺巧知、慈勤英:《城镇贫困:结构成因与文化发展》,《城市问题》2003 年第 3 期。
[195] 丁谦:《关于贫困的界定》,《开发研究》2003 年第 4 期。
[196] 王大超、张远军:《转型期中国社会贫困问题的类型判断》,《经济纵横》2002 年第 5 期。
[197] 刘俊文:《超越贫困陷阱——国际反贫困问题研究的回顾与展望》,《农业经济问题》2004 年第 10 期。
[198] 毛学峰:《贫困形成机制——分工理论视角的经济学解释》,《农业经济问题》2004 年第 2 期。
[199] 徐万坪、杨能良:《贫困度量指标》,《经济师》2004 年第 11 期。
[200] 吴理财:《"贫困"的经济学分析及其分析的贫困》,《经济评论》2001 年第 4 期。
[201] 林伯强:《中国的经济增长、贫困减少与政策选择》,《经济研究》2003 年第 12 期。
[202] 刘纯阳、蔡铨:《贫困含义的演进及贫困研究的层次论》,《经济问题》2004 年第 10 期。
[203] 杨宏:《贫困致因及反贫困立法选择研究》,《理论学刊》2004 年

第 10 期。
[204] 黄文平、卢新波：《贫困问题的经济学解释》，《上海经济研究》2002 年第 8 期。
[205] 曹洪民：《关于贫困的标准》，《中国贫困地区》1997 年第 5 期。
[206] 李伟：《教育与健康水平对农户劳动生产率的影响：对中国农村贫困地区的一项研究》，《市场与人口分析》2001 年第 5 期。
[207] 应宏锋、白丽娜：《西部经济增长的贫困陷阱与人力资本积累》，《人文杂志》2004 年第 6 期。
[208] 周怡：《贫困研究：结构解释与文化解释的对垒》，《社会学研究》2002 年第 3 期。
[209] 刘尧：《农村知识贫困与农村高等教育》，《清华大学教育研究》2002 年第 5 期。
[210] 尹海洁、关士续：《城市贫困人口贫困状况的代际比较研究》，《统计研究》2004 年第 2 期。
[211] 苏勤、林炳耀、刘玉亭：《面临新城市贫困——我国城市发展与规划的对策研究》，《人文地理》2003 年第 5 期。
[212] 沈红：《中国贫困研究的社会学评述》，《社会学研究》2000 年第 2 期。
[213] 韦伟、傅勇：《城乡收入差距与人口流动模型》，《中国人民大学学报》2004 年第 6 期。
[214] 魏杰、谭伟：《我国城市化进程中的农民市民化问题》，《经济纵横》2003 年第 6 期。
[215] 向书坚：《全国居民收入分配基尼系数的测算与回归分析》，《财经理论与实践》1998 年第 1 期。
[216] 邢艳霞、张德红：《二元经济结构理论与现实的悖论——中国与东北经济“二元结构”的特例分析》，《当代经济研究》2005 年第 11 期。
[217] 徐克勤：《对增加农民收入问题的思考》，《苏南乡镇企业》2001 年第 9 期。
[218] 许江萍：《高新技术产业化：完成新型工业化道路的关键》，《中国创业投资与高科技》2003 年第 2 期。
[219] 薛宇峰：《中国农村收入分配差距的现状和空间分布特征》，《财经

研究》2005 年第 5 期。

[220] 严瑞珍、龚道广、周志祥、毕宝德:《中国工农业产品价格剪刀差的现状、发展趋势及对策》,《经济研究》1990 年第 2 期。

[221] 杨靳、廖少廉:《美国农村人口迁移与启示》,《人口学刊》2000 年第 4 期。

[222] 杨宜勇、顾严、李宏梅:《我国收入分配现状、问题及“十一五”期间的对策》,《经济研究参考》2005 年第 58 期。

[223] 郁义鸿、黄云峰:《服务业对中国经济发展与结构转变贡献的一项实证研究》,《复旦学报(自然科学版)》2003 年第 6 期。

[224] 袁铖:《二元经济结构改善与农村土地制度创新》,《贵州财经学院学报》2004 年第 4 期。

[225] 袁志刚、范剑勇:《1978 年以来中国的工业化进程及其地区差异分析》,《管理世界》2003 年第 7 期。

[226] 曾磊、雷军、鲁奇:《我国城乡关联度评价指标体系构建及区域比较分析》,《地理研究》2002 年第 6 期。

[227] 曾旭晖、秦伟:《在城农民工留城倾向影响因素分析》,《人口与经济》2003 年第 6 期。

[228] 张超超:《农业与工业化关系的思考与研究》,《农业经济问题》2002 年第 12 期。

[229] 张道中:《农村剩余劳动力流动中几个问题》,《经济学家》2000 年第 4 期。

[230] 张杰飞、曾联平:《托达罗模型的不足与改进》,《消费导刊》2008 年第 8 期。

[231] 张平:《中国农村居民区域间收入不平等与非农就业》,《经济研究》1998 年第 8 期。

[232] 张启明:《论传统户籍制度对农村经济的负面影响》,《财贸研究》1998 年第 2 期。

[233] 张伟:《试论城乡协调发展及其规划》,《城市规划》2005 年第 1 期。

[234] 张向阳、周勤:《新型工业化与中国产业竞争力全国学术研讨会观点综述》,《中国工业经济》2005 年第 1 期。

[235] 张晓辉:《中国农村居民收入分配实证描述及变化分析》,《中国农

村经济》2001 年第 6 期。

[236] 张佑林、李萌:《张培刚的“农业国工业化理论”对我国解决三农问题的启示》,《产业与科技论坛》2006 年第 5 期。

[237] 张佑林:《二元经济结构下的农村剩余劳动力流动探析》,《农业经济问题》2004 年第 12 期。

[238] 章伟坤:《浅析新型工业化道路的一般内涵》,《当代经济》2003 年第 11 期。

[239] 赵京:《促进农村人口迁移因素分析》,《中国农村经济》2000 年第 10 期。

[240] 赵延东、王奋宇:《城乡流动人口经济地位获得及决定因素》,《中国人口科学》2002 年第 4 期。

[241] 赵阳:《暂迁流动与回乡创业》,《研究与探索》2002 年第 1 期。

[242] 赵耀辉:《中国农村劳动力流动及教育在其中的作用——以四川省为基础的研究》,《经济研究》1997 年第 2 期。

[243] 周其仁:《机会与能力——中国农村劳动力的就业和流动》,《管理世界》1997 年第 5 期。

[244] 周天勇:《托达罗模型的缺陷及其相反的政策含义——中国剩余劳动力转移和就业容量扩张的思路》,《经济研究》2001 年第 3 期。

[245] 周晓和、朱农:《论人力资本对中国农村经济增长的作用》,《中国人口科学》2003 年第 6 期。

[246] 周一星、孟延春:《中国大城市的郊区化趋势》,《城市规划汇刊》1998 年第 6 期。

[247] 朱镜德:《无为而治的中国城乡迁移》,《市场与人口分析》2001 年第 6 期。

[248] 朱力:《论农民工阶层的城市适应》,《江海学刊》2002 年第 6 期。

[249] 朱力:《群体性偏见与歧视——农民工与城市的摩擦性互动》,《江海学刊》2001 年第 6 期。

[250] 李世峰、白人朴:《城乡结合部土地利用问题的战略性思考》,《农业现代化研究》2003 年第 24 期。

[251] 李秀霞、刘金国:《城市边缘区空间演化调控机制研究》,《松辽学刊》1990 年第 1 期。

[252] 李雅丽:《世界城市边缘区城市化与行政区划体制改革研究》,《经

济地理》2002 年第 4 期。
[253] 丽凌:《北京市城区危旧房改造的沿革及政策建议》,《北京房地产》2000 年第 12 期。
[254] 连玉明:《中国城市报告》,中国时代经济出版社 2004 年版。
[255] 刘洁:《城市边缘区适宜发展模式》,《辽宁大学学报》2000 年第 4 期。
[256] 刘伯文:《我国户籍制度改革的总体趋势》,《东方论坛》2003 年第 6 期。
[257] 刘长歧、甘国辉、李晓江:《北京人口郊区化与居住空间扩展研究》,《经济地理》2003 年第 5 期。
[258] [伊朗] Afraklltch Hassan:《发展中国家的城市增长和新城规划:德黑兰大都市区案例研究》,唐子颖译,《国外城市规划》2003 年第 2 期。
[259] 北京市城市规划管理局科技情报组:《城市规划译文集 2——外国新城规划》,中国建筑工业出版社 1983 年版
[260] 刘静:《北京市外来人口数量变动态势及相关思考》,《北京联合大学学报》2002 年第 3 期。
[261] 刘岚芳:《北京市主导产业群的变化》,见景体华《2004 年中国首都发展报告——经济社会城市发展形式分析与预测》,社会科学文献出版社 2004 年版。
[262] 刘路矿:《浅谈行为科学与现代企业管理》,《经济师》2002 年第 5 期。
[263] 刘瑞宁:《政府职能转变的内涵刍议》,《理论导报》2002 年第 1 期。
[264] 刘盛和:《北京城市土地利用扩展的时空模式与动力机制》,博士学位论文,中国科学院,2001 年。
[265] 刘树:《北京市农产品加工业现状及发展浅议》,http://www.bjpopss.gov.cn/,2004-9-15。
[266] 刘兴国:《企业耗散结构模型分析》,《工业工程与管理》2001 年第 3 期。
[267] 隆少秋:《世界城市边缘区中小城市可持续发展战略探讨》,《地理科学进展》2003 年第 5 期。
[268] 陆昊:《北京市不搞完整的工业体系》,《在 2004 年北京工业会议

上的讲话》。
[269] 陆军:《论京津冀城市经济区域的空间扩散运动》,《经济地理》2002 年第 5 期。
[270] 罗荣渠:《现代化新论》,中国人民大学出版社 1993 年版。
[271] 马勇、舒伯阳:《区域旅游规划》,南开大学出版社 1998 年版。
[272] 梅峋:《城市边缘区土地可持续利用初探》,《理论月刊》2002 年第 8 期。
[273] 孟延春:《北京郊区化的趋势、问题及其对策》,《清华大学学报(社科版)》2000 年第 4 期。
[274] 苗东升:《系统科学精要》,中国人民大学出版社 1998 年版。
[275] 倪鹏飞:《北京城市竞争力及其全球竞争战略》,《前线》2003 年第 6 期。
[276] 潘峰、付强、梁川:《模糊综合评价在水环境质量评价中的应用》,《环境工程》2002 年第 20 期
[277] 彭补拙等:《城市边缘区耕地预警系统研究》,《经济地理》2001 年第 21 期。
[278] [美] 贝洛克·保罗:《城市与经济发展》,肖勤福译,江西人民出版社 1991 年版。
[279] [美] 波特·迈克尔:《国家竞争优势》,李明轩、邱如美译,华夏出版社 2002 年版。
[280] [美] 布鲁顿·迈克尔、希拉·布鲁顿:《英国新城发展与建设》,于立、胡伶倩译,《城市规划》2003 年第 12 期。
[281] 曹大贵、杨山、李旭东、《空间布局演化与产业布局调整——兼论无锡市城市发展方略》,《城市问题》2002 年第 3 期。
[282] 陈成文、刘剑玲:《中国城市化研究二十五年》,《中南大学学报(社会科学版)》2004 年第 5 期。
[283] 陈东琪:《"十一五"时期中国经济快速增长的动力》,http://news.xinhuanetmet/fortune/2006 -06/23/content_ 4736370.htm,2007。
[284] 陈恺龙:《新城建设研究——以上海为例》,硕士学位论文,同济大学,2003 年。
[285] 陈抗、郁明华:《城市边缘区与中心区的竞争合作关系演进研究》,《现代城市研究》2006 年第 6 期。

[286] 陈眉舞、张京祥、赵伟：《区划调整背景下的都市区内部整合研究——以杭州为例》，《规划师》2005 年第 5 期。
[287] 陈孟平：《城乡结合部地区的制度安排、利益关系及调整》，《城市问题》2006 年第 9 期。
[288] 陈湘满、刘君德、张玉枝：《论我国城市边缘区行政管理体制的区域整合》，《经济地理》2000 年第 2 期。
[289] 陈旭东：《两本书和一座城市——谈罗伯·克里尔的新城实践》，《世界建筑》1999 年第 10 期。
[290] 陈振光、胡燕：《西方管治：概念与模式》，顾朝林、沈建法和姚鑫等，《城市管治：概念、理论、方法、实证》，东南大学出版社 2003 年版。
[291] 陈仲常、王芳：《中国城市化进程中的滞后城市化、超前城市化与城市中空化趋势》，《当代经济科学》2005 年第 2 期。
[292] 程怀儒：《中国农村剩余劳动力转移的有效途径：农村工业化》，《河南大学学报》2006 年第 5 期。
[293] 程开明、陈宇峰：《国内外城市自组织性研究进展及综述》，《城市问题》2006 年第 7 期。
[294] 仇保兴：《城市经营、管治和城市规划的变革》，《城市规划》2004 年第 2 期。
[295] 仇保兴：《我国城镇化高速发展期面临的若干挑战》，《城市发展研究》2003 年第 6 期。
[296] 仇保兴：《中国城市化进程中的城市规划变革》，同济大学出版社 2005 年版。
[297] 崔曙平：《如何构建新型城镇》，《城乡建设》2005 年第 2 期。
[298] 戴宾、杨建：《城市边缘区与统筹城乡发展》，《重庆工商大学学报（西部论坛）》2004 年第 5 期。
[299] 邓奕：《反思日本新城建设 50 年》，《北京规划建设》2006 年第 6 期。
[300] 安虎森：《城乡边缘带以及经济区域空间的三元分法》，《延边大学学报（社科版）》1997 年第 2 期。
[301] 巴雅尔等：《基于遥感的城市边缘区土地利用动态监测》，《人文地理》2000 年第 5 期。

[302] 白晨曦：《“四大中心”定位新北京》，《城市开发》2004 年第 3 期。
[303] 北京国际城市发展研究院：《中国城市蓝皮书》，中国时代经济出版社 2003 年版。
[304] 毕健康：《当代埃及的城市边缘区问题》，《世界历史》2002 年第 6 期。
[305] 蔡玉梅、萧林、苏东袭：《北京市城乡交错带土地利用调控对策》，《资源开发与市场》2004 年第 3 期。
[306] 藏淑英：《试论世界城市边缘区的成长机制》，《人文地理》1998 年第 1 期。
[307] 曹跃进、刘欣葵：《北京市区边缘集团建设现状及开发建议》，《北京规划建设》2000 年第 5 期。
[308] 常林：《北京社区文化经营与功能选择》，《北京联合大学学报》2003 年第 17 期。
[309] 陈浮、陈钢等：《城市边缘区土地利用变化机制研究》，《自然资源学报》2001 年第 1 期。
[310] 陈文安：《创新工程学》，立信会计出版社 2000 年版。
[311] 陈晓军、张宏业：《北京城市边缘区建设用地空间格局研究》，《城市环境与城市生态》2003 年第 6 期。
[312] 陈晓军、张宏业：《北京城市边缘区土地用途转换动因机制研究》，《地理科学进展》2003 年第 2 期。
[313] 陈晓军：《世界城市边缘区土地利用变化与土地资源保护研究》，博士学位论文，中国科学院，1997 年。
[314] 陈兴鹏、宋迎昌：《北京市经济、人口集聚与扩散机制研究》，《地理学与国土研究》1995 年第 4 期。
[315] 陈印军、徐芳：《北京农业结构调整方向与应注意问题》，《中国农业科技导报》2002 年第 3 期。
[316] 陈佑启：《北京城乡交错带土地利用问题与对策》，《经济地理》1990 年第 4 期。
[317] 陈佑启：《论城市交错带及其特征与功能》，《经济地理》1990 年第 3 期。
[318] 程连生、赵红英：《北京城市边缘带探讨》，《北京师范大学学报》1995 年第 1 期。
[319] 楚枫：《北京市城镇廉租住房制度政策分析》，《北京房地产》2002

年第1期。

[320] 崔功豪、武进:《中国城市边缘区空间结构特征及其发展》,《地理学报》1990年第4期。

[321] 毛卫星:《鹤壁市淇河生态区建设用地合理布局研究》,硕士学位论文,河南大学,2012年。

[322] 张素芳、马礼:《浅谈中国生态地理区划研究进展》,《首都师范大学学报(自然科学版)》2013年第4期。

[323] 王丽:《生态经济区划理论与实践初步研究:以黄山市为例》,安徽师范大学,硕士学位论文,2005年。

[324] 杨勤业、李双成:《中国生态地域划分的若干问题》,《生态学报》1999年第5期。

[325] 傅伯杰、刘国华、陈利顶等:《中国生态区划方案》,《生态学报》2001年第1期。

[326] 黄兴文、陈百明:《中国生态资产区划的理论与应用》,《生态学报》1999年第5期。

[327] 欧阳志云、王效科、苗鸿:《中国生态环境敏感性及其区域差异规律研究》,《生态学报》2000年第1期。

[328] 傅伯杰、陈利顶、刘国华:《中国生态区划的目的、任务及特点》,《生态学报》1999年第5期。

[329] 谢高地、张昌顺、张林波:《保持县域边界完整性的中国生态区划方案》,《自然资源学报》2012年第1期。

[330] 何方:《中国生态区划分与评价和保护建设的研究》,《经济林研究》2002年第1期。

[331] 高江波、黄姣、李双成:《中国自然地理区划研究的新进展与发展趋势》,《地理科学进展》2010年第11期。

[332] 贾良清、欧阳志云、赵同谦:《安徽省生态功能区划研究》,《生态学报》2005年第2期。

[333] "河北生态与灾害研究"课题组:《河北省生态区划研究》,《地理与地理信息科学》2003年第5期。

[334] 刘国华、傅伯杰:《生态区划的原则及其特征》,《环境科学进展》1998年第6期。

[335] 刘惠清、许嘉巍、卜兆君:《长春城市土地生态区的生态建设》,

《地理研究》1999 年第 3 期。
[336] 王如松：《高效和谐：城市生态调控原则与方法》，湖南教育出版社 1988 年版.
[337] 周纪纶、王如松：《城市生态经济研究方法及实例》，复旦大学出版社 1990 年版.
[338] 杨馥：《基于复杂性理论的城市生态系统评价与规划》，湖南大学，博士学位论文，2008 年。
[339] 杨芸、祝龙彪：《郊区化对城市边缘区生态系统的影响及发展对策》，《城市发展研究》2000 年第 2 期。
[340] 徐大伟、王子彦、郭莉：《工业生态系统演化的耗散结构理论分析》，《管理科学》2004 年第 6 期。
[341] 黄金川、方创琳：《城市化与生态环境交互耦合机制与规律性分析》，《地理研究》2003 年第 6 期。
[342] 薛联青、吕锡武、崔广柏：《复合生态系统非线性累积效应响应因子的阈值模型》，《城市环境与城市生态》2003 年第 6 期。
[343] 杨鹏飞：《长沙都市区生态空间结构优化研究》，华中科技大学，硕士学位论文，2008 年。
[344] 朱喜钢：《城市空间集中与分散论》，中国建筑工业出版社 2002 年版。
[345] 张宇星：《城镇生态空间理论初探》，《城市规划》1995 年第 2 期。
[346] 曹哲铭：《簇群式城市生态空间结构模式与建构研究》，华中科技大学，硕士学位论文，2010 年版。
[347] 刘凌燕、胡希军、陈存友：《城市绿心概念探析》，《中南林业科技大学学报（社会科学版）》2011 年第 1 期。
[348] 郭荣朝、苗长虹：《城市群生态空间结构研究》，《经济地理》2007 年第 1 期。
[349] 郭荣朝、苗长虹、顾朝林：《城市群生态空间结构演变机理研究》，《西北大学学报（自然科学版）》2008 年第 4 期。
[350] 郭荣朝、苗长虹、夏保林：《城市群生态空间结构优化组合模式及对策：以中原城市群为例》，《地理科学进展》2010 年第 3 期。
[351] 鲍海君、徐保根：《生态导向的土地整治区空间优化与规划设计模式：以嘉兴市七星镇为例》，《经济地理》2009 年第 11 期。

[352] 蔺雪芹、方创琳、宋吉涛：《基于生态导向的城市空间优化与功能组织：以天津市滨海新区临海新城为例》，《生态学报》2008 年第 12 期。

[353] 刘骏等：《城市绿地系统规划与设计》，中国建筑工业出版社 2004 年版。

后　记

感谢国家自然科学基金的立项，为本研究开展提供了特别的激励，评阅专家的意见及建议为我打开了某些思路。研究团队的余金艳、方方、王忠、兰晓、张潆文为课题调研、数据收集、样本处理研究付出了艰苦的努力，我们经常在一起讨论，就地取材，使用他们的思想和智识，在此深表感谢。同门学友王介勇、张富刚、李裕瑞、陈秧分、刘玉、张衍毓、郭艳军等为研究提供了直接的帮助与支持。

导师刘彦随教授一直是我科研工作的指路明灯，每次在迷惘时听他的学术开导后总能兴奋好几天，会重新找到动力和方向，他指导了本课题研究的全过程。感谢导师汪小勤教授，她的帮助让我思路大开，她的支持让我感觉到科研工作苦中有甜。衷心感谢景体华研究员、叶大华教授级高工、龙花楼研究员、陈玉福研究员、唐海萍教授、许正中教授多年来对本课题研究的指导与帮助。感谢冯培教授、曹卫东教授、周鸿铎教授、邱鸣教授、邹统钎教授、江新兴教授、赵弘研究员的学术培育。

中国社会科学出版社作为社会科学领域一流的出版机构，其编辑人员表现出最充分的协作精神和积极态度，王曦编辑为本书的出版尽可能提供了协助。

梁昊光
2015 年 12 月 7 日